OLIVER SCHMIDT

KOEHLERS GUIDE KREUZFAHRT

Koehler

Liebe Seereisende und die, die es gerade werden möchten,

Oliver Schmidt,
Chefredakteur

es gibt einen Trend, den man eigentlich kaum jemandem, der mit der Kreuzfahrt nicht vertraut ist, erklären kann, denn er hielte sein Gegenüber für völlig verrückt: Die große Sensation an den neuen Schiffen ist das Meer. Wie bitte?

Tatsächlich zeigen einige Neubauten großer Schiffe, die wir Ihnen in diesem Buch vorstellen, deutlich mehr Nähe zu dem Element, für das sie geschaffen sind, als das noch vor wenigen Jahren üblich war. Breite Außenpromenaden und eine Veranda am Heck zum Beispiel bieten Platz für Außengastronomie, Whirlpools, eine Minigolf-Anlage oder das beliebte Shuffleboard-Spiel. Angestoßen durch die gigantischen Shopping-Malls im Innern, wie sie Royal Caribbean seit rund 20 Jahren baut, war die Verbindung der Reisenden zum Meer ein wenig verloren gegangen. Eine Freude, um die ich mich oft ein bisschen betrogen fühlte. NCL hat das geändert, und MSC hat die neue Schiffsklasse perfektioniert.

Das passt recht gut zum Schwerpunkt der Zielregionen in diesem Buch, denn der Aufenthalt im Freien macht in warmen Fahrtgebieten natürlich mehr Spaß. Mit unseren Destinationsgeschichten möchten wir Ihnen zeigen, dass auch das um einige Häfen und Länder im Süden und Osten reduzierte Mittelmeer noch eine faszinierende Urlaubsregion für Kreuzfahrer ist. Italien, die Adria, die Côte d'Azur und die griechischen Inseln – hier gibt es noch viele versteckte Plätze zu entdecken. Einige davon haben unsere Autoren einmal näher beleuchtet, um Ihnen einerseits Lust zu machen und Sie gleichzeitig darüber zu informieren, was Sie dort erwartet.

Allzeit gute Reise und immer die berühmte Handbreit Wasser unterm Kiel wünscht Ihnen
Ihr
Oliver Schmidt

INHALT

TOP TEN

Top Ten – Landausflüge, die erfrischend anders sind 10

STRANDTEST

Norwegians privates Inselparadies –
Über 40 Jahre genießen NCL-Passagiere die einsame Insel 18

WELTREISE

Wer mich sucht, findet mich auf dem Meer –
Transatlantik – von Havanna nach Lissabon 26

HISTORISCHE REISE

Vor 40 Jahren – Wie dem heutigen Reisejournalisten Seebeine wuchsen 32

EDITOR'S EXPERIENCE

Costas Metamorphose –
Wie die schönen Italienerinnen Identität und Kulinarik zurückbekamen 38

SCHIFFSJUNGFERN

Natur, Inspiration und Geist: Dreimal HANSEATIC –
Hapag-Lloyd Cruises kreiert erstmals eigene Expeditions-Neubauten 40

Ausblick auf 2019 – Zwei neue Klassiker im deutschen Markt 44

Große Bühne Ozean – Nicko cruises wechselt vom Fluss zur Expedition 46

Ein Schiff fürs Meer – Neue Konzepte bei MSC Cruises 50

MEIN SCHIFF 1: Alles aus Hamburg –
Noch nie hat eine Flotte in so kurzer Zeit wiederkehrende Traditionen geschaffen 54

Ein Stück vom Erfinder –
Trendsetter NCL legt Wonne und Glückseligkeit in den Schiffsnamen BLISS 58

Eine Ovation an den Luxus –
Die neue SEABOURN OVATION stellt sich in Hamburg vor 62

Alles wie immer? – Nicht ganz!
Auf jedem Schiff der OASIS-Class gibt es Veränderungen 66

Eine Vision wird Wirklichkeit –
NICKOVISION – die neue Dimension an Kulinarik auf dem Fluss 70

Ein neuer Star für 1AVista Reisen – Die VISTASTAR zeigt sich als Raumwunder 74

Disco statt Crewshow –
Phoenix modernisiert sein Fluss-Angebot mit der neuen ALENA 76

ROUTEN UND HÄFEN IM TREND

Schatzkammer im Dornröschenschlaf – Entdeckungen am Absatz des Stiefels 78

Eindrücke von Karl May und Kommunismus? –
Tirana steckt voller Überraschungen! 82

Im Land der schwarzen Berge –
Wer in Montenegro hoch hinaus will, wird reich belohnt 86

Auf den Spuren der TITANIC – Eine Reise entlang Irlands Küsten 90

VIER JAHRESZEITEN

Winterkreuzfahrt: Abenteuer Amazonas – Eine Reise durch den Mikrokosmos,
der mit 4.000 Kilometern Länge eigentlich ein Makrokosmos ist 94

Frühlingskreuzfahrt: Ouzo, Sirtaki und 2000 Jahre –
Griechische Inseln zwischen Genuss und Geschichte 100

Sommerkreuzfahrt: Im Riesenreich der Kamtschatka-Krabbe –
Mit der SILVER SHADOW von Alaska nach Japan 106

Herbstkreuzfahrt: Italien einfach? Einfach Italien! –
Die BERLIN zeigt Orte, die den Granden der Kreuzfahrt verschlossen sind 112

VOR UND NACH DER KREUZFAHRT

Wismars Aufschwung –
Die Hansestadt baut Kreuzfahrtschiffe und empfängt sie als Gast 118

Streifzüge an der Côte d'Azur – Für Kreuzfahrten ab Nizza, Monaco oder Marseille lohnt sich ein Vorprogramm an Land 124

DAS BESONDERE SCHIFF

Hochwertig und bodenständig – einfach Schweiz – Von der Schönheit einer eidgenössischen Schiffslady 128

WAS REEDEREIEN ERFINDEN

Bewährtes kehrt zurück – Nicht jede »Erfindung« unserer Tage ist wirklich neu 134

Ein blaues Auge – Das »Blue Eye« kennzeichnet bei Ponant die weltweit erste »Unterwasser-Lounge« 136

GLOSSE

Grenz-Geist & Brathering – Schiffsnamen – bei Lichte besehen sind sie ein Quell des Frohsinns 138

KLASSISCHE SCHIFFE

Neuer Superlativ für Dubai – Die legendäre QE2 dient als Hotel in Port Rashid 140

MENSCHEN AN BORD

Ein Pfarrer der besonderen Art – Wer mit Stefan Hippeler spricht, gewinnt Vertrauen in sein soziales Engagement 144

Im Interview: Isolde Susset, Produktmanagerin der Hapag-Lloyd-Neubauen 148

Ein Anker in Hamburg – Die Seemannsmission wirkt fast unsichtbar im Hintergrund 152

Ein ganzes Schiff, bitte! – Eine Schiffscharter muss wie ein Maßanzug sitzen 154

Hinter den Kulissen – Eine Schiffstaufe regt zu einer Besuchs-Trilogie an 156

Eine Seefahrt, die ist lustig … – … vor allem, wenn die richtige Crew an Bord ist 160

THEMENKREUZFAHRT

So weit die Räder tragen – Per Fahrrad und Schiff durch Österreich 164

Die geballte Leidenschaft Frankreichs – Beim Dinner-Erlebnis kommt die MARINA leicht vom Kurs ab 168

VORBEREITUNG KREUZFAHRT

Versuch macht klug – Vom richtigen Umgang mit dem Reisebüro 172

VIVA – da ist Leben drin – VIVA Cruises vermarktet exklusiv die Schiffe der Reederei Scylla. Wir sprachen mit Geschäftsführerin Andrea Kruse 174

Kreuzfahrt mit Rollstuhl – Ja, geht denn das? Selbstverständlich! 176

Maritimer Jahreskalender 180

RATGEBER

Ihr Kinderlein kommet! – Wie familienfreundlich sind die Kreuzfahrtschiffe wirklich? 182

Unwissenheit schützt vor Strafe nicht – … und der Reiseveranstalter hat keine Informationspflicht! 186

Sonnenbrand statt Skorbut – … aber nicht alle Krankheiten von anno dazumal sind Geschichte 188

Mit oder ohne Badehose? – Deutsche Saunaregeln gelten nicht überall auf der Welt 190

KREUZFAHRT – HOCHSEE

Junge, die Welt ist schön – Eine fröhliche Ostseereise mit der EUROPA 192

Eine Britin zeigt ihre Heimat – Die COLUMBUS ist (fast) ein britisches Kreuzfahrtschiff 198

Skandinavien »light« – Eine Nordlandreise soll zur Gemächlichkeit skandinavischer Lebenskultur passen 204

Lektor und Kreuzfahrtdirektor in Personalunion – Eine Griechin und ihr Cruise Director 208

INHALT

ERSTE KREUZFAHRT

Das Eis meiner Träume – Ansichten einer Erstkreuzfahrerin über Eis im Gletscher, im Salzwasser und im Whiskyglas 212

FLUSSREISE

Ultima Donau – Einmal Kilometer Null und zurück 218

Wannsee oder Ostsee? Wannsee, Oder, Ostsee! – Von der Backsteingotik zur Bäderromantik 224

SEGEL-KREUZFAHRT

Windjammer oder Kreuzfahrtschiff? – Die SANTA MARIA MANUELA erfindet eine neue Klasse des Trainee-Segelns 228

EXPEDITION

Antarktis zum Anfassen – Auf nächtlichem Kuschelkurs mit dem Weißen Kontinent 234

FÄHRREISE

Grüne Hauptstadt 2019 – Die Color Line bringt uns nach Oslo 240

MARKTÜBERSICHT, FLOTTENPHILOSOPHIE UND BEWERTUNG 246

KLASSISCHE KREUZFAHRTSCHIFFE 248

Azamara Club Cruises 250
MS AZAMARA JOURNEY – Ein Top-Schiff, das in aller Welt zu Hause ist

Celestyal Cruises 252
MS CELESTYAL CRYSTAL – Produkt für Wertschätzer mediterraner Lebenskultur

Crystal Cruises 254
MS CRYSTAL SYMPHONY – Warmer Luxus, der von Herzen kommt

FTI Cruises 256
MS BERLIN – Schiff zwischen großer Yacht und kleinem Oceanliner

Hansa Touristik 258
MS OCEAN MAJESTY – Ein gut modernisierter Oldie mit Charme

Hapag-Lloyd Cruises 260
MS EUROPA – Klassikerin auf der Suche nach Moderne

Oceania Cruises 262
MS MARINA – Komfort pur mit der besten Küche auf See

Phoenix Reisen 264
MS ALBATROS – Ein bestens gepflegter Oldie mit viel Platz

Plantours Kreuzfahrten 266
MS HAMBURG – Expeditionsgefühl zum Taschengeldpreis

Regent Seven Seas 268
MS SEVEN SEAS VOYAGER – Elegante Mega-Yacht mit höchstem Anspruch

Seabourn Cruise Line 270
MS SEABOURN SOJOURN – Eine Ultra-Luxus-Yacht

SeaDream Yacht Club 272
MS SEADREAM I – Ein Luxus-Tempel im Matchbox-Format

Silversea Cruises 274
MS SILVER SHADOW – Entspannter Luxus für Freunde klassischer Kreuzfahrt

TransOcean & CMV 276
MS COLUMBUS – Polyglotte Britin für europäisches Publikum

Windstar Cruises 278
MS STAR BREEZE – Ein Klassiker mit privatem Yacht-Ambiente

MEGALINER 280

AIDA Cruises 282
MS AIDAPERLA – Ein Alle-Generationen-Schiff mit Genussfaktor

Carnival Cruise Line 284
MS CARNIVAL HORIZON – Fun, Familie und Vergnügen auf hohem Niveau

Celebrity Cruises 286
MS Celebrity Solstice – Ein Premium-Schiff für innovatives Reisen

Color Line 288
MS Color Fantasy – Ein Riesenschiff, das jeden Tag verfügbar ist

Costa Kreuzfahrten 290
MS Costa Favolosa – Sehr ordentliche Urlaubs-Qualität zu familienfreundlichem Preis

Cunard Line 292
MS Queen Mary 2 – Ein Schiff, das als Grande Dame geboren wurde

Holland America Line 294
MS Koningsdam – Ein freundliches, serviceorientiertes Schiff

MSC Kreuzfahrten 296
MS MSC Meraviglia – Große Italienerin mit vielen Neuerungen

Norwegian Cruise Line 298
MS Norwegian Breakaway – Top-Entertainment seit einer Generation

Royal Caribbean 300
MS Symphony of the Seas – Das größte Schiff der Welt

Princess Cruises 302
MS Crown Princess – Ein frisch renoviertes internationales Schiff

TUI Cruises 304
MS Mein Schiff 6 – Ein modernes Stück schwimmende Heimat

EXPEDITIONSSCHIFFE 306

Hapag-Lloyd Cruises 308
MS Bremen – Eine Weltentdeckerin, die niemandem Vorschriften macht

Hurtigruten 310
MS Polarlys – Ein Linienschiff mit norwegischem Ambiente

Oceanwide Expeditions 312
MS Plancius – Ein kleiner Eispanzer für alle Fälle

Ponant 314
MS Le Boréal – Charmant-fanzösischer Mix aus Yacht und Explorer-Schiff

GROSSSEGLER 316

Sea Cloud Cruises 318
SY Sea Cloud – Das älteste Kreuzfahrtschiff im Markt

Star Clippers 320
SY ROYAL Clipper – Die Königin der Großsegler

FLUSSSCHIFFE 322

1AVista Reisen 324
MS VistaFlamenco – Ein Balkonschiff für begrenztes Reisebudget

A-Rosa 326
MS A-Rosa Donna – Genuss-Schiff mit Rose und Kussmund

CroisiEurope 328
MS Symphonie – Völlig entkerntes Schiff mit neuer Identität

Lüftner Cruises 330
MS Amadeus Silver (I + II + III) – Flussschiffe, die Luxus zuerst mit Platz definieren

Nicko Cruises 332
MS nickoVision – Begründerin einer völlig neuen Flussschiff-Generation

Phoenix Reisen 334
MS Asara – Ein First-Class-Schiff in legerer Atmosphäre

Plantours Kreuzfahrten 336
MS Sans Souci – Ein elegantes Entdeckerschiff in Deutschlands Osten

Thurgau Travel 338
MS Thurgau Ultra – Ein komfortables Schiff für entspannte Flussentdecker

BILDNACHWEIS/IMPRESSUM 340

TOP TEN

Landausflüge, die erfrischend anders sind

von Oliver Schmidt
mit Beiträgen von Yvonne Schmidt und Alexander Holst

Kreuzfahrten und ihr Landprogramm – schon bei der Frage, ob man so weit als möglich »Individualtourist« sein und es allein gestalten möchte oder doch lieber zum »fertigen« Ausflug greift, scheiden sich die Geister. Für das Angebot des Kreuzfahrtveranstalters spricht, dass Beginn und Dauer auf die Liegezeit im Hafen abgestimmt sind, ggf. Lunchpakete bereitgestellt werden und bei Verspätungen nicht nur das Abendessen wartet, sondern auch das Schiff. Wer hingegen aus der Stadt heraus mit öffentlichem Bus oder Mietwagen eine Überlandtour plant, braucht viel Zeit als »Puffer« für mögliche Pannen und unvorhergesehene Verzögerungen, denn das Schiff wartet im Ernstfall nicht auf ihn.

Zum Glück wird die Palette der Angebote deutlich breiter. Sportliche Ausflüge per Fahrrad ergänzen die biedere Stadtrundfahrt im Bus, andere Aktiv-Touren kommen hinzu; selbst Gebäude oder Stadtviertel, die eigentlich verschlossen schienen, öffnen sich. Vergessen darf man dabei nicht, dass fast alle »Shore-Excursions«, wie die Landausflüge bei Touristikern heißen, von örtlichen Agenturen geplant und durchgeführt werden; der Kreuzfahrtveranstalter erhält sie als fertiges Paket. Seine Einflussmöglichkeiten sind begrenzt. Überlassen ist ihm jedoch, zu welchem Preis er sie weiterverkauft; sie sind ein gewaltiger Gewinnfaktor in der Gesamtkalkulation einer Kreuzfahrt. Bei Regent Seven Seas hingegen ist selbst das Gros der Ausflüge bereits im Reisepreis enthalten. Andernfalls kann es leicht passieren, dass zwei Schiffe nebeneinander im Hafen liegen und genau den gleichen Ausflug anbieten, der aber bei einem der Veranstalter exakt das Doppelte (!) kostet (so erlebt auf Rhodos, Ausflug zur Burg Lindos).

Neu ist das Angebot von »Meine Landausflüge«, einem Hamburger Unternehmen, das in vielen Destinationen Touren organisiert hat, die unabhängig vom Anbieter der jeweiligen Kreuzfahrt gebucht werden können. Oft sind sie nicht nur preisgünstiger und erweitern die Palette, sie stehen auch bei der Kreuzfahrtbuchung schon bereit, während viele Kreuzfahrtgesellschaften ihre Ausflugsangebote erst rund sechs Wochen vor Reisebeginn vorlegen, man also bei der Buchung die Katze im Sack kaufen muss. Die Angebote von »Meine Landausflüge« finden Sie hier:

www.meine-landausfluege.de
E-Mail:
kontakt@meine-landausfluege.de
Tel.: 040 / 882 155 620

Nachfolgend haben wir Ihnen Beispiele für Ausflüge zusammengestellt, die über das normale Angebot (Panorama-Tour, Stadtrundfahrt, Ganztagsausflug mit Palast und Handwerksmarkt) deutlich hinausgehen und manchmal vielleicht ein Grund sein können, sich zur Kreuzfahrtbuchung zu entschließen.

Links:
Infotafel zu »Jack the Ripper« in Whitechapel

Rechts:
Der Bus wird zum Requisit: Tallinn-Ausflug

Auf den Spuren von Jack the Ripper durch London
(entdeckt bei Hansa Touristik)

Hinter der glitzernden Skyline der Metropole verbirgt sich ein düsteres, geheimnisvolles London. Ganz in der Nähe des Towers liegt Whitechapel; einst eines der schlimmsten Viertel der Stadt, wo Armut, Elend und Prostitution an der Tagesordnung waren. Im 19. Jahrhundert soll hier einer der berüchtigtsten Serienmörder aller Zeiten sein Unwesen getrieben haben: Jack the Ripper. Kleine Schiffe legen im Herzen von London an, von wo sich die Passagiere auf einen Spaziergang zu den Originalschauplätzen begeben können, wo Jack the Ripper seinen Opfern auflauerte und sie bestialisch ermordete. Auch das Jack-the-Ripper-Museum in einem schmalen viktorianischen Gebäude versucht, dem mysteriösen Mörder auf die Spur zu kommen. Zudem widmet es sich der Lebensgeschichte der Opfer, sodass ein »Ripper-Walk« kein reiner Kriminalausflug ist, sondern vielmehr eine Zeitreise in eine der schwierigsten Epochen Londons – für Zartbesaitete allerdings ungeeignet.

Tallinn in der Sowjetzeit
(entdeckt bei TUI Cruises)

Schon die Ankunft des Busses erregt Aufsehen: Dröhnend rollt ein knallgrüner russischer Militärbus aus den 1970ern auf den Parkplatz. »Stillgestanden!« – Ein sowjetischer Offizier schreitet die Reihe der Ausflugsanwärter ab, mustert jeden kritisch. Anschließend wird marschieren geübt. Im Gleichschritt eine Runde um den Bus, für manche gar nicht so einfach. Vor der Abfahrt gibt es Frühstück: sowjetischen »Kaffee und Croissant« – ein Gläschen Vodka und ein Cornichon. Zazdarovje! Unter Getöse und Geschaukel lässt der Fahrer den Motor an und fährt los. Doch schon nach hundert Metern knallt und raucht es und wir bleiben stehen. »yest' problema!« flucht der Fahrer. Alle müssen aussteigen und den Bus anschieben … Der Ausflug ist eine authentische, aber vor allem sehr witzige Reise in die sowjetische Vergangenheit Estlands. Der Reiseleiter weiß, wovon er spricht – er arbeitet hauptberuflich für die diplomatischen Beziehungen zwischen Russland und der Ukraine.

Madeira-Canyoning
(entdeckt bei AIDA Cruises)

Das so beschauliche Madeira, das zum Silvesterfeuerwerk, zu einer Korbschlittenfahrt oder auf den Spuren des Sonntagsmalers Winston Churchill besucht und gern mit einem Glas »Poncha« versüßt wird, kann auch anders. Zu einem Abenteuer in den Bergen führt eine etwa 30-minütige Fahrt im Minibus in den Madeira Ecological Park. Natürlich bekommen die ungeübten Besucher (vollständige Gesundheit, Fitness und Leistungsbereitschaft vorausgesetzt) eine Einweisung und Hilfe beim Anlegen der Ausrüstung. Dann folgen drei Stunden Naturerlebnis beim Canyoning durch Abseilen, Klettern, Springen und Schwimmen. Dabei werden ein Flusslauf bzw. eine Schlucht von oben nach unten durchwandert.

Slums von Mumbai
(entdeckt bei Hapag-Lloyd Cruises)

Kaum ein Land ist so fesselnd und gleichzeitig verstörend wie Indien. Fast Tür an Tür mit den Millionären wohnen hier die Ärmsten der Armen, wo sich Dharavi ausbreitet, einer der größten Slums der Welt mit rund einer Million Menschen. Spätestens seit dem Kinohit »Slumdog Millionaire« ist Dharavi aus seinem Schatten herausgetreten und »gesellschaftsfähig« geworden. Auf den ersten Blick scheint das Gewirr der Gassen ein Konglomerat aus notdürftig gezimmerten Holz- und Wellblechhütten, Dreck und Fäkalien zu sein. Ratten huschen über Berge von Müll, während heilige Kühe stoisch durch Menschenmassen vorbei an stinkenden Wasserrinnen trotten. Auf den zweiten Blick allerdings offenbart sich Ordnung im Chaos; besonders aber Würde inmitten von Armut. In Tausenden kleinen Werkstätten wird gebacken und gegerbt, getöpfert und Plastikmüll sortiert. Außerdem gibt es Schulen, Tempel und ein Krankenhaus. In Dharavi leben und arbeiten Menschen auf engstem Raum. Kritik an geführten Touren für Erste-Welt-Touristen durch die Dritte Welt bleibt nicht aus, doch nur eigene Erfahrungen machen Armut sichtbar und begreifbar. Außerdem kommen viele Führungen den Einheimischen zugute, indem ein Teil des Umsatzes zurück nach Dharavi fließt.

Unten links: Bergland auf Madeira

Unten rechts: Slums in Mumbai

Husky-Schlittenfahrt durchs Winterwonderland bei Kirkenes

(entdeckt bei Hurtigruten)

Kirkenes ist der Umkehrpunkt der norwegischen Linienschiffe kurz vor der russischen Grenze. Im Winter können hier leicht mal dreißig Minusgrade und ein eisiger Wind der wesentliche Eindruck sein. Eine kurze Busfahrt führt zum Hundeschlittencamp, wo um diese Jahreszeit Hochbetrieb herrscht. Zur Begrüßung wird geleckt und gekrault; niemand würde daheim auf die Idee kommen, die Hand in einen Zwinger oder eine Hundehütte zu stecken. Hier ist jede Zärtlichkeit willkommen. Zwei Personen sitzen hintereinander im Schlitten, 32 Hundebeine treiben ihn an, der Fahrer steht hinter einer Stange auf einen Absatz am »Heck«. Kein anderes Verkehrsmittel gleitet so harmonisch, leise und im Einklang mit der Natur durch die Landschaft, während die Mitfahrer dick eingepackt in Felle und Anoraks, Wollsocken und Boots still genießen und sich nur beim Fotografieren gelegentlich die Finger abfrieren.

Oben links: Mit dem Schlitten und 32 Beinen über zugefrorene Seen

Oben rechts: Huskys sind anlehnungsbedürftig

Links:
Auf welchem der Dächer Stockholms mag sich wohl ein Aussichtspunkt verbergen?

Rechts oben:
Besuch in der Altstadt von Dubrovnik

Rechts unten:
Ohne Führung gibt Riga seine Geistergeschichten nicht preis

Verbrecherjagd in Köln
(entdeckt bei »Kölsche Schmier«)

Gerade für Flusskreuzfahrer ist das Angebot an Aktiv-Ausflügen oft mager. Eine neue Freizeitaktivität findet in Deutschland immer mehr Zuspruch: interaktive Stadtführung, auch »Stadtspiel« genannt. Für Flussreisende mit Stopp in Köln bietet die »Kölsche Schmier« eine Verbrecherjagd durch die historische Altstadt an: Wer fängt zuerst den Räuber des Domschatzes? Da konkurrieren mehrere Detektivgruppen miteinander, kundschaften historische Plätze aus, untersuchen alte Inschriften und präsentieren kölsches Liedgut. Dem Sieger winkt die Anerkennung der »Kölschen Schmier« (= Polizei). Im Februar 1996 wurde tatsächlich ein kostbares Vortragekreuz aus dem Domschatz entwendet. Nur mithilfe des Kölner Ganoven »Schmitz Nas« war die glückliche Rückführung dieser Kostbarkeit möglich. Wieder und wieder wird dieses historische Ereignis nachgestellt.

www.kölsche-schmier.de

Über den Dächern Stockholms
(entdeckt bei Hapag-Lloyd Cruises)

Es gibt diese Tour nicht nur bei Hapag-Lloyd, und es gibt das »Rooftop«-Erlebnis mit unterschiedlichem Anspruch an Schwindelfreiheit. Die Light-Variante zeigt interessante, weil nie gesehene Perspektiven von Dachgärten, Glaskuppeln, Penthäusern und Dachluken, die einem privaten Besucher meist nicht zugänglich oder nicht bekannt sind, ohne einen Balanceakt zu verlangen. Höhenangst sollte jedoch nicht haben, wer Stockholms »Höhepunkte« im wahrsten Wortsinn aufsucht.

Games of Thrones in Dubrovnik
(entdeckt bei Meine Landausflüge)

Fans der erfolgreichen Fernsehserie »Game of Thrones« kommen hier voll auf ihre Kosten. Der Ausflug führt zu den Original-Drehorten der berühmten HBO-Serie. Der Tourguide vermittelt zeitgleich Wissenswertes über die Geschichte der kroatischen Hafenstadt und über die Fantasiewelt von »Game of Thrones«. Besucht wird zunächst die historische Altstadt, aus der Serie bekannt als »Königsmund«. Weiter geht es per Boot zur Insel Lokrum, wo die Szenen in der fiktiven Stadt »Qarth« gedreht wurden. Dort gibt es ein kleines Museum und man kann sogar Fotos vom Original-Thron machen. Ein ähnlicher Ausflug führt zum Nationalpark Krka mit den Originaldrehorten Winnetous.

Geisterwanderung durch Riga
(entdeckt bei AIDA Cruises)

Die abendliche Fußwanderung zum Rigaer Schloss ist kurz (15 Minuten). Von dort startet ein etwa einstündiger thematisierter Spaziergang mit spannenden Geschichten über mysteriöse und geheime Orte der Stadt, unterbrochen von einer 45-minütigen Erfrischungspause in einem altertümlichen Weinkeller mit einem Glas des traditionellen lettischen Likörs »Rigaer Schwarzer Balsam«, wobei genug Möglichkeit bleibt, sich mit anderen Passagieren oder dem Reiseführer über die historischen Kuriositäten der Stadt auszutauschen. Bis zur Rückkehr zum Schiff bleibt dies ein Ausflug zu Fuß.

Oben:
Auf dem Markt gibt es passende Kochlöffel ...

Unten:
... und toskanische Zutaten zu kaufen

Kochkurs in der Toskana
(entdeckt bei Meine Landausflüge)

Nicht jeder, dessen Schiff in Livoro anlegt, möchte nach Florenz oder Pisa fahren; vielleicht kennt er die Orte auch schon. Der Kochkurs erlaubt es, in die Kultur und die »Ars Vivendi« der Toskana einzutauchen und die Leidenschaft für die italienische Küche zu erleben. Authentische italienische Gerichte werden in einer informellen und freundlichen Atmosphäre selbst zubereitet. Der Chefkoch zeigt, wie handgemachte Pasta und andere Spezialitäten der toskanischen Tradition hergestellt werden. Fachgerechte Ausstattung wie Schürze und Kochlöffel gehören dazu. Nach dem Verzehr des eigenen Menüs können Garten und Weinkeller ausgekundschaftet werden.

NORWEGIANS PRIVATES INSELPARADIES

Über 40 Jahre genießen NCL-Passagiere die einsame Insel

von Izabella Meczykowski

Norwegian Cruise Line »erfand« vor über 40 Jahren die Privatinsel

So einsam wie hier war Izabella in Wirklichkeit nicht

Majestätische Kokospalmen, das türkis schimmernde Meer und – ach ja, dieser traumhafte Puderzuckersand. Eine Idylle, wie sie im Buche steht! Zumindest, wenn man sich die restlichen knapp 2.400 Mitreisenden, die vor ein paar Minuten mit mir in mehreren Tenderbooten an Land gebracht wurden und nun auf der Bahamas-Insel umherirren, wegdenkt.

»Great Stirrup Cay« nennt sich die kleine Perle in der Karibik. Und obwohl ich bereits hunderte von Stränden aufgrund meines Jobs als Strandtesterin bereisen und bewerten durfte, ist der vier Hektar große Hauptstrand der Insel, auf dem ich nun stehe, doch besonders. Warum? Ganz einfach. Great Stirrup Cay ist seit 1977 eine Privatinsel und seitdem den Passagieren der Norwegian Cruise Line (NCL) vorbehalten. Alles entsteht hier ausschließlich für und wegen der Touristen.

Ein »normaler« Strandtag auf der Insel

Die einsame Touristenhochburg

Stichwort »Authentizität«: Was mich doch ein wenig an der ganzen Sache stört, ist, dass diese Insel sonstwo auf der Welt liegen könnte. Sie ist unbewohnt und der Strandbereich künstlich angelegt, somit könnte das Ganze hier genauso gut das Tropical Island in Deutschland sein, um es übertrieben zu formulieren. Es fehlt dieses gewisse »Etwas«, das einheimische Flair, wenn man es so nennen will. Die Insel hat etwas Unechtes.

Nachts trifft man hier keine Menschenseele. Dann ist Great Stirrup Cay eine echte »einsame Insel«. Erst am Morgen, bevor die Kreuzfahrer anreisen, werden die Lebensmittel und alles, was zu dem exklusiven Kreuzfahrt-Paket der NCL dazugehört, auf das Inselchen gebracht. Das Einzige, was nun am helllichten Tage einsam zu sein scheint, ist die NOWEGIAN GEM. Das Kreuzfahrtschiff, das uns morgens hier abgesetzt hat, wartet vor der Insel, um am Abend seinen Kurs fortsetzen zu dürfen.

Für Einkaufsmöglichkeiten hat NCL gesorgt

Die Insel dagegen ähnelt auf den ersten Blick eher einer Touristenhochburg. Dabei sah alles von Weitem so friedlich und idyllisch aus. Aber Jammern auf hohem Niveau war schon immer meine Stärke. Mir ist nämlich durchaus bewusst, dass ich als Individualreisende in einem Pauschalurlaub wohl ein wenig fehl am Platz bin. Dennoch wären mir weniger Touristen um mich herum etwas lieber. Eine Insel ganz für uns allein? Ja, vollkommen richtig. Aber bei 2.400 Menschen auf einem Fleck verliert man schon mal kurz den Überblick. Als komplett einsam oder als typisch bahamesisch wurde das kleine Eiland von der internationalen Kreuzfahrtreederei allerdings nie angepriesen. Was versprochen wurde, wird gehalten. Und dass diese Insel »anders« ist, hätte ich bereits im Vorfeld erahnen können.

»Great Stirrup Cay« ist inzwischen zum Markenzeichen geworden

Wunschlos glücklich

Zurück also zum Puderzuckersand, der sich trotz allem immer noch unglaublich weich an meine Füße schmiegt. Ein herrliches Gefühl!

Als Strandtesterin habe ich pro Strand 130 verschiedene Kriterien unter die Lupe nehmen müssen. Infrastruktur, Sauberkeit, Strandauslastung, das Ambiente, Wassersport und alles, was für einen Strandurlauber nun mal von Interesse ist.

Wenn ich den Hauptstrand von Great Stirrup Cay vor Augen habe, wird mir klar, dass er in vielen Punkten mit der Bestnote abgeschnitten hätte. Im Fazit hätte gestanden »Exquisiter Strand auf den Bahamas« oder »Private Paradiesinsel, die keine Wünsche offen lässt« oder so ähnlich. Und ein wenig erinnert mich Great Stirrup Cay sogar an Bacardi Island in der Dominikanischen Republik, die ich 2015 besuchen durfte und bei der es in der Überschrift »Klein, aber oho!« hieß.

Die Mitarbeiter der Nowegian Gem leisten ausgesprochen gute Arbeit. Die Getränke werden dem Gast sogar bis zur Sonnenliege gebracht, es sind spezielle Strand- und Wasserrollstühle vorhanden und auch für die Sicherheit der Badegäste wird dank der Rettungsschwimmer an mehreren Stellen des Strandes gesorgt. Es fehlt hier an absolut nichts. Zumindest ich fühle mich bestens bedient. Aber auch wenn ich nach links und rechts blicke, entdecke ich kein einziges Gesicht, das wie »sieben Tage Regenwetter« dreinblickt. Am Himmel sieht es definitiv auch nicht danach aus.

Das Dining-Angebot kann sich auch mehr als sehen lassen. So wie auf dem Schiff sind auch auf der Insel das Essen und einige alkoholfreie Getränke im Reisepreis inbegriffen. Neben der neuen Taco-Bar, die ich nebenbei bemerkt sehr empfehlen kann, wurde auch der Jumbey-Beach-Grill vor

Kurzem umgestaltet und modernisiert. Die Restaurants wurden nicht nur durch schicke Überdachungen im Resort-Stil erweitert, sondern glänzen nun darüber hinaus mit gemütlichen Aufenthaltsräumen und bequemen Sitzgelegenheiten.

Habe ich schon das riesige Strandbuffet erwähnt? NCL hat wirklich an alles gedacht.

Luxuriös und vielfältig

Wer auf dem Eiland schlichtweg die Seele baumeln lassen will, wird nicht enttäuscht. Die privaten Strandhäuschen, sogenannte »Cabanas«, versprechen Ruhe und Erholung auf höchstem Niveau. Darüber hinaus soll schon bald ein privates Lagunen-Resort entstehen, in dem die Gäste von einem eigenen Strandbereich, einem Restaurant mit Meerblick und einem Mandara-Spa (spezielle Spa-Behandlungen aus Bali) profitieren werden. Auch ein gesonderter Familienbereich und 22 luxuriöse Strandvillen mit eigener Terrasse und Whirlpool werden Teil dieses exklusiven Resorts. Nicht schlecht. Aber mal ehrlich, wer will sich bei dem riesigen Angebot an Freizeitaktivitäten schon entspannen? Es wäre zugegebenermaßen niemandem zu verübeln.

Da mir aber leider nur wenige Stunden auf der paradiesischen Insel gegeben sind, wende ich meinen Blick schweren Herzens ab und fahre mit meiner Inselerkundung fort.

Zum heutigen Programm gehören wahlweise Schnorcheln im Unterwasser-Skulpturengarten, eine spannende Kajak-Tour entlang der Küste und eine Spritztour mit dem Jetski zu den umliegenden Inseln. Kulturinteressierte haben die Möglichkeit, bei einer umweltfreundlichen Katamaranfahrt die Natur und Geschichte der Berry Islands zu erforschen, deren nördlichster Ausläufer Great Stirrup Cay ist. Ein ganz besonderes Erlebnis ist außerdem die Begegnung mit Stachelrochen. Die Liste an Möglichkeiten, sich die Zeit zu vertreiben, ist nicht nur lang, sondern macht es einem auch nicht besonders leicht, sich bei der Vielfalt zu entscheiden. Ich tendiere zu der Begegnung mit den Stachelrochen und beschließe damit anzufangen.

Unten links:
In den Lounge-Bereichen ist die Versorgung fast genauso gut wie an Bord

Unten Mitte:
Trotz »ambulanter« Nutzung wirkt Great Stirrup Cay nicht einsam

Schwimmen mit Rochen

Bootsfahrt zum Strand

Stingray City

Rochen sind die hiesigen »Haustiere«, erzählt man mir. Für dieses einzigartige Treffen erhalten die Gäste eine Maske und einen Schnorchel, um auch einen Blick unter Wasser auf die wunderbaren Tiere werfen zu können. Die ganze Exkursion dauert etwa 90 Minuten und ist für $ 75 im Voraus online oder auf dem Schiff buchbar.

Die Tiere werden in einem großen Bassin gehalten, der sogenannten »Stingray City«. Auf diese Weise kann die Begegnung zwischen Mensch und Tier überhaupt erst zustande kommen. Nachdem unser Guide uns über alle Do's und Don'ts aufgeklärt hat, werden wir mit einem Schnellboot zu den Rochen gebracht. Nach nur wenigen Minuten dürfen wir ins Wasser und

Unten rechts:
Genug Sonnenliegen für alle

Bootsanleger und Basis für Tauch- und Schnorchelausflüge

uns mit den eleganten und anmutigen Kreaturen anfreunden. Diese zeigen, nebenbei bemerkt, keine Scheu, sich den vielen Menschen zu nähern. Meine anfängliche Skepsis ist verflogen, und ich freue mich wie ein kleines Kind über diese unglaublich schöne Erfahrung. Die Rochen sind nicht nur sehr zutraulich, sondern fühlen sich auch sehr weich an und interagieren gerne mit den Menschen um sie herum. Wie erwartet werden hier und da Fotos geschossen, um dieses Ereignis für Familie und Freunde daheim festzuhalten. Auch ich kann es mir nicht verkneifen und posiere fröhlich vor der Kamera. Definitiv einer der Höhepunkte meiner Kreuzfahrt!

Das Unterwassermärchen

Als nächstes auf dem Programm steht für mich die Erkundung der Unterwasserwelt. Egal ob Anfänger oder Schnorchel-Profi: Den hiesigen Unterwasser-Skulpturengarten sollte man sich nicht entgehen lassen. So liest es sich zumindest auf der Webseite der NCL.

Kurzum schnappe ich mir meine ausgeliehene Schnorchel-Ausrüstung und hüpfe ins Wasser. Keine Viertelstunde später finde ich mich in einem Unterwassermärchen inmitten von Meerjungfrauen, Springbrunnen und weiteren fantastischen Meereslebewesen wieder. Das kleine Schnorchelabenteuer macht Spaß und ist vor allem schön anzusehen. Das Wasser ist klar und die Sicht reicht viele Meter weit. Ich lasse mich einfach treiben und genieße diese ganz eigene Welt, in der alles so still und friedlich ist.

Shoppen und entspannen

Eine gefühlte Ewigkeit und zwei Drinks später schlendere ich wieder über die neu angelegte 800 Meter lange Strandpromenade und komme schließlich an den bunten Ständen des lokalen Marktplatzes vorbei.

Ich spüre förmlich, wie mich das bahamesische Kunsthandwerk, die farbenfrohen Kleider und die Armbänder in allen Farben und Größen anlächeln. Meine Schwäche für unnötigen Krimskrams ist manchmal wirklich überwältigend! Eine gesunde Portion Minimalismus in der ein oder anderen Situation wäre durchaus wünschenswert. Da ich allerdings keine Zeit mit Shoppen vertrödeln will, warte ich mit meinem kleinen Einkaufsbummel noch bis wir in Nassau, der Hauptstadt der Bahamas, an Land gehen. Mein Geldbeutel hat heute nochmal Glück gehabt.

Ich laufe also weiter. Der Wanderweg erleichtert nicht nur den Zugang zu den schneeweißen Sandstränden, sondern liegt auch in der Nähe des 2.000 Quadratmeter großen Unterhaltungs- und Aktivitätsbereichs. Er führt außerdem unmittelbar an der Küste entlang. Der Ausblick auf den weiten Ozean hat etwas Beruhigendes und lässt alle Sorgen rasch vergessen. Es ist schon erstaunlich, wie positiv sich das Meer auf unseren Gemütszustand auswirken kann.

Nachdem ich die Atmosphäre auf mich wirken gelassen habe, beschließe ich, mich auf der berühmt berüchtigten Entspannungsinsel auch tatsächlich mal zu entspannen.

Zu meinem Erstaunen gestaltet es sich auch gar nicht so schwer, ein ruhiges Plätzchen am Strand ganz für mich allein ausfindig zu machen. Also mache ich es mir in dem angenehm warmen Sand gemütlich und lausche dem Wellengang.

So schön und so kurz

Leider kann so ein Tag ganz schön schnell vorbei sein. Eh ich mich auf meinem Badetuch von der einen Seite zur anderen drehe, ist es schon fast 17.30 Uhr. Bevor es aber zurück aufs Schiff geht, peile ich noch eine der insgesamt drei Rum- und Tequila-Bars an. Wäre doch eine Schande, die breite Cocktail-Auswahl komplett außen vor zu lassen! Die Bahama-Mama-Cocktails sind nämlich vorzüglich.

Und während ich genüsslich meinen Drink schlürfe, an einer Scheibe Ananas knabbere und die Insel auf mich wirken lasse, kommt sie mir auf den zweiten Blick auch gar nicht mehr so überfüllt vor.

Eigentlich lässt es sich hier wirklich gut aushalten …

Oben:
Shopping – für US-Passagiere ein Muss

Unten:
Traumtag unter Palmen

Gemütlichkeit auf dem kleinen Achterdeck

Koloniales Havanna

WER MICH SUCHT, FINDET MICH AUF DEM MEER

Transatlantik – von Havanna nach Lissabon

von Bernd Brümmer

Es ist dieses Fernweh, das in mir wächst und wächst. Ganz besonders im Januar und Februar lässt es mich unentwegt klagen: »Ich wünsch mich weg, ich wünsch mich weit, ganz weit über den Ozean.«

Gerade, weil ich selbst lange Zeit auf Kreuzfahrtschiffen zur See gefahren bin, brauche ich meine Auszeit auf dem Meer. Mit Wasser bis zum Horizont, der Weite des Himmels und unendlichen Seetagen ist eine Transatlantikquerung ein einzigartiger Hort der Entschleunigung. Mit einem Schiff, das nicht regelmäßig den Atlantik quert, das von 1986 bis 1999 das ZDF-»Traumschiff« war, Drehort für die überaus populäre Serie, in der Sascha Hehn die Damenwelt an Bord mit seinem Charme bezauberte. Nun ist der Glamour von einst ein wenig verblasst. Die Freundlichkeit des Servicepersonals ist geblieben.

Nach Ankunft in Havanna erwartet mich mein schwimmendes Urlaubsdomizil von FTI Cruises, die BERLIN. Das beliebte Schiff hat sich erfolgreich zum gemütlichen Ferienschiff gewandelt – mit einer Tonnage von gerade mal 9.570 BRZ und Platz für maximal 412 Passagiere. Das zurzeit größte Kreuzfahrtschiff der Welt ist zwanzigmal so groß. Die klassischen Innen- und Außenkabinen brauchen sich nicht zu verstecken. Balkonkabinen sind hingegen Fehlanzeige. Dafür finden sich hier noch wunderschöne Außendecks, die den Gästen viel Platz an der frischen Seeluft bieten.

»Das Meer ist der letzte freie Ort auf der Welt« (Ernest Hemingway)

Die ganz große Freiheit erwartet mich und meine Mitreisenden auf dem Südatlantik. Vorher aber genießen wir alle noch einmal die kleinen Freiheiten und die sonnige Leichtigkeit der Karibik. Besuchen Santo Domingo, Road Town/Tortola (Britische Jungferninseln) und St. Johns auf Antigua. Für uns nur »kurze Boxenstopps« auf See. Jetzt heißt es zum einen »einmal volltanken bitte« und zum anderen genügend festen und flüssigen Proviant für den langen Urlaub auf dem Wasser an Bord zu nehmen. Vor uns liegen sechs Seetage, bevor die BERLIN auf den Azoren festmacht. So ist es geplant, aber auf Reisen ist es ganz normal, dass Pläne sich ändern. Am Nachmittag informiert der italienische Kapitän Alberto Tarozzi über Bordlautsprecher, dass es für uns leider kein Hoch auf den Azoren geben wird. Aufgrund der Wettervorhersage werden wir den Azorenhafen Ponta Delgada nicht anlaufen können. So folgen wir jetzt »einer relativ sturmfreien Umleitung« bis zu unserem nächsten Ersatzhafen Funchal auf Madeira. Nun sind es 2.606 Seemeilen (4.826 Kilometer), die vor dem Bug liegen – fast acht

Ein Wort vom Kapitän

Ein Besuch der BERLIN bedeutet keine Passagierflut für das Hafenstädtchen

Links:
Shuffleboard an Deck

Rechts:
Brückenbesuch

Tage, bevor es heißt »Land in Sicht«. Mit einer maximalen Reisegeschwindigkeit von maximal 15 Knoten (28 Kilometer) pro Stunde, sind wir jetzt 188 Stunden auf dem Meer.

Der schönste Platz zwischen zwei Häfen ist an der Reling

Unser Kurs: immer Richtung Osten. Bei dieser Route (Eastbound) ist die Sonnenseite auf der Berlin an Steuerbord. Die Uhren werden täglich um eine Stunde vorgestellt. Aber nicht mitten in der Nacht, sondern ganz elegant am Mittag, immer von 13.00 auf 14.00 Uhr. So führen wir an Bord Regie über unsere Zeit und unser Leben. Ein Leben bei nur leichter Dünung und strahlendem Sonnenschein. Fit in den Tag mit Power Walking. »Trainerin Betty geht vorweg, unser sportlicher Kreuzfahrtdirektor schiebt am Heck«. Sport am Morgen vertreibt Kummer und Sorgen. Die nicht ganz so Sportlichen liegen schwerelos entspannt im Liegestuhl, lesen, spielen Shuffleboard an Deck, hören sich einen Vortrag an oder nehmen an einer Brückenführung teil, die es auf der Berlin allen Vorschriften zum Trotz noch gibt.

Einige Kabinen haben Doppelbetten

Zur Mittagszeit geht es in das Restaurant oder zum Buffet an Deck. Innen oder außen – jeder wie er gerade Lust hat. Die Freiheit des Meeres gilt auch an Bord. Der Nachmittag vergeht schnell. Zeit für Bingo, Kartenspiel oder einen Besuch beim Friseur. Am Abend lädt der Kapitän zu einem Cocktail-Empfang, bevor uns die Küche mit ausgesuchten Gerichten verwöhnt. Jeder Abend an Bord bietet ein abwechslungsreiches Programm. Party unter den Sternen, »Broadway-Show« in der Sirocco Lounge, Tanzmusik mit dem Berlin-Trio oder musikalische Unterhaltung durch den Bordpianisten. Langeweile habe ich nie, auch wenn backbord und steuerbord, vorn und achtern nur Wasser ist.

Unser einmaliger FernSeeGarten

Jeder Seetag ist wie ein Freund, der in uns immer wieder diese azurblaue und unendlich wunderbare Meeressehnsucht weckt. Meerwasser ist farblos. Wir sehen die Farben im Meerwasser nur, weil das Wasser mit dem Licht spielt. Aufregend, unendlich, sich unermüdlich im hundertfachen Farbenspiel

verändernd. Wellen und Dünung, Gischt und Schaumkronen – Atlantik so weit das Auge reicht. Ein stets rauschender und schaumiger Begleiter, der seine Betrachter immer wieder tief beeindruckt.

Heute sind endlich einmal Delfine zu sehen. Mit denen ist es wie beim Pilze suchen. Um sie zu erspähen, braucht man gute Augen und viel Geduld. Wer ein Fernglas hat, ist hier im Vorteil. Hat man die silberglänzende Delfinschule mitten auf dem Meer endlich entdeckt, kennt die Begeisterung keine Grenzen mehr. Diese schönen und eleganten Tiere sind die wahren Wellenreiter. Sie begleiten das Schiff spielerisch über lange Strecken direkt am Bug und fliegen immer wieder artistisch über die Wasseroberfläche. Ganz großes Kino ohne Eintrittskarte.

Menschen und Momente auf See

Kapitän Tarozzi hat die richtige Entscheidung getroffen, indem er das Sturmgebiet elegant umfahren hat. Statt stürmischer Azoren lieber leicht schläfrig machende Dünung und herrlicher Sonnenschein. Wenn es am Abend etwas bewegter wird, macht Kapitän Alberto den Entertainer an Deck. »Amerikanische Schule«, sagt er und schmunzelt. »Internationales Entertainment habe ich als Kapitän auf der PACIFIC PRINCESS gelernt. Bereits als junger Mann hatte ich ein Kommando auf dem ›Love Boat‹, dem amerikanischen ›Traumschiff‹ der ersten Stunde.« Heute Abend singt er die italienischen Evergreens »Marina« und »Azzurro« für seine Passagiere.

Danach kehrt Stille ein. Der liebe Gott beginnt mit seiner allabendlichen Dia-Show. Ein Stern nach dem anderen zeigt sich am Nachthimmel. Der Sternenhimmel auf See strahlt so viel klarer und heller als an Land. Dieses unendlich funkelnde Sternenmeer ist eine gelungene Abendvorstellung zum Ausklang eines jeden Tages.

Nach dieser wunderbaren Nacht komme ich am nächsten Morgen beim Frühstück mit meinen Tischnachbarn Frau Ling aus Frankfurt/Main und Peter aus Mannheim ins Gespräch. Für den begeisterten Motorradfahrer Peter ist es die erste Kreuzfahrt. Mit seiner schweren Maschine ist er schon durch ganz Europa gefahren. Ein leichter

Links:
Gemüseschnitzen zum Zuschauen

Rechts:
Showtime in der Sirocco Lounge

Links:
Sonnenbaden auf dem Atlantik

Rechts:
Geschafft!
Nach sechs Tagen wieder an der Pier

Unfall hat ihn vorerst etwas ausgebremst. »Erholen Sie sich doch auf dem Meer«, hat ihm sein Reisebüro vorgeschlagen. »Mir geht es tatsächlich jeden Tag etwas besser«, sagt Peter strahlend und zufrieden. Frau Ling hingegen ist eine erfahrene Seereisende. Da sie immer wieder unter Heuschnupfen leidet, geht es in den für sie an Land kritischen Monaten auf See. Hier fliegen nur die Fische, aber keine Pollen.

Schiffsreisen, vor allem die mit vielen Seetagen, machen gesund und halten jung. Das mag am Wetter liegen, an frischer Luft und am Seewind. Auch an den Begegnungen mit den unterschiedlichen Menschen an Bord – ganz ohne Facebook. Der Seereisende ist auf See, um zu entschleunigen und seine Freiheit zu genießen. Seetage sind auch Seelentage. Wer gut erholt und braungebrannt auf der Liege an Deck in den Himmel schaut, der fühlt sein eigenes Leben und will plötzlich nur noch unendlich genießen.

Die Wolken, der Wind und das weite Meer

Nicht mehr lange sind sie unsere treuen Begleiter. Den Zwischenstopp Madeira hat die BERLIN pünktlich erreicht. Zurück bleibt eine schöne Zeit auf See mit unvergesslichen Tagen und Nächten. Von Havanna bis Lissabon haben wir dann insgesamt 4.701 Seemeilen zurückgelegt, das entspricht 8.706 Erlebniskilometern. Keiner glich dem andern, und keiner davon war uninteressant.

Trauriger Abschied in Lissabon von vielen neu gewonnenen Freunden. Ling fliegt nach Frankfurt, bucht dort ihre nächste »Heuschnupfen-Kreuzfahrt« (natürlich mit vielen Seetagen). Peter fährt mit dem Bus zurück nach Mannheim, freut sich auf sein Motorrad und seine zweite Kreuzfahrt.

England, Schottland und Irland möchte er gerne mit dem Schiff bereisen und wünscht mir beim Abschied:

»Mögen alle deine Himmel blau sein,
mögen alle deine Träume wahr werden,
möge der Wind immer in deinem Rücken sein
und möge die Sonne warm auf dein Gesicht scheinen. «

»Das ist ein irischer Segensspruch für Reisende« höre ich ihn noch rufen, als ich in mein Taxi steigen will. »Und alle damit verbundenen Wünsche sind auf unserer Überquerung des Atlantischen Ozeans, dem zweitgrößten Ozean der Welt, für mich in Erfüllung gegangen«, fügt er noch hinzu und verschwindet endgültig im Bus.

Wie recht er doch hat, denke ich. Diese Kunst, das Leben auf See zu genießen, ist ganz einfach. Man sollte sie zu seinem Hauptberuf machen.

BERLIN
VALLETTA

VOR 40 JAHREN

Wie dem heutigen Reisejournalisten Seebeine wuchsen

von Oliver Schmidt

»Das ist ja hier drin wie in 'nem Haus!« So ist er überliefert, mein erster Satz, als ich mit 8 1/2 Jahren das Foyer meines ersten Kreuzfahrtschiffes betrat. Mein Vater, 1919 in Danzig geboren, hatte bei Behnke & Sieg am Langen Markt den ehrbaren Beruf des Schiffsmaklers erlernt. Schon als Kind habe ich die tollsten Geschichten gehört – wie er, wohl nicht ganz nüchtern, von der Gangway fiel zwischen Pier und Schiffswand und hoffte, es möge kein vorbeifahrendes Schiff mit seiner Bugwelle das ihm nächstliegende näher an die Mauer drücken. Oder wie ihm der Kommandant der SCHLESWIG-HOLSTEIN, die zu Kriegsbeginn 1939 das Feuer auf die Westerplatte eröffnen sollte, kurz nach dem Festmachen in den letzten Augusttagen hinter vorgehaltener Hand sagte: »Ich habe eine furchtbare Fracht an Bord!« Auch von U-Booten, die Schiffe versenken, hatte ich gehört. Der Reset-Knopf für all diese wilden Geschichten war gefunden worden, ich flog ohne Angst in die Karibik, aber eine Vorstellung von dem, was mich erwartete, hatte ich nicht.

Die Zeit auf dem Flug habe ich genutzt, um die hinter mir sitzenden Reiseleiterinnen zehn Stunden lang mit einer offenbar unerschöpflichen Flotte

Im Jahr 1979 war das Anlegen eines »großen« Kreuzfahrtschiffes noch etwas Besonderes

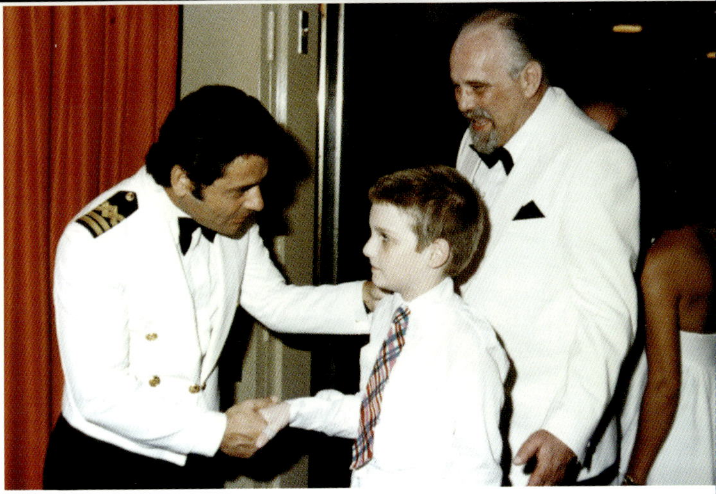

an Matchboxautos aus meinem Kinderkoffer zu nerven, die ich sehr liebte. An Schiffen hingegen konnte ich mir nur von der HOPPETOSSE des Kapitän Langstrumpf eine genaue Vorstellung machen, und so etwas mit knarzendem Holz und Hängematten muss ich wohl erwartet haben. Wie es auf Puerto Rico zuging, das wusste ich meiner Meinung nach hingegen sehr genau, war doch in Schulen und Kindergärten damals die »Fidula-Platte« mit Tanzanweisungen für Kinder sehr en vogue, und die begann mit einem Lied über den kleinen Chico, der in San Juan auf der Straße sitzt, als Schuhputzer mit dem Straßenstaub aus Sydney und Boston zu tun hat und von diesen fernen Orten träumt. Beim Schuheputzen. »Das kann er bei mir auch machen«, dachte ich und habe einige Zeit vor der Abfahrt das Schuheputzen eingestellt. Ob Chico wild darauf war, vom Staub aus Langenberg im Rheinland zu träumen, weiß ich nicht. Heute denke ich weniger kolonialistisch.

»Einmal will ich Euch zeigen, wie es auf einem großen Schiff zugeht«, hatte der alte Schmidt gesagt, der schon in den 50ern mit Frachtern nach Cartagena gefahren war, um dort zu arbeiten, und in den 60ern mit schmucken Linern der Holland-America-Line nach Kanada. Hier ist übrigens eine Passagierliste enthalten, in der er die unter »Miss« eingebuchten Passagierinnen mit allerlei handschriftlichen Zeichen versehen hat. Nur, was das Häkchen bedeutet, kann ich mir ungefähr vorstellen. In der Ersten Klasse sind deutlich mehr Häkchen als in der Zweiten und Dritten.

Zwölf Jahre hatten die Eltern in eine Lebensversicherung eingezahlt, und die Hälfte der ausgezahlten Summe, die zur Anschaffung eines ordentlichen Mittelklassewagens gereicht hätte, sollte 1979 in die Kreuzfahrt fließen: 19 Tage; eine Runde durch die Karibik inklusive La Guaira/Caracas, Transatlantikfahrt, Madeira, Lissabon, Vigo, Amsterdam. Dort roch es dann schon nach zu Hause. Wie bei so vielen, die später süchtig werden und von der Kreuzfahrt-Droge nicht mehr lassen können, begann es mit »Once in a Lifetime«. Ausgewählt war das Flaggschiff der Chandris Lines, deren weißes griechisches »Chi« auf blauem Grund noch heute die Schiffe der Nachfolge-Gesellschaft Celebrity

Oben:
Zum ersten Mal
im Kreuzfahrerleben:
Shakehands
mit dem Kapitän

Unten:
Klassisches Bootsdeck
der BRITANIS

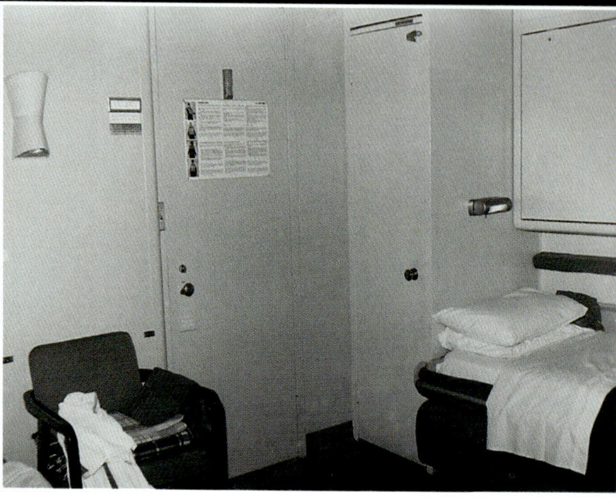

Oben links: Überdachtes Promenadendeck

Oben rechts: Die Kabinen waren aus heutiger Sicht spartanisch

ziert: die Britanis. Mit 47 Dienstjahren war sie schon damals das dienstälteste Kreuzfahrtschiff auf den Weltmeeren, gebaut noch auf Kohlenbefeuerung und später auf Öl umgestellt. Obwohl ihr eleganter, lang gezogener Rumpf mit den zwei Schornsteinen, dem langen Vorschiff und der überdachten Promenade deutlich größer wirkte, entsprach ihre Tonnage in etwa der heutigen Deutschland – mit 1.600 Passagieren! Mir ist im Nachhinein völlig unklar, wo die alle waren. An jedem der zwei Kabinengänge pro Deck war nach außen ein Stichgang, an dem wiederum drei Kabinen lagen; nur die äußerste hatte zwei Bullaugen. Das war unsere, Nummer 236. Darunter ein Bett, gegenüber zwei, ein schmaler Gang, am Kopfende die Klotür. Das war's. Aber, und so sang schon Hilde Knef, schön war es doch.

Am zweiten Tag, Antigua und St. Maarten lagen nacheinander vor der Luke, hatte ich mich mit dem Bordleben schon erheblich angefreundet. Der Anorak, den man mir angezogen hatte, als das erste graue Zwielicht durchs Bullauge blitzte, hing längst wieder im Schrank, denn beim ersten Schritt an Deck war es, als schlüge einem jemand einen nassen Lappen ins Gesicht – 30 Grad und Schwüle schon früh um sechs. Der zweite überlieferte Satz stammt vom Buffetbesuch am

Elegante Lady Britanis auf See

Mittag: »Papa, am schönsten ist, dass es hier alles umsonst gibt!« Der dachte wohl mit leichtem Schwindelgefühl an den Reisepreis, sagte aber nichts. Das Gros der angebotenen Delikatessen – und es waren solche! Die Qualität von Essen und Service auf der BRITANIS war umwerfend und kaum zu toppen – war mir natürlich suspekt. Ich hatte Apfelmus entdeckt. Das war gesund und schmeckte. Aber als Beilage zu irgendeinem Wildgericht gedacht. Der Koch konnte kaum so schnell in die Küche flitzen und Nachschub holen, wie ich sein Schüsselchen – pardon – leerfraß. Außerdem fand ich die Brötchen erstklassig, von denen ich erhebliche Mengen in der Kabine bunkerte. Mein Kleiderschrank muss ausgesehen haben wie bei Heidi in Frankfurt. Zu meinem Leidwesen entsorgte der rührige Steward Vasilis sie sofort. Was ich damals noch nicht wusste: Auf jedem alten Schiff gibt es Ratten. Leben sie unten in der Bilge, haben sie dort ihr Paralleluniversum, und alles ist gut. Lockt man sie hinauf in die Kabinen, wird man ihrer nicht mehr Herr.

Klare Regeln gab es auch. Meine Eltern hatten richtig erkannt, dass es an Bord nur eine echte Gefahr gab, nämlich über Bord zu fallen. Selbst ein Kind, das sich in die Küche oder den Crewbereich verläuft, wird von einem freundlichen Griechen wieder zurückgebracht. Nur der Sprung über die Reling ist meist irreversibel. »Du kannst hier machen, was du willst. Setzt du einen Fuß auf die Reling, bleibst du den Rest der Reise in der Kabine!« Meine Eltern hielten immer Wort – und ich mich von der Reling fern. Stattdessen verbrachte ich drei oder vier Stunden im Swimmingpool. Mehr unter als über Wasser. »Oliver der Taucher« war bald bekannt und jeder erzählte meinem Vater, der sich in sechs Sprachen mit jedem unterhielt, wo er mich gesehen und was ich angestellt hatte.

Das Kreuzfahrtschiff war für ein Kind ein kleines Paradies, obwohl der Kinderspielraum nur Tapetenreste zum Ausschneiden und ausrangierte Bingokarten bereithielt. Stundenlang habe ich interessiert beobachtet, wie dieser ganze Bordbetrieb funktioniert, mir vom Vater erklären lassen, was der Lotse tut und was die Festmacher, wozu ein Schlepper gebraucht wird und was der Kapitän alles darf. Mit rund 80 US-Dollar, geschenkt von Oma und Opa, war ich der King in der souvenirreichen Bordboutique, beim Bingospiel und – man glaube es oder nicht – gern gesehener Gast im Casino, obwohl ich tatsächlich mehr gewann als verlor.

Oben links:
Captains Cocktail – eine Zigarette gehörte damals dazu

Oben rechts:
Mein liebster Ort, der Swimmingpool

Dämmerstunde an Deck

Das Gala-Buffet ist für Kinder wahrlich ein »gefundenes Fressen«

Es war noch die Zeit, als Schiffe keine Buffet-Restaurants hatten. Statt dessen wurde im eleganten, zwei Decks hohen Ball-Room in Poolnähe jeden Mittag und jeden Abend ein zwanzig Meter langes kaltes Buffet aufgebaut, eröffnet jeweils um 12 Uhr – a. m. und p. m. Nachts standen kaum weniger Hungrige vor der Tür als zur Mittagszeit. Hatte ich nichts anderes zu tun, betätigte ich mich als Kreuzfahrt-Journalist und führte Buch über alle Chandris-Schiffe, die an den Wänden abgebildet waren, und bekam so meinen ersten vollständigen Flottenspiegel zusammen. Ein Ärgernis für die Damen war die Einladung des Chief Engineers an die Herren, den Maschinenraum zu besichtigen. Schließlich wurden beide Geschlechter zugelassen, und eine Lady, die sich in einem langen, flatterhaften Sommerkleid an der rotierenden Schraubenwelle vorbeizwängte, gab der Vorsicht des Ingenieurs nachträglich recht. Ich warf einen Blick aufs Thermometer: 72 Grad Celsius herrschten in der Hölle, in der die alte Dampfmaschine Dienst tat.

Regel Nummer zwei betraf den Landgang: Vormittags wird die Stadt angeschaut, nachmittags fahren wir zum Strand. Letzteres endete bereits beim ersten Versuch in mit einem Taxi, das plötzlich in den Urwald vor einen Baum raste, weil die Achse gebrochen war. Weil ihm so etwas noch nie passiert war, kam der Fahrer aus dem Lachen nicht heraus. Ich nicht aus dem Staunen. Bei uns zu Hause war ein kaputtes Auto immer eine mittlere Katastrophe. Auf irgendeiner Insel zog mein Vater los, um eine ellenlange Liste zollfreien Einkaufens abzuarbeiten, mitgegeben von Verwandten und Bekannten, was meine Mutter nervte. Ich war schon immer ein Freund davon, mit deutlich geringeren Mitteln größere Effekte zu erzielen und kaufte auf Trinidad für sechs Dollar eine echte Steelband-Trommel. In La Guaira vertrauten wir uns Taxifahrer Alfonso an, der uns in seinem Ami-Schlitten, in dem die Sitze auch nach 20 Jahren noch in Plastik verpackt und somit nagelneu waren, nach Caracas brachte. Fassungslos sah ich die erbärmlichen Bretterhütten am Hang kleben mit ihren Blechschüsseln, wenn Waschtag war, oder eingestürzten Wänden, wenn es stark geregnet hatte. Der Schuhputzer Chico, den ich in San Juan natürlich nicht gefunden hatte, erschien mir plötzlich in ganz anderem Licht, und ich verstand, was mein Vater gemeint hatte, als er mich ungerührt für drei Wochen aus der Schule nahm und sagte: »Auf der Reise lernt der Junge mehr!« Auf Barbados gab's den letzten karibischen Badetag. Die Wucht der Brandung riss mir die Taucherbrille vom Kopf. Mit atlantischen Wellen hatte ich noch keine Erfahrung. Sie geistert seither als ein Mittelding aus dem Fliegenden Holländer und den Toten Augen von London durch die Ozeane. Und ich als real existierender, unheilbar infizierter Kreuzfahrer obendrüber.

MEIN START-UP
BIETET KEINE
SATTEN GEWINNE,
ABER SATTE
MENSCHEN.
Die Welt ist voller guter Ideen. Lass sie wachsen.
MISEREOR
IHR HILFSWERK

COSTAS METAMORPHOSE

Wie die schönen Italienerinnen Identität und Kulinarik zurückbekamen

von Oliver Schmidt

Wer auf Kreuzfahrt-Werbung achtet, kann ihn kaum übersehen, den gelben Schornstein mit dem charakteristischen »C«, das gerade seinen 70. Geburtstag gefeiert hat. Die italienische Reederei Costa ist so präsent wie nie zuvor. Spät hat man in Genua, wo das Top-Management von AIDA und Costa (beide unter dem Dach des Carnival-Konzerns vereint) sitzt, das Ruder herumgerissen. Unter der Hand von Michael Thamm, einst AIDA-Chef in Rostock, waren hier die Marktpräsenzen beider Anbieter so verschmolzen, dass selbst die Reisebüros die Konturen nicht mehr erkannten und Costa als Billig-Ableger führten.

Jetzt zeigt Costa wieder Flagge. In nur einem halben Jahr entstand ein veritables Betreuungsteam für die Agenturen in Deutschland, das unabhängig von den AIDA-Kollegen arbeitet. Just damit ist erreicht, was für eine der Lieblingsreedereien bei deutschen Kreuzfahrern eigentlich zur Grundausstattung gehört: eine eigene Identität. Beim jährlichen Bordevent »Protagonisti del Mare«, das mit seinem 25. Jahrestag ebenfalls einen Grund zum Jubeln hatte, gab es auf der COSTA FAVOLOSA im Mai 2018 Gelegenheit, die neue Marschroute vorzustellen. Allzu viel früher hätte man damit auch nicht um die Ecke kommen dürfen, denn sonst wäre dem deutschen

Oben: Vorbereitung feiner italienischer Schoko-Desserts

Unten: Zusätzlich zum Buffet: frische Pasta an Deck

Vielkreuzfahrer der eklatante Unterschied in den Buffet-Angeboten von AIDA und Costa aufgefallen. Den buchenden Passagier interessiert schließlich nicht, wie effizient »sein« Schiff verkauft wird, sondern was es taugt.

Hier hat Costa seine wahre Kehrtwende vollzogen: Zum freundlichen Service, der seine Herkunft nie verleugnet sondern stets mit einem »Bon Giorno« beginnt und bei der sprichwörtlichen Liebe der Italiener zu den mitreisenden Bambini noch lange nicht zu Ende ist, kommt nunmehr die Rückkehr wirklich guter italienischer Küche. Dabei ist nicht nur die neue Vielfalt an den Buffets, die sich früher im Fünf-Meter-Rhythmus wiederholten, unübersehbar; wer Vitello Tonnato, erstklassige Steaks und à la minute zubereiteten Fisch genießt, würde schon an dieser Stelle nicht auf die Idee kommen, er habe ein Schiff des »Volumenmarktes« gebucht, zumal sowohl Buffet als auch Restaurant mit Winkeln und architektonischen Kniffen nirgends wirklich groß wirken. Wenn im Hauptrestaurant an fest reservierten Plätzen mit weißer Tischwäsche und Tafelsilber diniert wird, dann ist klar: Dieses Produkt ist einzigartig, die Qualität stimmt, und mit anderen Angeboten des Mutterkonzerns zu vergleichen ist es ganz bestimmt nicht.

Vorreiter ist Costa bei der Reduktion von nicht verzehrten Lebensmitteln. Das findet bei deutschen Passagieren sofort Zuspruch: weniger am Buffet, frischere Speisen, die häufiger nachgelegt werden, dazu der Appell, nur das auf den Teller zu legen, was auch gegessen werden soll. Der Küchenchef zeigt eine eigens angeschaffte Waage, mit der die »Rückstände« pro Teller registriert werden. Das System ist bereits so in Fleisch und Blut übergegangen, dass weiterführende Fragen, wie: »Legen Sie auch im Service-Restaurant weniger auf die Teller?« Oder: »Wird denn registriert, welche Speisen auf den Tellern zurückbleiben, um ggf. an der Qualität zu arbeiten?« treffen an Bord auf Unverständnis. Das Projekt an sich findet schon erste Nachahmer.

Beim Showprogramm weiß das italienische Management, was nicht nur die Deutschen an Costa so lieben: die leichte Muse. Weder die schwere Kost eines langatmigen Musicals noch eines Theaterstückes mit versteckter Moral schafft Urlaubs-Atmosphäre, sondern die Brettl-Bühne einer bunten Varieté-Show, deren leicht-federnde Florettspitzen mit der Droge »Unterhaltung« getränkt sind, lullt die Gäste ein. Das klappt vorzüglich und animiert zu einer langen Nacht. Und zur Buchung einer Kreuzfahrt alla Italiana.

Oben:
Exzellente Artisten auf der Bühne

Unten:
Show-Lounge mit Technik-Effekten

NATUR, INSPIRATION UND GEIST: DREIMAL HANSEATIC

Hapag-Lloyd Cruises kreiert erstmals eigene Expeditions-Neubauten

Oben:
Der Bug der Schiffe ist für Passagiere begehbar

Unten:
Am Heck ist eine Marina für Wassersport vorgesehen

von Oliver Schmidt

Die HANSEATIC bekommt Drillinge, die zweisprachig erzogen werden – so könnte man die jüngsten Entwicklungen in der Familie von Hapag-Lloyd Cruises zusammenfassen. Alte Kreuzfahrtfans erinnern sich vielleicht an den Heinz-Erhardt-Klassiker »Drillinge an Bord«, der bezeichnenderweise auf der ersten HANSEATIC (1958–1966) gedreht worden war. Mit ihr haben die Neubauten nichts gemein. Drei neue Expeditionsschiffe mit höchstem Luxus, in deren Planung das Wissen, die Erfahrung und die Passagierwünsche aus mehr als 25-jähriger Expeditions-Historie eingeflossen sind, stoßen zur Flotte. Dafür verlässt die eingecharterte HANSEATIC (die vierte ihres Namens) das deutsche Spielfeld, während die BREMEN, Eigentum des Veranstalters, als First-Class-Alternative bleibt.

Es ist mehr als ein Vierteljahrhundert her, dass die BREMEN, die eingechartert war und sich so bewährt hatte, in der Flotte von Hapag-Lloyd verblieb

Durch die Übernahme des Unternehmens »Hanseatic Tours« landete später auch die HANSEATIC beim hamburgisch-bremischen Traditionsveranstalter mit dem hanseatischen Gütesiegel. Beide begründeten dort die Sparte der Expeditions-Kreuzfahrten. Mehr Zeit als fast alle anderen Anbieter von Expeditions-Kreuzfahrten hatte das Unternehmen, um sich in rund 25 Jahren einen unbezahlbaren

Wissensschatz über infrage kommende Destinationen, nautische Herausforderungen, behördliche Hürden und Ausflugsmöglichkeiten vor Ort aufzubauen. Hinzu kommen großartige Kapitäne wie die Legende Heinz Aye, später Mark Behrend, Ulf Wolter und Thilo Natke, der sich mit seinem Kollegen Axel Engeldrum das Kommando der neuen HANSEATIC NATURE teilen wird. Zum ersten Mal werden das Unternehmen und die Planungsabteilung (vgl. Interview Seite 148 ff.) Schiffe in die Hand bekommen, die sie vollkommen nach den Wünschen ihrer Passagiere selbst gestaltet haben.

Bezüglich ihrer Zielregionen werden sich die drei Neuen nicht unterscheiden, aber im Hinblick auf ihre Märkte. Hier wird die HANSEATIC NATURE, die am 12. April 2019 in Hamburg getauft wird, die bisherige HANSEATIC eins zu eins ersetzen und ein Expeditionsschiff für deutschsprachige Gäste sein. Nummer zwei, die HANSEATIC INSPIRATION, wird mit einer international durchmischten Klientel unterwegs sein, sich damit an der EUROPA 2 orientieren und all jenen Hapag-Lloyd-Kunden Rechnung tragen, die es auch an Bord etwas polyglotter mögen. Die HANSEATIC SPIRIT, die Dritte im Bunde, wird dem neuen Konzept »Adults Only« folgen, also ein Schiff für Erwachsene sein. Obgleich mit 230 Passagieren (auf Antarktis-Reisen maximal 199) kaum größer als die Vorgängerin, werden sich die Drillinge konsequent am heutigen Kreuzfahrt-Standard orientieren. Dazu gehören Restaurant-Alternativen, Außengastronomie, ein veritabler Spa-Bereich und Platz für Sport und Gymnastik. Alle Kabinen liegen außen, fast alle verfügen über eine Veranda oder einen French Balcony. Geniale Idee der Schiffsdesigner: ein gläserner Balkon zum Ausfahren, auf dem der Kabinenbewohner überm Wasser »schwebt«. Es gibt sechs verschiedene Kategorien mit Kabinen-Größen zwischen 21 und 120 Quadratmetern.

Ausgestattet mit der höchsten möglichen Eisklasse P6, werden die neuen Entdeckerinnen jedes Expeditionsgebiet befahren können und orientieren sich am Wahlspruch Albert Ballins, dem vor hundert Jahren verstorbenen Hapag-Direktor, der als deutscher Kreuzfahrt-Erfinder gilt: »Mein Feld ist die Welt«. Auf dem Routenplan stehen die Antarktis und Franz-Josef-Land, die kanadische Arktis, Grönland und der Amazonas, der bis Iquitos auf 4.400 Flusskilometern befahren wird. Auf ihren Jungfernreisen sind HANSEATIC NATURE und INSPIRATION vergleichsweise brav: Erstere befährt ab dem 13. April 2019 die Route Hamburg-Lissabon, wobei sie ihre Nase in alle erreichbaren Flüsse steckt, die jüngere Schwester macht sich im Oktober auf von Antwerpen nach Teneriffa.

Unten links: NAT, das Spezialitäten-Restaurant mit leichter amerikanischer Ostküsten-Küche (HANSEATIC NATURE)

Unten rechts: Bistro-Restaurant mit Außengastronomie

neuen HANSETICen elektrisch betrieben, flüsterleise und umweltfreundlich. Gut informiert sind die Hobby-Shackletons und Freizeit-Amundsens auch, denn die Wissenschaftlerteams auf den Hapag-Lloyd-Cruisern sind von legendär guter Qualität und arbeiten an Bord in der »Ocean Academy« zusammen. In Warmwassergebieten kommt eine Marina für Wassersportaktivitäten zum Einsatz, dem Meer stets so nah wie möglich.

Die drei sind fast baugleich, aber die HANSEATIC INSPIRATION verfügt noch über die Besonderheit einklappbarer Brückennocken. Sie kann somit die engen, hohen Schleusen des Welland-Kanals passieren, der parallel zu den Niagara-Fällen in das Süßwassersystem der fünf Großen Seen in Kanada und USA führt. Seit der Weggabe der COLUMBUS hatte Hapag-Lloyd auf dieses Fahrtgebiet verzichten müssen; auf den ersten Besuch der HANSEATIC INSPRATION in Hamburgs Partnerstadt Chicago am 17. Juni 2020 darf man gespannt sein. Ein großer Empfang ist ihr sicher.

Oben:
Hier wird Wissen vermittelt: die »Ocean Academy« an Bord

Unten:
Das HanseAtrium ist teilbar, sodass mehrere Vorträge in verschiedenen Sprachen angeboten werden können

Bei allen Annehmlichkeiten für die Passagiere bleiben die Neubauten robuste Schiffe, denen man nautisch fast alles zumuten kann. Auch für die neugierigen und entdeckungshungrigen Passagiere gibt es hier Vorteile, auf die sie bislang verzichten mussten: Mit der Möglichkeit, vorn auf der Back auf einem für Gäste geöffneten Weg den Bug des Schiffes zu erreichen und zu umrunden, ist jeder gebuchte Entdecker etwas früher am Ziel als sein Kapitän auf der Brücke. Verlässt er das Schiff, kommt er leiser an Robben, Pinguine & Co. heran, denn natürlich sind die Expeditionsschlauchboote auf den

Die Daten der Neuen:

Vermessung: 15.650 BRZ

Länge: 139 Meter

Breite: 22 Meter

Passagierdecks: sieben

Kabinen und Suiten: 120

Maximale Passagierkapazität:
230 Personen
(199 bei Antarktis-Expeditionen und Spitzbergen-Umrundung)

Besatzung: ca. 175 Personen

Restaurants: 3

Bauwerft: VARD Werft, Norwegen (Tochter der ital. Fincatieri)

AUSBLICK AUF 2019

Zwei neue Klassiker im deutschen Markt

von Oliver Schmidt

Neue Kreuzfahrtschiffe im deutschen Markt – über den Bauboom bei kleinen Explorer-Schiffen ist viel berichtet worden; allen voran die Neuen bei Hapag-Lloyd Cruises. Beinahe jährlich dürfen bei TUI Cruises und AIDA Neuzugänge vermeldet werden. Bei den Unternehmen, die noch nie ein neu gebautes Schiff in ihrer Flotte hatten, sondern mit gut gepflegter Alttonnage eine große Stammklientel bedienen, sind Zu- oder Abgänge hingegen selten. Umso gespannter blicken die Liebhaber klassischer Schiffe im Sommer 2019 auf TransOcean, die deutsche Marke des britischen Anbieters Cruise & Maritime Voyages, und auf Phoenix Reisen. Beide bekommen ein (nicht ganz) neues Schiff und bei beiden Zugängen kann als Qualitätssiegel gelten, dass sie lange Zeit in der anspruchsvollen Luxus-Flotte der Holland America Line Dienst taten.

Ab August 2019 wird die AMERA in Phoenix-Farben erstrahlen

In Sachen Historie hat das Bonner Privatunternehmen mit dem auffälligen Türkis im Logo die Nase vorn: Die zu Phoenix stoßende AMERA wurde 1988 als ROYAL VIKING SUN gebaut und war in ihren jungen Jahren der Welt bestes Kreuzfahrtschiff. Als SEABOURN SUN landete sie hiernach bei Cunard, bis sie unter dem Dach der Carnival Corporation im Jahr 2002 unter dem Traditionsnamen PRINSENDAM zur Holland America Line verschoben wurde, wo sie sich als deutlich unter der üblichen Schiffsgröße liegende Weltentdeckerin eine Nische schaffte. Weit verteilte Außenbereiche und Decksflächen, eine Vielzahl an Gesellschaftsräumen und nicht wenige Balkone ließen in den letzten Jahren mehrere Interessenten danach schielen, wann der reife Twen wohl bei HAL »frei« würde. Phoenix-Fans mögen in ihrem Interieur eine »MS DEUTSCHLAND ohne Plüsch« oder eine »sehr gediegene MS AMADEA« sehen. Mit knapp 40.000 BRZ wird die AMERA das zweitgrößte Phoenix-Schiff sein und bei einer Maximalbelegung von 835 Passagieren jedem ihrer Gäste einen Raum von rund 46 BRZ bieten (bei fast gleicher Passagier-Kapazität bietet sie 10.000 BRZ mehr als die Flottenschwester ALBATROS). Phoenix-Reisen hat, und dies nicht zum ersten Mal, ein Schnäppchen gemacht und ein best gepflegtes, überaus attraktives Schiff akquiriert, für das sich die Liebe der treuen »Phoenizier« schon jetzt voraussagen lässt.

Bei TransOcean und dem britischen Mutterkonzern gibt es mehrere Verschiebungen. Zur Freude aller echten Klassiker-Fans wird die ASTOR ganzjährig

in den deutschen Markt zurückkehren, mit Winterweltreise und allem, was über viele Jahre ihren Charme ausgemacht hat. Den nicht enden wollenden Unkenrufen über ihre Weggabe hat sie damit ein Ende gemacht. Ihr Sommerprogramm übernimmt ab 2019 die VASCO DA GAMA (die dann im Winter auch die bisherigen Australien-Routen der ASTOR fährt), wobei sie im Sommer exklusiv für deutsche Passagiere im Nordmeer, der Ostsee, rund um Großbritannien und an der Kanalküste unterwegs ist. Mit einem Volumen von über 55.000 BRZ und bis zu 1.150 Passagieren (somit über 47 BRZ pro Passagier) füllt sie die erweiterte Definition eines klassischen Kreuzfahrtschiffes perfekt aus, die Phoenix 2011 mit der ARTANIA geschaffen hat. Auch die VASCO DA GAMA punktet durch ungewöhnlich hochwertige Ausstattung, viele öffentliche Bereiche und eine Menge Restaurant- und Freizeitalternativen. Drei »Waterfront-Restaurants« mit unterschiedlicher Ausrichtung und ein Bistro liefern die Kalorien, die auf dem Tennis- oder Basketball-Court wieder verbrannt werden.

Oben:
Die Astor fährt wieder ausschließlich für deutschsprachiges Publikum

Mitte:
Volle Fahrt in den deutschen Markt:
Die neue VASCO DA GAMA

Unten:
Erster Innen-Eindruck von der VASCO

Die WORLD EXPLORER im Polarmeer (Animation)

GROSSE BÜHNE OZEAN

Nicko cruises wechselt vom Fluss zur Expedition

von Corlijn Schönknecht und Oliver Schmidt

Rechts oben: Restaurant

Rechts Mitte: Observatory Lounge und Bar

Ob nicko das bei weiterem Flottenwachstum im Hochseebereich durchhält, weiß noch niemand, aber das Debüt-Schiff hat das Gardemaß, das jahrelang für Expeditionskreuzfahrtschiffe galt: 200 Passagiere.

Während etliche Mitbewerber mit 600 und mehr Reisenden ihr eigenes Genre ad absurdum führen, plant nicko beinahe schulfibelgetreu den Einstieg ins Hochseegeschäft. Über mangelndes Interesse in der Kreuzfahrtwelt kann sich der langjährige Flussreisenanbieter, der die klassische Kreuzfahrt überspringt und gleich in die Königsdisziplin einsteigt, nicht beklagen. Schwierig dürfte hingegen werden, die Erfahrung aus dem Flussbereich in die

Antarktis oder nach Grönland zu übertragen, ebenso, wie längst nicht alle braven (und meist nicht ganz jungen) Rhein- und Donaureisenden die Buchung einer Polarkreuzfahrt erhoffen lassen. Dabei würden sie hier so komfortabel reisen wie auf kaum einem anderen Expeditionsschiff. Die WORLD EXPLORER glänzt schon jetzt mit ihrer Ausstattung und wird von nicko mit einem 5-Sterne-Niveau klassifiziert, doch der Fokus liegt auf den Destinationen und einem kleinen Schiff sowie Deutsch als Bordsprache.

Welche Möglichkeiten bietet die neue Perle der Flotte? Erleben steht definitiv auf dem Programm – in vielerlei Hinsicht. Nicko legt mit der WORLD EXPLORER großen Wert auf Komfort und Persönlichkeit: Deutscher Service an Bord sowie während der Ausflüge steht an oberster Stelle, damit sich alle Gäste wie zu Hause fühlen können. Ein hohes Crew-Passagierverhältnis (105 Crewmitglieder) soll für gute Qualität sorgen und allen Reisenden ein Wohlfühlparadies bescheren. Zur Schiffsausstattung gehören Wellness und Fitness, Lounges

Oben links:
Infinity-Kabine

Oben rechts:
Veranda-Kabine

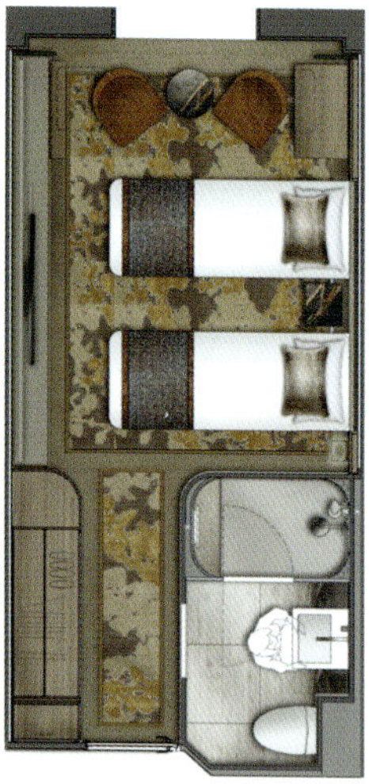

Expeditions-Kabine

und jede Menge Edutainment, damit sich Bord- und Landerlebnis miteinander verbinden. Im Restaurant werden morgens und mittags Buffets angeboten und abends Menüs serviert. Das »Premium-Deluxe-Schiff« bietet Kabinen auf höchstem Niveau und will seine Passagiere in eine Luxus-Welt mit wunderschönen Aussichten eintauchen lassen: Von den Meerblickkabinen wie von den modernen Balkonkabinen erhascht der Bewohner morgens auch einen Blick auf die nahende Destination; auf der Veranda kann er ganz nebenbei noch testen, ob es im T-Shirt eventuell zu luftig für den Tagesausflug ist und noch schnell eine Jacke eingepackt werden muss.

Apropos Ausflug: Wer möchte nicht gerne mit einem kleinen Schiff nach Formentera fahren, in den Fjorden Norwegens neidische Blicke von den Balkonen der hierfür viel zu großen Schiffe auf sich ziehen oder spektakuläre Uferlandschaften am Mittelmeer mit Zodiac-Schlauchbooten vom Schiff aus besuchen, wo andere erst beim Landausflug in ein lokales Boot umsteigen? Gleichwohl gelingt es nicko beim ersten vorgelegten Routenplan nicht, Expeditions-Gefühl aufkommen zu lassen – gar zu ausgiebig kreuzt die neue Schöne auf Mittelmeerrouten, für die man vielleicht ein kleines Schiff, aber gewiss keines mit Explorer-Qualitäten oder gar Eistauglichkeit braucht. Hingucker-Routen oder gar die letzten weißen Flecken der Seekarte bleiben außen vor. Gewiss, Spitzbergen und Grönland sind dabei – Ziele, die jene deutschen Veranstalter, für die »Zodiac Operations« tägliches Brot sind, nicht nur im Luxus-, sondern auch im gutbürgerlichen Kreuzfahrtsegment seit Langem anbieten. Die Amalfi-Küste, Stopps in Marbella und St. Malo oder ein Anlegen auf Vestmannaeyjar, alles das passt zur Schiffsgröße, aber der Paukenschlag, der dem »Hoppla, jetzt komm ich« folgen müsste, ist es nicht. Sicher will man sich im Startjahr keinen Leerstand leisten, aber ob der Versuch, in der ersten Saison eine breite Masse anzusprechen, um später »exotischer« zu werden, aufgeht, bleibt abzuwarten; zu sehr legt ein deutscher Kreuzfahrer ein Produkt oft nach einem ersten Check auf »gefällt mir« oder »gefällt mir nicht« fest. Anders wird das im Winter, wenn die Antarktis mit allen Finessen auf dem Reiseplan steht, nur ist nicko dann nicht der Reiseveranstalter, sondern verchartert die World Explorer an den Spezialisten Quark Expeditions. Dann kommt echter Shackleton-Geist an Bord. Ob er für die zweite Sommersaison die nicko-Planer in Stuttgart inspiriert?

Kapitän und Taufpatin

EIN SCHIFF FÜRS MEER

Neue Konzepte bei MSC Cruises

von Frank Behling

Die MSC SEAVIEW war für Sophia Loren die 13. Taufe eines Neubaus von MSC Cruises. In Italien ist die 13 aber im Gegensatz zur 17 keine Unglückszahl. Die MSC SEAVIEW ist nach der MSC SEASIDE das zweite Schiff einer neuen Klasse von Kreuzfahrtschiffen, welche die Reederei bis 2026 in Dienst stellen will. Dabei steht das Medium im Mittelpunkt, das eigentlich Seereisen erst möglich macht: das Wasser. »Wir kehren mit diesem Schiff auch ein Stück weit zur alten Tradition der Transatlantikschiffe zurück, bei denen die Passagiere sehr viel Kontakt mit dem Meer hatten«, sagt Pierfrancesco Vago, Vorstand bei MSC Cruises. »Deshalb auch das Motto ›Enjoy the Sea‹ für unser neuestes Schiff.« Offene Decks und viel mehr Platz fürs Sonnenbad als bei anderen Schiffen gibt es hier an Bord. Die Außenfläche wurde um fast ein Drittel gegenüber der Vorgängerklasse vergrößert.

Das Design der 323 Meter langen und 41 Meter breiten MSC SEAVIEW ist auf Freizügigkeit ausgelegt. Von einer Vielzahl an Plätzen hat der Passagier den Blick unter freiem Himmel aufs Meer. 20 Decks hat dieser Neubau und ist 72 Meter hoch. 1.413 Crewmitglieder und 5.331 Passagiere fahren bei Vollbelegung mit. »Was aber für uns hier wichtig ist, ist die freie Fläche pro Passagier. Die ist hier so groß wie sonst nirgendwo. Auf den Sonnendecks sind es durchschnittlich 3,2 Quadratmeter für jeden«, rechnet Vago vor. In den öffentlichen Bereichen hat jeder Reisende sogar 10,5 Quadratmeter. »Nur, wo Platz ist, können sich Menschen erholen«, schwärmt der Manager.

Das großzügige Raumangebot an Deck des Schiffes wurde auch durch eine neue Gewichtung der öffentlichen Räume geschaffen. So hat das Odeon-Theater nur noch 934 Sitzplätze. Für ein Schiff für 5.331 Reisende eine auffallend niedrige Zahl. Das Theater ist außerdem mittig im Schiff platziert und hat nur zwei Decks. Dafür soll es künftig bis zu vier Shows pro Abend geben. 2.066 Kabinen hat das Schiff, 1.314 davon haben einen eigenen Balkon, von denen wiederum 28 über einen privaten Whirlpool verfügen. Besonders familienfreundlich sind die Modular-Kabinen, die auch von großen Familien mit bis zu zehn Reisenden gemeinsam genutzt werden können.

Durch die Verlegung der Maschinen in die Schiffsmitte trennt der Schornstein das Oberdeck. Eine neue Herausforderung für die Designer. Der vordere Teil wird durch den MSC Yacht Club und die ruhigere Pool-Zone dominiert. Nach dem Schornstein beginnt der große Aktiv-Bereich. Zip-Line, Wasserrutschen, Kids-Park und eine zweite Badelandschaft locken Action-Urlauber an. An Platz mangelt es an Deck dieses Schiffes nicht. Selbst ein achtern gespieltes Konzert mit enormer Lautstärke ist vor dem Schornstein im Poolbereich nicht mehr wahrnehmbar. Der größte Teil der Oberdecksflächen ist mit Glaswänden statt mit der herkömmlichen Reling umrahmt. Wer einen freien, unverbauten

Oben links:
Atrium mit Foyer

Oben rechts:
Kinderbereich an Deck

Mitte rechts:
Kabine mit separatem Wohnbereich

Links unten:
Für warme Regionen gebaut: die neue MSC Seaview

Blick aufs Meer genießen möchte, muss sich am Heck einfinden.

Der MSC Yacht Club ist auf 86 Suiten erweitert worden. Drei Decks auf dem Vorschiff sind komplett für den geschlossenen Bereich reserviert, inklusive eines eigenen Poolbereichs mit Bars und Lounges. Mit 128 Plätzen ist das Yacht-Club-Restaurant entsprechend geräumig. Insgesamt gibt es zehn Restaurants, 20 Bars und zwei große Buffet-Restaurants. Hinzu kommen noch sechs Spezialitätenrestaurants. Bei der Technologie setzt die MSC SEAVIEW neue Maßstäbe. 139 interaktive Bildschirme, 660 WiFi-Zugänge und 195 Info-Bildschirme sind an Bord verteilt.

Die für Sonnenregionen ausgelegten Schwestern MSC SEASIDE und MSC SEAVIEW sind in Miami und Genua stationiert. Die MSC SEAVIEW kreuzt im Sommer als größtes Schiff einer europäischen Reederei im westlichen Mittelmeer. Im Winter geht es dann nach Südamerika. Während bei der MSC SEASIDE das Flair Floridas und der Karibik im Fokus stand, sind bei der MSC SEAVIEW ganz europäische Stärken zu finden. Neu ist die Kooperation mit dem spanischen Sternekoch Ramon Freixa im Restaurant Ocean Cay. In direkter Nachbarschaft zaubert auch der panasiatische Kulinarik-Visionär Roy Yamaguchi seine kulinarischen Kreationen.

Sophia Loren kann schon im Frühjahr 2019 zur nächsten Taufe schreiten. Dann wird am 2. März die MSC BELLISSIMA im englischen Southampton getauft. Die MSC GRANDISSIMA folgt im Herbst aus St. Nazaire. Ihre Champagnerflasche soll im November in Hamburg zerplatzen – natürlich wieder aus der Hand der unermüdlichen Diva.

Links:
Mehr Außenbereiche als je zuvor

Mitte rechts:
Bar an Deck

Unten rechts:
Erlebnis-Restaurant

Kreuzfahrten auf den schönsten Flüssen Europas

CroisiEurope

Vollpension PLUS

Wein, Bier, Softgetränke, Wasser und Espresso zu den Mahlzeiten und Getränke an der Bar inklusive

VP PLUS = ALLE GETRÄNKE INKL.

Mehr Routen

- ✔ Flusskreuzfahrten auf den schönsten Flüssen: Donau • Rhône & Saône • Seine • Rhein, Main, Mosel, Saar • Kanäle in Holland & Belgien • Elbe, Havel, Oder, Peene • Douro • Mekong (Vietnam) • Kanäle von Burgund, Elsass, Provence, Champagne & Paris • Po und die Lagune von Venedig • Loire • Gironde, Dordogne & Garonne • Guadalquivir & Guadiana
- ✔ über 40 eigene Schiffe
- ✔ Jährlich über 200.000 Gäste

Mehr Gastronomie

- ✔ Französische Gastronomie an Bord
- ✔ Getränke zu den Mahlzeiten und an der Bar inklusive

Mehr Inklusivleistungen

- ✔ WiFi kostenlos auf allen Schiffen
- ✔ Fast alle Kreuzfahrten inklusive Landausflüge
- ✔ Vollcharter mit deutschsprachigen Gästen – Deutsch sprechender Gästeservice an Bord und bei den Ausflügen
- ✔ Getränke zu den Mahlzeiten und an der Bar inklusive
- ✔ Audio-Kommunikationssystem bei Ausflügen
- ✔ Live-Musik an Bord auf allen Kreuzfahrten

Mehr Bequemlichkeit

- ✔ Anreise per Bus, günstigem Bahnticket oder per Flug – direkt vom Veranstalter

Die schönsten Flussreisen auf allen europäischen Flüssen.

Katalog unter Tel:
0800 4638836
kostenlos anfordern

43 JAHRE ERFAHRUNG

z.B. **Exklusiv mit dem Schaufelrad-Kreuzfahrtschiff auf der Elbe (9 Tage)**
Landausflüge inklusive **ab € 1968,-**

z.B. **Exklusiv mit dem Schaufelrad-Kreuzfahrtschiff auf der Loire (7 Tage)**
Landausflüge inklusive **ab € 1398,-**

z.B. **Auf Saar, Mosel und Rhein. Von Saarbrücken nach Amsterdam (6 Tage)**
Landausflüge inklusive **ab € 749,-**

Jetzt in Ihrem Reisebüro!

CroisiEurope wird in Deutschland, Österreich, Schweiz exklusiv vertreten durch:
Anton Götten GmbH, Saarbrücken · Tel. 0681 3032-555 · Fax 0681 3032-217
info@meinfluss.de · www.meinfluss.de

Oben links:
Das Feuerwerk setzt dem Täufling eine Krone auf

Oben rechts:
Kapitän Kjell Holm posiert mit Olivia Jones und einem Model zur Taufe

MEIN SCHIFF 1: ALLES AUS HAMBURG

Noch nie hat eine Flotte in so kurzer Zeit wiederkehrende Traditionen geschaffen

von Oliver Schmidt

Artisan-Brot in der »Backstube«

Travestie-Künstlerin Olivia Jones, mit der sich TUI Cruises bei Schiffstaufen gern schmückt, ist nach einem operativen Eingriff in ihre Oberschenkel sechs Zentimeter kürzer. Die neue MEIN SCHIFF 1 ist hingegen ganze zwanzig Meter länger als die MEIN SCHIFF 6 aus der letzten Baureihe. Nur – die schöne, blaue Schiffslady möge es verzeihen – bei Olivia fällt es mehr auf. Ein paar Meter Promenade, einige Kabinen; nur Kenner stehen in den Lounges, deuten mit den Händen ein Meterstück an und wollen partout wissen, wo denn etwas Platz hinzugewonnen wurde.

Tatsächlich muss auch derjenige, der die Neuerungen im Einzelnen beschreiben will, zweimal hinschauen; zu groß ist die für das Marketing höchst willkommene »Corporate Identity«, die Homogenität der Flotte, bei der jetzt nur noch die in MEIN SCHIFF HERZ umbenannte TUI-Cruislerin aus den keine zehn Jahre zurückliegenden frühen Tagen ein bisschen aus der Reihe tanzt. Stamm-Kapitän Kjell Holm, der nach jedem Neubau den Ruhestand anpeilt und dann doch lieber den Unruhestand nimmt, fasst das für seine Kommandobrücke in einem Satz zusammen: »Wir haben hier ein paar neue Spielzeuge bekommen!«

Insgesamt ist die mit der MEIN SCHIFF 1 eingeläutete Bauserie offener als ihre Vorgängerinnen. Zum Beispiel im achteren Bereich, wo statt der strikten Trennung zwischen den verschiedenen Restaurants und Bars fließende Übergänge liegen. Eine neue Errungenschaft ist das »Esszimmer«, das im Basement des »Diamanten«, dem großen, verglasten Heckbereich, liegt. Hier werden in trauter Atmosphäre Gerichte aus Mutters oder Großmutters Rezeptbuch serviert, die aufpreispflichtig sind. TUI Cruises gehört, nebenbei bemerkt, zur großen Schar der Kreuzfahrtanbieter, die für den hier eingedeutschten Begriff »Alles inklusive« neue, eigenwillige Interpretationen (er)finden, was man unter »alles« zu verstehen hat. Die verrückteste Kapriole: Wasser, das es bei Tisch kostenlos gibt, muss in der Kabine bezahlt werden, sodass man immer wieder Passagiere wie Reisende in der Wüste mit Gläsern zur Wasserstelle im

LISA FOCKE

Erstkreuzfahrerin aus Hamburg

»Das einzige Vorurteil, das ich gegenüber Kreuzfahrten hatte, war tatsächlich das Durchschnittsalter. Natürlich hat sich das auch gerade in dieser Preiskategorie bestätigt, allerdings bin ich mit vielen Gästen äußerst nett ins Gespräch gekommen, sodass ich mich nicht fehl am Platze fühlte. Weitere Vorurteile hatte ich nicht, und den ›Kleiderzwang‹ empfinde ich auch nicht als solchen, sondern mir persönlich macht es gerade Spaß, auch einmal die etwas feineren Sachen zum Essen auszuführen. Ich habe mich sehr wohl auf dem Schiff gefühlt, zu keiner Zeit seekrank oder eingeengt, im Gegenteil, ich fand die Balkonkabine sehr großzügig und völlig ausreichend.

Besonders begeistert war ich von der Freundlichkeit des Personals – egal welcher Rang oder welche Abteilung, alle waren äußerst herzlich und zuvorkommend. Etwas belastet hat mich allerdings die Tatsache, dass viele Gäste zu viel auf den Teller ›schaufeln‹ und es dann nicht aufessen und eben diese freundlichen Mitarbeiter, die sicherlich nicht viel zu Hause haben und weit weg von ihren Familien arbeiten, das übrig gebliebene Essen wegbringen müssen. Das tut mir einfach weh.

Überraschend fand ich die zahlreichen unterschiedlichen Angebote tagsüber, z. B. durch den Lektor. Ich hatte ein ›so intellektuelles‹ Programm auf einem Kreuzfahrtschiff nicht erwartet. Besonders spannend fand ich dabei den Vortrag über die politischen Spannungen im Ostseeraum. Sehr positiv angetan war ich vom Sportbereich, der wirklich keinen Wunsch offenließ. Als unglaublich beeindruckend empfand ich auch die Logistik, die hinter so einem Schiff steckt, also gerade der Teil, den man als Passagier nicht mitbekommt.

Die Ostsee-Route werde ich auf jeden Fall weiterempfehlen, weil es unglaublich spannende Städte sind und ich die Ein- und Ausfahrten, besonders in Finnland und Schweden, sehr genossen habe. Für diese Länder ist die Anreise per Schiff sicherlich die schönste.«

Oben links:
Der neue Jogging-Pfad an Deck

Oben rechts:
Brotback-Kursus

Unten links:
Neue Restaurant-Alternative: das »Esszimmer«

Unten rechts:
Neues Innendesign für den »Diamanten«

Buffet-Restaurant pilgern sieht. Neben der Bar im Diamanten steht eine moderne Form der Musicbox, in der ein Roboter die Platten auflegt. Weiter vorn geht das Ganze über in die »Manufaktur«, eine offene Küche, in der Passagiere kreativ werden und Kulinarik selbst gestalten können – mit anschließender Verkostung, versteht sich. Zum Standard gehört eine Backstunde, in der nach TUI-eigenem Rezept Brot gebacken wird, das es auch in der »Backstube« im Buffet-Restaurant gibt und das als Mitbringsel so beliebt ist, dass die Bordbäckerei kaum nachkommt.

Unverändert bei den neu hinzugekommenen Einrichtungen ist, dass sie aus Hamburg stammen oder zumindest nach der Hansestadt benannt sind. Da ist die »Hohe Luft Bar«, die auf Deck 15 ihrem Namen mehr Ehre macht als das gleichnamige Stadtviertel, und die »Ratsherren«-Brauerei aus der Hamburger Schanze, die sich mit der »Ebbe- und Flut-Bar« an der Bordpromenade niedergelassen hat und auch einfache Gerichte à la Fish and Chips anbietet. Solche kulinarischen »Verfehlungen« sieht man im »Ganz schön gesund«-Bistro gar nicht gerne – was hier serviert wird, schmeckt genauso gesund, wie's draufsteht, und kann nur eingefleischte Naturapostel begeistern.

Im Spa-Bereich ist die riesige finnische Sauna ganz nach vorn gerutscht – mit Blick in Fahrtrichtung. An Deck verändert ein neuer Jogging-Parcours mit einer weiten Schleife überm Heck die Silhouette ein wenig. Den Blick aufs blaue Meer kann außerdem kein Abwässerchen mehr trüben, denn als einzige Reederei gibt TUI Cruises auch das

im Scrubber, dem Reinigungsgerät für Abgase, entstandene Schmutzwasser brav an Land ab.

Dass weniger mehr sein kann, das zeigt ein gern und viel besuchtes Bord-Event am letzten Abend: Wer zum Mitsing-Programm mit dem schönen Namen »Aus vollem Halse« geht, darf mit einer gut besuchten Veranstaltung rechnen, in der sein inbrünstiger, aber vielleicht laienhafter Gesang sich in der Menge verliert. Auf die Bühne geht nur, wer sich freiwillig meldet – der professionelle Vorsänger kommt sonst auch alleine klar. Von Drafi Deutscher bis zu den Ärzten ist alles im Programm, was der Zielgruppe seit Jugendzeiten Freude macht.

Oben links:
»Tag und Nacht«
gibt es 24 Stunden
etwas zu essen

Oben rechts:
Neue Abendshow
»In 80 Tagen um die Welt«

Die Außenpromenaden laden zum Bummeln durch Cafés und Bars ein

EIN STÜCK VOM ERFINDER

Trendsetter NCL legt Wonne und Glückseligkeit in den Schiffsnamen BLISS

von Oliver Schmidt

Wer hätte nicht gern ein Grammophon der ersten Stunde zu Hause stehen, ein Telefon oder eine Glühbirne? Und wenn, dann soll es möglichst ein Stück vom Erfinder sein; Thomas Edison lässt grüßen. Was aber, wenn Edison heute noch Plattenspieler baute? Oder CD-Player? In der Kreuzfahrt ist gerade ein neues Schiff vom Trendsetter in Dienst gestellt worden: Die NORWEGIAN BLISS gehört zu Norwegian Cruise Line, die in über 40 Jahren (zunächst unter dem Namen Norwegian Caribbean Line) für eine Vielzahl von richtungsweisenden Neuerungen stand: Die erste Privatinsel, der erste Megaliner, die erste Version eines »Freestyle Cruising« (Freie Restaurant- und Platzwahl) gingen auf das Konto der Norweger, die heute Amerikaner sind. Folgerichtig kam ein Schiff für Hawaii-Reisen unter US-Flagge in den 2000er-Jahren hinzu, und nun heißt der neue Trend: Back to the sea. Nicht erst mit der Indienststellung der BLISS verlagert man das Bordleben bewusst nach außen, erkennend, dass der Seereisende das Meer mitgebucht hat und es in jedem Fall sehen, bei gutem Wetter aber auch hören und riechen möchte. Wenn das Lexikon »Bliss« mit »Entzücken«, »Seligkeit« oder »Wonne« übersetzt, dann passt sogar der vorangestellte Familienname dazu: Norweger wären gewiss nicht zimperlich, auch im dicken Pullover draußen zu sitzen, wenn die Temperaturen mal nicht mediterran sind. Für die breiten Promenaden mussten die Aufbauten schmaler werden, was sich auf die oberen Kabinen positiv auswirkt: Kein langer Schlauch mit kleinem Fenster am Ende; die neue Architektur rückt sogar hier den Meerblick näher ans Bett.

Wer noch kinderbunte Design-Elemente im Sinn hat, drücke bitte den Resetknopf. Wenn es einem der modernsten Kreuzfahrtschiffe nicht weh täte, man könnte die BLISS glatt als »gediegen« bezeichnen: Warme Holztöne, edle Ledermöbel, viele in Schummerlicht getauchte Bars und immer mal wieder eine kleine Sitzgruppe, die von plaudernden Passanten gern genutzt wird, erhöhen die Vorfreude auf die Blaue Stunde, soweit sie nicht in den Außenbereichen stattfindet. Dort stehen ebenfalls niedrige Sitzgruppen zum Hinlümmeln bereit, dazu Bars und Außenbereiche einiger Restaurants. Windfänge versuchen, Meeresbrise und Fahrtwind fernzuhalten, auf dass die Passagiere, die das Tischtuch festhalten, nicht zum fliegenden Robert werden. Bei der Vielzahl der »Dining-Optionen«, mit denen NCL die Pfunde, die man sich auf der Reise anfrisst, grammweise verteilt, lassen sich nur einige Beispiele nennen: Im Manhattan Room sind Tische und Stühle um eine Tanzfläche gruppiert, wo zum und nach dem Dinner Showeinlagen und Tanzmusik locken; im Teppanyaki ist das Kochen selbst das Showprogramm. Wahre Artisten wirbeln vor den Augen der Gäste mit Zutaten und Kochwerkzeug herum. Natürlich dürfen ein Steak House, ein Italiener, ein Mexikaner und ein französisches Bistro nicht fehlen. Ein Backshop, ein Starbucks, Burger am »Jimmy Buffet's Margaritaville at Sea« und die süßen Verführungen von »Coco's« oder »Dolce Gelato« stillen den Appetit zwischendurch. Die »Food Republic« trägt Genüsse aus aller Herren Länder, das Ocean Blue aus allen Weltmeeren zusammen, das Savor fungiert als klassisches Hauptrestaurant und das »The Haven« ist den hier residierenden Gästen vorbehalten. Auf den zweiten Blick kommt eine deutsche Erfindung hinzu: Eine Mitarbeiterin aus dem NCL-Büro in Wiesbaden hatte die Idee, an einem der ersten Kreuzfahrttage mögen doch am großen Buffet im Garden Café alle Spezialitätenrestaurants mit Kostproben vertreten sein. Kein Wunder, dass danach ein Buchungsboom herrscht. Tipp: Vor diesem Event entscheiden und reservieren!

Oben rechts:
Gedeckte, freundliche Farben auf den neuen NCL-Schiffen

Mitte rechts:
Kaffee-Lounge mit edlem Leder-Mobiliar

Unten rechts:
Platz zum Chillen, Musik hören, Filme schauen

Oben links:
Wasserrutsche überm Pool

Unten rechts:
Car Racing am Achterdeck

Auch, wenn die gigantische Wasserrutsche an Deck heute die Silhouette fast aller großen Schiffe beherrscht und die Kletterwand, einst als das Outdoor-Erlebnis schlechthin gefeiert, nur noch belächelt wird, versteckt die Norwegian Bliss achtern eine weitere Freizeit-Attraktion. »Car Racing«, ein waschechtes Autorennen, kann auf der schwarzen Asphalt-Imitation fahren, wer früher schon immer davon geträumt hat, in den Autos seiner Carrerabahn selbst zu sitzen. Wer sich lieber unterhalten lässt, findet angesagte statt angestaubte Künstler an Bord. Die Jersey Boys mit ihrem allabendlichen Blockbuster-Musical sind ebenso erfolgreich wie die »Happy Hour Prohibition«, ebenfalls ein Musical-Format, konkurrieren um die Gunst der Nachtschwärmer mit »The Cavern Club« an der Waterfront und knüpfen an die Tradition des Clubs in Liverpool an, wo schon die Beatles performten.

Freilich vergisst Norwegian Cruise Line nicht, sich gehörig selbst zu loben: 1,4 Milliarden Media Impressions habe die neue Bliss schon, die am 2. Juli 2018 ihr Sommerfahrtgebiet Alaska erreichte, wo die Wale dann ihre Artgenossen an der Bordwand bewundern konnten, hingemalt vom Meereskünstler Wyland. Dieses Fahrtgebiet soll der Neuen Stammrevier sein; Seattle wird als »Heimathafen« genannt und ist es nicht, weil die Bliss – wie ihre Schwestern – unter Bahama-Flagge fährt und in Nassau beheimatet ist. Gern weist man auf kommende Neubauten hin (2019: Norwegian Encore, ab 2022 vier Konzeptneubauten der »Leonardo Class« mit Option auf zwei weitere), von denen einer kein Schiff ist, sondern ein neues Terminal in Miami. »Ten years as Europe's leading cruise line« ist der letzte Superlativ, der ausgespielt wird. Wie immer man »leading« definiert, in puncto Innovation stimmt es gewiss.

NCL
RACING

Das windgeschützte Pooldeck liegt mittig

EINE OVATION AN DEN LUXUS

Die neue SEABOURN OVATION stellt sich in Hamburg vor

von Corlijn Schönknecht

Mit dem jüngsten Neubau SEABOURN OVATION komplettiert die kleine, eher ungewöhnliche Reederei innerhalb der Carnival Corporation ihr Ensemble aus nunmehr fünf Schiffen, welche die weltweit jüngste Flotte im Ultra-Luxus-Bereich bilden. Auch, wenn die beiden letztgetauften weißen Ladies, die in der Mitte vor dem Schornstein besonders schlank aussehen, weil die Passagiere diese Nähe zu Wind und Wasser auf dem offenen Deck lieben, darunter über ein zusätzliches Deck verfügen und somit knapp über 40.000 BRZ groß sind, bleiben das Passagier-Raum-Verhältnis und der Service-Index bei 600 Reisenden und 520 Crew-Mitgliedern höchst komfortabel. Das mittschiffs liegende Deck unter freiem Himmel ist ein Lounge-Bereich, welcher zum Genießen einlädt. Die Schiebetür zum Deck geht auf und pure Entspannung liegt in der Luft. Auf gemütlichen Liegen lässt sich ein Seetag am besten genießen.

Nicht nur das Sonnendeck inmitten des Schiffes, auch der Wellness-Bereich und das »The Retreat« fühlen sich nach Luxus-Urlaub an. Bei Letzterem handelt es sich um einen exklusiven Bereich der Entspannung, in dem bis zu 28 Personen in privaten »Wohnzimmern« auf dem Außendeck, nach drei Seiten abgeschlossen, ausgestattet mit HD-Fernseher und Kühlschrank samt einer individuellen Auswahl an Getränken, Platz finden.

Ums kulinarische Wohl kümmert sich die Crew der SEABOURN OVATION gleich in mehreren Restaurants. Ein besonderes Highlight ist das Grill-Restaurant von Thomas Keller, in dem 54 Gäste die Kreationen des 7-fachen Sternekoches (zwei Restaurants à zwei Sterne und ein Restaurant à drei Sterne an Land) kosten können. In New York, Miami oder Las Vegas muss man für den Restaurant-Besuch acht Monate Wartezeit und 600 Dollar investieren. Die von Keller persönlich ausgebildeten Köche zaubern Abend für Abend auch an Bord

die feinsten Gerichte, sodass die Plätze schnell für die ganze Reise ausgebucht sind. Seabourn versichert jedoch, dass jeder Passagier die Chance hat, einmal in diesem À-la-carte-Tempel essen zu können. Und wenn's dann doch mal kein Steak sein soll, bieten das »The Restaurant«, »The Colonnade«, »The Patio« und ein Sushi-Restaurant viele Möglichkeiten, auf höchstem kulinarischem Niveau zu speisen.

Keine Lust auf Gesellschaft? Kein Problem beim Kabinen-Service auf der Suite! Von der Veranda-Suite über die Spa-Penthouse-Suite bis hin zur Wintergarten-Suite ist die Auswahl groß Auswahl groß bei gleich bleibendem Grund-Komfort. Und der ist hoch. Alle Suiten bieten freien Blick über den Ozean; so lässt es sich am besten aufwachen. Neben den Schlafbereichen kann man in jeder Suite zudem auf einem gemütlichen Sofa entspannen.

Auch, wenn mancher gar nicht von Bord gehen möchte – wo fährt das neue Prachtschiff überhaupt hin? So außergewöhnlich das Schiff, so außergewöhnlich sind auch die Destinationen. Ein besonderes Merkmal sind hierbei die Antarktis-Reisen, wo maximal 400 Personen mitreisen dürfen und mit Zodiac-Ausbootungen die Natur

Mitte:
Diese Bar vorn oben bietet beste Aussicht

Rechts:
Die Counter für die Gästekommunikation sind in eine Lounge integriert

Die Silhouette zeigt das eingebettete Pooldeck

erforschen können. Neben Zodiacs sind auch Kajak-Ausflüge buchbar, welche eine besonders intime Erfahrung in der Polarregion versprechen. Seabourn legt Wert darauf, die einzige Reederei zu sein, die mit einem Teil der Ausflugseinnahmen die UNESCO aktiv unterstützt.

Und falls es mal keine kalte Destination ist, in welcher sich die Seabourn Ovation gerade herumtreibt, dann ist das warme Wasser auf der Bade-Marina am Heck des Schiffes besonders nah, welche einmal pro Reise (nicht auf allen Reisen) zum Einsatz kommt.

Die Seabourn Ovation ist ein modernes Schiff des Ultra-Luxus-Bereichs und einem »echten« All-inclusive-Paket und kaum exkludierten Leistungen. Der Schiffsarchitekt hat die »vertikale Lösung« gewählt und die Gesellschaftsräume weitestgehend übereinander im Heck des Schiffes angeordnet. Service steht an erster Stelle: Das Wort »Nein«, so versichert Francesco Sanchez, Manager für den deutschsprachigen Raum, existiert an Bord der neuen Luxus-Diva nicht. Er gibt gern die Geschichte zum Besten, wie seiner kleinen Tochter in weniger als einer halben Stunde ein Bademantel angemessen wurde, weil es Bademäntel für Kinder an Bord nicht gab. Mit einem Einstiegspreis ab 3.000 Dollar lockt die Seabourn Ovation verwöhnte Passagiere deutlich günstiger an Bord als vergleichbare deutsche Schiffe oberster Qualitätsklasse.

Dr. Barbara Richter war begeistert von den Kanu-Touren in der Antarktis

Dr. Barbara Richter aus Dreieich war mit der Seabourn Quest in der Antarktis

»Ich war schon einmal mit Seabourn unterwegs gewesen und fand das sehr komfortabel. Aber meine Reisemotivation war beim zweiten Mal ganz klar die Antarktis. Mit der Vorgabe, dass die Reise über Weihnachten sein musste, war die Auswahl etwas eingeschränkt. Verglichen habe ich z. B. mit der Bremen von Hapag-Lloyd, aber nur Seabourn bot mir mit Buenos Aires, Montevideo und vier Häfen in Chile eine 21-tägige Reise, in der auch noch Südamerika und Südgeorgien enthalten waren. Die Organisation war erstklassig; man ging reihum an Land, weil immer nur 100 Passagiere zum Landgang zugelassen sind. Dadurch, dass Seabourn zusätzlich noch Touren mit bordeigenen Kajaks anbietet, konnte ich mein Landgangskontingent fast verdoppeln. Wir hatten fünf Stopps in der Antarktis, vier auf South Georgia und ein Riesenglück mit dem Wetter. Die Kajaks hatte ich schon von zu Hause gebucht; mein Reisebüro ›Unlimited Cruises‹ bei mir am Ort hat mich sehr gut beraten. Die Mitpassagiere waren die zweite angenehme Erfahrung. International, polyglott und sehr entspannt. Zwischen Amerikanern, Kanadiern und ein paar Asiaten zum Beispiel auch einer der Begründer von Apple. Sie alle genossen die täglichen Vorträge. Außer Praxis-Tipps gab es Hintergrundwissen zu Geologie, Biologie und Politik. Das Alter der Reisenden begann bei zwei Jahren; niemand wird ausgeschlossen. Sogar ein leicht gehbehinderter Passagier wurde ins Kajak gehievt. Ich hatte meine Nichte dabei, ein Twen; sie reiste mit eigenem Plüsch-Pinguin und würde morgen wieder losfahren. Auch sie fand an Bord passende Gesellschaft.«

Der Central Park sieht auf den ersten Blick aus wie auf den anderen Schiffen der OASIS-Class

ALLES WIE IMMER?

Nicht ganz!
Auf jedem Schiff der OASIS-Class gibt es Veränderungen

von Oliver Schmidt

Drei fast baugleiche Schwestern hat sie schon, die neue SYMPHONY OF THE SEAS, und natürlich sind alle ein kleines Stückchen kürzer als sie, denn irgendwann möchte jede mal die Größte sein. Leicht ist es für den Erbauer immer neuer »Größter Schiffe der Welt«, Royal Caribbean, nicht gerade, dem jeweils jüngsten Spross bahnbrechende Neuerungen mitzugeben und dabei eine gewisse »Corporate Identity« einzuhalten. Im Marketing ist Austauschbarkeit wünschenswert, weil man mit einer Maßnahme gleich mehrere Schiffe erfasst, und ist es auch wieder nicht, weil man möglichst für jedes Schiff ein individuelles Verkaufsargument braucht.

Der deutsche Passagier wird es in der Promenade sofort bemerken: Statt eines US-amerikanischen »Classic Car« steht hier ein zur Kugelform gepresster Brezelkäfer aus den 50ern. In den gleich bleibenden Grundstrukturen muss man auf solche Details achten, wenn man Neues bemerken will. Das gelingt beispielsweise im Central Park und widerlegt zugleich, dass der Kommerz im Vordergrund stehe: Das beliebte, inkludierte Café ist deutlich gewachsen, verschwunden ist dafür der Laden nebenan und auf der Terrasse gibt es neuerdings Schaukelstühle. Ein Stückchen weiter liegt das erste Fischrestaurant, das auf der OASIS-Klasse angeboten wird. Das vorn

Oben links:
VW-Knutschkugel
in der Royal Promenade

Oben recht:
Stilvolle Schooners Bar

Mitte links:
Kinderbereich
am Achterdeck

Mitte rechts:
Flow Rider – Wellenreiten an Deck

oben liegende Solarium ist neu strukturiert und verfügt über ein halb offenes Glasdach. Kunstbegeisterte hätten kein Problem, von Neuem zu schwärmen, denn diese Accessoires wechselt Royal auf jedem Schiff gegen völlig neue Kreationen aus. Freunde dieser Baureihe werden gewiss ihren größten Spaß daran haben, dass alle wichtigen Eckpunkte ihrer »Lieblinge« beibehalten wurden. Dazu gehören das Märchen-Restaurant »Wonderland«, wo die Speisekarte nur mit einem Spezialtrick für kurze Zeit lesbar wird, der rustikale Gourmet-Tempel von Jamie Oliver, wo auch mal eine offene Büchse auf den langen Tischen steht, und der Roboter, der an der Promenade fleißig Cocktails auf Knopfdruck mixt. Auch jene Bar, die als Fahrstuhl auf und nieder fährt, ist wieder da, und oberhalb der Royal Promenade die stilvolle »Schooners Bar«, deren Windjammer-Interieur man mit einer Geruchsmischung aus Whisky, Rauch und Teer authentisch »beriecht«. An Deck wartet der Flow Rider darauf, Surfanfänger mit karibischen Wellen und Strömungen vertraut zu machen, und die Zip-Line trägt Mutige am Stahlseil hoch über den Bordwalk.

Dass die in internationalen Gewässern operierenden Megaliner nicht unbedingt Umweltaspekte in den Fokus rücken, insbesondere dann, wenn sie erkennbar nicht fürs Nordmeer gebaut sind, ist keine neue Erkenntnis. Immerhin hat die Symphony hier gegenüber dem Typschiff Oasis of the Seas einiges an Gewinn erzielt: 25 % Treibstoff spart sie ein und produziert in der Folge auch ein Viertel weniger an Abgasen. Dass die Geschäftsleitung des Unternehmens, während sie das erzählt, fast eine Stunde auf der bordeigenen Eisbahn friert, ist eher eine Kapriole der Event-Planung an Bord. Dass sie allerdings auf eine Detail-Nachfrage satte 15 Minuten über die Schwierigkeiten

Links:
Aqua-Theater
am Achterdeck

Oben rechts:
Zu Besuch bei
Jamie Oliver

Mitte rechts:
Klassische Show-Lounge
mit zwei Emporen

beim Wechsel von Plastik-Strohhalmen zur papiernen Variante räsoniert, zieht die Umweltbemühungen eher ins Lächerliche. Will man hier anknüpfen, müsste man eher positiv vermerken, dass an Bord kein Bild des Fotografen mehr »auf Vorrat« ausgedruckt wird; der Verkauf erfolgt nur an digitalen Auswahlstationen.

Insgesamt bietet die SYMPHONY OF THE SEAS wie ihre drei älteren Schwestern für ein Schiff dieser Größe ungewöhnlich klare Strukturen, verfügt mit dem achteren Bordwalk, der Royal Promenade und dem Central Park über drei gigantische öffentliche Bereiche, die selbst in einem Urlaubsort an Land ihresgleichen suchen, und bietet auf der Eisbahn, im Aqua-Theater am Heck und im klassischen Show-Theater sowie zahlreichen Bars mit Live-Musik eine Auswahl an Abendunterhaltung, die für jeden Geschmack gerüstet ist. Dass Royal Caribbean die Baureihe nicht bereits abgeschlossen hat, verwundert, denn einem deutlich erkennbaren Trend folgt die OASIS-Klasse nicht: der Rückkehr zum Meer. Weder von der Promenade noch aus dem Central Park erhascht der Reisende ein Stückchen wässriges Blau. Allerdings ist es auch keinem der Granden so gut geglückt, ein Gefühl von Raum zu vermitteln, während die von Unkundigen oft geäußerte »Beengtheit« tatsächlich an keinem Ort spürbar ist. Nirgends hat ein Passagier das Gefühl, mit mehreren Tausend Urlaubern das Schiff zu teilen. Damit ist die Komposition perfekt, die Komposition einer »Symphonie der Meere«. Einer harmonischen Symphonie, womit gleich der Bezug zum Vorgängerschiff gegeben wäre. Ob das für 2021 avisierte Nesthäkchen der Baureihe dann wohl COMPOSITION OF THE SEAS heißt?

Zur Taufe geschmückt: die neue NICKOVISION

EINE VISION WIRD WIRKLICHKEIT

NICKOVISION – die neue Dimension an Kulinarik auf dem Fluss

von Raoul Fiebig

Das Frankfurter Mainufer, ein sonnig-warmer Sommertag, perfektes Taufwetter. Der Täufling heißt NICKOVISION und ist – sozusagen – ein Erstgeborener, nämlich der erste Neubau des Stuttgarter Veranstalters nicko cruises überhaupt. »Ich habe geübt. Mein Gott, was habe ich Flaschen zerschlagen«, bekennt Entertainerin und Taufpatin Barbara Schöneberger zu Beginn der Zeremonie – um dann festzustellen, dass es eigentlich »nur« ein Band zu zerschneiden gilt, um die Champagnerflasche am Bug des Schiffs zerschellen zu lassen. Soweit die Theorie. In der Praxis behauptet sich das Grünglas gegenüber dem Stahl – die Flasche zerbirst nicht. Doch so verbal schlagfertig die sympathische Taufpatin ist, so pragmatisch greift sie die Flasche, holt aus

Oben links:
Die Taufgesellschaft vor dem Täufling

Oben Mitte:
Manhattan-Restaurant im Bistrostil

Oben rechts:
Bar mit Flussblick

Unten Mitte:
Fließender Übergang: Lounge und Restaurant

Unten rechts:
Erstes Dessert aus der Kombüse

und schickt sie mit Schwung nochmals auf ihre kurze Reise – diesmal mit Erfolg. »Ist doch am sichersten, wenn man's mit der Hand macht«, resümiert Barbara Schöneberger augenzwinkernd.

Die langfristig von der renommierten Schweizer Reederei Scylla gecharterte NICKOVISION wurde in enger Abstimmung mit nicko cruises konzipiert. Entstanden ist ein komfortables Schiff mit drei nahezu durchgehenden Passagierdecks, die auch per Aufzug verbunden sind. Neue Wege geht nicko cruises beim kulinarischen Konzept: Das Hauptrestaurant mit Panorama-Flussblicken bietet neben dem umfangreichen Frühstücksbuffet auch Mittag- und Abendessen, die am Tisch serviert werden. Es herrscht freie Platzwahl bei langen Essenszeiten. Das darunter liegende Manhattan-Restaurant im Stil eines schicken Bistros ist ebenfalls zum Frühstück geöffnet – mit leicht geringerer Auswahl. Abends stehen hier Themen-Dinner auf dem Programm, etwa asiatische oder Fischgerichte, die mehrfach pro Reise wechseln. Das Angebot ist im Reisepreis enthalten, jedoch vorab zu reservieren. Das Restaurant kann auch als Jazz-Club dienen. Eine eigene Bar ist vorhanden.

Marios Grill

Achtern auf dem Oberdeck ergänzt zudem »Marios Grill« die kulinarische Vielfalt, die im Flussbereich bislang ihresgleichen sucht. Mittags bietet das nach Firmenbesitzer Mario Ferreira benannte, mit 30 Plätzen sehr intime Restaurant Pizza, Pasta, Burger & Co. – abends stehen Steaks auf der Speisekarte. Auch der Besuch in Marios Grill ist im Reisepreis enthalten. Als zusätzliche Mittagsoption wird ggf. ein »Light Lunch«-Buffet im Panoramasalon angeboten.

Doppelkabine

Dieser ist – ebenso wie das Hauptrestaurant – hell und mit maritim-blauen Akzenten eingerichtet. Durch die offene Bauweise gehen Lounge, Restaurant und die vorn auf halber Höhe liegende Bar fließend ineinander über – ein ungewöhnliches »Raumgefühl« für ein Flusskreuzfahrtschiff.

Die ebenfalls blau akzentuierten Kabinen fallen zwar nicht übermäßig groß aus, sind jedoch geschickt aufgeteilt und komfortabel. Auf Mittel- und Oberdeck verfügen sie über französische Balkone.

Auch in Sachen Umweltschutz ist nicko cruises mit seinem neuen Flaggschiff gut aufgestellt: So verbrennt der Antrieb der NICKOVISION nahezu schwefelfreien sogenannten GTL-Treibstoff, eine synthetische Dieselvariante, die aus Erdgas hergestellt wird und auch den Partikel- und Stickoxid-Ausstoß deutlich reduziert.

Oben:
Die VistaStar kommt zur Taufe nach Köln

Rechts oben:
Helle, warme Farbtöne in den Kabinen

Rechts Mitte:
Restaurant und Beispiel-Gerichte

Rechts unten:
Seltene Ausstattung auf Flussschiffen: das Hallenschwimmbad

EIN NEUER STAR FÜR 1AVISTA REISEN

Die VistaStar zeigt sich als Raumwunder

von Raoul Fiebig

Die Taufe eines Kreuzfahrtschiffs – Glamour, Prominenz, Anzugträger und Damen in festlichen Kleidern. Eine berühmte Taufpatin nicht zu vergessen. So stellt man es sich gemeinhin vor. 1AVista Reisen ging bei der Taufe seines neuen Flaggschiffs VistaStar einen etwas anderen Weg. Natürlich waren auch hier Vertreterinnen und Vertreter aus der Politik, von Reederei und Finanzierungsgesellschaft anwesend und fanden anerkennende Worte für den Kölner Veranstalter und seinen Neuzugang. Die Abendgarderobe konnte jedoch zu Hause bleiben – leichte Eleganz war angesagt. Und keine berühmte Taufpatin sagte den Taufspruch auf und ließ die Champagnerflasche am Bug des Täuflings zerspringen. Diese ehrenvolle Aufgabe kam einer Gruppe Kinder zu. Bereits im zehnten Jahr betreibt die von 1AVista-Firmengründer Hubert Schulte-Schmelter ins Leben gerufene Stiftung in Köln und Umgebung Wohngruppen für traumatisierte Kinder. Nachdem die Mädchen und Jungen der Schulte-Schmelter-Stiftung der VistaStar allzeit gute Fahrt und die obligatorische Handbreit Wasser unter dem Kiel gewünscht hatten, konnten die Taufgäste das Schiff in Augenschein nehmen.

Gebaut bei Den Breejen in den Niederlanden und unter dem nautischen und Hotelmanagement von River Advice, bietet der Neubau bis zu 202 Passagieren in 98 Kabinen Platz. Die 16 m² großen Unterkünfte – vorn auf dem Hauptdeck geringfügig kleiner – zeichnen sich durch ihre elegant-modern wirkende Einrichtung aus. Viel helles Holz in Kombination mit blauen und erdigen Tönen sorgt für ein Wohlfühlambiente. Hervorzuheben sind die großzügigen Ablageflächen und der beeindruckende Stauraum. Pfiffig: Das Bad ist per Schiebetür von der Bettseite aus erreichbar. Zudem »ragt« die Dusche im Grunde in die Nachbarkabine hinein und schließt dort bündig mit der Schrankwand ab. Ein gelungener Kniff mit dem Resultat, dass das Bad von außen betrachtet sehr kompakt wirkt und wenig Kabinenfläche belegt, sich im Inneren jedoch als Raumwunder entpuppt.

Im eleganten Restaurant auf dem Mitteldeck wird das Frühstück in Buffetform serviert, Lunch und Dinner am Platz. Viel Raum zwischen den Tischen sorgt für ein angenehmes Gefühl von Großzügigkeit – der Verzicht auf ausladende Stühle hat dabei sicher geholfen. Im darüber liegenden Salon wechseln sich gemütliche Sofas und Sessel ab – vorn am Bug ist zudem eine kleine Außenterrasse auch dann nutzbar, wenn das Sonnendeck wegen Brückenpassagen kurzfristig geschlossen bleiben muss. Von hier aus gelangt man auch mit einem Treppenlift nach oben; die drei Kabinendecks werden indes durch einen Aufzug in der Lobby verbunden.

Highlight des Schiffs ist allerdings das Schwimmbad mit Sauna, das den Heckbereich des Oberdecks einnimmt. Ein recht großer »Infinity-Pool« mit Gegenstromanlage erlaubt »richtiges Schwimmen« und zeitgleich grandiose Flussblicke. Das Dach kann bei gutem Wetter geöffnet werden; Sonnenliegen und eine kleine Bar laden zum Verweilen ein. Besonderer Clou: Bei Bedarf kann der Boden des Pools binnen Minuten nach oben gefahren werden. So entsteht eine Tanzfläche oder Platz, um den Raum für Vorträge oder Filmvorführungen zu nutzen.

Ein Prosit von Kreuzfahrtdirektor Schultze

DISCO STATT CREWSHOW

Phoenix modernisiert sein Fluss-Angebot mit der neuen ALENA

von Tobias Bruns

»Es macht Spaß, hier etwas Neues zu entwickeln«, sagt Peter Schultze, Kreuzfahrtleiter der ALENA, dem jüngsten Neuzugang in der Flotte des Bonner Reiseveranstalters Phoenix Reisen. Als weitgehend baugleiches Schwesterschiff der im Jahr zuvor in Dienst gestellten ASARA gehört sie zur neuen Generation der Flusskreuzfahrtschiffe. Reederei beider Schiffe ist Rijfers Nautical Management B.V. Gebaut wurden die 135 Meter langen Neubauten auf der serbischen Schiffswerft Vahali in Zasavica, im niederländischen Gendt wurden sie fertiggestellt. Sie zeichnen sich durch ein modernes, offenes und komfortables Interieur aus, das einem gehobenen Anspruch gerecht wird.

In den Kabinen fällt ungewöhnlich viel Stauraum auf. Das Sonnendeck ist weitläufig und mit gemütlichen Sitzgelegenheiten ausgestattet. Die Lounge zeigt sich in einem Mix aus skandinavischem und klassischem Lounge-Design. Neben dem großen Restaurant »Vier Jahreszeiten«, bietet das Spezialitäten-Restaurant am Heck eine leichte kulinarische Alternative. Premiere bei Phoenix Reisen: Neue Essenszeiten sollen mehr Flexibilität in den Bordalltag bringen. Denn bei Frühstück und Mittagessen gibt es auf der ALENA nun eine offene Tischzeit und freie Platzwahl. Nur das Abendessen erfolgt noch mit festem Tischplatz.

Außerdem führte Phoenix Reisen in diesem Jahr ein neues Entertainment-Programm ein. Bei Reisen ab einer Dauer von sieben Tagen sollen zwischenzeitlich Gastkünstler für Auftritte an Bord kommen und Abwechslung zum standardmäßigen Alleinunterhalter bieten. Dies startet zunächst auf Rhein und Mosel. Dafür arbeitet der Bonner Reiseveranstalter mit einer neuen Agentur zusammen, sagt Christian

Adlmaier, Phoenix' Chef-Kreuzfahrtdirektor, der diese Neueinführung auf der ALENA begleitet: »Wir möchten mehr Schwung in die Flusskreuzfahrt bringen!« Er nimmt auf den Schiffen von Phoenix Reisen die Perspektive der Passagiere ein, sucht nach Neuerungen und Verbesserungen.

Mit mehr Stimmung auf dem Fluss soll auch eine jüngere Zielgruppe angesprochen werden, wie er sagt. Ideen habe Adlmaier »bis ins nächste Jahrtausend«, doch die Neuerungen erfolgen Stück für Stück. Die zahlreichen Stammkunden sollen langsam auch von etwas Neuem überzeugt werden. Ein Paradebeispiel dafür ist eine der ersten Reisen der ALENA über Ostern: Selbst Kreuzfahrtleiter Peter Schultze zeigte sich auf seiner 518. Reise überrascht, denn ein so junges Publikum habe er auf einem Flusskreuzfahrtschiff noch nie erlebt. Bedingt durch die Feiertage und zahlreiche Gruppenbuchungen lag der Altersschnitt seinen Schätzungen zufolge deutlich unter 56 Jahren. Kurzerhand stellte Schultze daraufhin das Programm um: Statt der Crewshow am Abend nach dem Gala-Abschiedsdinner setzte er eine Disco auf das Tagesprogramm. Und die wurde ein »Riesenerfolg«, wie er sagt. Ist die Lounge sonst schon früh leer, herrschte bis in die Nacht tolle Stimmung und eine volle Tanzfläche. »Das war mutig, aber ich bin hellauf begeistert«, resümiert Schultze.

Oben links:
Die ALENA in Koblenz

Mitte links:
Doppelkabine

Mitte rechts:
Lounge-Bereich an Deck

Unten links:
Stilvolles Restaurant

Unten rechts:
Lounge mit bodentiefen Fenstern

Oben:
Otranto lockt mit einer Mischung aus karibisch anmutendem Meer und italienischem Flair

SCHATZKAMMER IM DORNRÖSCHENSCHLAF

Entdeckungen am Absatz des Stiefels

Durch die schmalen Gassen Otrantos weht ein Hauch von Orient

von Yvonne Schmidt

Wo ist Italien am italienischsten? Darauf hätte vermutlich jeder Italiener und Italien-Kenner eine andere Antwort. Unter den möglichen Kandidaten befindet sich zweifellos Apulien. Wer das Authentische und Ursprüngliche mit einer großen Portion Dolce Vita sucht, wird im äußersten Südosten Italiens fündig.

Apulien – schon der Name klingt verheißungsvoll. Tatsächlich präsentiert sich der Stiefelabsatz als Schatzkammer Italiens, wo sich inmitten lieblicher Landschaften und schöner Städte eine Zeitreise im Zeitraffer unternehmen lässt, angefangen von der Antike über den Barock bis zum Hier und Heute.

In Brindisi scheint Letzteres zu dominieren. Wenn Kreuzfahrtschiffe in den geschützten Hafen hineinfahren, fallen zunächst graue Kreuzer und Fregatten als Kulisse für mehrstöckige Appartmenthäuser auf, da die Hafenstadt Anfang des 20. Jahrhundert zum Stützpunkt der italienischen Marine erkoren wurde. Dabei nutzten schon die Römer den Hafen als Flottenstützpunkt und Handelstor zum Orient; sichtbar an der berühmten Colonna Romana am Hafen, die einst den Endpunkt der antiken Staatsstraße Via Appia aus Rom markierte.

Während sich Brindisis Historie erst auf den zweiten Blick offenbart, gibt die Barockperle Otranto modernen

Kreuzfahrern ihre Schätze sofort preis – sofern man sich nicht von dem karibisch-blau glitzernden Wasser und blendend weißen Sandstränden ablenken lässt. Ansonsten finden sich in der verwinkelten, orientalisch anmutenden Altstadt neben versteckten Cafés und hübschen Läden auch diverse historische Relikte.

Besonders herausragend ist die normannische Kathedrale, die zwar von außen recht schlicht und bescheiden daherkommt, sich im Inneren aber als wahres Schmuckstück entpuppt. Ein riesiges Bodenmosaik mit biblischen Prominenten, Paradiesvögeln und Fantasie-Figuren bildet eine Art mittelalterlichen Comic. Zudem gibt es statt der üblichen Altarbilder eine Reliquien-Wand mit hunderten Schädeln, die den Märtyrern von Otranto gehören. Die bleichen Gebeine künden von unruhigen Zeiten, als die Osmanen im 15. Jahrhundert das Mittelmeer unsicher machten und mit Glaubensfeinden nicht gerade zimperlich umgingen.

Nicht nur die Küstenorte sind ein Spiegel der spannenden Vergangenheit Apuliens, sondern auch das stille Hinterland, das schon die alten Römer als Kornkammer des Reiches schätzten. Noch heute erstrecken sich Felder und Plantagen bis zum Horizont, gespickt mit seltsamen runden Steinhäuschen namens »Trulli«, die einzig und allein in Apulien vorkommen, sich zwecks Verlegung an einen anderen Ort sogar ab- und wieder aufbauen ließen und sich dank ihrer Einzigartigkeit Unesco-Welterbe nennen dürfen.

Was sich in Apulien ganz besonders zahlreich findet, sind Olivenhaine. 40 Millionen Olivenbäume sollen allein zwischen Bari und Brindisi stehen, manche von ihnen bereits von den Römern gepflanzt. Noch immer produzieren

Oben:
Espresso, Cappuchino & Co. lassen sich in den hübschen Cafés von Otranto genießen

Mitte:
Die Kathedrale von Otranto ist ein mittelalterliches Meisterwerk

Unten:
Wer Ursprünglichkeit und Ruhe sucht, wird im äußersten Süden Italiens fündig

Schmale Gassen Süditaliens – nur für Fußgänger und Motorroller

diese knorrigen Baum-Greise Oliven, die zum »flüssigen Gold« Apuliens verarbeitet werden, dem Olivenöl. Die Region ist nicht nur der größte Ölproduzent des Landes, sondern auch Ursprung des besten Olivenöls Italiens.

Über der sanften Hügellandschaft aus unendlichen silbrig-glänzenden Olivenhainen erheben sich hier und da Städte wie Bollwerke mit Burgen und Kastellen. Schon von Weitem sticht Ostuni ins Auge, einer der imposantesten Orte Apuliens. Ähnlich den weißen Dörfern Andalusiens ducken sich weiß gekalkte Häuser in einem verwirrenden Gassenlabyrinth eng aneinander, verbunden durch schmale Stiegen und Treppen, die entweder steil nach oben oder in die Tiefe führen. Hier, wo italienische Mamas mit Kittelschürze wie selbstverständlich vor ihren Häuschen einen Plausch mit dem Nachbarn halten und Kinder spielend durch die Straßen toben, werden fremde Besucher neugierig, aber herzlich beäugt.

War Apulien einst begehrtes Ziel vieler Völker, die hier Handel trieben und Schlachten schlugen, schlummert der Stiefelabsatz heutzutage eher im Dornröschenschlaf. Massentourismus gibt es nicht, wohl aber eine entsprechende touristische Infrastruktur, insbesondere für die vornehmlich hier urlaubenden Landsleute. Schließlich wissen die Italiener am besten, wo Italien am italienischsten ist.

Heldenverehrung auf albanisch: Ein monumentales Wandbild erinnert an vergangene Zeiten

EINDRÜCKE VON KARL MAY UND KOMMUNISMUS?

Tirana steckt voller Überraschungen!

von Yvonne Schmidt

Zugegeben, Albanien genießt nicht gerade den besten Ruf. In den Medien kursiert immer wieder das Klischee vom armen, gebeutelten Balkanstaat, wo Kriminalität an der Tagesordnung ist. Sicher hat auch Karl May mit seinen Abenteuerromanen das heutige Albanienbild wesentlich geprägt. Im sogenannten »Land der Skipetaren« lässt er mordlustige Burschen ihr barbarisches Unwesen treiben.

Bis zum heutigen Tag dominiert selbst innerhalb Europas mehr Unbekanntes als Bekanntes den Eindruck von Albanien. Das mag daran liegen, dass das Land auf der großen Weltkarte gerade mal ein territorialer Klecks ist. Seinen Geheimnissen kommen immer mehr Kreuzfahrtgäste auf die Spur, deren Schiff in Durrës Halt macht. Hier schießen Hotels, Ferienwohnungen und Restaurants wie Pilze aus dem Boden. Spätestens die 30 Kilometer östlich von Durrës gelegene Hauptstadt

Tirana räumt mit möglichen Vorurteilen über Albanien auf. In den letzten Jahren hat sich Tirana vom Aschenbrödel in eine zukunftsgewandte Metropole verwandelt, in der riesige Reklametafeln auf LED-Bildschirmen die neu gewonnene Freiheit in Form westlicher Konsumgüter preisen.

Doch auch wer Vergangenes sucht, wird in Tirana fündig, obwohl sie als Stadt ein recht junges Gebilde ist. Anfang des 17. Jahrhunderts von einem osmanischen Großgrundbesitzer als kleiner Marktflecken gegründet, blieb der Ort lange unbedeutend. Erst 1920 erhielt Tirana den Hauptstadt-Titel und wuchs zur heute größten Stadt des Landes mit rund 625.000 Bewohnern heran. Die Nähe zu Italien ist nicht nur geografisch gegeben, sondern auch architektonisch. Als Mussolini Albanien 1939 besetzte, entstanden in Tirana Ministerien und Prachtstraßen, auf denen noch heute erstaunlich wenig Verkehr ohne Stau, Chaos und Dauerhupen geordnet dahinfließt.

Da das Land im Laufe der Geschichte fast immer fremdbestimmt und besetzt war, sind identitätsstiftende Helden umso wichtiger. Einem von ihnen namens Skanderbeg haben die Albaner nicht nur den Zentralplatz im Herzen der Stadt gewidmet, sondern ihm ebendort auch ein Denkmal gesetzt, denn mit seiner Verteidigung Albaniens gegen die Osmanen im 15. Jahrhundert hat sich der Fürst als albanischer Nationalheld unsterblich gemacht. Bis 1991 musste sich der berittene Skanderbeg den Platz mit dem mittlerweile umstrittenen Enver Hoxha teilen, bevor Demonstranten dessen überlebensgroße Statue vom Sockel stürzten. Noch heute trägt die Stadt unübersehbar die Handschrift des ehemaligen Diktators, der sich in seiner fast 40 Jahre währenden kommunistischen Regierungszeit als Retter der Albaner gab und sie mit stalinistisch geprägten Monumentalbauten »beglückte«.

Was der Zweite Weltkrieg nicht zerstört hatte, ließ Hoxha niederreißen, um eine neue Stadt nach seinen Plänen zu gestalten. Dazu gehört auch ein unübersehbar am Hauptboulevard liegendes sternförmiges Gebäude namens »Piramida«, das 1988 als Enver-Hoxha-Museum eröffnet wurde.

Hinter den italienischen Prachtbauten aus den 1930er Jahren wächst Tiranas Zukunft in den Himmel

Für die Ewigkeit gedacht: das Museum zu Ehren Enver Hoxhas

Oben links:
Das ehemalige Privathaus Enver Hoxhas im Herzen Tiranas

Oben rechts:
Sozialistische Hinterlassenschaft:
In der Hauptstadt ließ der Diktator Bunker bauen

Hier wollte der 1985 verstorbene Diktator den Personenkult um sich bis in alle Ewigkeit lebendig halten. Am Ende kam alles anders. Mittlerweile gleicht die Pyramide eher einem klapprigen Ufo, das schon mehrfach kurz vorm Abriss stand. Geradezu bescheiden wirkt hingegen das Privathaus Hoxhas im ehemaligen Villenviertel Blloku. Das zweistöckige Gebäude wird heute fast verschluckt von den umgebenden Hochhäusern. Nur wenige Schritte weiter stolpern die Besucher über alte Bunker. Rund 750.000 dieser Betonkuppeln ziehen sich wie Maulwurfshügel durch das ganze Land, gebaut von Hoxha, um seinem Volk Sicherheit zu vermitteln und den Feinden Angst einzujagen.

Aus der alten osmanischen Zeit hat hingegen kaum etwas überdauert, bis auf die vor mehr als 200 Jahren gebaute Ethem Bey Moschee am Skanderbeg-Platz mit ihren prächtigen Fresken und dem markanten Uhrturm. Sie hat Envers Aktionismus überlebt, der Albanien 1967 zum ersten atheistischen Staat der Welt erklärte. In dessen Folge wurden Moscheen und Kirchen zweckentfremdet als Garagen, Ställe und Sportzentren oder ganz zerstört. Heute herrscht nicht nur eine entspannte Koexistenz der Religionen in Albanien, sondern auch ein moderater Islam. So sind Kopftücher auf den Straßen eher selten zu sehen.

Was man allerdings sieht, sind Kräne über Kräne. Dank des wirtschaftlichen Aufschwunges wächst Tirana in den Himmel, denn Baugrund in der Innenstadt ist knapp und teuer. Damit nicht nur die neuen Appartmenthäuser attraktiv sind, haben ganze Straßenzüge einen neuen Anstrich bekommen. Zudem hat sich Tirana in eine grüne Stadt verwandelt mit neu gepflanzten Bäumen und schönen Parks, durch die sich Radwege schlängeln. Weggeworfener Müll, Graffiti und Vandalismus – Fehlanzeige. Die Jahre der Abschottung sind definitiv vorbei; Tirana hat sich der Welt geöffnet. Auf den Straßen herrscht eine angenehm entspannte Atmosphäre. Albanien mag zwar nach außen hin immer noch auf der Stufe eines Entwicklungslandes stehen; nicht so seine Hauptstadt.

IM LAND DER SCHWARZEN BERGE

Wer in Montenegro hoch hinaus will, wird reich belohnt

von Yvonne Schmidt

Seit das Mittelmeer mit dem Wegfall mancher nordafrikanischer Destinationen »kleiner« geworden ist, boomt die Adria mit ihren abwechslungsreichen Häfen von Apulien bis Venedig. Fast mittig entlang der Küste findet sich Montenegro. Das in unmittelbarer Nachbarschaft zu Kroatien und Albanien liegende Land als touristischen Geheimtipp zu bezeichnen, entspräche jedoch nicht ganz der Realität.

Als Badedestination ist Montenegro schon lange beliebt, vor allem entlang der sogenannten »Budva Riviera«, wo sich ein Kurort an den nächsten reiht. Hier reiht sich allerdings oft auch ein Handtuch ans nächste. Wer Einsamkeit sucht, wird an diesem Küstenstreifen nur selten fündig. Schon in den 1960er Jahren wusste Montenegro seine schönen Adria-Strände geschickt zu vermarkten. Neben »Sozialisten« aus den Ostblockstaaten sonnten sich hier die Schönen und Reichen; Letztere

Blick auf die berühmte Bucht von Kotor: Mit jedem Höhenmeter taucht man tiefer ein ins wahre Montenegro

vornehmlich auf der exklusiven Fischerinsel Sveti Stefan. Investoren träumen längst davon, Montenegros Küste zum »Monaco des Ostens« zu machen.

Dabei lohnt besonders ein Abstecher dorthin, woher das Land seinen Namen hat: in die schwarzen Berge. Dort nämlich ist von Massentourismus keine Spur. Dem Kontrast von Meer und Gebirge begegnen Kreuzfahrer bereits auf der Fahrt nach Kotor, das bei einer Adria-Kreuzfahrt quasi zum Pflichtprogramm gehört. Fast 2.000 Meter hohe Bergketten säumen die gleichnamige Bucht, die sich mit ihren kilometerweit ins Landesinnere hineinreichenden Meeresarmen die Bezeichnung »südlichster Fjord Europas« redlich verdient hat.

Früher waren die steilen Berge fast undurchdringlich und der beste Schutz vor Überfällen aus dem Hinterland. Perfekte Voraussetzungen, um Handelsstädte wie Kotor und Klöster zu gründen. Während Bucht und Küstenstreifen seit der Antike gut erschlossen sind, ist das »Land der Schwarzen Berge« noch ziemlich unbekannt. Dabei lockt Montenegro mit unberührten Landschaften, dichten Wäldern und dunklen Seen, wie sie selten in Europa sind.

Um Montenegros verborgene Schönheiten zu entdecken, müssen Besucher »nach oben«. Die spektakulärste Variante ist eine steile Straße, die sich von Kotor in 25 Serpentinen in die Berge windet. Immer wieder bieten sich grandiose Ausblicke auf die Bucht und das strahlend blaue Meer. Je höher es geht, desto weiter entfernt sich der touristische Trubel. In einigen Kurven, die breit genug zum Parken sind, bieten Einheimische an selbst gebauten Ständen lokale Produkte wie frischen Honig an; in Einweggläsern für zwei Euro.

In den schwarzen Bergen wird Montenegro seinem Namen mehr als gerecht

Oben:
Die historische Hauptstadt Cetinje war bis 1918 Regierungssitz des Königreiches Montenegro

Mitte:
Heute präsentiert sich Centinje als verschlafene Kleinstadt

Unten:
Einheimische bieten landestypische Spezialitäten von Honig über Wurst bis Käse an

Oben in den Bergen angekommen geht es noch ursprünglicher zu. In kleinen Dörfern wie Njegusi scheint die Zeit stehen geblieben zu sein. Hühner gackern in verwilderten Gärten, während aus den Schornsteinen einfacher Steinhäuser Rauch aufsteigt. Auch im Sommer kann es hier nachts empfindlich kalt werden. Daher brennt in dem kleinen urigen Dorfgasthaus immer ein einladendes Feuer, wenn sich Gäste an lokalen Spezialitäten wie geräuchertem Schinken und hausgemachtem Käse laben.

Viele Orte gibt es im Hochland nicht, stattdessen schimmert ein Steinmeer in Schwarz und Silber bis zum Horizont. Fast ganz Montenegro ist verkarstetes Gebirgsland. Wie eine grüne Oase liegt die alte Hauptstadt Cetinje in einem fruchtbaren grünen Tal am Fuß des Lovcen-Massivs. Bis 1918 wurde das damalige Königreich Montenegro von hier aus regiert. Heute präsentiert sich Cetinje als ruhige Kleinstadt, wo der montenegrinische Präsident immer noch seinen offiziellen Amtssitz in einem prächtigen Palast hat. Überhaupt sind die Straßen der Stadt gesäumt von gepflegten historischen Gebäuden, die von alten königlichen Zeiten künden.

Obwohl Cetinje schon einige Jahrhunderte auf dem Buckel hat, erscheint die Stadt noch erstaunlich jung. Da die Universität Montenegro hier Fakultäten für Kunst, Musik und Schauspiel betreibt, bevölkern unzählige Studenten die umliegenden Straßencafés, in denen man besten italienischen Espresso für nur einen Euro bekommt. Touristen tummeln sich in Cetinje und dem Hochland nur wenige, sodass das Land der schwarzen Bergen seine ursprüngliche Schönheit bis heute bewahren konnte.

Einzigartige Routen.
ENTDECKEN SIE DIE GEHEIMNISSE FREMDER KULTUREN WIE NIE ZUVOR.
Auf eleganten Boutique Schiffen steuern Sie kleinere Häfen an und erleben durch verlängerte Liegezeiten, einzigartige Landausflüge und zahlreiche Übernachtaufenthalte ferne Destinationen noch intensiver.
Buchung & Information
Rufen Sie an unter 0800 724 0347 – Besuchen Sie azamaraclubcruises.de – Kontaktieren Sie Ihr Reisebüro
AZAMARA CLUB CRUISES®

Alter Zeichensaal von Harland & Wolff mit viel Licht von oben – heute ist er eine Bar

AUF DEN SPUREN DER TITANIC

Eine Reise entlang Irlands Küsten

von Oliver Schmidt

»Be British!« Offenbar wirkt dieser Ruf, den die Geschichte Edward J. Smith, dem Kapitän der sinkenden TITANIC in den Mund legt, heute noch nach, denn in Großbritannien wird der TITANIC-Kult deutlich mehr gepflegt als in Deutschland. Gern wenden sich deutsche Passagiere auf Kreuzfahrt um die britischen Inseln den Original-Schauplätzen zu.

Harland & Wolff, die Bauwerft der TITANIC in Belfast, gibt es heute noch. Die Slip-Anlagen (damals wurden Schiffe noch auf schiefer Ebene gebaut und mit einem klassischen Stapellauf zu Wasser gelassen) dienen heute als Außenfläche des Museums; die Linien, welche einst die Schiffskörper begrenzten, sind angezeichnet. Auf der anderen Seite des Museums liegt das Dock, in dem die TITANIC zuletzt eingedockt war. Nebenan wartet das größte Exponat auf Besucher: Mit der NOMADIC ist hier ein ganzes White-Star-Schiff erhalten, das als Tenderboot der Ersten Klasse in Cherbourg/Frankreich zusteigende Passagiere zur TITANIC brachte, darunter den Milliardär John Jacob Astor. Tische, Sitzbänke und das Linoleum auf dem Boden sind erstklassig rekonstruiert. Steht man an Deck vor dem langen, gelben Schornstein mit der schwarzen Kappe, kommt TITANIC-Gefühl auf.

Das Belfaster Museum selbst befasst sich intensiv mit der Geschichte der Stadt. 1911 ließ allein Harland & Wolff zehn Schiffe vom Stapel, darunter die TITANIC-Schwester OLYMPIC, nachdem sich die Einwohnerzahl der Stadt durch den Zuzug von Arbeitskräften in 50 Jahren vervierfacht hatte. Eine Schwebebahn führt die Besucher durch die authentischen Arbeitsbereiche einer Werft Anfang des 20. Jahrhunderts. Vorteil der Ausstellung ist, dass sie viel Raum zur Verfügung hat, Kabinen-Nachbauten zeigen, sogar andere White-Star-Schiffe mit einbeziehen und den Gästen ein Gefühl für die Zeit um 1912 vermitteln kann. Dafür hat sie im Verhältnis nur wenige Originalstücke. Ein Kleinod neben dem Museum ist das Hotel, untergebracht in den alten Zeichensälen der Schiffskonstrukteure. Speisen und Getränke haben Werft- oder TITANIC-Bezug, und als Konferenzräume dienen tatsächlich die ehemaligen Büros von Werft-Chef Lord Pierrie und TITANIC-Konstrukteur Thomas Andrews.

Das alles fällt in Cobh etwas kleiner aus. Im alten Bahnhofsgebäude findet sich die Ausstellung »Cobh Heritage«, die sich reichlich mit der Auswanderung von rund sieben Millionen Iren befasst, aber auch auf die TITANIC und die LUSITANIA Bezug nimmt, die 1915 mit noch größeren Verlusten an Menschenleben vor der Küste von Queenstown (heute Cobh) gesunken ist.

Reine TITANIC-Historie gibt es in Cobh in der »Titanic Experience« im früheren Gebäude der White Star Line, wo einst Tickets verkauft und Passagiere begrüßt wurden. Das übernimmt heute der überlebende Vierte Offizier Joseph Boxhall, der inzwischen natürlich das Zeitliche gesegnet hat, aber die Besucher virtuell an Bord bittet. Auch

Mitte links:
Kabinen-Nachbau in der »Titanic Experience« (Cobh)

Mitte rechts:
Die NOMADIC mit dem Belfaster Museum im Hintergrund

Unten:
Die Räume an Bord der NOMADIC sind tadellos restauriert

ANDREAS PFEFFER

Gründer und Direktor-TITANIC-MUSEUM-GERMANY

»Wie die TITANIC-Geschichte in Großbritannien und Irland aufgearbeitet wird, ist schon klasse. Natürlich haben es die Original-Schauplätze leichter, da sie immer mit dem direkten Bezug zum Thema arbeiten können. Jeder erzählt die Geschichte aus seinem Blickwinkel, und das geht auch nicht anders, denn Originalstücke von Bord der White-Star-Schiffe gibt es nur sehr begrenzt, und sie sind nach dem Cameron-Film vor gut 20 Jahren fast unbezahlbar geworden. Erst kürzlich wurde eine an Bord geschriebene Postkarte für 26.000 Euro versteigert! Wichtig ist, dass sich die Macher von Museen bei allen schönen Geschichten drumherum an die historische Realität halten, dass ein Museum wissenschaftlich arbeitet, Historisches konserviert und dazu möglichst noch Forschungsarbeit leistet. Das, was auf dieser Grundlage entsteht, soll den Museumsbesuchern dann möglichst authentisch gezeigt werden, so, dass sie die Geschichte verstehen, ein Aha-Erlebnis haben und den ›Erzähl-uns-bitte-noch-eine-Geschichte‹-Blick. Wenn dann noch Events dazukommen, wo man Historie erleben kann, so wie unser jährliches Elf-Gänge-Menü Erster Klasse aus der Untergangsnacht (siehe Maritimen Jahreskalender Seite 180 f.), dann können Menschen von heute sich in die Welt von damals einfühlen. So jedenfalls halten wir das im TITANIC-MUSEUM-GERMANY, und das hat uns immer viel Anerkennung und Zuspruch gebracht.«

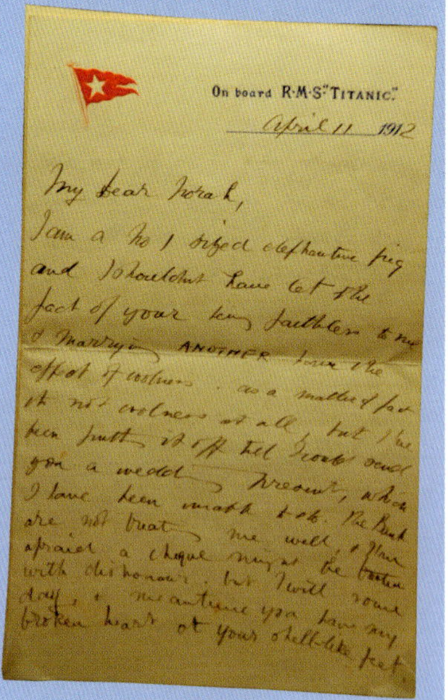
On board R.M.S. "TITANIC."
April 11 1912

My dear Norah,

Andreas Pfeffer vom TITANIC-MUSEUM-GERMANY (oben) weiß, was ein echter Brief von Bord (Cobh Heritage, rechts) heute kostet

Bordgerüche zum Erschnüffeln (»Titanic Experience«, Cobh)

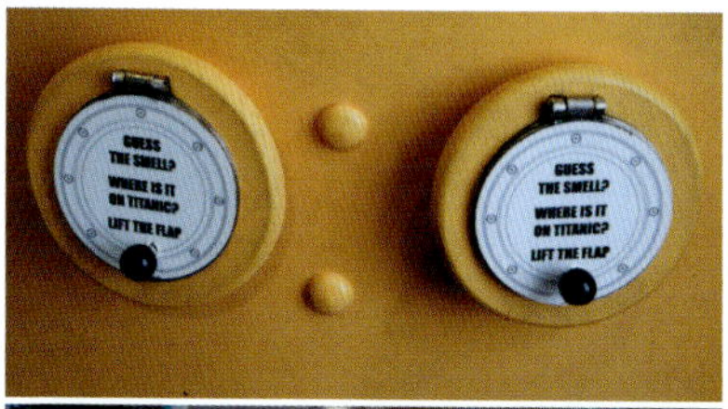

Ein Stuhl von der CARPATHIA (»Titanic Experience«, Cobh)

hier warten authentisch nachgebaute Räume, Filme über Bau, Fahrt und Untergang, Wrack-Erkundung und Überlebende, zum Teil sogar in deutscher Sprache. Als einzige Ausstellung zeigt diese einen Original-Stuhl vom Rettungsschiff CARPATHIA, und als einzige berücksichtigt sie auch Gerüche. An einem nachgebauten Schornstein verstecken sich hinter kleinen Kläppchen die Düfte von Brandy und Zigarren aus der Bar, der Geruch der Bordbäckerei, aber auch des Maschinenraums. Spätestens mit dem Erreichen der Wäscherei, die durch den Gestank von alten Socken repräsentiert wird, kehrt man gern zurück ins Hier und Jetzt.

ABENTEUER AMAZONAS

Eine Reise durch den Mikrokosmos, der mit 4.000 Kilometern Länge eigentlich ein Makrokosmos ist

Links:
Je nach Zielort werden wechselweise Tender- und Schlauchboote eingesetzt

Mitte/Mitte:
Die Kinder hoffen auf Süßigkeiten vom Schiff

Mitte rechts:
Der Unterlauf des Amazonas ist sehr zersiedelt, meist stehen am Ufer nur einzelne Häuser

Unten rechts:
Einheimische kommen in Booten neugierig herbei (Breves-Kanäle)

von Oliver Schmidt

Einen größeren Kontrast kann es kaum geben. So blau das Wasser im Pool der HAMBURG ist, so lehmig gelb klatscht es von außen an die Bordwand. So heimisch vertraut das urdeutsche Kreuzfahrtschiff mit seinen großen Bildern der Hansestadt und dem indischen Küchenchef, der Rinderroulade mit Rotkohl nach Omas Rezept kocht, auch ist, so liebenswert chaotisch ist das Chaos aus hupenden Autos, Straßenhändlern und Bettelkindern auf der Straße vor der Pier. So arm, aber glücklich diese Latinos aussehen, so ernst und europäisch sehen die Reisenden aus Europa aus, die nach einem langen Transatlantikflug hier ankommen. Ihre weißen Hosen, Strohhüte und großen Überseekoffer haben etwas Koloniales an sich, das ins alte Belém gar nicht schlecht passen würde. Und plötzlich ist alles das weg. Vorbei, wie ausgelöscht. Ein Regenschauer prasselt hernieder, dass allen, die sich nicht rasch untergestellt haben, der Atem wegbleibt. Eben noch konnte man beinah

zu den Fenstern des Hafengebäudes hineinsehen. Nun ist es weg. »Gleich geht's weiter – nach der Werbung«, die Ansage hat eigentlich gefehlt. Werbung für den Regenwald. Eindrucksvoll. Plötzlich ist alles wieder da, als hätte jemand den Duschhahn zugedreht. Und zehn Minuten später sind Straßen und Hemden wieder trocken. So ist Brasilien. So ist Amazonien. Störungen währen hier nicht lange. Jeder lebt im Hier und Jetzt.

Das vorsichtige Manövrieren durch die Breves-Kanäle, die das 200 Kilometer breite Mündungsdelta des Amazonas bilden, wird von kleinen Booten begleitet. Die HAMBURG hat abgelegt, gleitet vorbei an Piers, wo edle Tropenhölzer verladen werden. Danach hölzerne Linienschiffe, mit denen man für ein paar Dollar (bei hiesigen Verhältnissen allerdings leicht ein Monatseinkommen) auch nach Manaus fahren könnte – in Hängematten. Der Unterlauf des Amazonas ist geprägt von der Tide, die bei Flut das abfließende Wasser aufstaut und eine Flutwelle 800 km den Strom hinauftreibt. Ansiedlungen gibt es wenige, immer wieder sieht man einzelne Hütten, die sich an das undurchdringliche, grüne Dickicht schmiegen. Wer hier wohnt, ist nur über den Fluss erreichbar. Spätestens zur Einschulung haben die Kinder ihr erstes Boot. Sie brauchen es für den Schulweg. Der kann in vielen Fällen drei Stunden Paddeln bedeuten. Die Anfangs- und Endzeiten des Unterrichts richten sich allein nach den Gezeiten. Gegen die Strömung kämen die Kleinen nicht an.

Links:
Auf den Märkten gibt es Maniok, eingelegte Schlangen und »Natural Viagra«

Mitte rechts:
Amazonasufer in Parintins kurz vor Manaus

Unten rechts:
Kinder sind immer als Erste bei der HAMBURG

Oben links:
MS HAMBURG contra Linienschiff – letzteres kann man zu 60 Dollar buchen

Oben rechts
Loge im Opernhaus zu Manaus

In Alter do Chao haben Kreuzfahrer nur ein Ziel: den schneeweißen Sandstrand. Hier kann man im Amazonas baden. Und um mit einer Mär gleich aufzuräumen: Piranhas trifft man im Amazonas so oft wie Haie im Atlantik. Man sollte wissen, welche Strömungsverhältnisse sie bevorzugen und wo sie sind – hier jedenfalls nicht. In Manaus sind die sozialen Gegensätze besonders krass, begibt man sich auf die Spuren der Kautschukbarone. Zum Beispiel in der stattlichen Villa des Deutschen Waldemar Scholz, der sich einen eigenen Zoo mit Giraffe leistete. Oder beim Abendprogramm, einer dreiviertelstündigen Jazz-Session im legendären Opernhaus, für das die Baumaterialien einst aus Europa herbeigeschafft wurden. Stolz war man auf namhafte Künstler, die für egal welchen Preis zu einem Opernabend in den Dschungel expediert wurden, wie man umgekehrt die Wäsche zum Waschen nach Europa schickte. Dekadenz pur. Nur Enrico Caruso gab der merkwürdigen Gesellschaft am Rande der Zivilisation einen Korb, zu groß war seine Angst vor der tückischen Malaria.

Sehr nachdenklich stehen die Passagiere auf dem Pooldeck der HAMBURG. Kaum mag man glauben, dass das Eintauchen in die Dschungelmetropole erst 24 Stunden her ist. Nun wendet die HAMBURG den Bug wieder stromauf in eine Welt, in die sich jährlich kaum eine Handvoll Kreuzfahrtschiffe verirrt. In Manaus sind wichtige Leute an Bord gekommen: die Lotsen für den Amazonas, die mit dem Oberlauf bis zur kolumbianischen Grenze vertraut sind. sie sind nach eigenem Bekunden die höchstbezahlten der Welt, ohne, dass Sie Summen nennen. Wichtig ist für sie, den aktuellen Flusslauf zu kennen und kommende Veränderungen einschätzen zu können. Die erfährt das Flussbett ständig. Wo die Seekarte (Pardon: Flusskarte) – seit Drucklegung sind keine zwei Jahre vergangen – eine Sandbank verzeichnet, ist das Flussufer jetzt deutlich sichtbar tief ausgewaschen. Die Strömung hat ganze Arbeit geleistet und die gelösten Sedimente in der nächsten Kurve wieder abgelagert. Woran orientiert man sich hier, wo keine Gebäude, keine Seezeichen sind? Der Lotse deutet auf einen mächtigen

Baum mit ausladender Krone. Hier wechselt die Fahrrinne ans andere Ufer. Was würde, wenn jemand den Baum gefällt hätte, darüber mag sich jeder seine eigenen Gedanken machen.

Was die Lotsen nicht erklären, weiß ein vierköpfiges Lektorenteam. Plantours & Partner hat für exotische Reisen einen Pool von wissenschaftlichen Fachleuten beisammen. Ausgerechnet dem, der für die Verbindung all der wissenschaftlichen Details zur Kultur Amazoniens zuständig ist, will das Fingerspitzengefühl für sein Publikum nicht recht gelingen. Den Details lauschen die Passagiere dennoch fasziniert. Zum Beispiel der Geschichte vom Krieg zwischen Brasilien und Bolivien über eine gemeinsam geplante Eisenbahnstrecke, der nicht ausgefochten werden konnte, weil die im Urwald verstreuten Truppen einander nicht fanden. Oh du schöner amazonischer Krieg! Nur einige Verwegene sitzen abends an Deck, wenn die aus gutem Grund spärliche Beleuchtung sämtliche flugfähigen Plagegeister aus dem Urwald anlockt. Nach dem eigenen Dinner werden die Frischluftfreunde Zeugen, wie auf den blauen Kunststoffmatten an Deck der HAMBURG ein gigantisches Insekt ein kleineres zum Abendessen verspeist. Man hatte doch eine naturnahe Reise gebucht…?

Jutai hat genug Natur, aber auch kleinstädtisches Flair. Hier knattern ungezählte Motorräder mit Beiwagen, Anhänger oder Aufbauten, die schon fast an einen Bus erinnern, über geteerte Pisten, dazu wenige Autos. Sie alle sind gefangen in dem

Oben links:
Mit diesen Gefährten bietet man auch Rundfahrten für Passagiere an

Oben rechts:
Improvisierter Anlandeplatz

Unten:
Unterwegs im Zodiac-Schlauchboot

Oben links:
Das junge Gürteltier ist der Hingucker und »verdient« manches Trinkgeld

Mitte links:
Der Papagei hat in zwei Stunden ein paar freche Sprüche auf Deutsch gelernt

Rechts:
Gummibootfahren macht Spaß!

4.000-Einwohner-Städtchen, denn eine Straße durchs Hinterland gibt es nicht. Entsprechend sind über 300 Europäer, die sich bei deutlich über 30 Grad und geradezu mörderischer Luftfeuchte den Berg hinaufschwitzen, eine echte Attraktion. Kinder holen ihre Haustiere herbei, und deutsche Videokameras bannen eine Mini-Ausgabe von »Affe, Papagei, Gürteltier und Co.« auf den Film. Prachtvolle, bunte Tischdecken fürs nächste Gelage, irre, strassbesetzte Stiefeletten für den nächsten Ball, das alles gibt's in den kleinen Geschäften – »Je abgelegener, desto exzentrischer«, scheint die Devise. Wenn man schon an die großen Dinge der Welt nie herankommen wird, so will man wenigstens die Accessoires. Die Ufer sind hier oben weniger zersiedelt als bisher gewohnt. Selten sind winkende Menschen vor ihren Hütten zu sehen. Täglich spielt die HAMBURG mit ihren Schlauchbooten ihre größte Trumpfkarte aus. Und da sind sie plötzlich, als niemand sie erwartet: rosarote Flussdelfine. Wie ihre Verwandten auf dem offenen Meer haben sie Spaß daran, das Boot zu begleiten, und auch, wenn sie im lehmigen Amazonaswasser fast blind sind, spielen sie um die Boote herum, springen halb aus dem Wasser, sodass man ihren Körper sieht, der mit seinen Falten an ein neugeborenes Menschenjunges erinnert. Das war das letzte »To-do« für Passagier und Fotoapparat, ehe nach über 4.000 Flusskilometern das peruanische Iquitos erreicht ist.

Die ALBATROS ankert vor Santorin

OUZO, SIRTAKI UND 2000 JAHRE

Griechische Inseln zwischen Genuss und Geschichte

Ruheplätzchen auf Kos

von Oliver Schmidt

In ein Sanatorium wollten sie eigentlich nicht, sondern nur auf die heitere, schwimmende Urlaubsinsel, deren Name ALBATROS so sehr an die Träume der Seeleute in alter Zeit erinnert. Nun ist aus der Fahrt in die Antike doch ein Besuch in der Mutter aller Heiltempel geworden, der zudem das Symbol heutiger Medizin lieferte: die Schlange des Asklepios. Im »Asklepion« auf der Insel Kos will heilselige Kurbad-Stimmung zum Glück nicht aufkommen. Höchstens ein Kurschatten. Träge wie schon in der Bimmelbahn hierher hängen die Passagiere ihrer eigenen Vorstellung von antiker Heilkunst nach, froh, dass sie sie nicht brauchen.

Realer sind da die Familien mit ihren fest verschnürten Bündeln, die von Windjacke und Isomatte gekrönt werden. Weder Camping-Urlauber noch Blumenkinder, sondern ganz einfach Flüchtlinge, über Nacht hier angekommen, warten am Hafen auf ihr weiteres Schicksal. Nach Tagen in Italien und Athen wird der Cappuccino am Kai mit seinen bunten Booten, Blumenbeeten und kleinen Palmen eher nachdenklichen Passagiergrüppchen serviert.

Auf Santorin ist das vergessen. Das Eiland, dessen Caldera heute der ideale Ankerplatz auch für große Kreuzfahrtschiffe ist, kann sich über Besuchermangel nicht beklagen. Das könnte nur der Reeder, wenn er versäumt hätte, die steile Vulkaninsel mit ihren blenden

Oben links:
Blick aus der Chora nach Oia auf der Nordspitze Santorins

Oben rechts:
Mit Meerblick-Restaurants ist Santorin reich gesegnet

Unten:
Beliebter Ankerplatz: die Caldera von Santorin

weißen Häuschen und blauen Kuppeln auf seinen Fahrplan zu setzen. Er müsste, und das sagt die Erfahrung, ein halb leeres Schiff verzeichnen. Die Straßen der Chora, die als Altstadt hoch über dem Meer thront und per Seilbahn oder Esel erreicht wird, sind voll. Etwas außerhalb winkt ein bärtiger Grieche, öffnet eine Garage und weist auf einen Kleinwagen. Erst jetzt fällt das halb herunter hängende Schild »Car Ren« auf; das »Tal« muss ein Kunde als Souvenir mitgenommen haben. Warum nicht? Mit Kugelschreiber und Quittungsblock entsteht ein Mietvertrag, dessen Inhalt weder Mieter noch Vermieter genau kennen. Aber der kleine Flitzer ohne Gelegenheit zum Flitzen geht mit gemächlicher Fahrt auf Nordkurs. In Oia, ganz am Nordzipfel der Insel, gehen die Uhren anders. Langsamer. Angelehnt an zwei Jahrtausende griechischer Geschichte, als könne nichts so dringend

Oben links:
Die blaue Kirche hoch über Inousses

Oben rechts:
Namensgeber St. Nikolaus

Unten links:
Geometrische Hausbemalung auf Chios

Unten rechts:
Boote auf Inousses

sein, als dass es heute erledigt werden muss. Weit hinunter kann man steigen über Gassen und Terrassen fast bis zum Meer. Die ALBATROS ist ein kleiner, lang gezogener Punkt im Tiefblau. Am Abend ist es umgekehrt. Ihn muss man am Achterdeck bei einem Buffetdinner verbringen, zu dem es vom Pizzabäcker erstklassige knusprige Teigfladen gibt – heute sogar mit griechischem Belag aus Oliven, Fetakäse und auf Wunsch ein paar Weinblättern. Drüben in Oia glimmen nach und nach die Lichter auf. Es wirkt anders, jetzt, wo man da war, auch wenn der Mietwagen längst wieder unversehrt im Stall steht.

Am Hafen gibt es das grüne Eis; natürlich nicht Minze, sondern Pistazie. Auf Chios jedoch hat die ganze Pflanze ihre Bedeutung; »Tränen der Pistazie« verarbeitet man hier in uralter Tradition. Das Harz des bis zu drei Meter hohen Pistazienbaumes wird zu »Mastixa Chiou«, und wenn Theaterleute bei diesem Namen an die Klebepaste denken, mit der man Perücken und falsche

Bärte fixiert, dann liegen sie richtig. Auf Chios stellt man daraus ein breites Warenangebot her – bis hin zu klebrigen Bonbons mit dem Aroma der Insel, das sich gern mit Thymian und Fenchel mischt. Die Gassen sind schmal, ab und an öffnen sie sich zu einem engen Stadtplatz, einem kleinen Sonnenpool, während die Blicke nach oben gehen zu den fein gezeichneten geometrischen Mustern auf den Häuserwänden – auch diese ein Insel-Unikat. Wer glaubte, einsamer geht's nimmer, der kennt Pater Nikolaos noch nicht. Am Nachmittag ankert die ALBATROS vor Inousses. Viele Passagiere fühlen sich vom Strand magisch angezogen, nur wenige schwitzen sich in der Mittagsglut zur blauen Kirche hoch über den Dächern des Städtchens hinauf. Angenehm kühl ist das Gotteshaus, dämmrig das Licht, verzaubernd die Ikonen mit ihrem Gold und den anmutigen Gesichtern. Der Besuch soll zum Nachmittagsgespräch der besonderen Art werden. Der weißbärtige Pater ist 82 Jahre alt, passt auf, dass niemand in kurzen Hosen seine Kirche betritt und erzählt unter dem Bild des Namenspatrons und Schutzherrn der Seeleute, dass er selbst früher Seemann war – »da bin ich nach Bremen gefahren. Und nach Amerika!« Dann wird er modern. Die derzeitigen Probleme der Griechen scheinen ihm näher als die Antike. Ein griechischer Greis, der in vielem realistischer denkt als seine Regierung. Und doch nichts machen kann. Oder? Vielleicht haben seine Worte Verständnis bei den Besuchern geweckt, sensibel gemacht?

Es war ein Tag ohne großen Ausflug, doch der folgt am Abend. Auf den Sofas der Show-Lounge bewegt man sich tausend Kilometer weit weg, während die ALBATROS mit gemütlichen 17 Knoten dahin dampft. Markus Schimpp sitzt am Flügel; seine Leidenschaft sind Kabarett und Varieté der Goldenen Zwanziger. Er verwandelt den Musentempel an Bord in den Berliner Wintergarten, wenn er Herrn Maier zum Himalaya reisen und

Unten links:
Esel contra Seilbahn – auf Santorin hat der Tourist die Wahl

Unten rechts:
Lounge-Gefühl auf Skiathos

Rudolf Nelsons Nachtgespenst wieder auferstehen lässt, Karl Valentins vertontes Rezept für Russischen Salat preis- und jungen Damen Otto Reutters Rat »Neh'm se'n Alten!« mit auf den Weg gibt. Einige verlassen den Saal; sie können mit diesem Genre nichts mehr anfangen, merken nicht, wie der Saal knistert und bebt in der Atmosphäre einer Zeit, die schneller und intensiver war als unsere, charmanter und frecher, witziger und peppiger. Markus Schimpp holt sie zurück. Ein Ausflug, den man nicht buchen muss und der nichts kostet.

Skiathos ist anders als alle bisherigen Inseln. Touristisch wie Santorin und dabei entspannt wie Chios. Allmählich wird das Inselmeer zur Heimat, der Mikrokosmos eine Welt für sich, jede Insel bekommt Charakter. Shoppen, ein Caffè Greco mit schwarzem Satz am Boden der Tasse, dabei die Füße im warmen Wasser mit hundert Angestellten. Winzige, zahnlose Barben pflegen auf Wunsch die Haut der von allerlei touristischen Märschen geschundenen Füße. Auf gefühlten Samtpfoten und mit einem überlegenen Seitenblick auf die vielen Straßenkatzen, die ihre Fußpflege selbst besorgen müssen, geht der Bummel hinein in die Blaue Stunde, für die Skiathos ganz besonderen Komfort bereithält: Lauschig-loungige Cafés ziehen sich einen breiten, gewundenen Fußpfad hinab, wo man auf riesigen, bunten Kissen herrlich lümmeln kann. Leise Sirtaki-Musik klingt aus unsichtbaren Lautsprechern, und im Glas knackt der Eiswürfel und färbt den Ouzo langsam milchig.

Die ALBATROS wird wieder auf die Westseite des Peloponnes wechseln, wird Ithaka ansteuern und Rom. Das Gala-Buffet am Abend beendet den herrlichen Reiseabschnitt in griechischer Abgeschiedenheit. Doch das ist morgen. Heute ist Ouzo, der die Gedanken so undurchdringlich macht wie das Glas.

Oben links:
Sail-Away-Cocktails an der Reling

Oben rechts:
Gala-Buffet auf der ALBATROS

Umstieg vom Luxus-Schiff in den Schulbus

IM RIESENREICH DER KAMTSCHATKA-KRABBE

Mit der SILVER SHADOW von Alaska nach Japan

von Dr. Ulrich Brümmer

Das musste ja so kommen: Wenn man immer nur nach Westen fährt und die Uhr jede Nacht um eine Stunde zurückstellt, dann ist irgendwann ein ganzer Tag futsch. So geht es auch den Reisenden auf der Route von Alaska über Kamtschatka nach Japan. Nach einer Woche Seefahrt, mitten im Nordpazifik, bei den westlichen Ausläufern der Aleuten: die SILVER SHADOW passiert die internationale Datumsgrenze an einem 12. September und verliert damit sofort den 13. September. Aber der Reihe nach.

Musikalisches Willkommen in Aomori ...

... und in Tokio

Es geht gut zwei Wochen lang immer nach Westen und damit einmal um die Welt: von Deutschland mit dem Flugzeug nach Anchorage, am nächsten Morgen dann weiter mit dem Zug nach Seward, einer kleinen Hafenstadt. Dort liegt die SILVER SHADOW an der Pier. Das erst vor Kurzem modernisierte Luxus-Schiff wird von hier über Kodiak und Dutch Harbor nach Petropawlowsk fahren und dann als ersten japanischen Hafen Kushiro anlaufen. So ist zumindest der Plan. 304 Passagiere reisen mit. Das Schiff könnte mehr fassen, doch die meisten Kabinen sind belegt. Es gibt sehr viele Alleinreisende auf dieser 3.749 Seemeilen langen Route. Damit liegt das Verhältnis Passagiere/Crew fast bei eins zu eins. Der Butler-Service rund um Uhr und die All-inklusive-Preispolitik machen das schöne Leben perfekt.

Sorgenfreies Bordleben

Die Gäste sind bunt gemischt: Ältere Ehepaare ohne finanzielle Sorgen genauso wie Abenteurer, die einfach mal drei Kontinente hintereinander

Oben links:
Im Hafen von Petropawlowsk

Oben rechts:
Besuch im Militärmuseum (Petropawlowsk)

in kurzer Zeit bereisen möchten. Für heimliche Heiterkeit sorgt ein Steuerberater, wie er seriöser gar nicht aussehen kann. In seiner Begleitung eine deutlich jüngere Dame, die er allen Ernstes als seine Yogalehrerin vorstellt. Da die Hälfte dieser Reise aus Seetagen besteht, bleibt viel Zeit zum Spekulieren.

Langeweile an den Seetagen? Die gibt es einfach nicht oder man hat selbst Schuld. Bordprogramm von morgens bis abends: Schon um 7.30 Uhr lädt Personal-Trainerin Karina die sportlichen Frühaufsteher zum »Sunrise Walk« auf Deck 9, und noch nach Mitternacht singt und spielt Gitarrist Charlie in der Bar die Lieblingslieder seiner Gäste. Dazwischen Bingo, Bridge-Kurse und Shuffleboard, viel gutes Essen und die kunstvoll zelebrierte »Afternoon Teatime«. Treffpunkt der Leseratten ist die Observation Lounge.

Es gibt sie noch, die letzten Gigolos: Die Gentlemen Hosts Jay und Kenny, zwei gepflegte Herren Ende 60, stehen den Damen für Tänze aller Art zur Verfügung und sorgen auch sonst für gute Stimmung bei den Alleinreisenden. Tagsüber geben die beiden Tanzkurse und übernehmen auch gern die Konversation bei Tisch. Sie sind viel herumgekommen in der Welt und Jay kann sich noch gut an die Biergärten in München erinnern, als er dort 1972 bei den Olympischen Spielen als Dolmetscher arbeitete.

Ziele fernab der Massenrouten

Für die meisten auf dieser Reise eine Premiere: Kamtschatka, nur vom Wasser oder durch die Luft zu erreichen. Auf der Halbinsel, die noch etwas größer ist als Deutschland, leben angeblich mehr Bären als Menschen. Die Dimensionen im russischen Riesenreich sind eben etwa anders. Früher war Petropawlowsk eine verbotene Stadt, wegen der sowjetischen U-Boot-Flotte. Jetzt braucht man nicht einmal mehr ein Visum. Der Besuch eines Kreuzfahrtschiffes ist hier immer noch eine kleine Sensation. Die SILVER SHADOW kommt als letztes Schiff in diesem Herbst. Auch die Souvenirhändler haben sich schon auf das Saisonende eingestellt und bieten nur noch Matroschkas und überteuerte Pelze zweifelhafter Herkunft an.

Da gehen wir lieber ins Stadtzentrum und kaufen in den Fischhallen ein. Zum Beispiel etwas Kaviar oder eine Dose mit Fleisch von der Kamtschatka-Krabbe, wegen ihrer Größe auch Monsterkrabbe genannt. Die Auswahl ist breit

gefächert, die Haarfarbe der Verkäuferinnen eher uni. Bei den freundlichen Russinen überwiegt ein leuchtendes Rostrot. Die beiden einheimischen Damen im sehr patriotisch ausgerichteten Militärmuseum sind sich hingegen nicht besonders grün. Die resolute Direktorin erläutert begeistert die Heldentaten der Sowjetarmee. Die junge blonde Reiseführerin Natalia übersetzt ins Englische und wird von der Direktorin bei jedem zweiten Satz schroff zurechtgewiesen. Offenbar ein russischer Historikerinnenstreit, den man fühlt, aber nicht versteht.

Der Tag, der unterm Regenbogen verschwand

Am 171. Längengrad Ost, der internationalen Datumsgrenze, dort wo ein ganzer Tag einfach verschwindet, versuche ich, bei meinen Tischdamen einen launigen Witz zu landen: Es sei mir nicht gelungen, die »International Dateline« zu fotografieren. Die Damen lächeln höflich, sagen »Oh, really?« und lassen offen, ob sie mir vielleicht glauben oder mich eher für einen geografischen Analphabeten halten. Dafür gibt es einen Regenbogen, der sich über das Achterdeck wölbt und zu beiden Seiten ins Meer stößt – ein Ende am 12. September, eins schon am 14. Eine weitere Überraschung erwartet uns am Abend: Ein Seafood-Buffet, das auf Japan einstimmt und auf Russland zurückblickt: Sushi und Sashimi ohne Ende und als Krönung riesige Kamtschatka-Krabben. Nicht aus der Dose, sondern frisch. Der seriöse Steuerberater mit der jungen Begleitung nimmt als Dessert Kaviar und Wodka.

Echte Seefahrt

Einen Tag später, beim Besuch auf der Brücke, gibt Kapitän Samule Failla eine Vorwarnung – ein Taifun ziehe auf. Ein paar Hobby-Nautiker unter den Passagieren machen Witze. Doch der italienische Seemann hat nicht übertrieben. Die ersten Ausläufer kommen am Abend und in der Nacht geht es hoch her. Am nächsten Morgen ist das Oberdeck gesperrt, das Frühstück fällt spärlich und das Bordprogramm ganz aus.

Der Taifun mit Namen »Talim« hat sich zwar inzwischen zu einem tropischen Sturm abgemildert; heftig genug ist er immer noch. Auf dem Weg nach Hokkaidō, der nördlichen Hauptinsel Japans, kommen sie mit voller Macht wieder, die Ausläufer von »Talim«: Mehr als 70 Knoten Windgeschwindigkeit – gefühlt aus allen Richtungen – mindestens sechs Meter hohe Wellen. Man nennt

Oben links:
Kamtschatka-Krabben in Dosen

Oben rechts:
Fischmarkt in Hakodate

so ein Wetter auch »Orkan«. Dabei hat der erfahrene Kapitän schon rechtzeitig den Kurs geändert. Den Hafen Kushiro kann er ohnehin nicht anlaufen. Die Japaner haben ihn geschlossen. Überall auf dem Schiff kracht und scheppert es, in der Galley geht so einiges zu Bruch. Nur das Hauptrestaurant ist noch geöffnet. Den Gästen wird empfohlen, am besten doch auf der Kabine zu bleiben. So kann der Pazifik im Herbst sein – nicht immer friedlich und auf jeden Fall anders als eine Mondscheinfahrt auf dem Bodensee. Die Mannschaft zeigt sich von ihrer besten Seite: Schon am Abend sind die Restaurants wieder geöffnet, mit voller Speisekarte. Die Crew ist der Held dieses Orkans.

Highlight statt Schlusslicht: Japan

Die Meerenge von Tsugaru zwischen Hokkaidō und der japanschen Hauptinsel Honshū könnte man ohne Schiff auch unterqueren: Beide Inseln sind durch einen Eisenbahntunnel tief unterm Meer verbunden. Das Museum der Hafenstadt Aomori zeigt, weshalb das Meer vor Japan so rau sein kann: Die Fratzen der Meeresgötter, die hier hängen, sind wirklich furchterregend. Und die dazugehörige Trommel-Show auch. Letzter Hafen dieser fast 7.000 Kilometer langen Reise ist Tokio. Für das Gros der Passagiere endet die Reise nicht sofort. Die meisten bleiben noch zwei oder mehr Tage hier. Denn – wann ist man schon mal in Tokio?

Links: Meeresgötter in Aomori

Rechts: Ehemaliger Schwarzmarkt in Tokio

Seit über 40 Jahren
Ferien mit
Member of Quality Group
PHOENIX
REISEN GMBH BONN
PHOENIX
FLUSS & KÜSTEN
2019
Willkommen an Bord – Willkommen zu Hause!
WILLKOMMEN AN BORD -
WILLKOMMEN ZU HAUSE!
Buchen Sie jetzt
Ihre Wunschkabine!
SEEREISEN 2019
SEEREISEN 2018
FLUSS & KÜSTEN
2018
ORIENT 2019
In Ihrem Reisebüro finden
Sie diese Kataloge für Ihren
Urlaub mit Phoenix Reisen!
Internet: www.PhoenixReisen.com • Telefon: (0228) 9260-200

Obstverkauf auf Lipari

ITALIEN EINFACH? EINFACH ITALIEN!

Die BERLIN zeigt Orte, die den Granden der Kreuzfahrt verschlossen sind

Smaragd-Küste auf Sardinien

von Oliver Schmidt

Vorsichtig schiebt sich die BERLIN aus dem Stadthafen von Nizza heraus. Und obwohl er rückwärts fährt, könnte man glauben, der Kapitän mache das besonders langsam, damit die Passagiere nicht nur das Manöver genießen, sondern sich auch von der Stadt verabschieden können. Einige sind schon ein paar Tage vorher angereist (vgl. Seite 124 ff.). Vor dem Bug liegen keine weiten Wege. Die BERLIN braucht keine großen Seestrecken; für ihren kleinen Körper findet sich vielmehr in fast jedem Hafen eine interessante Nische. Sie entdeckt die versteckten Juwelen ihrer Fahrtgebiete.

Zum Beispiel den Smaragd, welcher der »Costa Smeralda« auf Sardinien seinen Namen gab. Vom Azur der Côte wechselt die Wasserfarbe zu einem unwirklichen smaragdnen Leuchten, darüber neigen sich einige knorrige Bäume. Sind es Korkeichen? Auf der Landstraße kam schon ein voll beladener Lastwagen mit wippenden, wiegenden Korkplatten entgegen, und Loretta, die schwarzhaarige sardische Schönheit am Mikrofon mit der übergroßen Sonnenbrille, wusste zu erzählen, was man daraus alles macht: Kleidung und Schuhe, Portemonnaies und Taschen; sogar Möbel aus Kork gibt es. Der Naturstoff erlebt gerade eine Renaissance. Loretta weiß noch mehr: Da drüben auf dem

Hügel steht das »Ferienhäuschen« von Putin. Ja, dem Putin – dem aus Russland. Es beherrscht ein ganzes Viertel auf seiner Landzunge. »Viele ältere Männer lassen sich hier nieder«, sagt sie unbekümmert. Wenn das Putin hört. »Kennen Sie die Geschichte vom 70-jährigen Lebemann des Jetset, der hier wohnte und eine wunderschöne, 20-jährige Sardin geheiratet hatte? Alle Freunde fragten ihn: Wie hast du das gemacht? Naja, hat er geantwortet: Ich hab' ihr erzählt, ich bin schon neunzig ...«

An Bord fließen die Tage dahin wie das Wasser an Backbord und Steuerbord. Südlicher Umkehrpunkt ist Palermo. Nach einer Fahrt mit dem Linienbus zu 50 Cent hinauf nach Monreale, wo die grandiose Aussicht über den Norden Siziliens die ehrwürdigen Kirchenbauwerke in den Hintergrund rückt, gilt es, aus den vielen Sehenswürdigkeiten von Palermo die Richtige herauszugreifen. Jeder Tourist denkt, »Catacombe Capuccini« sei eine Kellerbar, in der es besonders guten Milchkaffee gibt. Jeder Taxifahrer lächelt wissend und fährt zur Kapuzinergruft. 400 Jahre haben die Mönche hier Einwohner Palermos bestattet, indem man sie angezogen an die Wand stellte und ihre Mumifizierung abwartete, die in der trockenen Kühle der tief gelegenen Räume verlässlich eintrat. Sauber geordnet nach Berufsständen stehen zweitausend Mann in den Katakomben. Die Zeiten, wo ihre Nachfahren Geburtstagsfeiern mit Kaffee und Kuchen hier abhielten, damit »Opa« dabeisein konnte, sind lange vorbei. Der Star unter den Besuchern ist »The Sleeping Beauty«, die kleine Rosalia Lombardo, die zweijährig am Spanischen Fieber starb. Seit 1921 liegt sie mit einer Schleife im Blondhaar in ihrem Schneewittchensarg und sieht aus, als schliefe sie.

Oben:
Historisches Palermo

Mitte:
Ausflug nach Monreale

Unten:
Schweigsame Gesellschaft in der Kapuzinergruft

Oben links: Marktbesuch auf Sardinien

Mitte links: Straßencafé in Palermo

Rechts: Vulkanbesteigung auf Lipari

Im Berufsverkehr geht's zurück zum Schiff. Zu Fuß. Das ist um diese Zeit die schnellste Fortbewegung in Palermo. Konkurrieren könnten allenfalls noch die Vespas, die in allen Farben vorbeiknattern. Die vielen Stühle der Straßencafés, die kleinen Marktstände, wo Hausfrauen Frischgebackenes verkaufen, der wacklige Tisch mit dem Dominospiel und den beiden alten Herren im Unterhemd, alles das war vorhin so idyllisch. Jetzt, beim Slalom gegen die Einschiffungszeit, stehen sie eher im Weg. Zum Glück gibt es einen Optimisten in der Gruppe: »Schon eine Woche gereist und erst eine Stunde gehetzt«, ist seine positive Bilanz.

Wann auf den Liparischen Inseln zuletzt jemand in Eile war, ist schwer zu sagen. Auch, wenn in der engen Bucht des Städtchens Fähr- und Ausflugsschiffe, ihre Passagiere, Obstverkäufer und dann und wann ein Esel durcheinanderwuseln, der Lebensrhythmus ist endlich das, was er in Palermo nicht ist: süditalienisch. Am Nachmittag steuert die BERLIN ein karges, braunes Eiland an, dessen vulkanische Formen bizarre Linien in den blauen Himmel zeichnen. Direkt hinterm Anleger verheißt eine große Wasserpfütze bei einem Bad Linderung für allerlei Zipperlein. Wer auf Bewegung setzt, wird von der steilen Wand mit den kleinen, im Zickzack emporkletternden »Ameisen« magisch angezogen. Beim Blick durchs Teleobjektiv tragen die fleißigen Kletterer halblange Hosen, Rucksäcke und Kameras, Archäologenhütchen und Sonnenbrillen. Soll man ihnen folgen? Die Turnschuhe sind sicher nicht ideal für den sandig-steinigen Untergrund. Auch der Ungeübte merkt rasch: Bergsteigen ist eine Sucht. Hinter jeder Haarnadelkehre des Weges wartet eine neue Aussicht auf den Berg, das Dorf und – die BERLIN. So tief liegt sie schon unten, dass man ihr in den Schornstein schauen kann. Merkwürdige Löcher tun sich auf.

So groß, dass man vielleicht seinen Arm hineinstecken könnte, aber zu raten ist das keinem, denn aus den Öffnungen strömt heißer Dampf. Vielreisende fühlen sich an Island erinnert, als sie nach knapp einer Stunde endlich über den Kraterrand schauen und eine Mondlandschaft erblicken, eingehüllt in wabernde Dämpfe. Käme von unten Nebel auf, dieser Ort würde sich unversehens anfühlen wie eine Ausgeburt der Hölle. Solange aber grüne Kakteen, weiße Häuschen und das vertraute Schiff zu sehen sind und solange man weder an den Abstieg denkt noch an den Muskelkater am nächsten Morgen, schwebt man auf dem gefühlten Dach der Welt.

Später, beim Weg durchs Dorf, kommt die erste Ahnung, dass man der Natur ihre Schönheiten nicht entreißt, ohne einen Preis dafür zu zahlen. Das Ziehen in den Waden ist kaum zu ignorieren. Ein paar überreife Feigen wachsen am Weg und könnten mit ihrem süßen Saft zumindest etwas trösten. Die Freude aber währt nicht lang: Feinste Stacheln, die sich wie drahtige Härchen in die Finger pieken, bleiben dort sitzen und quälen die Landgänger noch beim Abendessen. Der ewig lachende Optimist mit der blauen Kappe berlinert gemütlich: »Nu tun wenigstens Hände und Füße weh!«

Ein weiterer Tag an Bord war herrlich. Hätte man an Land gehen müssen? Nein, dafür gibt es weder ein geschriebenes noch ein ungeschriebenes Gesetz. Sich auf dem Achterdeck am Pool von den anderen erzählen zu lassen, was es zu sehen gab, ist auch in Ordnung. Am Ausflugsbüro ist der Strom der Besucher abgeebbt. Die Reise neigt sich zum Ende, viel zu buchen ist nicht mehr. Höchstens für den, der an der Amalfiküste noch nichts geplant hat. Bereitwillig suchen die Damen die Abfahrtszeiten für örtliche Boote heraus und erinnern freundlich an den Schlusssprint in Palermo: Nicht das letzte Boot nehmen! Der Tag in kleinen Städten wie

Oben links:
Stimmungsvoller Abend am Achterdeck

Oben rechts:
Lipari: Dampfender Boden wie auf Island

Mitte:
Amalfiküste

Oben links:
Bootsstopp in Amalfi

Oben rechts:
Besuch in einer alten Papiermühle

Amalfi und Sorrent wird zur Krönung, frisches Obst auf einer Sonnenterrasse (ohne Stacheln!) ein Genuss, der Besuch in einer alten Papiermühle rundet das private Landgangsprogramm ab.

Schon früh hat sich die BERLIN der französischen Küste angenähert. Zur Freude der Frühaufsteher fährt sie die Schönheiten der Côte d'Azur noch einmal ab: Menton, Monte Carlo, Beaulieu, Villefranche sur Mer. Am Buffet gibt es die ersten Croissants. Die Sonne leuchtet von achtern ins Verandah-Restaurant hinein und füllt es mit Wärme und Licht. Gleich muss Nizza in Sicht kommen. Die Form des Forts glimmt im Morgendunst. Wer vor der Kreuzfahrt ein paar Tage auf Entdeckung war, feiert Wiedersehen und gibt seine Tipps weiter an jene, die sich auf ein Nachprogramm freuen. Zeit für den Blick achteraus wird erst am Flughafen »Nice – Côte d'Azur« sein, der westlich der Promenade des Anglais spektakulär auf einer Landzunge liegt: Weit hat die BERLIN nicht fahren müssen, um versteckte Schätze im Mittelmeer zu entdecken. »Es war mehr Hotel als Seefahrt«, würde der Nautiker sagen. »Die charmanteste Form der Treibstoffeinsparung«, urteilt der Techniker. Für den Erholung suchenden Kreuzfahrtgast war's einfach schön.

Es lächelt der Pool und lädt zum Bade

Wismars Welterbe-Altstadt ist eines der schönsten Ensembles an Kontorhäusern der Hanse

WISMARS AUFSCHWUNG

Die Hansestadt baut Kreuzfahrtschiffe und empfängt sie als Gast

von Oliver Schmidt

Auf der Mathias-Thesen-Werft in Wismar entstanden so bekannte Schiffe wie die heutige Hamburg, AIDAVITA und AIDAAURA. Aber dann wurde es dunkel um den Schiffbau; mehrere Verkäufe des Werftstandorts, große Versprechungen, verschwundene EU-Gelder – irgendwann wanderten Fachkräfte ab, obwohl sie ihre kleine Heimatstadt (rund 44.000 Einwohner) mit dem vorbildlich zum UNESCO-Erbe sanierten historischen Kern liebten. Seit die chinesisch-malayische Unternehmensgruppe »Genting Hong Kong« mit den Werftstandorten Bremerhaven, Warnemünde und Stralsund im Jahr 2016 auch Wismar erworben und sich zudem als Betreiber der asiatischen Star Cruises (lokaler Volumenmarkt) und Crystal Cruises (internationaler Luxus-Markt) etabliert hat, sollen in der Halle für Neubauten bis 346 Meter Länge (zum Vergleich: Die QUEEN MARY 2 misst 345 Meter) Kreuzfahrtschiffe gebaut werden. Jüngst traf ein ausgemustertes Schiff von Star Cruises ein, um 1.400 neue Werftmitarbeiter vorerst zu beherbergen. Das spart den täglichen Transport durch die begrenzten Verkehrswege Wismars. Die Stadt lebt auf, weil die Werft lebt. Für Wismar erscheint der gelegentliche Alarmruf, Chinesen kauften deutsche Industriestandorte auf, in einem anderen Licht. Seit dem 230-Millionen-Deal 2016 werden hier wieder Werftarbeiter in Lohn und Brot gebracht.

Das echte Stadtwappen Wismars mit Schiff und Stierkopf

Gleichzeitig hat sich die Kaianlage, die nur fünf Gehminuten von der

EIN WORT VOM SENATOR

Michael Berkhahn, verantwortlicher Senator für Bau und Stadtentwicklung und Erster Stellvertreter des Wismarer Bürgermeisters, zeigt sich begeistert über die aktuelle Entwicklung seiner Stadt:

Michael Berkhahn

»Wir freuen uns, dass wir mit den Werft-Aktivitäten jetzt zwei Wege beschreiten können, um Wismar zu einem Kreuzfahrt-Standort zu machen. Das Columbus Cruise Center haben wir schon seit 2012, und viele ausländische Gäste freuen sich, dass sie praktisch mitten in der Stadt in unserem UNESCO-Welterbe mit ihrem Kreuzfahrtschiff anlegen können. Nun knüpft Wismar an eine lange Geschichte im Passagierschiffbau an, und wir verzeichnen schon die ersten Zuzüge von Fachkräften, die unsere Stadt zwischenzeitlich verlassen hatten. Die Lebensqualität hier an der Ostsee ist hoch, und die Menschen fühlen sich mit ihrer Stadt verbunden. Alles, was die Werft macht und was sie vielleicht auch von der Stadt braucht, findet bei unseren Einwohnern eine hohe Akzeptanz, denn die Verbindung zur Werft ist historisch gewachsen. Fast jeder Wismarer hatte irgendwo in der Familie einen Werftmitarbeiter. Das vereinfacht für uns viele Prozesse. Inzwischen hat der Werftbetreiber auch auf den Mitbewerber in Papenburg geschaut und gesehen, dass die Werft eine hohe touristische Anziehungskraft hat. Dieser Wunsch besteht hier nun auch. Wir sehen natürlich immer alle Wirtschaftsfaktoren, die wir dadurch entwickeln können: Schifffahrt, Schiffbau und Tourismus. Insgesamt ist das Entwicklungspotenzial im Moment so hoch, dass ich mich an den Aufbruch im Jahr 1990 erinnert fühle.«

Die Wasserkunst am Wismarer Marktplatz

Dr. Josef Staffa alias Claus Störtebeker

historischen Altstadt entfernt liegt, zum Kreuzfahrthafen entwickelt. Besonders Briten lieben den Stopp »im Mittelalter«, den Ausflug in die Hansezeit. Auch hier gibt es eine Verbindung zur Wesermündung; das Know-how für die Abfertigung kommt vom Betreiber des Terminals, dem Columbus Cruise Center mit seinen Bremerhavener Wurzeln und seinem langjährigen Manager Veit Hürdler.

»Keine große Hansestadt ohne mindestens drei Backsteinkirchen« konstatiert Claus Störtebeker. Der selbst ernannte Urahn des Freibeuters bietet im historischen Gewand eine launige Führung durch Wismar an, das einst zu den drei Gründungsmitgliedern des Hansebundes gehörte. In St. Nikolai weist er auf die Grabplatten und erklärt das Wort »stinkreich«: Nur, wer Geld hatte, konnte sich hier bestatten lassen; die nicht eng abschließenden Steinkanten gaben den Verwesungsgeruch frei. Der Weg zurück zu den drei Backsteinkirchen war nach dem Kriege hart und im engsten Wortsinn steinig: In der Ruine St. Georgens wucherte 40 Jahre das Unkraut; heute ist sie eine Veranstaltungs- und Konzertkirche, deren Turm mit einem modernen Glasaufzug »bestiegen« werden kann. St. Marien hat nur ihren Turm herüberretten können, in dem es einen grandiosen 3D-Film zu sehen gibt: Vor der historischen Stadtkulisse zeigt »Bruno Backstein«, ein erkennbarer Verwandter von »Bernd das Brot«, wie ein Hansedom gebaut wird.

Nach dem Motto »Das Haus selbst ist das erste Ausstellungsstück« zeigt das Welt-Erbe-Haus, wie ein Kontorhaus der Hansekaufleute aussah: Ein hoher Empfangsraum über zwei Etagen präsentierte dem Besucher den Wohlstand des Gastgebers. Von der Altersbestimmung der Holzbalken bis zu Wismars vier Rathäusern und ihrer Geschichte erzählt

die Ausstellung die Stadt- und Welterbe-Historie. Ihre Fortsetzung findet sie im »Schabbelhaus«, wo der Bogen von mittelalterlichen Folterinstrumenten bis zum Schiffbau zur DDR-Zeit gespannt wird. Über dem Abtauchen in die Vergangenheit sollte Zeit bleiben für einen Bummel durch die schönen Hansehäuser der Altstadt, hin zur historischen Wasserkunst am Markt und zum Stammhaus von Rudolf Karstadt.

Besucher, die mit der Altstadt schon vertraut sind, wenden sich zum etwas außerhalb liegenden »phanTECHNIKUM«, einem Ausprobier- und Mitmach-Museum, wellnässen im Spaßbad »Wonnemar«, schauen sich die historische Kogge Wissemara an oder schaffen es nur bis zu einem Bierseminar im Brauhaus, praktischerweise in Sichtweite des Schiffs.

Oben links:
Die Restaurierungs-Qualität in Wismar ist eine der besten

Oben Mitte:
St. Nikolai ist der Hansedom, in dem heute noch Gottesdienste stattfinden

YOUR WORLD. YOUR WAY.

your moment.

Für die einen ist es das gemeinsame 5-Sterne Menü zu Beginn einer Reise, die zu vielfältigen und unerwarteten kulinarischen Höhepunkten führt. Für die anderen ist es eine Reise zu exotischen und entlegenen Häfen. Und für Sie sind es die kleinen Dinge.
Erleben Sie Ihren Moment.

GENIESSEN SIE DIE FEINSTE KÜCHE AUF SEE AN BORD UNSERER PERSÖNLICHEN UND LUXURIÖSEN SCHIFFE.

Abends wird Nizza zum gigantischen Open-Air-Restaurant

STREIFZÜGE AN DER CÔTE D'AZUR

Für Kreuzfahrten ab Nizza, Monaco oder Marseille lohnt sich ein Vorprogramm an Land

von Oliver Schmidt

Im 19. Jahrhundert suchten hier gekrönte Häupter, etwa die Zarenfamilie und Queen Victoria, ihre Sommerfrische. Bis zum zweiten Weltkrieg hatte die Côte d'Azur ihre Dichter- und Denkerphase mit Heinrich Mann, Friedrich Nietzsche und Kurt Tucholsky. In den Sechzigern traf man eher schillernde Persönlichkeiten wie Aristoteles Onassis, den schönen Konsul Weyer und Nicolae Ceaucescu regelmäßig an.

Standorte

Wer in Nizza abfährt (der Stadthafen ist klein und bietet nur Schiffen wie der BERLIN oder der ASTOR Platz), hat hier einen idealen Urlaubsort für ein paar Tage Vorprogramm. Anziehungspunkt Nummer eins ist der sechs Kilometer lange Kiesstrand mit der berühmten »Promenade des Anglais«. Auch etwas ab vom Meer bietet Nizza viel, so zum Beispiel einen großen Park, an dem auch veritable Hotels zu finden sind. Östlich liegt, durch ein Fort auf einem Hügel getrennt, der

Oben links:
Naturhafen von Villefranche sur Mer

Oben rechts:
An der Croisette in Cannes

alte Yachthafen. Nizza ist auch am Abend wunderschön. Egal, ob man auf dem Marktplatz das riesengroße, sich aus vielen kleinen Bars, Bistros und Pizzerien zusammensetzende Open-Air-Restaurant wählt oder durch die Altstadtgassen schlendert, wo oft ein paar Tische nebst handgeschriebener Speisekarte draußen stehen, der Abend ist ein Erlebnis und die richtige Einstimmung auf die Kreuzfahrt. Alternativ wohnt es sich ein paar Kilometer weiter östlich auch nicht schlecht: Villefranche sur Mer ist Nizzas Tiefwasserhafen, in dem getendert werden muss, eine malerische Bucht, an der sich pastellbunte Häuser wie ein Amphitheater den Hang hinaufziehen. Hier finden sich Spuren des Schriftstellers und Regisseurs Jean Cocteau, der hier nach eigenem Bekunden glücklich war.

Ähnlich mondäne Hotels aus der Belle Époque wie in Nizza finden sich etwas weiter westlich in Cannes, allen voran das Carlton. Die Croisette als Flaniermeile zum Cruisen und Promenieren, Sehen und Gesehenwerden ist durch die Filmfestspiele heute noch etwas berühmter als ihr »Pendant Nicçoise«. Natürlich eignen sich auch viele kleine, malerische Städte für den Kurzurlaub, zumal eine Regionalbahn auf spektakulärer Strecke direkt am Meer die ganze Küste entlangfährt, vom italienischen Ventimiglia bis weit über Cannes und Antibes hinaus, und fast alle sehenswerten Orte erreicht.

Ausflüge und Sehenswertes

Wer mit Kindern reist, wird gern für einen Tag das Marineland ansteuern, das zwischen Nizza und Cannes bei Antibes liegt und nach dem Vorbild der großen See-Aquarien z. B. in Florida entstand. Damen werden vom etwas landeinwärts liegenden Grasse angezogen, das mit weltberühmten Düften betört. Hier sitzen internationale »Nasen« – Mitarbeiter, die nur für das Erschnüffeln neuer Duft-Kreationen zuständig sind. Lavendel spielt dabei eine Hauptrolle.

Oben links:
Kunst in Menton

Oben rechts:
Spielerei mit Spiegelei vor dem Casino in Monte Carlo

Unten links:
Pastellfarbenes Saint-Tropez

Die Hersteller Galimard und Fragonard öffnen ihre Türen für gut gemachte, unaufdringliche Führungen.

Hat man an Nizza und Cannes nicht genug, nimmt man die Bahn nach Antibes. Auch, wenn das jährliche Segel-Event »Les Voiles d'Antibes« gerade nicht ansteht, ist die Altstadt im Sommer gut besucht; beim Bummel durch die engen Gassen und die alte Markthalle würde niemand darauf kommen, in der drittgrößten Stadt der Côte d'Azur zu sein. Eine echte provençalische Bouillabaisse gibt es im Le Pistou, dem typischsten aller landestypischen Restaurants.

Eine Fahrt von Nizza nach Osten führt keineswegs »nur« nach Monaco, dem kleinen Fürstentum mit den vielen Briefkastenfirmen, aber auch dem Palast derer zu Grimaldi, sondern in lauschige kleine Städte. Oder direkt ins Mittelalter, so nach Èze, das, eingerahmt von steil abfallenden Felswänden, passgenau auf dem Gipfel eines Hügels thront. Hier führen die Wege über steiles Kopfsteinpflaster den Berg hinan, der Blick fällt auf sonnige, blumenberankte Innenhöfe. Oben wird die Kraxelei mit einem botanischen Garten belohnt, dem »Dach von Èze«. Kurz vor der italienischen Grenze erreicht der Ausflügler mit Menton die Stadt der Zitronen. Ihr Klima ist so mild, dass überall goldgelbe Zitronen gedeihen, mehr noch als in natura findet man sie auf Postkarten, Motivtischdecken und Servietten. Der Hafen, ein Antikmarkt mit lohnenden Fundstücken (von Kleinmöbeln über Bilder bis Nippes gibt's alles) und Restaurants am Wasser oder unter schattigen Bäumen in der Stadt lohnen den Besuch auch für alle, denen die Zitronen zu sauer sind.

Tagestouren, am besten per Mietwagen

Weiter nach Westen (etwa 130 km von Nizza) muss reisen, wer Saint Tropez besuchen will. Die besagte Küstenbahn fährt hier nicht hin; ab Nizza gibt es Bootsfahrten. Der Fischerort, in den 60er Jahren als Filmkulisse entdeckt, lohnt einen Besuch auch dann, wenn Starlets und Jetset nicht im Reisefokus liegen – besonders in der Vor- und Nachsaison. Dann wirken die Luxus-Yachten im Hafen eher verschlafen, und in den im Sommer trubeligen Cafés und Restaurants ist es immer noch lebhaft, aber angenehm. Saint Tropez ist ein süßes Städtchen, dessen Märkte einen Besuch wert sind.

Hoteltipp
Die Mutter aller Grand Hotels an der Côte ist das Negresco mit der markanten rosaroten Kuppel in Nizza. Seit über 60 Jahren ist es im Privatbesitz der Madame Augier, deren Katze zu den ständigen Hausgästen zählt. Es beherbergt eine Kunstsammlung und ist ein Kunstwerk an sich mit seinen unterschiedlichen Stilrichtungen (eine pro Etage plus individuelles Design in jedem Zimmer) und seinem verspielten Interieur, bis hin zum Frühstücksrestaurant im Stil eines Zirkuskarussells – Holzpferdchen inklusive.

Mit Einsamkeit und schroffem Fels wird belohnt, wer den Mietwagen nach Osten lenkt. Jenseits der italienischen Grenze zweigt nach links die Straße ins Roya-Tal ab (Fernziel: Col de Tende oder Colli di Tenda), um gleich darauf wieder nach Frankreich zu wechseln. Schon in Breil sur Roya ersetzen gefühlte Bergeinsamkeit und angenehme Kühle das turbulente Leben an der Côte. Weiter oben klebt das Dorf Saorge an steilem Hang, als habe es jemand mit einem Superklebstoff dort befestigt. Die Straßen parallel zur steil abfallenden Wand sind so schmal, dass das Auto draußen bleiben muss. Am kleinen Dorfplatz warten ein Aussichtsrestaurant und eine Pizzeria. Tipp: Unbedingt »Crème Brulée à la Lavande« (Lavendelvcreme) zum Dessert probieren. Die wird es selbst auf dem Kreuzfahrtschiff nicht geben.

Literaturempfehlung
Reiseführer »Côte d'Azur« von Ralf Nestmeyer,
17,90 Euro im Michael Müller Verlag,
ISBN 978-3-95654-403-3

Mietwagen/Van mit Fahrer
Fuhrunternehmer Piero Bruni
(Italiener, der erstklassig Deutsch spricht) in Cannes
Telefon: 0033 / 492980629
Mobil: 0033/ 607196348
Internet: www.executive-transport-service.com
E-Mail: e.transport.service@wanadoo.fr

Die THURGAU ULTRA am Anleger

HOCHWERTIG UND BODENSTÄNDIG – EINFACH SCHWEIZ

Von der Schönheit einer eidgenössischen Schiffslady

von Dr. Thomas Blubacher

Sicher, auch die Farben der maltesische Flagge waren Weiß und Rot, doch seit Ende 2017 weht am Heck der THURGAU ULTRA die noch hübschere Schweizerfahne – zur Freude der überwiegend aus der Alpenrepublik stammenden Passagiere. In Basel beheimatet, kann das komfortable Kabinenschiff im Besitz einer internationalen Leasinggesellschaft (bereedert wird es von KD Cruise Services, Limassol, die Hotellerie liegt in den Händen der River Advice AG, Basel) auf eine bewegte Vergangenheit zurückblicken: 2008 als PREMICON QUEEN in Dienst gestellt, trug es die Namen TUI QUEEN und QUEEN MAXIMA, bis es 2015 von »Thurgau Travel« gechartert und abermals umgetauft wurde.

Doch, schlag nach bei Shakespeare: Was ist ein Name? Was uns Rose heißt, wie es auch hieße, würde lieblich duften. Und der Barde irrt nicht. Die Königin hat ihren Titel, aber kaum Glanz eingebüßt, auch wenn man hie und da nicht übersehen kann, dass sie etwas in die Jahre gekommen ist. Eine Lackierung schadete den hölzernen Deckchairs nicht, die Liegen mittschiffs könnte man austauschen, und auf den dritten Blick bemerkt man weitere Details. Der erste fällt auf den lichtdurchfluteten Eingangsbereich, über dessen Farbgebung sich trefflich streiten ließe, der zweite aber überwältigt: Die ansteigende, auf drei Seiten verglaste Panorama-Lounge »Theatron« erlaubt allen Gästen die freie Sicht in Fahrtrichtung sowie auf die leider nur von einem Alleinunterhalter am

Keyboard und dem täglich kurz informierenden Reiseleiter bespielte Bühne. Doch an Unterhaltung mangelt es nicht, in der familiären Atmosphäre hat jeder schnell Bekanntschaften geschlossen und verplaudert die Abende angeregt in der Lounge.

Wenn man sich denn endlich aus dem gemütlichen Restaurant bequemt hat, das ebenfalls mit grandioser Aussicht nach drei Seiten überzeugt – die Zeit dort vergeht wie im Flug, obschon die THURGAU ULTRA natürlich übers Wasser schippert –, sieht man gar keine Veranlassung, weitere Lokalitäten wie den »Dampfschiff-Salon«, die »Smoker's Lounge« oder das »Wiener Café« zu erkunden. Zumal man ja ein Zuhause auf Zeit besitzt, das so großzügig ist, wie es einst das eidgenössische Bankgeheimnis war. Dass sich die Kabinen auf dem Ober- und Mitteldeck »Suiten« nennen, hat im Falle der 30 m² großen »Queen-Suiten« mit getrenntem Schlaf- und Wohnbereich sowie Balkon seine Berechtigung, klingt bei den »Deluxe-Suiten« mit 22 m² und insbesondere den »Junior-Suiten« mit 15,5 m² aber so unschweizerisch protzend wie der Kataloghinweis auf das »Tageslichtbad«, das lediglich eine Milchglastür zur Kabine besitzt – einerlei, angesichts der Kosmetikprodukte von »L'Occidental« mit feinem Verveine-Duft und der flauschigen Handtücher.

Das Theatron bietet beste Aussicht auf Bühne und Flusslauf

Edel und gemütlich: die Smoker's Lounge

Oben links:
Deluxe-Suite

Oben rechts:
Freundlicher Service auch am Buffet

Unten links:
Wellness auf dem Flussschiff

Unten rechts:
Das Restaurant liegt achtern überm Motor

Wie gesagt: Was ist ein Name? Ansonsten besteht nämlich nicht der geringste Anlass für Mäkeleien, von der regulierbaren Klimaanlage über die leistungsfähige Minibar bis zum Flatscreen mit Infotainment-System gibt es alles, was das Herz begehrt – auf dem Gang sogar einen Eiswürfelspender und an der Rezeption aktuelle Zeitungen wie die »Süddeutsche« oder die »Frankfurter Allgemeine« – überflüssig zu erwähnen, dass niemand polternd die vertraute »NZZ« verlangt. Großzügig wie seine Öffnungszeiten von 8.00 bis 22.00 Uhr ist auch der Wellness-Bereich auf dem Mitteldeck, der neben Sauna, Whirlpool und Ruheliegen ein Kneipptretbecken aufweist. Der Blick auf die vorbeiziehende Landschaft – eingesetzt wird der geräusch- und vibrationsarme »TwinCruiser« mit Motor im abgetrennten Heck-Teil auf Rhein und Donau – macht die Ertüchtigung auf dem Hometrainer oder dem Laufband erträglicher, relaxter genießen lässt es sich im Massagesalon und im Friseursalon, wo »unsere zwei Doppelverdienerinnen mit ihren goldenen Händen«, wie sie »Hottie«, der smarte deutsche Hoteldirektor Marco Franz bei einem Schiffsrundgang vorstellt, tätig sind: Simona, die für körperliche Entspannung sorgt, und ihre zu bescheidenen Preisen frisierende Kollegin Nina reinigen vormittags die Kabinen des Hauptdecks.

Liberty of the Seas®
ERLEBNISKREUZFAHRTEN
MIT ROYAL CARIBBEAN
Die Show kann beginnen: das preisgekrönte Unterhaltungsprogramm auf den Schiffen von Royal Caribbean® garantiert unvergessliche Erlebnisse und pure Begeisterung. Unsere weltweiten Erlebniskreuzfahrten und innovativen Bordattraktionen werden Sie zum Staunen bringen. Von Draufgängern bis zu kulinarisch Interessierten, von Unterhaltung suchenden Familien bis zu Paaren auf einer romantischen Reise.
Buchung & Information
0800 724 0345 | RoyalCaribbean.de | In Ihrem Reisebüro
RoyalCaribbean
INTERNATIONAL
RCL Cruises Ltd. Zweigniederlassung Bremen | Hillmannstraße 2a | D-281995 Bremen | Reiseveranstalter der beworbenen Schiffe ist entweder (a) Royal Caribbean Cruises Ltd. in Miami, Florida oder (b) ihre Tochtergesellschaften RCL Cruises Ltd. oder RCL (UK) Ltd. im Vereinigten Königreich.

Oben links:
Sonnendeck
mit Holzbelag

Oben rechts:
Stilvolle Kabinengänge

Unten:
Es ist angerichtet!
Impressionen
eines Dîners

Überhaupt die Crew: Obschon zu PREMICON QUEEN-Zeiten 57 Crewmitglieder 106 Gäste verwöhnten und sich heute 38 Kräfte um 120 Passagiere kümmern, bleibt kaum ein Wunsch offen. Dass sie nicht aus Heidiland, sondern aus aller Herren Länder stammen, passt bestens zu den weltoffenen, reiseerfahrenen Schweizer Gästen. Und selbst wenn jemand einen Grappa »uf zweidrüädrissg« ordert, kann er gewiss sein, dass der entsprechende Betrag vom kroatischen Steward Toni korrekt Kabine 233 in Rechnung gestellt wird. Lediglich die Apulierin Chiara, die ihre Gäste im Restaurant umsorgt, hat mit Italienisch eine Schweizer Landes- als Muttersprache, erledigt ihren Job so akkurat und zuverlässig wie das sprichwörtliche helvetische Uhrwerk und darüber hinaus – was man von dem Präzisionsinstrument nun weiß Gott nicht erwarten darf – mit einem Lächeln, das von Herzen kommt und Herzen wärmt. Was Chiara serviert, enttäuschte verwöhnte Gaumen, hätte nicht der präventive Veranstalterhinweis auf eine »gutbürgerliche Küche« allzu hohe Erwartungen an das »Schiff der gehobenen Deluxe-Klasse« gedämpft. Mittags wird Hausmannskost aufgetischt, beim

viergängigen Abendessen zeigt sich der »Menu Circle« ambitionierter, an dessen Rezepte sich der bulgarische Chef Nikolay strikt halten muss, bleibt aber, orientiert am kleinsten gemeinsamen Nenner der Gästegeschmäcker, in der Aromatik und dem Spiel der Texturen überraschungsarm. Dafür überzeugt die Qualität des Käsebuffets – schließlich sind wir auf einem Schweizer Schiff! – ebenso wie jene der offenen Weine, ganz zu schweigen vom formidablen Angebot an Flaschen. »Die Schweizer gönnen sich öfter edle Tropfen als die Deutschen«, berichtet Bordreiseleiter Bernhard Remmert, der es, seit vielen Jahren so engagiert wie besonnen für Thurgau Travel tätig, wissen muss. »Sie sind entspannter, haben höhere Ansprüche, sind aber auch verständnisvoller, wenn mal etwas nicht klappt.« Letzteres ist freilich kaum einmal der Fall, so perfekt ist das als Paket relativ günstig zu buchende Ausflugsprogramm organisiert, und dass unterwegs zwei international bekannte Jodler spontan ein Konzert für ihre Mitreisenden geben, ist zwar kein Standard auf Thurgau-Touren, aber typisch für deren ganz spezielle Stimmung. Man reist erlebnisreich und sorgenfrei, kurz: ultraschön.

Oben links:
Service während der Flussfahrt

Oben rechts:
Die zwei Decks hohe Lobby

Das Restaurant mit Platz für alle Passagiere

Privater Innenhof der Luxus-Kabinen auf der FRANCE

BEWÄHRTES KEHRT ZURÜCK

Nicht jede »Erfindung« unserer Tage ist wirklich neu

von Oliver Schmidt

Reedereien, deutsche und internationale, übertreffen sich gegenseitig mit neuen Erfindungen, um Passagiere zu unterhalten und anzulocken, um die Auswahl an Freizeitbeschäftigungen zu vergrößern und natürlich auch, um bei der nächsten Schiffstaufe mit einer großen Neuerung aufwarten zu können. Aber sind alle diese »Erfindungen« wirklich so neu?

Seit rund zehn Jahren läuft bei einigen Anbietern großer Schiffe ein exklusiver, beinahe hermetisch abgeriegelter Bereich mit, der meist ganz vorn oben liegt. Kaum wahrgenommen von den anderen Passagieren, die eine »normale« Kabine gebucht haben, mischen sich die Vielzahler unters Volk, wenn es ihnen beliebt, gehen in die Show oder ins Kino, nehmen an allerlei Veranstaltungen teil oder schauen mal im Buffet-Restaurant rein, wenn es dort etwas Besonderes gibt, um sich bei Bedarf wieder zurückzuziehen unter »ihresgleichen«. Verkauft wurde diese »Erfindung« in den ersten Jahren als »Luxus-Yacht«, die quasi huckepack mitfährt, deren Exklusivität man genießen kann, während ihrem Passagier aber auch alle anderen Bordeinrichtungen offenstehen. Bei NCL heißt das Ganze »The Haven«, bei MSC ist es der »Yacht Club« und ist doch nichts anderes als die Reinkarnation der Ersten Klasse, wie es sie bei Cunard auf der QUEEN MARY 2 in Ansätzen sogar noch gibt – ohne, dass sie je ganz verschwunden wäre und neu erfunden werden müsste. Nur sind, der Größe mancher Bordeinrichtungen wegen, Elemente hinzugekommen, die alle Reisenden nutzen, und solche wie Lounge, Restaurant und ein kleiner Extra-Pool, die der besseren Gesellschaft vorbehalten sind.

Besonders auffällig ist das bei Norwegian Cruise Line, denn »The Haven« hat ein rundum abgeschlossenes Carrée

Rechts oben: Top-Service im Yacht Club von MSC

Rechts Mitte: Blumenladen bei TUI Cruises

Rechts unten: Keine »Traumschiff«-Erfindung: die brennende Eisbombe

ohne Meerblick, in dem die Haute Volée in trauter Eintracht beisammen sitzt. Bei ihrem ersten Megaliner, der NORWAY, wurde der Reederei diese exquisite Einrichtung gleich mitgeliefert – und beim Umbau des früheren französischen Liners FRANCE zur NORWAY prompt entfernt. Dort, wo echte Pariser Dachschindeln einen gemütlichen Rahmen für ein kleines, privates Atrium der Top-Kabinen setzten, wurde in die Lücke ein Swimmingpool eingelassen. Vorm Fenster erschienen fortan Schummerlicht in dumpfem Blau und gelegentlich die Beine eines schwimmenden Passagiers.

Noch ein Beispiel? Blumenläden sind »in«. Man schenkt der Liebsten nicht mehr ein exotisches Gebinde von der nächsten Karibik-Insel oder steckt ihr in Bangkok eine Orchidee ins Haar, sondern kauft an Bord ein. AIDA und TUI Cruises haben beide eine Floristin an Bord, die täglich neue Kreationen bereithält. Auch diese waren auf den Transatlantik-Linern der 30er-Jahre eine Selbstverständlichkeit – allerdings sind auf der Nordatlantikroute die Blumenkioske am Wegesrand auch rar. Ebenfalls wieder da ist der Maßschneider, den man allerdings schon in der TITANIC-Verfilmung von 1953 bewundern kann, wo ein Junge in einer Hauptrolle seine ersten langen Hosen angemessen bekommt.

Selbst die Idee, Bewährtes als neu zu verkaufen, ist nicht neu. Mit den ersten »Traumschiff«-Sendungen konnte jeder sehen, wie man dort seine Gäste verabschiedet: mit einer grandiosen Parade aus flambierten Eisbomben. Fortan war dies selbstverständlich eine »Traumschiff«-Erfindung. Dabei gab es »Baked Alaska«, wie die Amerikaner es nennen, schon auf dem Hurtigruten-Oldie LOFOTEN, und zwar vom ersten Tag an – fast 20 Jahre, ehe das »Traumschiff« erfunden wurde.

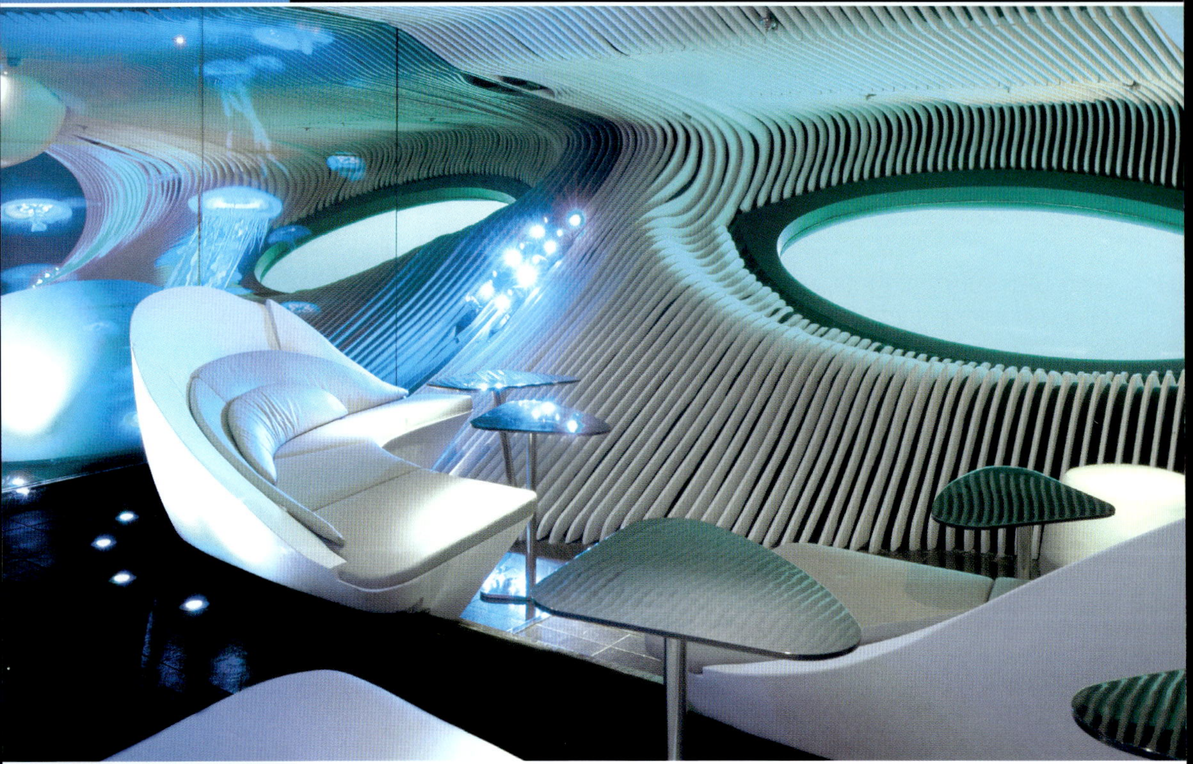

Oben:
Alle Formen in der Lounge sind von Wasser und Wal inspiriert

Mitte:
Mensch, Wal, Hai – welcher »Passant« würde die Neugierigen am meisten erschrecken?

EIN BLAUES AUGE

Das »Blue Eye« kennzeichnet bei Ponant die weltweit erste »Unterwasser-Lounge«

von Oliver Schmidt

Während unter den zahlreichen Neubauten bei den Expeditionsschiffen solche zu finden sind, die ihren Passagieren für Ausflüge auch ein U-Boot anbieten, haben die Franzosen für den Blick in die Unterwasserwelt eine verblüffend einfache Lösung gefunden: In der weltweit einzigartigen neuen »Unterwasser-Lounge«, die auf den Neubauten LE CHAMPLAIN, LE BOUGAINVILLE, LE DUMONT-D'URVILLE, LE BELLOT und LE SURVILLE zu finden ist bzw. eingebaut wird, schauen die Reisenden in gedämpftem Licht, das nur durch ein paar Spots unterbrochen wird, von Bord ihres Kreuzfahrtschiffes hinaus ins Meer. Neu ist daran zunächst, dass im Normalfall keine Passagier-Lounge unter der Wasserlinie liegt. Die Idee als solche hingegen kennen Freunde von Korallenriffen bereits vom Glasbodenboot.

Bis zu 40 Gäste können in der Lounge durch zwei Ausblicke in Form eines Walauges nach draußen schauen. Dazu sind die Formen im Raum der Bionik des Meeres angepasst; sie sollen an Wale und Quallen erinnern. Dazu gibt es sogar den originären Tiefsee-Sound: Am Kiel angebrachte Mikrofone fangen die Geräusche des Meeres aus fünf Kilometern Umkreis ein und übertragen sie in die Lounge. Das Design der Töne folgt den Forschungsergebnissen des Tondesigners und Komponisten Michel Redolfi. Die Klangschwingungen

werden so in die Sofas der Lounge übertragen, dass die Töne für den Betrachter körperlich spürbar sind.

Die Nähe zur Unterwasserwelt setzt sich auch in anderen Bereichen des Schiffes fort; mittels Bildschirmen lassen sich von unterschiedlichen Punkten aus Delfine beobachten, die in den Bugwellen spielen und von Kameras erfasst werden. Passend zu ihrer nie dagewesenen Nähe zu den Meeresbewohnern verfügen die sechs neuen Schiffe über das »Cleanship«-Siegel des Zertifizierungsunternehmens »Bureau Veritas«.

Übrigens gibt es eine Lounge mit Blick direkt ins Waser auch bei Star Clippers – nur schaut der Besucher hier in den Swimmingpool. Das bietet ihm den Vorteil, dass er mit einiger Wahrscheinlichkeit etwas zu sehen bekommt. Ob hingegen die »Außenbordskameraden« von Wal über Delfin bis Rochen für die Ponant-Gäste wie gewünscht posieren, bleibt abzuwarten. Die größten Chancen dürften sich bieten, wenn das Schiff ankert. Denn der Wal wird wissen: Wenn er in voller Fahrt allzu nah herankommt, holt er sich wirklich ein blaues Auge …

MS LE LAPÉROUSE

GRENZ-GEIST & BRATHERING

Schiffsnamen – bei Lichte besehen sind sie ein Quell des Frohsinns

von Oliver Schmidt

Kürzlich wartete ich am Elbufer in Hamburg auf ein neues Schiff, um ein paar Schnappschüsse mitzunehmen. Als die SEABOURN OVATION (siehe Seite 62 ff.) in Sicht kam, kramte neben mir jemand sein Schulenglisch hervor und übersetzte den Schiffsnamen mit »Sonnenbrand-Ovation«. Da muss man doch gleich sehen, dass das falsch ist? Mitnichten. Denn wenn man manchen englischen Schiffsnamen ins Deutsche übersetzt, staunt man nur.

Würden Sie zum Beispiel eine Kreuzfahrt auf der SIEBEN SEE REISER buchen? Oder auf der GRENZ-GEIST? Nein? Klingt ein bisschen nach Grimms Märchenbuch, nicht? Oder wie wär's, wenn man die tollen Tage von Anfang an auf der KARNEVALS-EROBERUNG verbrächte?

All diese Schiffe gibt oder gab es. Allerdings mit englischem Namen. Und da klingen »SEVEN SEAS VOYAGER« oder »FRONTIER SPIRIT« (der Taufname der heutigen BREMEN) und CARNIVAL CONQUEST doch ganz passabel, oder? Wenn Sie zu lockerem Lebenswandel neigen, fahren Sie doch mal mit der SCHWARZER AUFPASSER (oder heißt BLACK WATCH vielleicht »Schwarze Armbanduhr« – der Pünktlichkeit wegen?). Wenn Sie bei einer Verfolgung Ihre Aggressionen abbauen möchten, bietet Ihnen die neue AZAMARA PURSUIT gern eine Kabine an, wenn Sie mehr zu Fluchtverhalten neigen, nehmen Sie die NORWEGIAN ESCAPE.

Ist es nicht merkwürdig, dass all diese Namen, wenn man ihnen nur einen fremdländisch gefärbten Klang gibt (soweit die englische Sprache für uns noch etwas Fremdländisches in Anspruch nehmen kann) zu ebenso klangvollen, aber eben doch inhaltsleeren Seifenblasen werden? Oder liegt es schlicht daran, dass wir im englisch-amerikanischen Sprachraum so viel Schrulliges antreffen, dass diese Namen nicht mehr weiter auffallen? Wie schwierig die Namenssuche in deutscher Sprache ist, wird deutlich, wenn man ein paar Namen durchprobiert. Da gab es einst bei Holiday-Kreuzfahrten die MONA LISA und die LILI MARLEEN. Was kommt danach? Rasch wird klar: Die deutsche Geschichte und Literatur sind arm an geeigneten Frauengestalten. HILDEGARD VON BINGEN wäre wohl allenfalls für ein Fluss-Schiff geeignet, und auch MINNA VON BARNHELM ist keine wirkliche Lösung.

Und die BERLIN? Und die DEUTSCHLAND? Die Reihe ist mit EUROPA und THE WORLD schon fortgesetzt und ausgereizt, allenfalls UNIVERSUM ginge noch. Selbst, wer sich aus der deutschen Geschichte bedient und nicht direkt im Fettnapf landet, wird nicht glücklich: KONRAD ADENAUER eignet sich höchstens für einen Flugzeugträger, OTTO VON BISMARCK mehr für einen Zerstörer als für ein Kreuzfahrtschiff. Also auch ein schwieriger Fall. Und schließlich: Wie kann man für die einst so beliebte DELPHIN eine Nachfolgerin finden? Sicher, Fische und Meeressäuger gibt's genug, aber auch die wollen wohlgewählt sein. BLAUWAL etwa klingt mehr nach Käpt'n Blaubär, HAI ist auch nicht das Non plus Ultra, GOLDFISCH und BRATHERING brauchen wir gar nicht erst zu diskutieren.

Was lernen wir daraus? Deutsche Reeder müssen nicht nur gute Geschäftsleute, sondern auch überaus kreative Menschen sein. Wie einfach haben's doch ihre Kollegen auf dem US-Markt. Die schauten schlicht auf den Kalender und nannten ein Schiff »Jahrtausend« – MILLENNIUM, nachdem es eine CENTURY bei der gleichen Reederei schon gab. Wie mag da wohl die Steigerung aussehen?

Sind in dieser Verfolgungsjagd die Namen AZAMARA PURSUIT und NORWEGIAN ESCAPE entstanden?

Oben:
Das »Finished with engine« prangt in der Midships Lobby schon seit vielen Jahren an der Wand

Unten:
Der riesige Schiffskörper beeindruckt die Besucher

NEUER SUPERLATIV FÜR DUBAI

Die legendäre QE2 dient als Hotel in Port Rashid

von Oliver Schmidt

Die Vorgängerin der heutigen QUEEN MARY 2 ist ein Schiff der Superlative: 39 Jahre schnellstes Schiff auf dem Atlantik, 25 Kapitäne, 25 Weltumrundungen, über 800 Transatlantikfahrten, 2,5 Millionen Passagiere. Eine abendländische Ikone, und als solche hat das geschichtslose Emirat Dubai sie für 100 Millionen Dollar gekauft. Bedingung: Nichts durfte entfernt werden, was zum Historien-Import in den Wüstensand gehört. Seit zehn Jahren liegt die QUEEN ELIZABETH 2 in Dubai an ihrem letzten Ankerplatz. Als Kapitän Ian McNaught am 27. November 2008 dem Maschinenraum das finale »Finished with engine« meldete, war der Zeitpunkt denkbar ungünstig. Die Finanzkrise zwang gerade das Herrscherhaus in Dubai, das Nachbaremirat Abu Dhabi anzupumpen, um das Prestigeobjekt Burj Khalifa fertig bauen zu können. Da hatte man für ein altes Schiff keinen Sinn und machte erst einmal acht Jahre lang gar nichts.

Seit dem 18. April 2018 ist der ehemalige Liner ein Hotel. Ende Oktober wurden weitere Bereiche fürs Publikum geöffnet, wobei stets der Standard anderer Hotels in der Metropole zugrunde gelegt werden muss, nicht der eines Ocean Liners. Rechnen können die Manager; ihnen ist klar, dass die Ship-Lover aus aller Welt keine 253 Zimmer füllen werden, die seit April zur Verfügung stehen, und schon gar keine 600, wie sie für die Zukunft geplant sind. Die QUEEN soll ein vollwertiges Kreuzfahrtschiff mit allen Finessen werden, das nicht mehr ablegt, mit Spa-Bereich

Oben:
Der Queens Room ist Dubais einziger Ballsaal mit Tageslicht

Mitte:
Der Golden Lion Pub ist der älteste Pub Dubais

Unten:
Theatersaal an Bord

und Filmpremieren im bordeigenen Kino. Die einstigen Kabinen sind auf den oberen Fluren flächenrenoviert, bestens ausgestattet (großer Flat-TV und Minibar, Balkon und Bad mit Badewanne, Kaffee- und Teezubereitung sowie ein Gebetsteppich im Schrank, falls man seinen vergessen hat) und deutlich größer als zuvor, denn keine Schiffskabine in Originalgröße kann mit einem Luxus-Hotel konkurrieren. Weiter unten sind die historischen Holzverkleidungen geblieben, doch ohne komplett neues Bad und unter 17 Quadratmeter gibt es auch hier keine Unterkunft. Originalkabinen für die Nostalgiker gibt es nicht. Ihnen schenkt man kaum Beachtung, mögen sie auch noch so sehr zetern, dass die Rettungsboote samt Davits entfernt wurden, sodass nun eine breite, gerade Promenade die Hotelgäste erfreut, die sich nicht ihr Dinnerjacket oder ihre Dishdasha an rostigen Taljen beschmutzen mögen. Geschichte findet da statt, wo sie dem Image des Produktes hilft. Viele Erinnerungsstücke sind zur Einstimmung in die Einschiffungshalle gewandert, und gern trägt man den neu entdeckten Superlativ hinüber in die Stadt, der da lautet: Wir haben den ältesten Pub Dubais. Den Golden Lions Pub an Bord gab es schon 1969, und da trieb man in Dubai noch Kamele durch die Wüste.

Die Gastronomie, darin eingeschlossen Kongresse und Bälle, Empfänge und private Feiern, ist erkennbar auf lokales Publikum abgestimmt, die Küche jedoch international. Das Hotelschiff QE2 wird sein Geld längst nicht nur mit Übernachtungsgästen verdienen. Allmählich erkennen die Einheimischen, dass es sich lohnt, von den etablierten Restaurant-Schiffen am Dubai-Creek mal auf die QE2 zu wechseln. Schon jetzt frönen im Lido, das

Veranda hinterm Yacht Club

QE2 und Einschiffungshalle bilden eine Einheit

mit hellem Boden und einer großzügigen Buffet-Anlage ansprechend renoviert wurde, illustre Damenclübchen mit schwarzem Araberinnen-Kleid und Kopftuch der in Dubai beliebten Brunch-Kultur. Die »Locals« mieten den beinahe unveränderten Yacht Club für eine Matinée, oder sie kommen im schicken, ebenfalls eins zu eins übernommenen Queens Grill zum Dinner, wo das Einführungsmenü mit rund 50 Euro für sechs Gänge vergleichsweise günstig, Qualität und Service aber kompromisslos gut sind. Die QE2 von heute ist ein Wohlfühlhotel höchsten Standards.

Inzwischen macht man an Bord schon weiterreichende Pläne: Brücke und Maschinenraum sollen zum Museum werden, eine Bademarina könnte an Backbord den viel zu kleinen und daher zugedeckten Pool am Achterdeck ersetzen, und mit den Tender- und Rettungsbooten möchte man einen Shuttleservice von der Stadt zum Schiff aufbauen oder sie für abendliche Dinnerfahrten nutzen. Dem Europäer fällt bei diesen Plänen auf, was der Araber nicht sieht: Die Boote liegen weit verstreut im Wüstensand und dörren in sengender Hitze vor sich hin, womit sich Tag für Tag der nächste große Kostenfaktor für ihre Restaurierung rasant entwickelt. Die QUEEN soll's nicht stören; rechnet man die Bunkerkosten hinzu, die in ihren 39 Dienstjahren an die arabische Ölindustrie flossen, so hat sie eigentlich die Investitionen für ihr zweites Leben schon im Voraus bezahlt.

Oben:
Stefan Hippeler mit »seinen« Kindern

Mitte links:
Austausch mit Bundeskanzlerin Merkel

Mitte:
Sonderrolle als Weihnachtsmann

Mitte rechts:
Mit Ruth Moschner

EIN PFARRER DER BESONDEREN ART

Wer mit Stefan Hippeler spricht, gewinnt Vertrauen in sein soziales Engagement

von Tristan Terstegen

Warum kommt ein Mensch, der sich zum großen Teil für seine Mitmenschen aufopfert, selbst nicht zu kurz? Weil Aufopferung nicht heißt, dass er auf gutes Essen, ein nettes Gespräch oder allgemein auf Zufriedenheit und Selbstverwirklichung verzichtet.

Ein schöner, sonniger Seetag beim Frühstück auf der AMADEA. Gestern fing die Reise an mit Bordrundgang und einer Bekanntschaft mit dem Bordgeistlichen. Der Zufall hat uns am Frühstückstisch wieder zusammengebracht. Wirklich der Zufall? Wir kommen in ein intensives Gespräch über die Träume der Welt, Motivation, lieben und geliebt werden, Sport, Glück und Selbstverwirklichung. Und natürlich sind wir gleich beim »Du«. Zeit, ihn ein bisschen auszufragen – und zu erfahren, dass er eigentlich immer im Dienst ist.

Welche Momente sind für dich ganz besonders?

Momente wie diese – wo es um Begegnungen geht. Gerade wenn ich jemand neu kennenlernen darf, dann ist der Moment des Zuhörens so wichtig, weil sich mir eine ganz neue Welt und Weltensicht eröffnet, von der ich sicherlich wieder etwas lernen kann und darf.

Welches Highlight in deinen Erinnerungen ist besonders präsent?

Meine Begegnung mit Nelson Mandela war und ist ein Highlight in meinem Leben – eine solche Präsenz zu erleben hat mich zutiefst beeindruckt.

Was machen für dich die Reisen auf einem Kreuzfahrtschiff als Bordpfarrer aus?

Neue Menschen, neue Länder, neue Erfahrungen, denen ich ausgesetzt bin – und dann die Welt, aus der ich komme, einbringen zu können – das bekommt eine Eigendynamik, die wiederum inspiriert zu neuem Denken. Dazu ein wenig Sinndeutung als Pfarrer, und der Mix stimmt.

Wenn du einen Gedanken mit der Welt teilen könntest, welcher wäre das?

Panta Rhei – alles ist fließend im Leben. Nichts bleibt so wie es ist – und das ist gut so.

Was bedeutet das Reisen für dich und was kannst du den Lesern als Tipp mitgeben?

Reisen bedeutet für mich zu genießen, dass ich aus meiner eigenen kleinen Welt heraustreten und Neues erfahren darf – mich sozusagen in ein Abenteuer stürze, wo ich so manches eben nicht planen kann. Reisen bedeutet auf eine gute, oft unerwartete Art dazuzulernen. Das kann man nur, und da bin ich beim Tipp, wenn ich offen bin und zuhören kann, mich auf das Unbekannte freue und keine Angst habe. Sich vorbereiten und einlesen, ja – aber ich muss mir diese Ecke Spontaneität bewahren und die Möglichkeit, mich komplett aus meinem Trott heraus locken zu lassen. »Abenteuer Leben« heißt es doch …

Die verwundete Seele Afrikas

Wir lassen einen Moment das Frühstück an die erste Stelle treten, während das rhythmische Wellenschlagen an die robuste Außenwand des Schiffs eine salzige Brise Meerwasser auf das Fenster weht und die einzelnen Tropfen langsam daran abperlen. Bei der darauffolgenden Frage vertiefen sich die feinen Lachgrübchen, welche die ganze Zeit Stefans Mund umspielten. Ein leidenschaftliches Flackern tritt in seine Augen. In seiner Antwort schwingt nun ein stolzer Unterton mit.

Was für ein Projekt hast du in Afrika ins Leben gerufen und aufgebaut?

1999 bin ich als Mitglied des Rotarischen Clubs »Signal Hill« in Kapstadt gebeten worden, ein Projekt mit meinen Computerkenntnissen zu begleiten, das Krankenhäuser miteinander übers Internet verbindet, sodass Patientendaten, aber auch Röntgenbilder aus kleineren Kliniken schnellstmöglich an Fachleute im Akademischen Krankenhaus Tygerberg geschickt werden konnten. In diesem Zusammenhang wurde ich gefragt, ob ich mir nicht vorstellen könnte, Ärzten im Kinderkrankenhaus zu helfen, wo jedes dritte eingelieferte Kind HIV-positiv war und an den Folgen von Aids verstarb. Es gab zu diesem Zeitpunkt keine antiretroviralen Medikamente wie

Oben:
Mit Nelson Mandela

Unten:
Mit Joschka Fischer

in Deutschland – Rote Bete und Süßkartoffel waren das Rezept, mit der die damalige südafrikanische Gesundheitsministerin die Pandemie bekämpfte.

Wie wurde daraus ein ganzes Hilfsprojekt?

2001 wurde aus dieser Idee ein Plan: »HOPE Cape Town« wurde gegründet. Eine Krankenabteilung »Ithemba« (Hoffnung) mit 24 Betten war der Beginn unser Arbeit. Eine Ärztin wurde eingestellt und nach vielen Diskussion hatten wir – wie die »Ärzte ohne Grenzen« – die Erlaubnis, Kinder mit den antiretroviralen Medikamenten zu behandeln.

Mit Howard Carpendale

Wie finanziert sich das bis heute?

HOPE Cape Town ist schnell gewachsen. Es lag an vielen guten Menschen, die geholfen haben, aber auch an dem System, wie HOPE Cape Town arbeitet. Wir bauen nichts, alle unsere heute 36 Mitarbeiter(innen) arbeiten in staatlichen Einrichtungen, werden sozusagen hinzugefügt zum bestehenden Gesundheitsdienst. Wir sorgen für die Bezahlung, die Supervision und die Weiterbildung. Neben der medizinischen Seite wird auch ganzheitlich danach geschaut, wo das behandelnde Kind herkommt, ob die Familie in Armut lebt, ob es genug zu essen gibt, ob es mit dem Schulbesuch klappt – all die sozialen Fragen kommen hinzu.

Ist der Aktionskreis auf Südafrika beschränkt?

Wir arbeiten in Deutschland mit der Deutschen Aids-Stiftung zusammen. In den USA sind wir in Dallas/Texas mit HOPE Cape Town USA vertreten. So gelingt der Austausch im medizinischen und sozialen Feld über Kontinente hinweg, was auch heißt, dass Studenten beider Fachrichtungen die Möglicheit haben, bei uns als Interns zu arbeiten und Erfahrung zu sammeln.

Wer mehr erfahren will über die Arbeit: www.hopecapetown.com

Die Welt durch die Augen dieses Bordgeistlichen zu sehen, ist ein Gewinn. Die meiste Zeit verbringt Stefan Hippler mit der Kontaktpflege in aller Herren Länder für sein Projekt. Er ist ein Mensch, der andere nachhaltig berührt und inspiriert. Da ist es egal, welcher Religion jemand angehört und ob er überhaupt eine hat, Stefans Charisma ist fesselnd. Ein interessanter Gesprächspartner – es lohnt sich, an Bord die Augen nach ihm offenzuhalten.

Links:
Isolde Sussets Wegweiser rund um die Welt stehen in der Antarktis

Rechts:
Isolde Susset hat die Ziele, mit denen sie arbeitet, selbst bereist

IM INTERVIEW: ISOLDE SUSSET

Produktmanagement und Routenplanung im Expeditionsbereich von Hapag-Lloyd Cruises sind eigentlich ihre Arbeitsbereiche. Aber im Moment hat Isolde Susset einen »kleinen« Nebenjob: die Planung und Umsetzung von drei Expeditions-Neubauten (vgl. Seite 40 ff.).

Frau Susset, wann sind Sie als Leiterin des Produktmanagements zum Neubau-Team gestoßen?

Bei den neuen Schiffen war ich von Anfang an dabei. Das Team bestand zu Beginn aus Architekt, Geschäftsleitung, Produktmanagement und wuchs mit der Zeit um Schiffsbauingenieur, Elektrotechniker, Maschinenbauer, Hoteloperation und Inhousedesign. Mein Spezialgebiet liegt natürlich nicht im Maschinenraum, sondern beginnt inhaltlich mit dem Passagierbereich auf Deck 3.

Was hatten Sie für Wünsche an die »Neuen«? Die sind ja wahrscheinlich über Jahre gewachsen.

Wir haben die Mannschaften an Bord gefragt: Was wünschen sich die Gäste? Außerdem haben wir eine Markt- und eine Stammkundenbefragung gemacht. Wichtig ist ja nicht, was ich möchte, sondern, was der Gast möchte. Klar war: Wir brauchen höchste Eisklasse, große Außenflächen und gute Aussichtspunkte. Und jetzt kommt doch ein persönlicher Wunsch von mir: Ich wollte die Back für Passagiere öffnen, das

Mooring-Deck vorn auf dem Bug. Dann hat der Reisende das Gefühl, als Erster vor Ort zu sein. Hinzu kam natürlich der Wunsch nach vielen Balkonkabinen und generell offenen Decksflächen.

Im Produktmanagement schaut man auch auf das Bordleben. Was verändert sich dort?

Wir machen Expeditionsreisen, und das heißt, dass niemand bei interessanten Passagen lange ins Restaurant »abtauchen« möchte. Das Erlebnis und die Natur gehen nicht nur an Land, sondern auch an Bord immer vor. Daher gibt es ein zweites Restaurant und eine Außengastronomie, alle mit guter Aussicht. Hinzu kommt der Sport. Ich brauche nur meine Mutter anzusehen, die ist 80 und macht mehr Sport als ich. Auch dafür braucht man Platz. Spa, Sauna, Massage, Fitness-Bereich, das alles hat jetzt einen anderen Stellenwert als früher. Gerade, wer eine Expeditionskreuzfahrt bucht, zeigt ja, dass er aktiv sein will.

Gibt es ein Konzept, das all diese Schritte begleitet hat?

Ja: Alles, was den Gast als Naturliebhaber begeistert, soll er auch an Bord tun können bzw. bei uns wiederfinden. Er ist aktiv, das soll sich an Bord fortsetzen. Er engagiert sich für die Umwelt, also machen wir das an Bord auch. Die Menschen wollen nah an der Natur sein, und da hatte das Neubau-Team unter anderem die geniale Idee, ausfahrbare, gläserne Balkone einzubauen.

Gibt es Ideen, die diskutiert und wieder verworfen wurden?

Natürlich haben wir uns die Frage gestellt: Wollen wir ein U-Boot? Dann kommen aber die operativen Fragen: Wer fährt es? Wer darf mit? Das gleiche beim Helikopter, von dem ich persönlich kein Freund bin. Habe ich einen schönen Platz, wo ich ihn nutzen will, dann stehen 199 Gäste parat, die mit wollen. Doch nur fünf passen rein. Wie lange soll es dauern, bis alle eine Runde geflogen sind?

Geniale Neuerung: Ausfahrbare Glasbalkone

Sie meinen, die Gäste sind ohne Helikopter glücklicher?

Ich bin der Überzeugung: Ein Reisender wählt die Antarktis, weil er Eisberge, Pinguine usw. sehen will. Kann er zusätzlich Kajak fahren oder Hubschrauber fliegen, dann macht er das, aber es ist nicht sein Reisegrund. Daher möchte ich unsere Reisen um die Destination herum planen, nicht um ein Event wie den Hubschrauberflug.

Gibt es irgend etwas, das HANSEATIC und BREMEN können, das die neuen Schiffe nicht schaffen?

Nein, alles, was bisher möglich war, bleibt. Da wir alle bisherigen Reisen weiter anbieten wollen, sind Schiffe in der Größe begrenzt. Faszinierend finde ich übrigens, dass diese beiden Schiffe vor 25 Jahren so genial gebaut wurden, dass sie den Ansprüchen der Gäste über einen so langen Zeitraum genügt haben.

Was können die neuen Schiffe, was die bisherigen nicht konnten?

Die HANSEATIC INSPIRATION kann beispielsweise in die Großen Seen Nordamerikas fahren. Sonst gab es ja für HANSEATIC und BREMEN keine Beschränkungen. Was ich immer schade fand, war, wenn die Hotellerie ein tolles Barbecue auf dem Pooldeck aufgebaut hatte – zum Beispiel auf dem Amazonas zum Lunch – und dann kam der große Regenschauer. Da können wir künftig auf einen Knopf drücken, das Dach über dem Pooldeck fährt zu, und es geht weiter.

Gibt es Fahrtgebiete, die denkbar, aber noch nicht erschlossen sind?

Eher gibt es Fahrtgebiete, die man intensiver bereisen oder anders kombinieren kann. Das habe ich vor einigen Jahren selbst erlebt, als ich auf die

Links:
Tierbeobachtungen stehen im Fokus von Antarktisfahrten

Rechts:
Isolde Susset sieht Wachstumspotenzial in den Kapverden

Azoren wollte. Alle neun Inseln konnte ich mit Fähren und Bötchen nicht bereisen. Da habe ich mir für kurze Zeit eine eigene Yacht gewünscht, bis ich mir dachte: Du hast doch zwei Schiffe! So entstand die erste Reise mit der BREMEN, wo alle neun Azoren-Inseln angelaufen wurden. Analog könnte man auch auf den Kapverden mehr machen.

Wie reagieren die Passagiere auf solche neuen Angebote?

Für mich ist wichtig, ehrlich mit den Passagieren zu sein. Vor einigen Jahren machte eine Kollegin den Vorschlag, die Marshall-Inseln anzulaufen. Also haben wir Experten befragt und natürlich auch das Internet und festgestellt, dass es sogar einen deutschen Geschichtsanteil dort gibt. Wir haben den Gästen ehrlich gesagt, dass das ein Experiment ist. Am Ende hatten sie dort den tollsten Landgang der Reise. Eigentlich ist das die echte Expedition.

Ist es schon mal schief gegangen?

Ja, im Gambia-River. Da haben wir tatsächlich extra ein Scout-Team hingeschickt und gelernt: Scouten darf man nur im gleichen Monat, in dem man auch reisen will. Wir hatten Fotos von Flusspferden im Katalog, aber die Tiere waren nicht mehr da, als die HANSEATIC hinkam. Und zwei Inseln, die wir anlaufen wollten, waren inzwischen auch unter Wasser.

Wie kommt ein »normaler« Hafen in den Routenplan? Wie lange dauert das, mit Landausflügen und allem?

Wir machen jetzt Fahrpläne für 2021 und 2022. Zuerst machen wir das Gerüst der einzelnen Reisen für 365 Tage, erst dann werden die Blöcke der Reisen mit Fahrplänen gefüllt. Dafür spricht man sehr viel mit Experten, Agenturen und Lotsen, ehe nautisch gerechnet wird, ob es auch wirklich passt. Dann wird beim Hafen der Liegeplatz angemeldet; weiter geht es zur Landausflugs-Agentur und schließlich in den Katalog. Sechs Monate vorher muss noch mal Kontrolle und Feinjustierung erfolgen. Es kann ja sein, dass uns die Agentur anderthalb Jahre vorher Kutschfahrten angeboten hat, der Anbieter aber inzwischen pleite ist. Dann müssen wir ändern.

Welche Rolle wird der verbleibende Oldie in der Flotte, die BREMEN, spielen?

Sie hat ihre festen Fans, und sie wird sich auch gut als Einsteigerschiff eignen für alle, die erst mal einen Eindruck von Expeditionsreisen gewinnen möchten. Außerdem ist sie gut als Pionierin, um mit nur 155 Gästen mal etwas Neues auszuprobieren.

Eins der neuen Schiffe ist für den internationalen Markt geplant. Was muss man dort anders machen?

Man muss ganzjährig zweisprachig fahren, deutsch und englisch. Nicht nur auf ausgesuchten Reisen. Im »Hanseatrium« haben wir die Möglichkeit, den Vortragsraum zu teilen, sodass wir parallel deutsch- und englischsprachige Vorträge anbieten können.

Wir hören seit 30 Minuten geballtes Kreuzfahrtwissen. Wie sind Sie, Frau Susset, zu diesem Job gekommen?

Ich komme aus dem Schwabenland, und da ist man nicht so hochseeafin. Es war viel Glück dabei. Ich habe Touristik-Betriebswirt studiert und im Praxissemester bei Hapag-Lloyd Tours gearbeitet. Weil ein Kollege erkrankt war, musste ich kurzfristig aufs Schiff, obwohl ich nicht wollte. Und wenn man ein Kreuzfahrtschiff betritt, dann bekommt man einen Virus … Um sesshaft zu werden, fing ich in Stuttgart im Vertriebs-Controlling an. Als der Standort Stuttgart geschlossen wurde, ging ich mit nach Bremen. Bei der Einführung der COLUMBUS 1997 habe ich die Fahrpläne gemacht. Seit 2003 gibt es bei uns ein Produkt-Management, und da bin ich jetzt drin.

Welches ist Ihr liebstes Fahrtgebiet?

Mich zieht es im Winter in die Sonne. Gern würde ich mal mit dem Schiff durch die Südsee reisen, aber da sind wir immer ausgebucht. Ein idealer Urlaub ist für mich, zehn Tage etwas anzuschauen plus sieben Tage Strand.

Wo ist Ihr Lieblingsplatz an Bord?

Ich mag Seetage sehr gern, und die verbringe ich an Deck.

Das Interview führten Corlijn Schönknecht und Oliver Schmidt.

Zodiacfahrten sind im Polarmeer täglich im Programm

EIN ANKER IN HAMBURG

Die Seemannsmission wirkt fast unsichtbar im Hintergrund

Das Hinweisschild steht in einer Ecke und fällt Passagieren kaum auf

von Markus Wichmann und Oliver Schmidt

Ihre Arbeit passiert so leise, dass urlaubende Kreuzfahrt-Passagiere sie gar nicht wahrnehmen. In einer Ecke am Cruise Terminal Altona. Für die Seeleute aber ist sie eine wichtige Stütze oder, um es maritim auszudrücken, ein Anker im Hamburger Hafen, die Seemannsmission, die stets zur Verfügung steht für jeden, der an Bord arbeitet – egal, aus welchem Land er kommt, ob er deutsch, englisch oder eine andere Sprache spricht. Und egal, welches Problem er hat. Vielen hilft schon der kleine Shop, in dem Dinge des täglichen Bedarfs zu sozial verträglichen Preisen verkauft werden. Oft sind die Liegezeiten der Schiffe so kurz, dass Seeleute keine andere Anlaufstelle erreichen können als die Vertretung der Seemannsmission im Terminal. Dabei ist diese Präsenz leider noch eine rühmliche Ausnahme. Nach Venedig und Fort Lauderdale kam Hamburg im Jahr 2010 als weltweit dritter Stützpunkt hinzu. Inzwischen gibt es das gleiche Angebot auch in Kiel und Rostock.

Eingekauft wird nach herkunftsspezifischen Bedürfnissen: Indonesier stehen auf Cassavawurzelchips, für Philippinos sind Schweinekrusten im Angebot. Getrunken wird Kokosnusswasser. Das beliebteste Mitbringsel ist deutsche Schokolade, wobei der Einkauf so abläuft: Der Vater geht mit der Kamera seines Smartphones am Schokoladenregal entlang, und seine Kinder, mit denen er gerade ein Videotelefonat führt, »bestellen« ihr Geschenk. Natürlich ist einkaufen nicht alles. Was Seeleute suchen, ist ein Ort zum Zurückziehen, einen, an dem man sein verdientes Geld in die Heimat schicken und mit den Lieben daheim telefonieren kann, oft aber auch ein Ansprechpartner vor Ort, der zuhört. Englisch ist die Sprache, die jeder versteht. Für Crewmitglieder von Passagierschiffen sind das ganz besondere Momente, denn sie sind sonst fast rund um die Uhr für ihre Passagiere da. Hier werden die Rollen für eine halbe Stunde vertauscht.

Finanziert wird der Betrieb zu etwa 10 % durch freiwillige Schiffsabgaben der Kreuzfahrtreeder, die verstanden haben, wie wichtig die Einrichtung für ihre Mitarbeiter ist. Haupteinnahme sind die Verkäufe im Shop, obgleich die Preise niedrig sind. Ganz reicht auch das nicht, sodass die »Seafarer's Lounge« auf Spenden angewiesen ist (Spendenkontakt siehe unten). Dafür steht vor Ort immer ein qualifizierter Seelsorger bereit, der in Kürze hinzugeholt werden kann, wenn es soziale Probleme an Bord oder in der Heimat gibt. Hat ein Seemann seine Stellung verloren, unterstützt ihn die Mission mit neuen Kontakten, muss er ins Krankenhaus, besucht sie ihn dort und versucht, seine Angelegenheiten zu regeln. Inzwischen melden die Krankenhäuser automatisch, wenn ein Seemann dort eingeliefert wird.

Manche Fälle beschäftigen die Mitarbeiter in Hamburg wochenlang. Im letzten Jahr hatte ein indonesischer Seemann aus einer englischen Hafenstadt das Schulgeld für seinen Sohn in die Heimat überwiesen, das jedoch nicht ankam. Mit der Konsequenz, dass der Sohn nicht mehr zur Schule gehen konnte. Vor allen Nachforschungen legte die Mission den offenen Betrag aus, damit der Junge den Schulbesuch nicht abbrechen musste und der Vater beruhigt war. In wochenlangen Telefonaten mit indonesischen Banken fand sich der überwiesene Betrag wieder an. Man muss wissen, dass die Seeleute meist die einzigen Ernährer einer großen Familie sind und ihre Heuer nahezu komplett an die Angehörigen abführen. Geht das schief, hungert die ganze Verwandtschaft.

Für die Seeleute hingegen ist die Isolation von der Familie das größte Problem – Heimweh inbegriffen. Wenn jemand neun Monate auf See war und für zwei Monate wieder zu Hause ist, hat er sie gerade wieder kennengelernt, wenn er wieder für neun Monate los muss. Menschen, die ihr Leben opfern, um ihre Familie zu versorgen. Meist genügt ein Zitat eines philippinischen Seemannes, damit luxusorientierte Kreuzfahrer ganz still werden und ihre exquisiten Wünsche für ein Weilchen vergessen: »Alle neun Monate fahre ich nach Hause, um meiner Familie zwei Monate beim Leben zuzugucken …«

Sie möchten für die Deutsche Seemannsmission spenden?
Deutsche Seemannsmission
SEAFARERS' LOUNGE
Spendenkonto: Evangelische Bank
IBAN: DE66 5206 0410 0006 4637 70
BIC: GENODEF1EK1

Hier sitzen Besatzungsmitglieder ohne »Aufsicht« ihrer Vorgesetzten

Ulrike Kappeler und Patty Witzigmann

EIN GANZES SCHIFF, BITTE!

Eine Schiffscharter muss wie ein Maßanzug sitzen

von Gerd Achilles

Für Ulrike Kappeler gibt es keine Saisonzeiten, obwohl sie zusammen mit ihrer Partnerin Patrizia Witzigmann in der Kreuzfahrtindustrie arbeitet. »Ich bin etwa zweihundert Tage im Jahr unterwegs«, beschreibt Kappeler ihren Arbeitsalltag. Der ihrer Kollegin dürfte ähnlich aussehen. Beide führen das Unternehmen »myseavent« mit Sitz in Hamburg, das Kappeler 2007 gründete. Ihr Aufgabenbereich: Vermittlung von Charterreisen auf Hochsee- und Flusskreuzfahrtschiffen, Yachten oder Fähren. Myseavent übernimmt dabei die Rolle des Vermittlers zwischen Kunde und Reederei.

Zu den Interessenten zählen kleine Gruppen, die eine Hochzeit, einen Geburtstag oder einen besonderen Abschluss feiern wollen bis hin zu Unternehmen, die für ihre Mitarbeiter oder Kunden ein Event an Bord eines Schiffes planen. Sie alle verfügen jedoch nicht über ausreichende Kenntnisse, welche ihrer Wünsche an Bord umsetzbar sind und was auf keinen Fall geht. Das gilt auch für erfahrene Incentive-Agenturen, denen in der Kreuzfahrt sehr oft die notwendigen Erfahrungen fehlen. Und auch die »andere Seite«, die Reederei, ist froh, nicht selbst die Verhandlungen führen zu müssen, die sehr zeitaufwendig, personal- und kostentenintensiv sein können. »Jeder Auftrag, den wir erhalten, muss bei der Ausführung wie ein Maßanzug sitzen«, heißt Kappelers Credo.

Ihr Know-how sammelte Ulrike Kappeler in vielen Jahren als Kreuzfahrtdirektorin an Bord verschiedener Kreuzfahrtschiffe. Später wechselte sie zu einem Land-Job, lernte als

Oben:
Der intime Rahmen der SEA CLOUD (64 Passagiere) ist für Gruppencharter ideal

Produktmanagerin eine andere Seite des Veranstalter-Geschäfts kennen. Wenn sie heute Kunden besucht, um sie zu beraten, kann sie Wünsche, die an Bord nicht umsetzbar sind, sofort ausklammern. Zu ihren weiteren Aufgaben gehören die Kostenkontrolle, Routenplanungen und der Ablauf der Landprogramme.

Sobald Kappeler die Voraussetzungen geschaffen hat, tritt Witzigmann und, wenn notwendig, ein Team von Spezialisten, das myseavent berät, auf den Plan. Dazu gehören Kapitäne, Kreuzfahrtdirektoren, Lektoren oder Spezialisten aus dem Reedereimanagement, die myseavent jederzeit einsetzen kann. Witzigmann ist gelernte Schauspielerin und gestaltete als Künstlerin zahlreiche Auftritte auf den Bühnen von Kreuzfahrtschiffen. Sie entwirft das vielfältige Unterhaltungsprogramm. »Wir arbeiten gerne im Team, insbesondere bei Aufträgen, die wegen ihrer Größenordnung mehr Einsatz erfordern, als wir beiden bringen können«, schildert Kappeler.

Diese Aufträge bekam myseavent zunächst hauptsächlich durch »Mund-zu-Mund-Propaganda«. Dabei ging es in der Regel um Vollcharteranfragen für kleinere Schiffe. »Unsere ersten Kunden saßen vorwiegend in den USA. Ich lernte viele von ihnen als Kreuzfahrtdirektorin bei Renaissance Cruises kennen, deren kleinere Einheiten bis heute sehr beliebt sind.« Später kamen andere kleine Schiffe wie die von Sea Cloud Cruises, Silversea, Sea Dream oder Ponant hinzu. Mit der Ausweitung des Kundenkreises wuchs die Schiffsgröße, wie zum Beispiel die MEIN SCHIFF 6 von TUI Cruises, auf der ein Finanzdienstleister seine Kunden empfing. Oder die ASTORIA, auf der die Serie »Germanys next Topmodel« mit Heidi Klum gedreht wurde.

Mit den steigenden Teilnehmerzahlen veränderten sich auch die Angebote. »Wir greifen heute sehr gerne auch auf Teile des Bordprogramms zurück, ergänzen es dann beispielsweise durch einen eigenen Stargast und übernehmen Landausflüge wie einen Opern- oder Museumsbesuch in eigener Regie«, nennt Witzigmann die Veränderungen bei der Veranstalter-Kooperation. Auch die Wünsche ihrer Kunden gehen mit dem Zeitgeist: »Neben den vielen Warmwasserangeboten werden Expeditionsfahrten immer wichtiger. Ausgefallene Destinationen stehen hoch im Kurs«, weiß Kappeler. Das will ihr Unternehmen auch beim Ausbau ihrer Repräsentanzen berücksichtigen.

SEA DREAM – Yachtgefühl für größere Gruppen (112 Passagiere)

HINTER DEN KULISSEN

Eine Schiffstaufe regt zu einer Besuchs-Trilogie an

von Oliver Schmidt

Erster Besuch

Das neue Schiff am Anleger in Köln heißt VISTA STAR. Nicht selten haben hier, wo der Dom würdig aufs Geschehen herabblickt, Stars und Sternchen zur Champagnerflasche gegriffen und Fluss-Kreuzfahrtschiffe getauft – Schauspielerinnen und Sängerinnen, Adlige und Ehefrauen von Werft-Chefs und Reedereien. Heute aber ist alles anders. Kinderlachen hört man zwischen Musik und lockeren

Gesprächen; im Zentrum steht Hubert Schulte-Schmelter, Senior-Chef und Gründer des Kölner Unternehmens 1AVista Reisen. Man könnte glauben, all die Kinder seien seine Enkel. Schon als der erste Schiffs-Neubau des jungen Veranstalters vor zehn Jahren getauft wurde, war das so – nur sind diese Kinder inzwischen schon fast erwachsen. Sie alle leben in Kinderhäusern der Schulte-Schmelter-Stiftung, die der inzwischen über 70-jährige Branchenkenner, dessen Karriere in jungen Jahren auf der MAXIM GORKI von Neckermann begann, aus seinem Privatvermögen ins Leben gerufen hat. Im Herbst 2018 feierte sie ihr zehnjähriges Bestehen.

Am Tauftag des neuen Schiffes sieht man den Kindern nicht an, warum ihnen die Stiftung Wärme und Geborgenheit, manchmal sogar ein neues

Stifter Hubert Schulte-Schmelter

Links:
Die Kinder der Schulte-Schmelter-Stiftung taufen in Köln die VISTA STAR

Ersatz-Enkel für den Stifter

Leben geschenkt hat. Sie alle konnten in ihren Elternhäusern nicht bleiben, weil häusliche Gewalt sie traumatisiert hat, ihre Eltern selbst psychologischer Hilfe bedürfen oder die Verhältnisse so zerrüttet sind, dass ein gedeihliches Aufwachsen in einer »normalen« Familie nicht gegeben ist. Die Häuser der Stiftung sind nicht nur ihre Heimat, sondern auch Familienersatz. Ein »Elternpaar«, dessen Fulltime-Job in der Betreuung der Kinder besteht, bildet mit ihnen eine Großfamilie, die gemeinsam lebt, isst, spielt und die kleinen und großen Probleme des Alltags bewältigt. All das bekommt im Trubel der Schiffstaufe natürlich nur ins Ohr geraunt, wer danach fragt.

Zweiter Besuch

Freitag-Nachmittag, eine großzügige Wohnung mit Rheinblick in einem angesagten Wohnviertel in Köln. Die Kaffeetafel ist reichlich gedeckt. Hubert Schulte-Schmelter, selbst kinderlos, hat »Enkel-Tag«. Mit ihren Betreuern sind acht oder zehn Kinder, das wechselt von Woche zu Woche, aus unterschiedlichen Kinderhäusern beim Stifter zu Gast. »Er ist schon so ein Zwischending aus Opa und Respektsperson«, sagt eine der Betreuerinnen. Die besondere Aufmerksamkeit des Gastgebers gilt hingegen Leo, einem Jungen, der im Rollstuhl sitzt und künstlich ernährt wird. Ein Stück Kuchen als Leckerbissen verträgt er noch, aber eine unheilbare Erkrankung zwang ihn zum Umzug in ein Kinderhospiz. Dank der großzügigen Finanzierung durch die Stiftung konnte er seine vertraute Betreuerin behalten. Sehen kann er nichts mehr, aber sein leises Lachen zeigt, dass er die wöchentliche Abwechslung genießt, dass die Menschen um ihn herum ihm vertraut sind.

Olaf Maurer managt die Stiftung und sagt: »Wir würden gern ein weiteres Haus eröffnen, aber …« Es mangelt am Geld? »Nein«, wirft Stifter Schulte-Schmelter ein, als sei dies das Natürlichste der Welt, »mein Gewinn-Anteil aus 1AVista Reisen fließt vollständig in den Betrieb der Kinderhäuser!« Was fehlt, ist Personal. Ehepaare, die fest im Leben stehen, aber bereit sind, alles aufzugeben, um Eltern von acht Kindern zu werden, die sie noch gar nicht kennen. Und das für viele Jahre, bis zur Rente. »Ältere Menschen bewerben sich oft bei uns, aber die sind den Anforderungen körperlich nicht gewachsen«, erzählt Olaf Maurer. »Besonders schön«, berichtet eine Betreuerin, »fand ich die Frage eines der Kinder, warum wir eigentlich nicht zur Arbeit gehen … Ich mochte den Kindern gar nicht sagen ›Unsere Arbeit seid ihr‹, denn wenn sie das nicht so empfinden, dann haben wir alles richtig gemacht!« Das ist nicht so leicht. Nicht jedem der kleinen

Bewohner kann man seine Kindheit zurückgeben. »Viele von ihnen haben so erwachsene Augen, wenn sie zu uns kommen!« sagt Olaf Maurer. Sie mussten daheim Verantwortung für kleinere Geschwister oder kranke Eltern übernehmen. Bei manchen kehrt das kindlich-verspielte Glitzern nach einiger Zeit in die Augen zurück, wenn sie sich daran gewöhnen, unbeschwert und kindlich-sorglos zu leben. Die Kinder aus dem Gründungsjahrgang sind zum Teil schon erwachsen, machen eine Ausbildung – und sind der Stiftung immer noch herzlich verbunden. Wer übrigens gern Restaurants aufsucht, die Erwachsenen vorbehalten sind, der komme bitte zum freitäglichen Kinderkaffee zu Hubert Schulte-Schmelter: Hier geht es gesittet zu. Gute, kindgerechte Tischgespräche; wer etwas braucht, holt sich's aus der Küche, und auch der neugierige Gast aus der Koehler-Redaktion wird freundlich ausgefragt, mit Kuchen versorgt und – gemocht. »Warum hast du keinen Fotoapparat dabei?« Den haben wir bewusst daheim gelassen. Wir möchten die Privatsphäre nicht stören, die die Kinder endlich haben.

Dritter Besuch

Ein Nachbarort von Köln, ein kleiner Platz, ein alter Baum, ein Kiosk, ein biederes Wohnviertel. Und ein Gebäude, das früher mal einer Behörde als Sitz diente. Ein wenig erkennt man in der langgestreckten Küche mit der stabilen Tafel für zwölf Personen noch den Flur, auf dem einst Antragsteller warten mussten.

Jedes Kind hat ein eigenes Zimmer. Die Grundausstattung ist gleich, Bett, Schrank, Schreibtisch – die persönliche Note gestaltet jedes Kind nach seinen Vorlieben. Auf dem Flur gibt's Tischfußball, eine Fernsehnische mit Kuschel-Couch, im Bad eine riesige Plansch-Wanne. Die gefüllten Bücherregale im Keller würden jede Kleinstadt-Bibliothek neidisch machen. Zur Familienidylle gehören neben dem Betreuer-Ehepaar, das im Souterrain ein kleines Apartment als Rückzugsort hat – »Aber die Tür ist immer offen!« – zwei Hunde, eine Katze, Schildkröten im Garten und auf einer zehn Gehminuten entfernten Koppel ein Pferd. Der Nachbar hat seine angrenzende Wiese zum Spielen freigegeben. »Wir kommen hier mit jedermann gut aus, kein Nachbar fühlt sich gestört!« Nach dem Abendessen wird erzählt, und schon bald ist der neugierige Besucher wieder umringt. Die Geschichten drehen sich um den Sommerurlaub. Urlaub? »Ja«, sagt die Betreuerin, »wir haben einen kleinen Bus, da passen wir alle rein, und dann fahren wir in ein Ferienhaus an der See!« Aber das ist noch nicht alles. »Im Herbst«, verraten die Kinder ganz aufgeregt, »da gehen wir immer mit Hubert aufs Schiff!« Denn natürlich hat 1AVista Reisen immer ein paar Kabinen »übrig« – für die kleinen Passagiere von morgen.

Wer die wirtschaftliche Fürsorge für rund 30 Kinder nicht Hubert Schulte-Schmelter allein überlassen möchte, kann eine Reise mit 1AVista Reisen unternehmen (im Programm sind auch Rundreisen zu Land) und unterstützt damit die Kinderhäuser. Natürlich freut man sich auch über direkte Spenden:

Schulte-Schmelter-Stiftung
IBAN DE05 370 205 000 001 136 300
BIC BFSWDE33XXX
Bank für Sozialwirtschaft Köln

EINE SEEFAHRT, DIE IST LUSTIG …

… vor allem, wenn die richtige Crew an Bord ist

von Mona Contzen

Verantwortungsbewusstsein, Führungsstärke, Seefestigkeit – Offiziere auf Kreuzfahrtschiffen müssen eine ordentliche Portion Charakterstärke für den Job mitbringen. Humor dagegen gehört nicht unbedingt zum Stellenprofil. Trotzdem ist an dem ein oder anderen Kapitän oder Kreuzfahrtdirektor ein echter Komiker verlorengegangen. Wir haben die lustigsten Durchsagen, Versprecher und Begrüßungsreden gesammelt.

Wunsch-Uhrzeit an Bord

Captain Out hat an der Uhr gedreht

Kapitän Dieter Wieprecht, besser bekannt als »Captain Out«, hat es auf den Schiffen der AIDA zu einiger Berühmtheit gebracht. Vor seinem Wechsel in den Ruhestand 2013 sorgte er mit seinen Durchsagen immer wieder für Lacher. Zum Beispiel bei einer Fahrt durch den Orient: »Bevor ich es vergesse, meine Damen und Herren: Damit wir schneller in Dubai sind, werden wir heute Nacht die Uhren um eine Stunde vorausstellen.«

Mit dem Kreuzfahrtschiff nach Duisburg

MEIN SCHIFF-Kapitän Jens Troier stellte sich bei der nautischen Fragestunde seinen Gästen und geriet dabei ganz schön ins Grübeln. Nach der schwierigen Hafeneinfahrt in Cadiz wollte eine Passagierin von dem Seemann wissen, welche Häfen für ihn denn noch »besonders hakelig« seien. Der Kapitän, nach einiger Überlegung: »Duisburg wäre schwierig.«

Schafft der Kapitän das Captains Dinner?

Erst Buffet, dann Diät

AIDA-Kapitän Nico Berg erheiterte seine Passagiere gerne mit einer gehörigen Portion Selbstironie. In einer seiner Begrüßungsreden stellte der kräftige Seebär das umfangreiche Kulinarik-Angebot an Bord vor – mit dem kleinen Nachsatz: »Wenn Sie nach einer Woche aussteigen, wissen Sie auch, warum AIDA so heißt: Anschließend Ist Diät Angesagt.«

Geben Sie ihr einen Kuss!

John Herald, Kreuzfahrtdirektor bei Carnival, geriet im Hafen von Venedig geradezu ins Schwärmen. Kurzerhand verlegte er den Fokus seiner Durchsage vom Tagesprogramm auf die Passagiere, die er durch sein Fenster sehen konnte: »Es ist toll zu sehen, wie die Leute romantisch werden«, freute sich Herald und lenkte die Aufmerksamkeit auf ein spezielles Paar. »Seht euch die Dame im weißen Shirt an mit ihrem Mann im blauen T-Shirt. Er verschränkt die Arme, sie hat eine Sonnenbrille auf dem Kopf. Ja, Sie. Jetzt lacht er. Jetzt legt er den Arm um sie. Ist das alles? Geben Sie ihr einen Kuss – wir sind in Venedig!«

Ein Bussi auf venezianisch – kommentiert von der Brücke

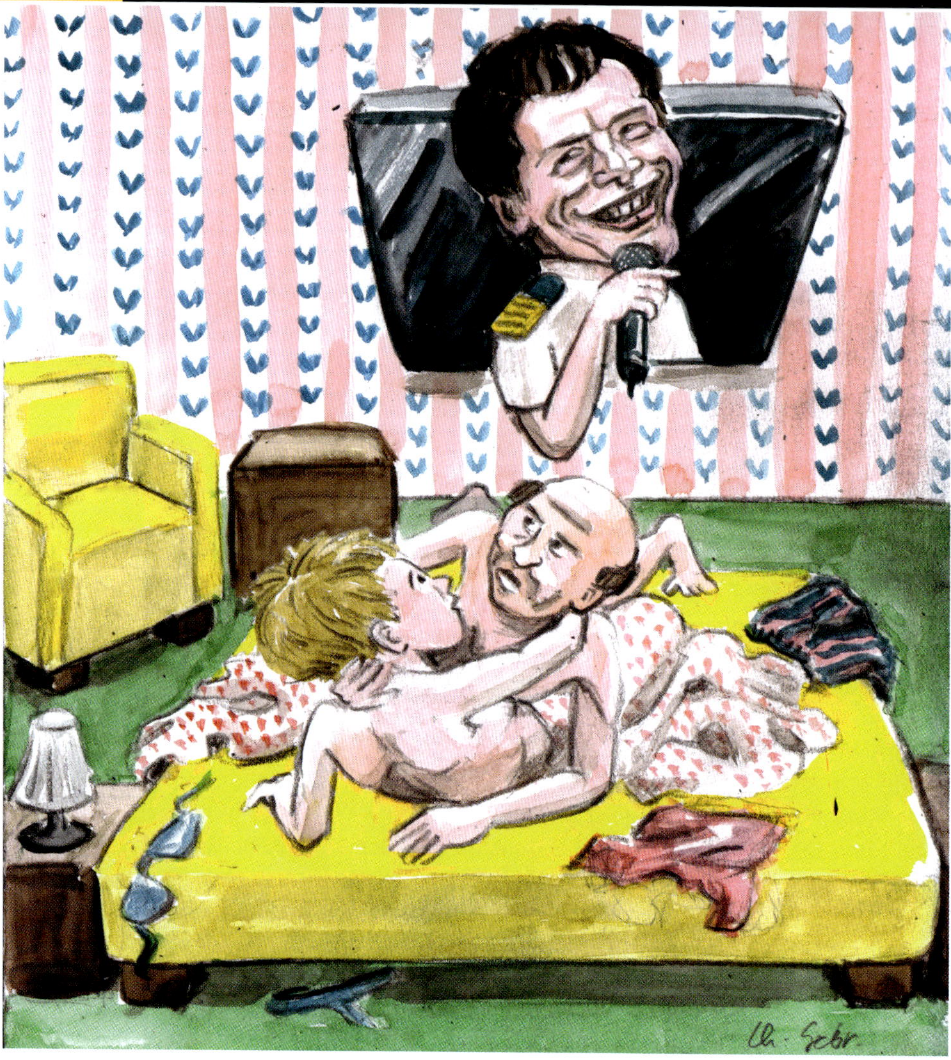

Big Brother
is watching you

Auf Tuchfühlung

Tobias Pietsch, Kapitän bei AIDA, geht gerne mit seinen Gästen auf Tuchfühlung. Bei der Begrüßung lässt er die Passagiere wissen: »Wenn wir in den Häfen angekommen sind, dann mache ich morgens eine Durchsage. Die mache ich nicht in die Kabinen, weil ich Ihren Schönheitsschlaf nicht stören möchte. Wenn Sie die trotzdem hören möchten, dann schalten Sie den Fernseher an, auf Kanal 14 oder 15. So können Sie mich hören und ich kann Sie sehen – und wir haben alle was davon.«

Wer ist Herbert?

Auf ihrer Tour durch die Adria mussten die Passagiere der AIDAAURA Geduld beweisen. Der Hafen in Venedig war gesperrt, wurde geöffnet und wieder gesperrt. Das Schiff hielt mitten auf dem Meer an – und die Brücke schwieg. Erst als es endgültig Richtung Hafen ging, meldete sich Kapitän Vincent Cofalka wieder zu Wort: »Meine Damen und Herren, wir laufen jetzt ein. Endgültig. Sie haben vielleicht gemerkt, dass wir zwischendurch schon mal einen weiteren Versuch gestartet haben, das haben wir Ihnen aber nicht gesagt – wir wollten uns nicht schon wieder zum Herbert machen!«

Sieht so das Wappen von »Heringsör« aus?

Heringsör und Uschijaja

Auch die Passagiere der DEUTSCHLAND hatten auf ihrer Skandinavien-Reise viel zu lachen. Kreuzfahrtdirektor Chris Schädel machte aus der dänischen Stadt Helsingör in seinen Durchsagen mal schnell ein »Heringsör« – und verkaufte den verdutzten Passagieren auch noch Stockholm als die »größte Stadt Norwegens«. Vor allem die Namen in aller Welt haben es eben in sich: Manch ein Kapitän soll Ushuaia, die südlichste Stadt der Welt, auch schon umgetauft haben in »Uschijaja«.

Die ARKONA passiert Dürnstein/Wachau

SO WEIT DIE RÄDER TRAGEN

Per Fahrrad und Schiff durch Österreich

von Alexander Holst

Zuerst halte ich sie für einen Schwimmponton mit Fahrrädern darauf. Die Pier im Passauer Winterhafen ist so hoch, dass die kleine ARKONA daneben regelrecht verschwindet. Nur zwei Decks hoch, bietet sie Platz für maximal 96 Passagiere. Das Publikum ist international, die Bordsprachen sind Deutsch und Englisch. Geschätzt die Hälfte der Gäste stammt aus dem deutschsprachigen Raum, die übrigen aus der ganzen Welt. Meine Tischgemeinschaft besteht aus einem älteren Ehepaar aus Stuttgart und einer Familie aus England. Später lerne ich noch zwei Gäste aus Neuseeland kennen.

Die erste Fahrradetappe beginnt in Engelhartszell: Fünfunddreißig Kilometer stromabwärts nach Untermühl. Nach dem Frühstück veranstaltet Petra, die Reiseleiterin von SE-Tours, eine Routenbesprechung, bei der sie die Eckpunkte der heutigen Route, die wichtigsten Sehenswürdigkeiten und mögliche Variationen erklärt. Jeder radelt in seinem eigenen Tempo. Der Weg führt auf dem ehemaligen Treppelweg (Treidelpfad) bis zur Schlögener Schlinge. Hier beschreibt der Flusslauf auf engstem Raum zwei 180°-Kehren, erst eine nach links, dann eine nach rechts. Diese Stelle gilt als eine der schönsten der ganzen Donau. Die Distanz bis Linz überbrückt das Schiff. Zur Stadterkundung eignet sich der Linz City Express, eine knallgelbe Bimmelbahn, besser als die Drahtesel.

Brotzeit in Mitterkirchen (gemischtes Brot und gespritzter Most)

Brotzeit im Mostviertel

In Mauthausen regnet es. Natürlich sind alle Radetappen freiwillig; es wäre auch möglich, an Bord zu bleiben. Aber ich bin ja zum Radfahren hier. Also ziehe ich den Reißverschluss meiner Jacke so hoch es geht und radle los. Abseits der Donau geht es durch Felder, Wälder

Oben links:
Der Greiner Strudel

Oben rechts:
Das Restaurant auf dem Oberdeck (hinten)

und Wiesen. Am Wegesrand stehen Apfel- und Birnbäume auf Streuobstwiesen – das niederösterreichische Mostviertel.

In Mitterkirchen im Machland statte ich dem Freilichtmuseum »Keltendorf Mitterkirchen« einen Besuch ab. Anschließend kehre ich spontan für eine Brotzeit in die benachbarte Mostschänke Naderer ein. Ich bin der einzige Gast. Die Wirtin setzt sich zu mir und berichtet, dass ihr der Trend zu Fahrrad-Kreuzfahrten gar nicht so recht sei. Früher, als die Radler noch von Hotel zu Hotel fuhren, war bei ihr oft volles Haus. Doch nun, wo immer mehr Urlauber auf Flussschiffen reisen, wird fast nur noch an Bord gespeist und getrunken. Ich vermeide es, zu erwähnen, dass auch ich mir am Morgen ein Lunchpaket mitgenommen habe. Außerdem, fährt sie fort, sei vor einigen Jahren die Wegführung des Donauradwegs geändert worden, damit die Radfahrer schneller nach Wien kommen. Nun führe er nicht mehr direkt an ihrem Hof vorbei, sondern unten am Flussufer entlang. Einzig das Freilichtmuseum halte den Tourismus in ihrem Dorf noch am Leben. Nachdenklich fahre ich weiter.

Die im Tourenplan beschriebene 6 % Steigung eines Berges kommt mir vor wie mindestens 12 %. Für einen Norddeutschen ist das doch eine Spur zu viel. Widerwillig steige ich ab und schiebe. Kurz beneide ich die Gäste mit den E-Bikes, die hier wahrscheinlich locker hochfahren können. Tatsächlich treffe ich einen von ihnen: Thomas aus Aachen. Aus Solidarität mit mir schiebt er ebenfalls.

Vom Greiner Strudel zum Apfelstrudel

Am nächsten Morgen radeln wir bei Sonnenschein vorbei am Greiner Strudel. Was nach einer österreichischen Kuchenspezialität klingt, war in der Vergangenheit die gefährlichste Stelle im Flusslauf und der Schrecken aller Binnenschiffer. Über Jahrhunderte hinweg zog der starke Wirbel unzählige Schiffe in die Tiefe, bevor er gezähmt werden konnte. Da wirkt es fast schon sarkastisch, dass hier an diesem Tag zwei auf das Uferbankett gezogene Kanus liegen.

Apfelstrudel mit Vanilleeis in Melk

Fahrradtour durch die Weinberge bei Dürnstein

Mit rund 50 Kilometern ist die heutige Tagesetappe von Grein nach Melk die längste dieser Reise. Der sehr gut ausgebaute und ebene Radweg ermöglicht rasches und entspanntes Vorankommen. Ich lasse mir den Fahrtwind um die Nase wehen, genieße die vorbeiziehende Landschaft und fühle mich wie ein Easy Rider auf der Route 66. In Ybbs mache ich einen Abstecher zum Fahrradmuseum. Während ich mit einem Zylinder auf dem Kopf auf ein Hochrad klettere, stelle ich mir vor, die ganze Strecke mit einem solchen Gefährt bewältigen zu müssen. Besser nicht!

Auf der Zielgeraden treffe ich meine britischen Tischnachbarn. In einem Café zelebrieren wir bei Melange und Apfelstrudel die österreichische Küche. Das nennt man dann wohl »Genussradeln«. Anschließend erkunden wir die Melker Altstadt. Den Rest der Wachau durchqueren wir per Schiff. Wegen ihrer üppigen Blumenbeete wird Tulln auch »die Blumenstadt« genannt. Weil in Wien-Nussdorf alle Liegeplätze belegt sind, weicht die ARKONA aus nach Korneuburg. Fast 20 Kilometer abseits der Wiener Altstadt muss die Fahrrad-Stadtrundfahrt durch eine Busrundfahrt mit Stadtspaziergang ersetzt werden. Tatsächlich ist Radfahren in Wien nur bedingt empfehlenswert. In der Altstadt ist zwischen all den Fußgängern, Fiakern und Taxen kaum ein Durchkommen. Zwar gibt es teils gut ausgebaute Radschnellwege. Doch wer ein konkretes Ziel hat, scheitert schnell an der mangelhaften Ausschilderung.

Durch die Wachau dem Wein entgegen

Die letzte Radetappe führt noch einmal durch die Wachau. Dürnstein, ein uriger kleiner Winzerort, erinnert an Rüdesheim am Rhein. Sein Wahrzeichen, der blauweiße Kirchturm, ist weithin sichtbar. Auf den nächsten Kilometern schlängelt sich der Weg mitten durch die Weinberge. Ein Vorgeschmack auf die Weinverkostung am Nachmittag in Pöchlarn. Dort werden vier Sorten Wein serviert, drei Weißweine und ein Rotwein. Die Gläser werden gut gefüllt, und wer rasch austrinkt, dem wird gleich nachgeschenkt. Gut, dass das Schiff so nahe ist!

Wer den vorgeschlagenen Routen gefolgt ist, hat in dieser Woche gute 200 Kilometer auf dem Fahrrad zurückgelegt. Bei der Tour de France, die gerade begonnen hat, fährt man diese Strecke bisweilen an einem Tag. Aber, und dass ist der Unterschied – die ARKONA-Passagiere sind eben doch »Genussradler«.

Oben links:
Der Rathausplatz in Melk

Oben rechts:
Die Wiener Hofburg

Unten:
Blick vom südlichen Donauufer auf Grein

DIE GEBALLTE LEIDENSCHAFT FRANKREICHS

Beim Dinner-Erlebnis kommt die MARINA leicht vom Kurs ab

von Tristan Terstegen

Die MS MARINA, bekannt für die »feinste Küche auf dem Meer«, bietet eine ganz eigene kulinarische Erfahrungswelt mit vier verschiedenen Reservierungs-Restaurants.

Schon vor dem Restaurant »Jacques« wird der Gast mit Namen begrüßt und zum Platz geleitet. Eine überraschende Vielfalt an raffiniert ausgefeilten Geschmacksrichtungen und Gerichten steht zur Auswahl. Die Entscheidung fällt schwer, vor allem, wenn man der

Mitte links:
Die MARINA ankert vor Edinburgh

Mitte rechts:
Kochschule an Bord

Unten:
Moderner Restaurant-Stil trotz edelster Kulinarik

französischen Sprache nicht mächtig ist. Dennoch gelingt es dem geschickten Steward, eine anschauliche Übersicht zu präsentieren: Jedes Gericht wird vor dem Servieren gezeigt und namentlich benannt. Verwechslung ausgeschlossen. Dazu wird der passende Wein angeboten und nach kurzer Verkostung eingeschenkt.

Jacques' Zeitreise nach Paris

Geschlossene Augen entführen in das Paris des 19. Jahrhunderts. Auf den französischen Balkonen der kleinen Seitengassen ist geschäftiges und freudiges Gemurmel zu hören. Das Stampfen der Schiffsmaschinen wird zum Geräusch der Wagenräder auf dem Kopfsteinpflaster, Pferde schnauben in der Ferne, während in der lauen Sommersonne die Zeit stillsteht. Gut gekleidete Damen und Herren in schwarz und grau flanieren und bahnen sich einen Weg zu einem feinen, auf den ersten Blick unscheinbaren Restaurant. Auf dem Schild steht in großen Lettern und romantisch geschwungener Schrift »Jacques«.

Links:
»Amuse bouche« – der Gruß aus der Küche

Mitte rechts:
Großzügiges Pooldeck

Unten rechts:
Weinauswahl

Oben links:
Dessert-Buffet

Oben rechts:
Sushi wird serviert

Dieser Vorstellung erliegt man, während das Fleisch zart und rosafarben fast auf der Gabel zerfällt und einen köstlichen Duft verströmt. Eine Hauptgeschmacksrichtung gibt den »Ton« an, die restlichen Zutaten verstärken die Synergie. Kein Geschmack überlagert den anderen. Dennoch ist eine Abwechslungsvielfalt gegeben, bei der die einzelnen Komponenten optimal platziert wurden. Neben der Käseplatte mit allerlei Auswahl rundet der exzellente und zeitlich perfekt abgestimmte Service die bereichernde Erfahrung ab.

Der feurigrote Drache Asiens

Das Restaurant »Red Ginger« hat weniger mit der roten Zora zu tun als mit ihrer asiatischen Zwillingsschwester. Eine angenehme Wohlfühlatmosphäre geht von diesem Ort aus. Die Tische sind leicht eingenischt, der eigentlich weitläufige Raum wird durch geschickt platzierte Polstermöbel zu einer Oase der Gemütlichkeit. Vor dem geistigen Auge die engen Gassen Asiens, in denen sich Menschen tummeln und lautes Stimmengewirr an jeder Straßenecke zu vernehmen ist, wirkt das Ambiente locker, jedoch nicht unelegant, weder totenstill, noch ansatzweise störend vom Lautstärkepegel. Hier ist man nicht nur ein Gast, sondern vielmehr ein Teil des Ganzen. Die Bedienungen sind der Stilrichtung entsprechend gekleidet; selbst der zwischenmenschliche Umgang scheint angepasst.

Nach einer Empfehlung des Hauses beginnt die Umsorgung rundum. Die Art und Weise, wie die unterschiedlichen Gerichte gegessen werden, und ihre Reihenfolge helfen dabei, in die zeremonielle Welt Asiens einzutauchen. Sieben verschiedene Essstäbchenpaare stehen zur Auswahl, wobei jedes eine andere Geschichte hat und mit anderen Eigenschaften aufwarten kann. Aber wer weiß schon, dass Sushi zum Teil mit der Hand gegessen wird? Die Geschmacksrichtung der vier Sushi-Stücke ist völlig unterschiedlich; zugleich ergeben sie ein stimmiges Gesamtbild. Dies setzt sich bei den darauffolgenden Gängen fort, bis auch das letzte bisschen Hungergefühl erstickt ist. Ein raffiniert zusammengestelltes Teesortiment rundet die Geschmacksexkursion ab. Eine Reise nach Asien, mitten während einer Kreuzfahrt rund um Großbritannien! Die Kulinarik der Marina macht sie zu einer Weltreise, gesehen mit faszinierten Kinderaugen und fast verloren geglaubter Neugier.

Vorbereitete Kochzutaten im »Culinary Center«

Vom Grill zum mediterranen Erlebnis

Auch der Pologrill ist gemütlich eingerichtet und in seiner edlen, sportlichen Stilrichtung, der Speisekarte und der Atmosphäre am ehesten mit einem guten Steakhaus vergleichbar. Bis auf Vegetarier wird hier jeder fündig.

Den krönenden Abschluss der Spezialrestaurants auf der Marina bildet das »Toscana«. Nach einer gut einstudierten Begrüßung wird der Gast in südeuropäischem Ambiente mit Meerblick platziert. Die Urlaubsexkursion geht weiter, fernab der Route, die eigentlich gebucht war: Eine weitläufige Terrasse eines traditionellen »Ristorante« im warmen Florenz fängt die letzten vergoldeten Strahlen der Abendsonne ein. Die Hitze des Tages verklingt allmählich, die kleinen Gassen füllen sich, während alte Vesparoller hie und da auszumachen sind. Während des Gesprächs mit dem Tischnachbarn über die weinrote Tischdecke hinweg steigt der Geruch von mediterranen Köstlichkeiten in die Nase. Hier kann das Essen über Stunden hinweg und ohne zeitlichen Druck genossen werden. Bei jedem Gang hat der Gast die Auswahl, die Speisen mit Parmesan, Pfeffer oder verschiedenen Ölen verfeinern zu lassen.

Selbst kochen ist »in«

Auf der MS Marina wird für die Verpflegung des Passagiers täglich intern eine hohe Summe kalkuliert. Selbst Veganern und Vegetariern steht ein breites Sortiment aus verschiedenen Gerichten zur Verfügung. Deutsche Gaumen kommen beim Frühstück nicht immer auf ihre Kosten, lieben sie doch Vollkornbrote und Wurstaufstriche, die hier rar sind. Zu Mittag vermisst man bisweilen die üppige Deko der Teller – das Auge isst schließlich mit!

Passend zum kulinarischen Schwerpunkt der Marina bietet das »Culinary Center« an Bord verschiedene Kochkurse an. Sie sind vom Aufbau her ähnlich, befassen sich aber mit unterschiedlichen Gerichten. Das gute Gefühl für den kochenden Passagier liegt weniger im Kocherfolg als in der humorvollen Art des Profi-Kochs. Hier wird höchstens der eine oder andere Kniff vermittelt, aber es werden keine kulinarischen Höchstleistungen antrainiert. Der Sinn ist vielmehr die Kontaktaufnahme und das freundliche Miteinander im Rahmen eines interaktiven kulinarischen Erlebnisses, bei dem nichts schief gehen kann, da jederzeit Hilfsköche unterstützend mitwirken und vieles schon vorbereiten. Im Vergleich zu Kochkursen an Land fehlt die Autonomie des Gastes, dem fast jeder Handgriff abgenommen wird. Die Preise des Kochkurses bewegen sich in einem akzeptablen Rahmen.

VERSUCH MACHT KLUG

Vom richtigen Umgang mit dem Reisebüro

von Oliver Schmidt

Wer erinnert sich noch ans Reisebüro der 60er-Jahre? Eine hohe Theke, an der Kundenwünsche huldvoll entgegengenommen und »beamtisch« abgearbeitet wurden. Viel Papier, tickernde Fernschreiber, ein paar Plakate. So antiquiert, wie uns dieses Bild heute vorkommt, werden wir in zehn Jahren das Reisebüro von heute, die »Kunden-Insel« mit Schreibtisch und Sesseln für den Kunden, empfinden. Das Reisebüro der Zukunft sieht anders aus. Zum Beispiel beim DERPART Reisebüro Papendick am Siegburger Europaplatz kann man es schon sehen: Das »Ich sitze auf dieser Seite des Schreibtischs und geb dir, was du haben willst«-Prinzip ist out. Der Reiseberater von morgen geht mit seinem Kunden auf die Reise, hat überdimensionale Monitore, auf denen der spätere Reisegast die Reiseziele ebenso wie sein Hotel vorab hautnah erleben kann, während der Berater seine Emotionen spürt und weiß, worauf er anspricht. Das papierlose Reisebüro ist da.

Mancher Internet-Jünger wird aber auch davon nicht zu überzeugen sein. Warum soll er das Haus verlassen? Bei DER erreicht man künftig das Reisebüro vom heimischen Computer aus und kann sich auf der Plattform

www.der-kreuzfahrten.com

mit dem bestgeschulten Experten für das gewünschte Produkt aus rund 200 DER-Fachleuten verbinden lassen, der das jeweilige Wunsch-Schiff bereits persönlich kennt, offene Fragen beantworten und wertvolle Tipps geben kann. »Unser neues Portal bringt das Know-how unserer DER Kreuzfahrtprofis ins Netz«, erklärt Andreas Heimann, Geschäftsführer DER Reisebüro. »Damit verbinden wir die On- und Offline-Welt

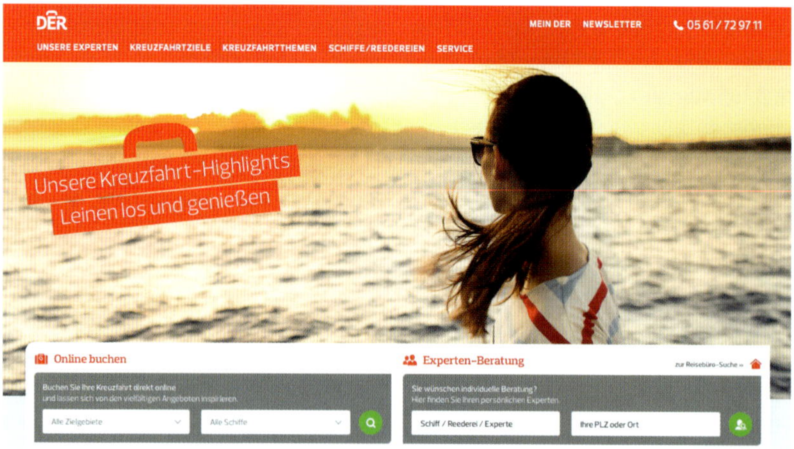

Das neue Portal von DER verbindet Online-Buchung und Reisebüro-Wissen

und ergänzen die Online-Buchung um individuelle, persönliche Beratung.«

Für alle, die klassisch ins Reisebüro gehen und buchen möchten, aber kein Stammreisebüro haben, dem sie in allen Lebenslagen vertrauen, ist die Auswahl des Reisebüros oft nicht leichter als die des Kreuzfahrtschiffes. Die Palette der Angebote auf Seen und Flüssen ist inzwischen so breit gefächert, dass auch das Reisebüro an der Ecke seine liebe Not hat, sich auszukennen, es sei denn, Kreuzfahrten sind das erklärte Hobby eines Mitarbeiters – der muss nämlich auch noch Familienurlaub, Ski-Ferien, Wellness-Wochenenden, Wander- und Studienreisen verkaufen – Cluburlaube und Vereinsfahrten nicht zu vergessen.

Wer in Sachen Kreuzfahrt gut beraten werden will, braucht ein Reisebüro, das mindestens einen Fachberater für Seereisethemen hat oder auf Schiffsreisen spezialisiert ist. Doch Vorsicht, auch darunter gibt es schwarze Schafe: Immer mehr Büros entstehen, deren Beratungsleistung auf vier große Veranstalter reduziert ist. Deren Angebote müssen dann unbedingt an den Mann gebracht werden, denn sonst wäre der Kunde verloren. Ob jemand bei Sea Cloud oder Phoenix, Hapag-Lloyd oder gar einem Kombifrachter wie der ARANUI 5 besser aufgehoben wäre, interessiert da nicht. Der Autor hat dies bei einem Mystery-Check erlebt. In einem Reisebüro im Ruhrgebiet gab er vor, für sich, seine Mutter und Großmutter buchen zu wollen, und schwenkte mit Schwärmereien von »Traumschiff« und »Verrückt nach Meer« quasi schon das Fähnchen eines deutschen Klassikers, während der Reisebüromitarbeiter nicht müde wurde, die fast 90-jährige Oma ohne Fremdsprachenkenntnisse auf ein italienisches Riesenschiff buchen zu wollen.

Daher: Testen Sie Ihr Reisebüro! Nur keine Hemmungen, es geht schließlich um Erfolg und Misserfolg Ihrer schönsten Tage im Jahr. Regel Nummer eins: Ein Reisebüro, das nach der ersten Erwähnung des Wortes »Kreuzfahrt« schon ein konkretes Angebot aus dem Hut zaubert, taugt nichts. Es muss vielmehr den Kunden befragen, um in Erfahrung zu bringen, was für ein Urlaubstyp er ist. Will er ein Warm- oder ein Kaltwassergebiet befahren? Kann und will er eine weite Fluganreise in Kauf nehmen? Sucht er die Gemütlichkeit eines kleinen oder die Vollausstattung eines großen Schiffes? Spricht er Fremdsprachen? Kann er sich vorstellen, seinen Urlaub – auch Konversation bei Tisch – auf Englisch zu bestreiten? Und, ganz wichtig: Wie groß ist sein Budget? Kehren Sie testweise den geselligen, aber Fremdsprachen-Unkundigen heraus, der entlegene Winkel der Welt entdecken und dafür viel Geld ausgeben will. Dadurch wird die Auswahl sehr eng; es bleiben nur Hapag-Lloyd Cruises, Plantours, Phoenix Reisen und vielleicht noch die kleinen AIDA-Schiffe übrig. Preist man Ihnen statt dessen ein US-Produkt oder einen Megaliner an, ist das Reisebüro raus.

Ein bisschen gemein, weil er die hohe Schule der Beratungskunst fordert, ist dieser Test: Erkundigen Sie sich nach einer Überfahrt mit der QUEEN MARY 2 von Hamburg oder Southampton nach New York, verlangen Sie eine Balkonkabine und fragen Sie, was zu beachten ist. Eins zu null fürs Reisebüro, wenn man Ihnen zu einer Kabine auf der Backbordseite rät. Die Steuerbordseite schaut nämlich fünf Tage nach Norden – Sie hätten die ganze Zeit einen Balkon ohne Sonne ...

VIVA – DA IST LEBEN DRIN

VIVA Cruises vermarktet exklusiv die Schiffe der Reederei Scylla. Wir sprachen mit Geschäftsführerin Andrea Kruse

Andrea Kruse führt VIVA Cruises in Düsseldorf

Frau Kruse, auf welche Art von Kreuzfahrten ist VIVA Cruises spezialisiert?

Wir bieten Flusskreuzfahrten in vielen Variationen an. Im Programm haben wir Klassiker wie Donau, Rhein und Mosel, aber auch versteckte Schätze wie die Elbe, die Rhône und die Seine. Ab 2020 kommt der Douro hinzu.

VIVA – in diesem Namen steckt viel Leben drin. Wie kam er zustande?

Der Name spiegelt die Zielgruppe wider, die wir nicht über das Alter definieren. Wir bringen Gleichgesinnte zusammen, egal, welches Alter in ihrem Pass steht, und der Name VIVA soll diese Leichtigkeit verkörpern. Wir wollen möglichst einfach denken, nichts zu kompliziert machen. VIVA wird in allen Sprachen verstanden, gleich geschrieben und gleich ausgesprochen. Dazu haben wir die passenden Farben gesucht: Blau für Himmel und Wasser und grün für Erde und Natur.

Der Kenner bemerkt sofort, dass Sie durchweg Schiffe der Reederei Scylla anbieten. Was ist das Besondere an deren Schiffen?

Für mich ist es das Interieur. Ich mag diesen Boutique-Stil, verbunden mit lichtdurchfluteten, großzügigen Räumen. Mit ihrer klassischen Farbgebung sind sie echte Wohlfühlzonen. Auch bei den älteren Schiffen der Flotte spürt man die hochwertigen Materialien, die gute Verarbeitung, die Liebe zum Detail. In den Kabinen haben wir oft ein paar Quadratmeter mehr als andere Anbieter.

Bekommt man Ihre Angebote auch im Reisebüro?

Ja, wir sind in vielen gängigen Buchungssystemen vertreten, die Reisebüros anwenden. Wichtig sind auch hier einfache Strukturen: Es gibt einen Preis fürs Produkt, sodass jeder das Angebot sofort versteht und keiner benachteiligt ist. Wer will, kann auch über unsere Webseite buchen.

Auf Ihrer Webseite sieht man auch schon die Landausflüge. Kann man die mit der Kreuzfahrt gleich mitbuchen?

Nein, die Buchung erfolgt an Bord. Wir möchten aber den Reisenden vor der Buchung vollständig informieren, was ihn erwartet, wie er seine Reise planen kann und wie anspruchsvoll die Ausflüge sind. Bei längeren Reisen bieten wir eine Alternative zu den Klassikern wie der Stadtrundfahrt an. Außerdem kooperieren wir mit Merian und kommunizieren entsprechende Landgangstipps. Wenn jemand mit deren Hilfe privat an Land gehen und auf den Ausflug verzichten will, ist das für uns auch in Ordnung. Das ist unser Konzept vom Lifestyle, diese Freiheit muss man dem Gast lassen. Passend dazu bieten wir das Dinner von 19 bis 22 Uhr bei freier Tischplatzwahl an. Luxus muss nicht Kaviar und Champagner sein. Luxus kann auch Entspanntheit sein.

Was sind die beliebtesten Gründe, eine Flussreise zu unternehmen?

Ich glaube, viele Reisende könnten den Grund gar nicht nennen. Wir aber haben ihn in den Katalogtitel gepackt: »Stadt, Land, Fluss«. Da ist alles drin, was eine Flusskreuzfahrt bietet.

Welche Reise empfehlen Sie besonders für 2019?

Auf der Seine liegen wir mit unserer kleinen SWISS RUBY direkt in Paris. Sie ist ein perfektes Schiff für diese Route, alle Komponenten passen zusammen.

Das Interview führte Oliver Schmidt.

Mußestunde an Deck

KREUZFAHRT MIT ROLLSTUHL

Ja, geht denn das? Selbstverständlich!

von Kay P. Rodegra

Nach Angaben des Statistischen Bundesamtes leben in Deutschland über 7,5 Millionen Menschen mit Behinderungen. Hinzu kommt eine sehr große Anzahl von Personen, die beispielsweise aufgrund einer akuten Verletzung vorübergehend oder aufgrund ihres Alters in ihrer Mobilität eingeschränkt sind. Viele gehandicapte Menschen sind reisefreudig, scheuen aber wegen befürchteter Strapazen und Hindernissen eine Kreuzfahrtreise. Diese Sorgen sind aber unbegründet. Es gibt europarechtliche Vorgaben, die Reiseveranstalter, Schiffsbetreiber und auch Häfen in der EU dazu verpflichten, gehandicapten Urlaubern kostenfreie Hilfe anzubieten, um eine Kreuzfahrt durchführen zu können. Wie unbeschwert eine Seereise sein kann, konnte der reiseerfahrene Rollstuhlfahrer Joachim F. aus der Nähe von Würzburg zusammen mit seiner Ehefrau Grit im Mai 2018 auf einer einwöchigen Tour mit der AIDAPERLA erleben.

Anreise per Bahn

Die Seereise zu europäischen Metropolen beginnt in Hamburg, sodass Grit und Joachim recht bequem per Bahn anreisen können. Für Bahnreisende mit Mobilitätseinschränkungen enthält die EU-Verordnung Nr. 1371/2007 wichtige Vorgaben. Beispielsweise muss der Reisende darüber informiert werden, welche Bahnhöfe mit Personal ausgestattet sind, sodass zum Beispiel beim Ein- und Aussteigen Hilfe zur Verfügung steht. Wer jedoch beim Bahnfahren diese Hilfe benötigt, muss seinen Wunsch mindestens 48 Stunden vor Reiseantritt anmelden. Ansprechpartner sind das Bahnunternehmen und Bahnhöfe, ebenso der Reiseveranstalter, wenn die Zugfahrt mit zum Reisevertrag gehört.

Vom Hauptbahnhof in Hamburg reist das Ehepaar aus Unterfranken mit einem behindertengerechten Taxi zum Kreuzfahrtterminal nach Steinwerder. Ein solcher Transport muss mit dem jeweiligen Reiseveranstalter bzw. der Reederei abgesprochen bzw. selbst organisiert und aus eigener Tasche bezahlt werden.

Ankunft im Hafen

Bei der Einschiffung erhält der Reisende kostenfreie Hilfe, die gesetzlich vorgeschrieben ist. Gegenüber dem Hafen- und Schiffsbetreiber hat der gehandicapte Passagier aufgrund der EU-Verordnung Nr. 1177/2010 Anspruch darauf, kostenfreie Unterstützung bei der Ein- und Ausschiffung zu erhalten. Die Verordnung gilt für alle Kreuzfahrten, bei der die Einschiffung im Hoheitsgebiet eines EU-Mitgliedsstaates liegt. Beispiele für Unterstützungsleistungen sind die Hilfe, vom Eingang des Hafenterminals zum Abfertigungsschalter und von dort zum Schiff zu gelangen, die Abfertigung aller notwendigen Mobilitätshilfen (auch elektrische Rollstühle) und Hilfe bei der Ausschiffung und beim Passieren der Einreise- und Zollkontrollstellen.

Für Herrn F. geht die Einschiffung besonders bequem und ohne Wartezeit vonstatten, da AIDA Cruises ein zügiges Einchecken mit einer »Überholspur« für mobilitätseingeschränkte Personen anbietet. Auch hier muss, wer Hilfe benötigt, seinen Wunsch 48 Stunden vorher beim Reiseveranstalter bzw. der

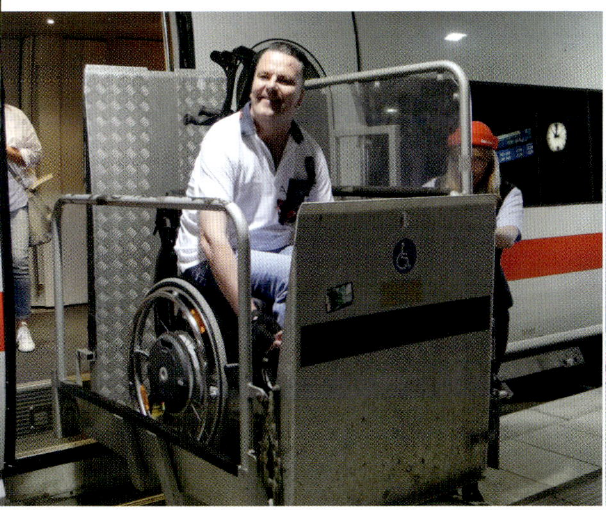

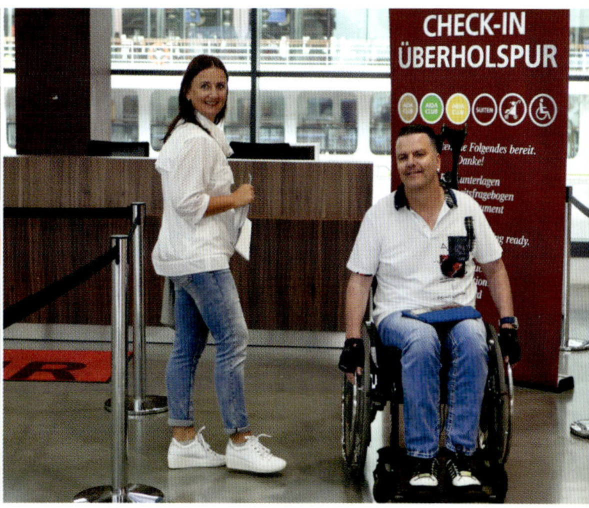

Unten links:
Einstieg in den ICE der Deutschen Bahn

Unten rechts:
Bevorzugter Check-in im Hafenterminal

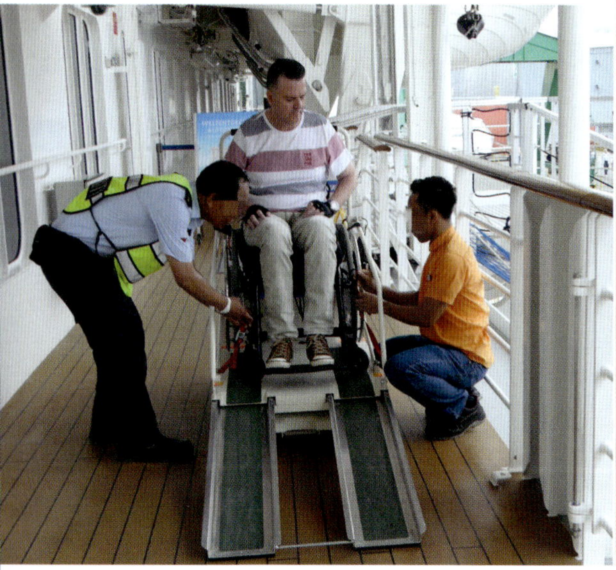

Oben links:
Top-Ausrüstung an Bord

Oben rechts:
Gemeinsames Dinner mit anderen Passagieren

Reederei und dem Terminalbetreiber anmelden. Zudem ist der gehandicapte Passagier am Reisetag dazu verpflichtet, früh genug am Terminal einzutreffen (in der Regel 60 Minuten vor der Einschiffungszeit) und muss bereits bei der Reisebuchung darauf hingewiesen haben, dass Hilfeleistungen benötigt werden.

An Bord

Einen gesetzlichen Anspruch auf eine barrierefreie Kabine hat der Kreuzfahrturlauber nicht. Will der Passagier eine entsprechende Kabine bewohnen, muss dies als vertragliche Leistung mit in den Reisevertrag aufgenommen werden. Die Begeisterung über die vom ihm bewohnte behindertengerechte Kabine ist jedoch beim erfahrenen Kreuzfahrer Joachim F. sehr groß, denn auf dem modernen Schiff sind die Kabinen- und Balkontür bequem per Knopfdruck automatisch zu öffnen, die Kabine mit dem Rollstuhl leicht zu befahren und das Bad für einen Rollstuhlfahrer großzügig gestaltet und durchdacht.

Bordeinrichtungen wie Restaurants, Theater, Fitness-Studio, Geschäfte, behindertengerechte Toiletten oder auch – falls nötig – der Schiffsarzt sind barrierefrei zu erreichen. Sogar rollstuhlgeeignete Ausflüge werden auf der Reise angeboten. Der Kontakt mit den Ansprechpartnern beim Kreuzfahrtanbieter fand bereits im Vorfeld der Reise statt. Doch Vorsicht: Extraleistungen, etwa ein behindertengerechtes Taxi, müssen vom Passagier zusätzlich gezahlt werden bzw. erhöhen den Preis für den jeweiligen Ausflug.

Flug

Wer zu entfernteren Starthäfen reisen will und auf das Flugzeug angewiesen ist, kann ebenfalls umfangreiche Hilfe in Anspruch nehmen. Mobilitätseingeschränkte Flugpassagiere erhalten kostenfrei Unterstützung aufgrund der EU-Verordnung Nr. 1107/2006, die für alle Flüge ab einem Flughafen der EU und für Flüge von einem Drittstaat (z. B. USA) in die EU mit einer EU-Airline gilt. Unterstützungsleistungen, die der

Passagier am Flughafen und von der Fluggesellschaft beanspruchen kann, sind beispielsweise die Hilfe dabei, den jeweiligen Abfertigungsschalter zu finden und die Gepäckaufgabe zu erledigen, zum Abfluggate zu gelangen, an Bord und zum Sitz im Flugzeug zu kommen, Unterstützung beim Aussteigen aus dem Flugzeug und bei der Gepäckentgegennahme und die kostenfreie Mitnahme von bis zu zwei Mobilitätshilfen (Rollator, Rollstuhl u. a.).

Die Fluggesellschaft darf die Mitnahme des mobilitätseingeschränkten Passagiers nur verweigern, wenn sicherheitsrelevante Gründe vorliegen. Die Mitnahme von Mobilitätshilfen darf nur verwehrt werden, wenn sich nicht genügend Platz im Flugzeug findet. Wünsche nach Hilfeleistungen müssen auch beim Fliegen 48 Stunden vorher angemeldet werden. Ansprechpartner sind die Fluggesellschaft und der Reiseveranstalter, sofern der Flug Teil des Reisevertrages ist.

Fazit

Kreuzfahrten sind für mobilitätseingeschränkte Menschen eine schöne und entspannte Art, Urlaub zu machen, und ermöglichen es, auf bequeme Weise die Welt zu entdecken. Es bedarf zwar im Vorfeld der Buchung eines genauen Studiums der Schiffsbeschreibungen und der Reiseangebote, aber wer sich etwas Zeit nimmt und sich auch über seine Rechte für kostenfreie Hilfeleistungen informiert, wird wie Joachim F. und seine Ehefrau, eine begeisternde und unbeschwerte Reise genießen. Umgekehrt liegt für Kreuzfahrtanbieter eine riesige Chance darin, mit Informationen und gezielten Angeboten für barrierefreies Reisen einen großen neuen Kundenkreis anzusprechen.

Spazier»gang« auf der Promenade

MARITIMER JAHRESKALENDER

von Sigrid Schmidt

Deutlich öfter, als sich die meisten Seereise-Fans eine Kreuzfahrt leisten können, darf man bei maritimen Events Seeluft schnuppern, große Schiffe bestaunen und Gleichgesinnte treffen. Unser Tipp: Verbinden Sie Ihre Reise zu einem der Events mit einem Kurzurlaub vor Ort – das klappt bei der ITB in Berlin (Berlin ist immer eine Reise wert!) ebenso wie bei den Hafenfesten in Wismar, Bremerhaven, der Hanse Sail in Rostock oder in Hamburg anlässlich des Hafengeburtstages oder der Cruise Days.

Wann?	Wo?	Was?	Wer?
Januar			
12.–20.01.2019	Messe Stuttgart	Sonderausst. Kreuzfahrten auf der Reisemesse CMT	Endverbraucher
19.–27.01.2019	Messe Düsseldorf	Messe boot 2019	Endverbraucher
Februar			
06.–10.02.2019	Messe Hamburg	Reisemesse Reisen Hamburg	Endverbraucher
20.–24.02.2019	Messe Essen	Reisemesse Reise & Camping Essen	Endverbraucher
20.–24.02.2019	Messe München	Reisemesse f.re.e	Endverbraucher
März			
06.–10.03.2019	Messe Berlin	weltgrößte Reisemesse ITB	06.–08.03. Fachbesucher, 09.–10.03. Endverbraucher
20.–24.03.2019	Messe Friedrichshafen	Reisemesse Urlaub Freizeit Reisen	Endverbraucher
April			
08.–11.04.2019	Miami/USA	Fachmesse Seatrade Cruise Global	Fachbesucher
14.–15.04.2019	Großraum Ruhrgebiet	Titanic-Menü der Untergangsnacht (11 Gänge)	Vorgebuchte Gäste unter Titanic-Museum-Germany.de
Mai			
10.–12.05.2019	Hafen Hamburg	829. Hafengeburtstag	Jeder, der mag
23.–26.05.2019	Havenwelten Bremerhaven	SeeStadtFest Bremerhaven	Skipper, Schiffsfans und Feierlustige

Wann?	Wo?	Was?	Wer?
Juni			
31.05.–02.06.2019	Ueckermünde/ Stettiner Haff	Haff-Sail Ueckermünde	Wassersportler und Skipper
13.–16.06.2019	Alter Hafen Wismar	Wismarer Hafenfest	Hansestadt- und Schiffsfans, Feierlustige
Juli			
05.–07.07.2019	Wolgast/Usedom	Wolgaster Hafentage	Schiffsfans und Feierlustige
06.–14.07.2019	Hafen Warnemünde	Warnemünder Woche	Wassersportler und Feierlustige
19.–28.07.2019	Hafen Travemünde	Travemünder Woche	Wassersportler und Feierlustige
12.–13.07.2019	Auf Reede vor List	MS EUROPA meets Sansibar	Passagiere der Kreuzfahrt vom 11.–15.07.2019
August			
02.–04.08.2019	MS EUROPA im Hafen Hamburg	EUROPAs Beste	Passagiere der Kreuzfahrt vom 02.–04.08.2019
08.–11.08.2019	Hafen Warnemünde	Hanse Sail Rostock	Skipper, Schiffsfans und Feierlustige
September			
13.–15.09.2019	Hafen Hamburg	Hamburg Cruise Days	Jeder, der mag
14.09.2019	Großraum Ruhrgebiet	Titanic-Menü der 3. Klasse mit Bordparty	Vorgebuchte Gäste unter Titanic-Museum-Germany.de
14.–22.09.2019	Bremen	Maritime Woche	Maritim Interessierte, Hansestadtfans und Feierlustige
24.–26.09.2019	Messe Hamburg	Hanseboot	Skipper und Freizeitkapitäne
Ende Oktober	Hamburg	Koehlers Guide Kreuzfahrt erscheint	Jeder, der mag
Mitte Nov.–Ende Dez.	Hafen Emden	Schwimmender Weihnachtsmarkt	Jeder, der mag
Dezember			
08.12.2019	Kulturspeicher Leer	Aufzeichnung der Sendung »Gruß an Bord«	Seeleute und maritim Interessierte
15.12.2019	Seemannsmission Duckdalben	Aufzeichnung der Sendung »Gruß an Bord«	Seeleute und maritim Interessierte

Auf kleineren Schiffen hilft man sich mit einem Quiz zur Kinderbespaßung

IHR KINDERLEIN KOMMET!

Wie familienfreundlich sind die Kreuzfahrtschiffe wirklich?

von Alexander Holst

Auf einem großen Schiff gibt es für Kinder jede Menge zu entdecken, und wo sich Gleichaltrige tummeln, kommt keine Langeweile auf. Nicht alle Kreuzfahrtschiffe sind für Kinder gleichermaßen geeignet – und Kinder nicht bei jeder Reederei gleichermaßen erwünscht. Bei manchen bilden Familien die Kernzielgruppe, etwa bei AIDA und MSC. Bei vielen Luxus-Reedereien

Reederei	Sonderkonditionen für Kinder (zusammen in Kabine mit zwei Erwachsenen)	Mindestalter Reiseteilnahme	Familienkabinen vorhanden?	Freizeiteinrichtungen für Kinder vorhanden?
AIDA Cruises	bis 2 J. kostenfrei; Kinderfestpreise bis 24 J.*	6 Monate	ja	ja
Azamara Club Cruises	keine Ermäßigungen*	6 Monate	nein, aber teils 3er-Belegung möglich	nein
Carnival Cruises	Ermäßigung für 3.–5. Person in Kabine	6 Monate	ja	ja
Celebrity Cruises	»Spezialpreis Familien« bei ausgewählten Abfahrten	6 Monate	ja	ja
Celestyal Cruises	Kinderfestpreis 0–11 J.; darüber Festpreis für 3./4. Person in Kabine*	keine Beschränkung	nein	ja*
Color Line	bis 3 J. komplett kostenfrei, in Ferien bis 15 J. frei*	keine Beschränkung	ja	ja
Costa Kreuzfahrten	bis 17 J. kostenfrei	6 Monate	ja	ja
Crystal Cruises	Ermäßigung bis 11 J.*	6 Monate	nein	nein
Cunard Line	Ermäßigung bis 17 J.	12 Monate	nein, aber 4er-Belegung möglich	ja

werden sie eher geduldet, solange sie sich an die Konventionen der Erwachsenen halten. Und auf der COLUMBUS und der MAGELLAN von TransOcean Kreuzfahrten gilt sogar »adults only« – nur für Erwachsene.

Auch die Frage, ob und wie viel die Unterbringung der Kinder in der elterlichen Kabine extra kostet, ist für viele Familien von Bedeutung. Bei einigen Reedereien reisen Kinder bis zu einem bestimmten Alter kostenfrei. Bei anderen zahlen sie einen Festpreis, unabhängig von der gebuchten Kabinenkategorie, oder sie bekommen einen anteiligen Rabatt. Die nachstehende Tabelle bezieht sich in aller Regel auf die Unterbringung als 3. oder 4. Person in einer Kabine mit zwei Vollzahlern. Für andere Konstellationen, etwa alleinreisende Erwachsene mit Kind, gelten meist andere Konditionen.

Flussschiffe sind mit ihrem geringen Platzangebot per se nicht besonders kinderfreundlich. Mehr als ein Pool oder ein Buffet mit Pommes und Pasta ist kaum möglich. Einen interessanten Vorstoß wagte jüngst A-Rosa mit dem »A-Rosa Kids Club«. Dabei reisen alle Kinder bis zum Alter von 15 Jahren kostenlos in der Kabine der Eltern mit und ein Animateur gestaltet für alle Kinder zwischen 4 und 15 Jahren ein buntes Unterhaltungsprogramm. Eine ähnliche Animation bietet auch CroisiEurope auf ausgewählten Reisen.

Aber, liebe Eltern, bitte vergesst trotz all der Betreuungs- und Bespaßungsangebote auf den Schiffen nicht, dass eure Kinder zumindest einen Teil des Urlaubs mit euch gemeinsam verbringen möchten. So berichtet eine Kids-Crew-Mitarbeiterin auf einem großen deutschen Kreuzfahrtschiff, sie werde regelmäßig und nachdrücklich von Müttern und Vätern gefragt, ob die Kinder zum wöchentlichen Familienspieleabend denn auch alleine kommen dürften. Die Eltern hätten keine Zeit. Liebe Eltern: Das kann's auch nicht sein!

Adieu-Winken im Hafen – auch der Blick auf das Ablegemanöver mit ein paar Erklärungen des Offiziers kann Kinder erfreuen

Kidsclub/ Kinderbetreuung an Bord verfügbar?	Babysittingservice verfügbar?	Familienfreundliche Landausflüge?	Kindgerechte Speisen/Kinderbuffet im Restaurant?	*Anmerkungen
ja, ab 3 J.	ja, ab 3 J. in der Kabine	ja	ja	Festpreis unabhängig von Kabinenkategorie
nein	nein	nein	nein	u. U. Ermäßigung für 3. Person in Kabine
ja, ab 2 J.	ja; »Pyjama-Party« ab 6 M.	ja	ja	
ja, ab 3 J.	ja; »Pyjama-Party« ab 3 J. oder in Kabine ab 12 M.	ja	ja	
nein	nein	nein	nein	Kinder Club nur auf CELESTYAL OLYMPIA
nein	nein	–	ja	Ferienangebot exklusive Verpflegung
ja, ab 3 J.	ja, Gruppenbabysitting ab 3 J.	ja	ja	
nein	nein	nein	nein	bei speziellen Promotions Kinder bis 11 J. kostenlos
ja, ab 2 J.	ja, Gruppenbabysitting ab 12 M.	ja	ja	

Reederei	Sonderkonditionen für Kinder (zusammen in Kabine mit zwei Erwachsenen)	Mindestalter Reiseteilnahme	Familienkabinen vorhanden?	Freizeiteinrichtungen für Kinder vorhanden?
Disney Cruises	Ermäßigung bis 17 J.	6 Monate	ja	ja
FTI Cruises	Kinderfestpreis bis 17 J.*	3 Monate	nein, aber 3er-Belegung möglich	nein
Hansa-Touristik	bis 17 J. kostenfrei	3 Monate	nein, aber teils 3er- und 4er-Belegung möglich	nein
Hapag-Lloyd Cruises (nur EUROPA/ EUROPA 2)	bis 11 J. frei, 12–15 J. Festpreis*	8 Monate	ja (nur auf EUROPA 2)	ja
Holland America Line	Ermäßigung bis 17 J.	6 Monate	nein, aber teils 3er-Belegung möglich	ja
Hurtigruten	bis 3 J. kostenfrei; bis 15 J. ermäßigt	fahrtgebiets-abhängig	nein	ja*
MSC Kreuzfahrten	bis 17 J. kostenfrei	6 Monate	ja	ja
Norwegian Cruise Line	bis 2 J. kostenfrei, darüber Ermäßigung für 3./4. Person in Kabine	6 Monate	ja	ja
Oceania Cruises	Ermäßigung für 3. Person in Kabine*	6 Monate	nein	nein
Phoenix Reisen (Hochsee)	2–19 J. manchmal frei, sonst ermäßigt*	2 Jahre	3-Bett-Kabinen verfügbar, sonst Zusatzbett	nein
Plantours Kreuzfahrten (Hochsee)	bis 17 J. kostenfrei*	keine Beschränkung	4-Bett-Kabinen verfügbar	nein
Ponant Kreuzfahrten	Ermäßigung bis 17 J.	3 Jahre	teils 3er-Belegung möglich	ja (nur ausgewählte Schiffe)
Princess Cruises	Ermäßigung für 3.–4. Person in Kabine*	6 Monate	ja; einige Family-Suiten; außerdem 3er-, 4er-Belegung möglich	ja
Regent Seven Seas Cruises	Ermäßigung bis 17 J.	12 Monate	Suiten für bis zu 6 Personen verfügbar	nein
Royal Caribbean	»Spezialpreis Familien« bei ausgewählten Abfahrten	6 Monate	ja	ja
Sea Dream Yacht Club	keine Ermäßigungen	12 Monate	nein	nein
Seabourn Cruise Line	bis 1 J. frei, bis 17 J. Ermäßigung	6 Monate	nein, aber teils 3er-Belegung möglich	nein
Silversea Cruises (ausgen. Expeditionsschiffe)	Ermäßigung für 3. Person in Kabine*	6 Monate	nein, aber teils 3er-Belegung möglich	nein
Transocean (nur ASTOR und VASCO DA GAMA)*	auf ausgewählten Reisen bis 11 J. Frei, 17 J. Festpreis	keine Beschränkung*	auf ASTOR 4-Bett-Kabinen, auf V. d. G. teils 3er-Belegung möglich	nein
TUI Cruises	bis 2 J.; Kinderfestpreis bis 17 J.	6 Monate	ja	ja

Kidsclub/ Kinderbetreuung an Bord verfügbar?	Babysittingservice verfügbar?	Familien-freundliche Landausflüge?	Kindgerechte Speisen/Kinderbuf-fet im Restaurant?	*Anmerkungen
ja, ab 3 J.	ja, Gruppenbabysitting ab 6 M.	ja	ja	
nein	nein	nein	nein	Festpreis unabhängig von Kabinenkategorie
nein	nein	nein	nein	
ja; EUROPA: ab 4 J., EUROPA 2 ab 2 J.*	ja, ab zwei Jahre, auf Anfrage auch individuell*	ja	ja	gilt während der »Familienreisen« in den Ferien; außerhalb Europas Mindestalter 2 Jahre
ja, ab 3 J.	ja	ja	ja	
ja, für 7–13 J.*	nein	ja	ja	»Young Explorer«-Programm und Spielzimmer nur auf ausgewählten Schiffen
ja, ab 3 J.	ja, Gruppenbabysitting ab 12 M.*	ja	ja	Babysitting-Service nur während Mittag- und Abendessen
NCL ESCAPE ab 6 M., sonst 3 Jahre	ja, Gruppenbabysitting ab 3 J.	ja	ja	
nein	nein	nein	nein	Bei speziellen Promotions Kinder bis 17 J. kostenfrei
nein	nein	nein	ja	kostenfrei bei »Familien sparen«-Reisen
nein	nein	nein	ja	gilt nur in bestimmten Kabinenkategorien
nein	nein	nein	nein	
ja, ab 3 J.	ja, Gruppenbabysitting ab 3 J.	ja	ja	
ja, »Club Mariner« ab 5 J. auf bestimmten Reisen	nein	nein	ja	
ja, ab 3 J.	ja, ab 12 M. sowohl in Kabine als auch gemeinschaftlich	ja	ja	
nein	nein	nein	nein	
nein	nein	nein	nein	
nein	nein	nein	ja	
nein	nein	nein	ja	auf MS COLUMBUS und MS MAGELLAN gilt adults only (ab 16 Jahre)
ja, ab 3 J.	ja, ab 3 J. in der Kabine	ja	ja	

UNWISSENHEIT SCHÜTZT VOR STRAFE NICHT

... und der Reiseveranstalter hat keine Informationspflicht!

von Kay P. Rodegra

Oben:
Manche Gesetze scheinen aus dem Mittelalter zu stammen

Unten:
Militärisches fotografiert man besser nicht

Wer in fremde Länder reist, sollte sich stets auch darüber informieren, was vor Ort erlaubt ist und was nicht. Verhalten, das in Deutschland oder Europa völlig normal ist, kann in fernen Ländern schnell zu harten Strafen führen. Wer weiß schon, dass die Einfuhr und die Verwendung von Plastiktüten in Kenia verboten ist, man sich in Sri Lanka nicht mit dem Rücken zu einer Buddha-Statue fotografieren lassen darf oder politische Äußerungen auf Kuba bestraft werden können.

Oben ohne

In Brasilien und den USA gilt »oben ohne« am Strand oder FKK als Erregung öffentlichen Ärgernisses. Geldstrafen drohen auch auf Barbados, in Hongkong, Südafrika oder Thailand.

Alkoholkonsum

Sichtbar Alkohol auf der Straße zu trinken, ist beispielsweise in Lettland, Kuwait, Mexiko, Panama, Polen, vielen Orten in Schweden, Saudi Arabien, Uganda, USA und den Vereinigten Arabischen Emiraten (VAE) untersagt.

Fotografieren

Militärische Anlagen sollte man besser nirgendwo fotografieren, wenn man keinen Ärger in Kauf nehmen will. Streng sind die Gesetze etwa in Ägypten, Algerien, Bahrain, China, Jordanien, Kamerun, Katar, Kenia, Laos, Oman, Sambia, Tansania, VAE und Zypern. In Griechenland und Katar ist es zudem auch untersagt, Flughäfen und Hafenanlagen abzulichten.

Homosexualität

Gleichgeschlechtliche Paare sollten sich vor ihrem Urlaub genau über das Reiseziel informieren. Homosexualität bzw. homosexuelle Handlungen sind beispielsweise in Algerien, Bahrain, Gambia, Indien, Jamaika, Kamerun, Katar, Kenia, Kuwait, Malediven, Marokko, Namibia, Nigeria, Sambia, Singapur, Tansania, Tunesien, Uganda und VAE verboten. In Saudi-Arabien werden homosexuelle Handlungen auch mit Stockschlägen bestraft.

Mitbringsel

Vorsicht ist geboten, wenn man aus dem Urlaub Steine, Pflanzen oder Kunstwerke als kleine Erinnerung mitbringen will! Wer geologische oder archäologische Fundstücke etwa aus Griechenland, Oman oder der Türkei ausführt, riskiert eine Haft- oder Geldstrafe.

Wer geschützte Pflanzen in Australien, Brasilien, Indien, Madagaskar, Mexiko, Neuseeland oder Südafrika einpackt, findet sich ebenfalls schnell in einer Haftzelle wieder.

Medikamente

Wer Arzneimittel mit auf Reisen nimmt, sollte sich zuvor über Einfuhrbeschränkungen erkundigen und sicherheitshalber eine Bestätigung vom Arzt, die Originalverpackung und einen Beipackzettel auf Englisch mitnehmen. In manchen Ländern gelten nämlich bestimmte – in Deutschland erlaubte – Schmerzmittel als Drogen, wie etwa im Oman, Sambia, Singapur, USA und VAE.

Beleidigung

In Kenia sind auf Geldscheinen und Münzen Porträts der Präsidenten abgedruckt. Wer sie verschandelt, riskiert eine Strafe. In Thailand oder Jordanien macht man sich bei abfälligen Sprüchen über das Königshaus strafbar.

Drogen

Im Ausland werden oft schon bei kleinen Mengen und leichten Drogen deutlich härtere Strafen verhängt als in Deutschland.

In Jordanien droht schnell eine lebenslange Haftstrafe, verbunden mit Zwangsarbeit. In Mexiko liegt die Mindesthaftzeit für Drogendelikte bei zehn Jahren. Auf den Philippinen droht ab fünf Gramm lebenslänglich, in Tunesien bei Kleinstmengen schon ein Jahr.

Auf Kuba wird bei Kleinmengen bis zu 30 Jahre Haft, bei besonders schweren Fällen sogar die Todesstrafe angedroht. Die Todesstrafe für Drogendelikte wird auch verhängt in Ägypten, China, Jordanien, Katar, Kuwait, Laos, Malaysia, Oman, Saudi Arabien, Singapur, Taiwan, Thailand, VAE und Vietnam.

Ein Reiseveranstalter hat gegenüber dem Kunden eine Fülle von Informationspflichten. Er muss jedoch nicht darüber informieren, welche besonderen Strafvorschriften in den Zielländern einer Kreuzfahrt bestehen.

Informationen zu Strafvorschriften aller Reiseländer unter:

www.auswärtiges-amt.de

Weitere Infos zum Reiserecht bei Kreuzfahrten unter:

www.würzburger-tabelle.de

SONNENBRAND STATT SKORBUT

… aber nicht alle Krankheiten von anno dazumal sind Geschichte

von Oliver Schmidt

Mit der Einführung von Kühlräumen auf Passagierschiffen hat sich die Verpflegung an Bord grundlegend geändert und sich ans Leben zu Lande angepasst. Luxus wurde dadurch erst möglich; eintönige Speisekarten mit Zwieback, Sauerkraut und Pökelfleisch gehören ebenso der Vergangenheit an wie das in einem Shanty besungene faulende Wasser in den Kesseln. Einige Probleme haben sich dadurch erledigt, doch neue Gesundheitsgefahren kommen dazu.

Wer hier Fleisch ohne Kühlung kauft, darf mit einer breiten Palette an Darmerkrankungen rechnen

Eigene Medikamente

Viele Seereisende, die zu ihrer Erholung an Bord kommen, bringen heute ihre Krankheiten schon mit. Obwohl ein gut ausgerüstetes Bordhospital jede fehlende Grundmedikation mit zumindest ähnlichen Präparaten ersetzen kann, sollte der Kreuzfahrer die ihm verordneten Medikamente dabei haben – möglichst mit einem Plus von mindestens 10%, wie der Schiffsarzt rät, denn es kann eine Pille unters Bett rollen oder sich die Heimreise verzögern – in beiden Fällen wird mehr gebraucht, als man kalkuliert hat. Auch, dass etwa von Bluthochdruck- oder Diabetes-Mitteln wegen der veränderten Lebensumstände an Bord mehr benötigt wird als daheim, kommt nicht selten vor. Die landseitige Beschaffung ist oft schwierig und bisweilen muss der Schiffsarzt im Bedarfsfall mit in die Apotheke, weil sonst die Verständigung nicht klappt. Wer Vorerkrankungen hat, nimmt neben den Medikamenten die Arztbriefe mit, damit sich der Doc im Schiffshospital mit dem Krankheitsbild vertraut machen kann.

Wir sind hier nicht zu Hause!

Dringend empfohlen ist, sich an diese Lebensumstände langsam anzupassen, was beim Klima freilich nicht geht – das »erschlägt« in den Tropen die Reisegäste, sobald sie aus dem Flugzeug steigen. »Ich bewundere die deutschen Kreuzfahrer«, sagte ein Schiffsarzt, der am Amazonas an der Reling stand und die Ausbootung beobachtete, »Ende 60 und nicht gerade sportlich, sah ich sie gestern nach über 20 Stunden Anreise mit zwei Maß Bier im Pub, heute beim Frühschoppen an Deck mit Haxn, und jetzt sitzen sie bei 38 Grad ohne Kopfbedeckung im Schlauchboot!« Der erste Rat lautet daher: Auch, wenn Sie alles bezahlt haben, heißt das noch lange nicht, dass es das Beste für Sie ist, auch alles zu konsumieren. Weniger ist mehr, und das Verhalten an Bord darf ruhig auf den nächsten Landgang abgestimmt sein: Leichte Kost zum Mittag, kein Alkohol, wenn ein längerer Ausflug oder große Hitze warten! Die Strapazen, die eine lange Fluganreise mit sich bringt, sollte niemand unterschätzen – ständiges Aufpassen auf Gepäck und Abflüge, wenig Schlaf in der Maschine, Jetlag. Das alles reduziert die Leistungsfähigkeit des Körpers.

Man muss nicht alles essen, was man kann

»Überschätzen Sie nicht die Leistungsfähigkeit Ihres Magens, und unterschätzen Sie nicht die Kraft der Sonne!« sagt der Schiffsarzt. In den Tropen empfiehlt sich stets, Lichtschutzfaktor 50 als Sonnen- und UV-Schutz einzusetzen oder zumindest dabei zu haben. Niemand kann voraussehen, ob der Ausflug nicht länger dauert und man neben einem defekten Bus lange in sengender Sonne warten muss. Zudem ist übermäßige Bräune längst out, weil inzwischen jeder weiß, dass er mit seiner Gesundheit dafür zahlt. Letztere ist auch dann in Gefahr, wenn beim Landgang statt tropischer Sonne leibliche Genüsse locken. »Retten Sie Ihre wertvollen Urlaubstage und essen Sie an Bord!« lautet die Maxime, die der Schiffsarzt dazu parat hat. »Drei Tage sind unwiederbringlich weg, wenn man sich mit Eis, Früchten oder Getränken an Land den Magen verdorben hat!« In Europa darf man das etwas lockerer sehen als in Afrika, Südamerika oder Fernost. Grundsätzlich aber gilt: In anderen Ländern enthalten die dort zubereiteten Speisen andere Keime, gegen die ein deutscher Magen gern rebelliert.

Sicher unterwegs

Für Landausflüge gibt es heute recht präzise Planungshilfen. Meist sind der Schwierigkeitsgrad (»moderat« oder »anspruchsvoll«) ebenso angegeben wie Symbole für weite Wege, Treppen oder sonstige Anstrengungen. Der Rat vom erfahrenen Arzt lautet: »Lassen Sie nicht aus Schamgefühl Ihre Gehhilfen zu Hause!« Wer Stock oder Rollator braucht und daran gewöhnt ist, sollte ihn stets bei sich haben. »Beachten Sie, dass Sie beim gemeinsamen Landausflug eine gewisse Gruppengeschwindigkeit mithalten müssen!« warnt der Mediziner aus dem Bordhospital, der mit den Folgen täglich konfrontiert ist. »Bei Überanstrengung steigt das Risiko, unaufmerksam zu sein, zu stolpern oder sonstwie zu verunfallen!« Auch darauf, dass jeder Landausflug über ausreichend »Komfort-Stopps« verfügt (für alle Unkundigen: Das sind Toilettenbesuche!), sei hingewiesen – »Viele Passagiere trinken nicht genug aus Angst, es sei dann keine Toilette verfügbar!« Einzig in der Antarktis ist das korrekt, dort findet der Landgang ohne Toiletten statt – und ohne Baum und Strauch. Aber dort ist das Trinkproblem bei Minusgraden auch nicht so eklatant.

Der Fahrtwind täuscht – Kopfbedeckung im Schlauchboot nicht vergessen!

MIT ODER OHNE BADEHOSE?

Deutsche Saunaregeln gelten nicht überall auf der Welt

von Oliver Schmidt

Mit großen Wellness-Landschaften und der Verlegung der Sauna aus dem Bauch des Schiffes hinauf aufs oberste Deck – meist ganz vorn, wo es Meerblick in Fahrtrichtung gibt – hat die Schwitzkultur auf See neue Dimensionen angenommen, und die Akzeptanz der neuen Wohlfühltempel zeigt Einigkeit, dass dies der von den Passagieren gewünschte Weg ist. Wenig Einigkeit (europäisch ebenso wie transatlantisch) herrscht jedoch in der Frage, wie die Sauna zu benutzen sei, welche Regeln dort gelten und wer »konform« ist und wer nicht.

Dies soll kein medizinischer Sauna-Ratgeber sein, sondern ein kultureller. Dass man vor dem Saunabesuch duscht, sich zwischen den Saunagängen abkühlt, ein Handtuch benutzt und bei Unwohlsein die Prozedur abbricht, dürfte sich ohnehin herumgesprochen haben.

Entgegen landläufiger Ansicht ist die originäre Schwitzkultur aus Skandinavien nicht mit unserer identisch. Nur – nur! – in Deutschland wird ein Saunabesuch fast immer und automatisch mit FKK-Kultur auf höchster Stufe gleichgesetzt, d. h. Fremde benutzen ohne Bekleidung eine Unisex-Sauna. Zwar saunen auch Finnen

Die größten Saunen auf See hat TUI Cruises – natürlich mit Meerblick

und Schweden nackt, aber entweder machen sie das im Familienkreis oder in geschlechtsgetrennten öffentlichen Saunen. In Südeuropa und den USA ist es eher üblich, Badekleidung zu tragen. Hier würde man trotz Geschlechtertrennung merkwürdig angesehen, wenn man mit ungezwungener Nacktheit, das Handtuch lässig über der Schulter, in den Schwitzkasten schlendert. Passagiere der großen italienischen oder US-dominierten Gesellschaften sollten das berücksichtigen. Wer in diesem Moment nicht schon einer gewissen »Unkultur« bezichtigt wird, muss zumindest damit rechnen, falsch verstanden zu werden, sodass ihm später im Ruheraum eine Reihe von Homosexuellen ihre Aufwartung macht (was dem Autor in jungen Jahren passierte).

Oft sind die Prospekt-Abbildungen vom Saunavergnügen gar nicht so unrealistisch, wo die Badegäste in Handtücher gehüllt – die Herren bis zum Bauchnabel, die Damen etwas höher – beim gemütlichen Klönschnack auf der Holzbank hocken. Diese Variante rettet all jene Deutschen, die eine Nylon-Badehose ablehnen, denn man kann höchstens ahnen, ob sie sich unter dem Handtuch verbirgt oder nicht. In US-Saunen geht das allerdings besser, denn sie sind in der Regel nur 65 Grad heiß, während Europäer zwischen 80 und 90 Plusgraden erst richtig ins Schwitzen kommen.

Apropos Klönschnack. In anderen Ländern ist das Saunavergnügen deutlich geselliger, vielleicht auch deshalb, weil einer den anderen (bekleideten) Mitschwitzer ungenierter anblicken kann. Das kann der Russe sein, der großzügig seinen Wodka opfert, um den Aufguss zu veredeln und ihn persönlich durchführt, bis allen die Luft wegbleibt, oder der Tscheche, der ein Flaschenbündel »Pilsner Urquell« mitbringt: »You want beer? Germans always want beer!« In einer türkischen Sauna stand vor dem Fenster ein brüllend lauter Fernseher, damit die Gäste das laufende Fußballspiel verfolgen konnten. Ein Gesprächsthema findet sich auf Kreuzfahrtschiffen bekanntlich schnell: der letzte Landgang, die Qualität des Services, die Historie des Schiffes.

Der Versuch, es allen recht zu machen, treibt bisweilen merkwürdige Blüten. So gibt es auf der MAGELLAN drei Saunazeiten: Für Damen, für Herren und für Deutsche (im Klartext: FKK). Noch ein Hinweis an alle Naturkinder unter den Damen: Auf internationalen Schiffen unbedingt Achselhaare entfernen! Insbesondere Amerikaner schauen Sie sonst an, als kämen Sie geradewegs aus dem Urwald.

Natürlich sind einige Verhaltensweisen völlig »neben der Spur«. Die Geschichte vom Saunabesucher mit Trolley, der Grillwürstchen auf den Sauna-Ofen legte, gab es zum Glück nur bei »Verstehen Sie Spaß«. Sehr real hingegen war auf einem griechischen Schiff eine Gruppe von Orientalen, die ihren Schweiß auf den Ofen träufelten, und ein Mitreisender der COLUMBUS, der den Saunabesuch gleich mit dem Schneiden der Fußnägel verband. Ebenso die Passagierin auf der A'ROSA BLU, die eine Wurzelbürste mitgebracht hatte und ihre üppigen Rundungen bearbeitete, was zur »Freude« der anderen zur feintröpfigen Verteilung des Schweißes im Raume führte: »Sie glauben gar nicht, wie das belebt!« Zum Glück fiel einem Mitschwitzer die richtige Antwort ein: »Wissen Sie was, fahren Sie doch mal nackt mit dem Fahrrad durch die Waschanlage …«

JUNGE, DIE WELT IST SCHÖN

Eine fröhliche Ostseereise mit der EUROPA

von Oliver Schmidt

An dem Tag, an dem sie gewöhnlich würde, wäre sie out. Aber das wird der EUROPA wohl nie passieren. Sie liegt bei Blohm & Voss im Dock. Ja, genau dem angesagten Dock, das in Hamburg jeder sieht. Von außen. Ihre Passagiere aber dürfen auf dieser Ostseekreuzfahrt im Dock an Bord gehen. Es gibt Dinge, die nur Hapag-Lloyd Cruises möglich macht. Sicher, der Extra-Werftaufenthalt für die fast 20-jährige Schiffslady wird die Liegezeit in St. Petersburg um eine Nacht verkürzen, aber was macht das schon. Dafür dürfen die Gäste, mit Lachsschnittchen gestärkt und mit einem Champagnerglas bewaffnet, durch das Trockendock spazieren. Vorbei an den Propellern, die als »Azipod« unter dem Schiffsrumpf hängen und der EUROPA als einem von wenigen großen Musikdampfern die Wendigkeit eines kleinen Explorer-Schiffes geben, obwohl sie sich selbst »die größte Yacht der Welt« nennt und nach der Reederei-Tradition eher ein Ocean-Liner ist. Die Europa sammelt Autogramme. Von ihren Passagieren, mit dem Eding verewigt am sonst unerreichbaren Unterwasserschiff. Wer nicht so gut zu Fuß ist, schwebt in einer Gondel am Werftkran an Bord. Auch diejenigen, die zuerst skeptisch waren, sind jetzt sicher: Hier darfs von allem ein Viertel mehr sein – Luxus, Charme, vor allem aber Erlebnis. Mit diesem Schiff haben sie das große Los gezogen.

Apropos großes Los. Das repräsentiert an Bord Meike Winnemuth, jene Dame, die bei Günther Jauch eine halbe Million gewann und nach eigenem Bekunden »einfach losfuhr«. Wer könnte die EUROPA-Passagiere mit Lesegeschichten aus dem Leben besser unterhalten als sie? Denn, zugegeben: Wer von ihnen ist nicht »einfach losgefahren«? Wer hat sich nicht darauf verlassen, dass die klassische Fünf-Sterne-Reederei, die sich seit 128 Jahren um alles kümmert, was Kreuzfahrtgäste wünschen, und ihre Träume eher kennt als sie selbst, es schon richten wird?

Links:
Einschiffung im Dock
vor Hamburgs Kulisse

Rechts:
Fußkranke werden
im Kran an Bord gehievt

Oben:
Große Abend-Show mit Sängerin Franziska Becker

Mitte:
Leckereien an Deck, frisch aus der Kombüse

Unten:
Abend-Event auf der Poolbühne

Zum Beispiel das Ausflugsprogramm in Riga. Heinz Erhardts Geburtsstadt, erstes Ziel der Ostseefahrt, ist nicht wenigen der Stammgäste bekannt. Also fährt man mit dem Ausflugsbus nach Jurmala. Das altehrwürdige Seebad, seine unter dunklem Nadelwald versteckten Schätze der Vorkriegsarchitektur, sind eine echte Entdeckung. Kleine Villen, Fachwerk, Türmchen, bunte Glasfenster und hölzerne Balkone lassen in ihrer Anmut von einem längeren Aufenthalt träumen. Am besten in den 20er-Jahren. Aber die sind unwiederbringlich dahin. Man kann nur knapp hundert Jahre später von ihnen träumen. In Tallin lockt die »Caféhaus-Kultur«, die man auch einen »Zug durch die Gemeinde« nennen könnte. Vier gastronomische Erlebnisse, nicht alle vom Konditor, werden zu einem Ausflug vereint. Auch Fisch und der russische Brottrunk Kwass werden gereicht und lassen eine kleine Gruppe von Leckermäulern Estland erschmecken.

Oben:
Traditionelle Speisen handgemacht (Tallinn)

Unten:
Jugendstilvolles Jurmala

Die EUROPA erlaubt ihren Passagieren gern, an der Ostsee von längst vergangenen Zeiten zu träumen, aber sie selbst macht nicht mit. Sie ist ein Schiff im Hier und Jetzt. Mögen auch alte Stammgäste der gediegenen Clipper-Bar nachweinen, zwischen Atrium und Hauptrestaurant zählen an Steuerbord jetzt die Retro-Fifties. Gelbe und grüne Sessel mit hölzernen Armlehnen, eine Jukebox und blassgelbe Lampion-Leuchten, die von der Decke baumeln, zeigen deutlich: Die EUROPA geht mit der Zeit. Spätestens, seit die EUROPA 2 das Schiff von morgen ist, tut sie alles, um das Schiff von heute zu sein. Zum Beispiel mit der freundlichen Kleiderordnung, die eigentlich eine charmante Nichtordnung ist, die jeder selbst interpretiert. Mit »Auf Deck 4 mit Jackett, bitte« ist den Vorgaben genügt; aus dem Rahmen fallen wird von den exquisiten Gästen niemand. Wer es doch wagt, wird freundlich darauf hingewiesen, dass man an Bord einen gewissen Stil schätzt. So wie der Gast, der gegen alles mögliche ätzt und von Kreuzfahrtdirektor David Wilms eine nette, aber unmissverständliche Ansage einstecken muss. In der EUROPA-Familie ist kein Platz für schlechten Stil. Wer sich fragt, ob das der Crew denn bitteschön zustehe, der schaut am besten ins Bordfernsehen, das neben einem eigenen Nachrichten- und Interview-Kanal, der persönlichen Bordrechnung, der Speisekarte für sämtliche Bordrestaurants und Informationen über Route und Häfen auch die Vita aller wichtigen Crewmitglieder parat hat. Niemand ist hier 08/15. Zum Beispiel der Host Winfried Möller, der in seinem Berufsleben Ingenieur auf der EUROPA war. Andere haben ein Leben vor der EUROPA, haben ihre Frau oder ihren Mann gestanden, und mit dieser Erfahrung kommen sie

Links:
Besuch im Katharinenpalast

Mitte:
Prachtvolle Leningrader U-Bahn

Rechts:
Bernstein-Kunst

an Bord. Schließlich ist auch keiner der Reisenden, die sich ihre Passage sauer erarbeitet haben, ein Leichtgewicht. Erfolg trifft Erfolg, das fühlt sich gut an und braucht nicht immer eine Krawatte, um zueinander zu finden. In Jackett und offenem Hemd plaudert sich's leichter.

St. Petersburg wird stets als Höhepunkt einer Ostseereise empfunden. Was aber, wenn jemand die Stadt und ihre Schätze schon kennt – oder das zumindest glaubt? Das Ausflugsbüro weiß Abhilfe. Das Bernsteinzimmer ist im Katharinenpalast nicht alles, was es sich anzusehen lohnt. Interessanter ist die Werkstatt, wo fast zehn Tonnen des übrigens federleichten Ostseegoldes noch in der Sowjetzeit angeliefert wurden, um nach dem Schleifen sechs Tonnen in das 55 Quadratmeter große Zimmer einzubauen. 13 Millionen Euro würden sie heute kosten. Etliche Passagiere sind abends zum Sonderausflug in der Eremitage. Mit Konzert. Auch, wer lieber an Bord blieb, hat etwas davon, denn für die »Heimkehrer« lockt ein spätes Buffet mit Würsteln und Schnitzel, Salaten und Süßem. Vielleicht sollte es das auf der »Flaniermeile« zwischen Foyer und Restaurant öfter geben? Die »Erbsensuppenplaudereien« im Stehen sind zwanglos. Mit Champagner. Und mit dem Kapitän.

Am zweiten Tag ist die Leningrader U-Bahn dran, und der Stadtname ist hier bewusst gewählt, denn die Bahnhöfe, wahre Paläste in Marmor und Kunst, sind so sauber und gepflegt wie zur Sowjetzeit, als man Verfehlungen noch mit drakonischen Strafen bedrohen konnte. »Wir gehen noch in den schönsten Lebensmittelladen«, verspricht Natalia, die den Ausflug führt. Nanu, ein Abstecher zum blau-gelben Discounter? Mitnichten. Jelissejew heißt die Feinkosthandlung am Newski-Prospekt, deren Wurzeln in das Jahr 1902 zurück reichen. Auf grün schimmernden Wänden versammeln sich Goldverzierungen, Stuck und bunte Glasfenster; feinster Jugendstil rahmt die übervollen Tische mit edlem Kaviar, appetitlichen Süßigkeiten und Hochprozentigem ein. Dazwischen ein Rondell mit Palme, Caféhausstühlen und passender Musik von einem automatisch spielenden Flügel.

Weiße Nächte halten die Gäste lange in der Sansibar fest. Schlechtes Wetter gibt es auf dieser Reise nicht. »Gehen Sie doch mal zum Concierge«, ist der eigentlich simple Rat eines Mitpassagiers an den EUROPA-unerfahrenen Gast, der in Stockholm und Helsinki gern einen Mietwagen hätte. Der gute

Geist der Rezeption kennt sich bestens aus und hat eine halbe Stunde später je eine Karosse geordert. So geht es von der Anmietstation hinter der russisch-orthodoxen Uspenski-Kathedrale in Helsinki, zu erreichen nur, weil das Schiff praktisch mitten in der Stadt festmacht, in die alte Holzstadt Porvoo. Der kleine Bischofssitz an der ehemaligen Königsstraße hatte seine Blüte im 13. Jahrhundert. Heute ist Porvoo Finnlands zweitälteste Stadt, und in den bunten Holzhäusern, für Ladengeschäfte unserer Zeit viel zu klein, blüht der Souvenirhandel.

Von Stockholm aus nimmt der Mietwagen auf den Spuren Kurt Tucholskys Kurs aufs legendäre Schloss Gripsholm, das gar nicht so oft Ziel offizieller Ausflüge ist. Der verspielt-verschachtelte Bau erinnert mit seinem wuchtigen Rundturm eher an eine mittelalterliche Trutzburg, und erst auf den zweiten Blick fällt auf, dass die Backsteine auf der Seite, die dem Städtchen Mariefred zugewandt ist, fein säuberlich aufgemalt sind. Rund 2.000 Gemälde birgt das Schloss als wertvollsten Schatz, aufgehängt nicht etwa in einem musealen Raum mit Halogen-Spots, sondern integriert in die unendliche Vielzahl historisch eingerichteter Zimmer. Anziehungspunkt Nummer eins ist der historische Theatersaal mit seinem hölzernen Räderwerk, der Bühnentechnik.

Der letzte Tag neigt sich dem Ende. Im Gatsby's, jener Bar, die auf den ersten Blick aussieht wie die Lobby vom Motel One, stehen neue Kreationen von Bar-Tender Mirek im Mittelpunkt. Er probiert gern selbst erdachte Rezepte aus und bittet die Gäste, seine ehrlichen Kritiker zu sein. Die Jukebox in der Ecke ist nicht jeden Abend ein Hingucker. Heute hat sie ihre Liebhaber gefunden. Wanda Jacksons »Santo Domingo« lädt

Oben:
Feinkost am Newski-Prospekt

Unten:
Die EUROPA ankert vor Stockholm und bringt die Passagiere mit Tenderbooten mitten ins Geschehen

zum Mitsingen ein, Lale Andersens »Lili Marleen« stimmt nachdenklich; ABBA holt auch jene wieder ins Boot, die ein Weilchen mit sich selbst und ihren Reiseerinnerungen beschäftigt waren. So sehr Hapag-Lloyd in Hamburg auch die offiziellen Bestnoten für die EUROPA beschwören mag und sich damit nicht nur Freunde macht, so leise und freundlich tritt Kapitän Olaf Hartmann auf, wenn er mit seinen Passagieren Shanties singt und zum Schluss mit liebevollem Big-Daddy-Timbre hofft, dass »wir ihren Ansprüchen genügt haben.« Jedenfalls hat er seine Fans enthemmt; das Mitsingen, das in keinem Tagesprogramm geplant war, geht weiter. Mirek scheint die Atmosphäre auch zu genießen und mixt noch einen Long Island Ice Tea an, seine Spezialität. Er reicht den Absacker herüber und sagt: »Heute Abend habe ich was gelernt!« Die Passagiere auch: »Junge, die Welt ist schön!« schmettert Tony Marshall aus dem Lautsprecher. Die EUROPA hat ihren Gästen gerade ein Stück davon gezeigt.

Links oben:
Holzhäuser in Porvoo

Links Mitte:
Theatersaal auf Schloss Gripsholm

Links unten:
Blick von Gripsholm auf Mariefred

Eleganter Clipper-Bug der COLUMBUS

EINE BRITIN ZEIGT IHRE HEIMAT

Die COLUMBUS ist (fast) ein britisches Kreuzfahrtschiff

von Oliver Schmidt

»Keine Vorbuchungen. Wenn viel Betrieb, bilden Sie eine ordentliche Schlange und warten Sie. Mittagessen ab 12 ...« Nein, es ist kein Sternerestaurant in Grenoble oder im Périgord, das seinen Gästen mit diesem kreidegeschriebenen Schild Disziplin verordnet, sondern eine Hafenkneipe auf der Insel Skye. Wer den steilen Hügel hinaufsteigt zur Hauptstraße, sieht die Schlange schon um zehn vor zwölf, denn dort gibt es »Fish'n Chips«. Gerade das Richtige für Touristen, die allerdings glauben, ihretwegen könnte der Imbiss doch mal etwas eher aufmachen. Aber da haben sie sich getäuscht. In den alten, klotzigen Steinhäusern und ihren etwas zurück liegenden Schaufenstern verbergen sich heute vornehmlich Touristenläden. Das Angebot ist hochwertig, immer gehören auch Bilder ortsansässiger Künstler dazu, Skulpturen oder Kunsthandwerk. Dazu gibt's Eisdielen mit salziger und veganer Abteilung, einen Stand mit Honig von frei schwebenden Bienen sowie Erdbeeren zum Probieren. Portree hat es geschafft, sich ungeachtet seines Besucherzustroms von der Seeseite eine distanzierte Gelassenheit zu bewahren. Westschottland im Allgemeinen und seine Inseln in Sonderheit empfanden sich immer als trotzender Außenposten im Atlantik, kaum erreichbar zu Zeiten, als es noch keine Motorschiffe gab, die kraftvoll zwischen den tückischen

Oben links:
Delfin-Schule
an Backbord

Oben rechts:
Ebbe auf der Isle of Skye

Mitte rechts:
Dudelsackspieler
in Portree

Unten rechts:
Die City von Portree

Untiefen navigieren können. Diese Identität zeigt der Markt der Kirchengemeinde: Hier gibt es Handgefertigtes und Gebrauchtes, Authentisches und Spirituelles, aber den Stand für durchdesignte Handyschalen, billige Gürtel und Wackeldackel sucht man hier vergebens. Von draußen tönt das traurige Lied eines nimmermüden Dudelsackspielers herein.

Es ist dieses Großbritannien, das die COLUMBUS zeigen möchte. Ihr Heimatland wie das der meisten Mitreisenden. Sie entdecken ihre Inseln, indem sie sie per Schiff umrunden. Besuchen Schottland wie wir Bayern besuchen würden, freuen sich am lieblichen Cornwall, wie wir uns am Moseltal verzücken. In ihrer Gesellschaft reist es sich komfortabel, denn kaum je würde ihnen einfallen, eine Grenze zu unterschreiten. Beim Gegenüber eine Armlänge, beim Humor die Gürtellinie, bei der Politik die Brexit-

Oben links:
Gemütlicher Pub auf der COLUMBUS

Oben rechts:
Eleganter Korridor mit Sitzgelegenheiten an Bord

Linie. Innerhalb dieser Grenzen plaudert man mit ihnen frei und fröhlich. Zum Freiheitsgefühl trägt auch die COLUMBUS selbst bei, ein über weite Regionen gut renovierter Oldie, der eine lange britische Tradition hat, war er doch einst als OCEAN VILLAGE der Versuch, das deutsche AIDA-Konzept zu imitieren. Aber dafür war der Markt noch nicht reif. Also nahm sich der Twen eine Auszeit in Australien, um dann mit einigen neuen Salons und Bars zur Flotte von Cruise & Maritime Voyages und damit via TransOcean auch zu deutschen Kreuzfahrern zu stoßen. Hier zeigt die COLUMBUS unter ihrem neuen Entdeckernamen, dass man Tradition nach britischem Vorbild sehr locker pflegen kann. Zwar gibt es feste Essenszeiten an reservierten Tischen, doch sind die einzelnen Sitzungen mit zweieinhalb Stunden sehr lang bemessen. Das passt zu den sehr respektablen Portionen, die serviert werden. Die Übersetzungen für die deutschsprachige Speisekarte sind eine nicht versiegende Quelle des Frohsinns. Da kann man »geworfene Tomaten« bestellen oder sich über ein schottisches Traditionsgericht freuen, dessen Name im Deutschen als »Blasen und Quietschen« in der Karte steht. Am Nachmittag lockt eine Kuchenauswahl, die ihresgleichen sucht. Zu Ausflügen wird nicht über Lautsprecher aufgerufen; der Respekt vor Langschläfern und privaten Landgängern überwiegt. Alleinreisenden wird angeboten, sich morgens zwischen acht und neun Uhr zum gemeinsamen Landgang zu treffen. Natürlich gibt es auch weniger Erfreuliches: Der grüne Kunstrasen an Deck sieht aus, als müsse er dringend mal gewässert werden, und dass die »Sperrstunde« im Pub, im Inselreich gute Tradition, auf ein internationales Schiff übernommen und mit hellem Licht, Putzfeudel und Reinigungsmittelgeruch durchgesetzt wird, erfreut den Besucher nicht.

Neben den Klassikern wie Invergordon und Greenock sind Ziele, die andere Großbritannien-Kreuzfahrer nicht sehen, die Spezialität der COLUMBUS. Dazu gehört St. Mary's auf den Scilly Inseln. Bei schönem Wetter strahlt das Meer in allen Blautönen, was dem navigatorisch anspruchsvollen Wechsel zwischen Flach- und Tiefwasser geschuldet ist, und die lange Tenderbootfahrt wird zum Erlebnis. An diesem

Insel-Idylle in St. Mary's (Scilly Islands)

Morgen ist der Himmel grau und weint ein bisschen. Wer sich dennoch gleich aufmacht an Land, wird mit einem Blick auf Camilla und Charles belohnt, die just einen Tag auf den Inseln verbringen, dafür eigens eine Wohnung haben und ein kurzes Bad in der Menge nehmen. Ein Bad im Meer gibt es am Nachmittag, aber da sind die Hoheiten schon abgereist. Inzwischen wärmt die Sonne den Strand und die üppige Pflanzen- und Blütenpracht in Vorgärten und Parks. Tatsächlich wagen sich einige Verwegene ins schottisch-kühle Salzwasser. Interessanter ist, dass ein Gutteil der 1.800 Inseleinwohner ebenfalls mit Kofferradio und Picknickkorb zum Strand gepilgert ist, und erst ein Blick auf den Veranstaltungskalender der Insel zeigt, dass die abendlichen Erzählungen eines Kriegsveteranen hier der Unterhaltung höchste Weihe sind. Da bekommt der Strandnachmittag mit der Familie einen anderen Stellenwert. Übrigens auch das Erlebnis eines Passagier-Ehepaares, dem sich eine Einheimische fast den ganzen Tag anschloss, um ihnen die Insel zu zeigen. Die Frage, wer hier wen unterhalten hat, bliebe allerdings zu klären.

Dublin. Irlands Hauptstadt mag auch nicht mit Sonne locken, aber sie hat deutlich mehr zu bieten und zu erzählen als die Scilly-Inseln. Zum Beispiel die Geschichte von Molly Malone, der Fischverkäuferin, die auch ihren Körper feilbieten musste, um ihre Kinder ernähren zu können, und die zur Nationalheldin wurde. Der zweite Teil der Historie kommt später in Cobh, dem alten irischen Hafen Queenstown, hinzu. Fast sieben Millionen Menschen haben in der zweiten Hälfte des 19. Jahrhunderts Irland verlassen, ließen ganze Dörfer entvölkert zurück, um Hunger und Armut zu entkommen. Eine Kartoffelkäferplage hatte den ohnehin mageren Ernteerträgen den Rest gegeben und trieb die Menschen in die Neue Welt. Wer sich Zeit nimmt für einen solchen Rückblick, der ist in Dublins ungezählten Pubs auch an einem Regennachmittag richtig.

St. Peter Port auf Guernsey hat immerhin zehnmal so viele Einwohner wie St. Mary's. In seinem von den Aufs und Abs des Hügellandes geprägten Stadtbild mischen sich britische Lebensart, französisches Flair und die Lieblichkeit Cornwalls. Wer hier auf Ausflug

Papageientaucher gibt's im Schaufenster und »in echt«

Oben:
Ankunft in St. Peter Port (Guernsey)

Mitte:
Das alte Rathaus von St. Peter Port

Unten:
Gala-Buffet im Foyer der COLUMBUS

geht, erlebt zum Teil kleine Fahrzeuge, ausgeliehen aus dem Fuhrpark der Schulbusse, und Fahrer, die mit ihren persönlichen Eindrücken von ihrer Insel weit mehr vom Esprit des kleinen Landfleckens im Kanal vermitteln können als ein studierter Historiker. Wären da nicht die kleinen, gedrungenen, grauen Häuser aus festem Stein mit den klobigen Kaminen, man könnte St. Peter Port für eine Hafenstadt auf den Kanaren halten mit seinen Palmen und Blumenbeeten vor der Kulisse eines großen Yachthafens.

Zum letzten Mal spielt die COLUMBUS ihre Trumpfkarte aus und verwöhnt mit ihrem Oceanliner-Flair, den breiten Gängen, der edlen Einrichtung, einer grandiosen Abendshow. Beim bierseligen Pubbesuch, wo stets eine bestimmte Sorte im Sonderangebot ist, überrascht ein literarisches Intermezzo: In der Schublade eines Tisches findet sich eine Heinrich-Mann-Ausgabe. Im Bordshop, dessen Kleidungsangebote den deutschen Geschmack mit weiten, geblümten Kleidern und Anleihen aus dem Schrank der Queen weiträumig umschiffen, ist griechisches Olivenöl mit verschiedenen Aromen ein gern genommenes Souvenir, das zeigt: Die COLUMBUS ist in Wahrheit keine Britin, sondern gehört einer Reederei in Piräus. Obgleich sowohl in Tilbury wie in Amsterdam Passagiere ihre Reise beginnen und beenden, gibt es einen gemeinsamen Abschiedsabend – statt einer Gala-Nacht jedoch als große, bunte Party im Foyer. Die Freunde der COLUMBUS sollen deren Feierlaune in guter Erinnerung behalten, während sich Besatzungsmitglieder aus 20 Nationen von Korea bis USA von ihnen verabschieden.

Fahrt der Deutschland durch den engen Trollfjord

SKANDINAVIEN »LIGHT«

Eine Nordlandreise soll zur Gemächlichkeit skandinavischer Lebenskultur passen

von Oliver Schmidt

Sie haben es verdient, Island und Norwegen, mehr zu sein als das Unterhaltungsprogramm auf dem Weg nach Spitzbergen. Während zweiteres schon vom deutschen Kaiser Willi Zwo als Sommerziel bevorzugt wurde, rückte Island erst in den letzten zehn Jahren mit Finanztief, Aschewolke und veritablen Fußballerfolgen auf den Radarschirm deutscher Urlauber. Die Deutschland widmet beiden Zielen eine 18-tägige Kreuzfahrt. Muss es denn immer Spitzbergen sein? Wer will schon immer ganz hoch hinaus? Als James Lasts Trauermarsch, seit über 30 Jahren Auftakt zum Meer-und-Tränensalz-Fernsehabend, das pensionierte Traumschiff an den Kränen von Bremerhaven vorbei auf die Reise schickt, sorgt sich niemand um den fehlenden Arktis-Archipel. Vorfreude auf Island und Norwegen begleitet die Gespräche, die alsbald von der Reling in die Bar »Lili Marleen« verlegt werden. Blank geputztes Messing trennt sie von den Kolonnaden mit den vielen Promi-Fotos, Spiegel der glanzvollen Zeit eines Ocean-Liners, der so gern ein First-Class-Schiff sein wollte und immer Grand Hotel sein musste, weil die Granden der Eignergesellschaft es so bestimmt hatten. Phoenix Reisen macht das anders.

Willkommensgruß der Schönen am Bug

Diese Reise ist eine Genussreise, schon des Schiffes wegen, das neben seiner unvergleichlichen Jugendstil-Ausstattung, die allmählich nach einer Renovierung ruft, so viele öffentliche Räume für unterschiedliche Unterhaltung hat wie kaum ein Schiff dieser Größe. Dazu den zwei Decks hohen Kaisersaal für große Show-Events und eine Gastronomie, die ein allabendliches Mitternachtsbuffet, das diesen Namen wirklich verdient, ebenso umfasst wie zwei verschiedene Orte für Kaffee und opulente Kuchenauswahl am Nachmittag. Hinzu kommen kulinarische Events wie das Austernbuffet an Deck oder das »Wiener Café« in rotem Plüsch unterm Kronleuchter. Nicht zu vergessen die lange Nacht der 20er-Jahre.

Entsprechend bleiben auch die Stopps auf Island dem Genuss vorbehalten. Mögen andere über Felsspalten und durch Wasserfälle kraxeln, der Ausflug zur Blauen Lagune nahe Reykjavík ist eine nette Alternative. Statt sportlicher Betätigung wird auch hier ein Gesellschafts-Event zelebriert, Cocktails werden gereicht, Gesichtsmasken aufgelegt und fröhlich geschwatzt; zum Schwimmen ist das Wasser eigentlich zu warm. Dampfende Quellen im Hintergrund verraten, warum das so ist. Deutlich kleiner und entspannter ist der Mývatn-See im Norden der Insel, erreichbar bei einem Hafentag in Akureyri. Wenn die Blaue Lagune die Copacabana von Island ist, so ist der Mývatn-See »nur« Pamplona Beach.

Mitte links: Der Kaisersaal als Wiener Caféhaus am Nachmittag

Mitte rechts: 20er-Jahre-Nacht an Bord

Unten links: Rocknacht in der Küche

Unten rechts: Baden in der Blauen Lagune (Island)

Oben links:
Ladenpromenade auf der DEUTSCHLAND

Oben Mitte:
Zu Besuch beim Weihnachtsmann in Skarsvåg am Fuß des Nordkaps

Oben Rechts:
Zwischenstopp am Godafoss-Wasserfall

Mitte links:
Im Husky-Camp ist Mittagsruhe

Seetage bis zum Nordkap. Zeit, das Schiff zu genießen. Auch, wenn er dieses Mal nicht an Bord ist, Kreuzfahrtdirektor Chris Schädel hat sich in die DEUTSCHLAND verliebt und sich im Gespräch mit früheren Mitarbeitern und Passagieren unglaubliche Mühe gegeben, den Charme, der sie ausmacht, wieder herbei zu zaubern. Dazu trägt jeder einzelne Charakter bei, unter der Crew wie unter den Passagieren. Christel von der Reiseleitung zum Beispiel hat ein ganzes Leben in der Touristik hinter sich, erkundigt sich, wie es denn Kapitän Biehl gehe (in den 80er-Jahren Master auf der BERLIN) und kann sich auf jeden Reisenden perfekt einstellen. Hubert Feldmann leitet den Friseursalon. Der 64-jährige Rheinländer hat sein Handwerk in Großbritannien gelernt. Seitdem schneidet er nur in schwarzer Weste und Krawatte. Auch er ist »ein Stück Deutschland«. Länger an Bord ist Rolf-Alexander Scholze gegenüber in seiner Dependence vom Dresdener Juwelierhaus Leicht an der Frauenkirche. Er erspäht seine Pappenheimer schon im Herankommen: Verwechselt der Gast sein Schaufenster mit einem Museum oder wird er die Brieftasche zücken? Larissa Katz ist einfach die perfekte Gastgeberin. Schon mit Mitte zwanzig hat die Dortmunderin »ihre« Restaurants fest im Griff, von der Platzreservierung bis zur kaputten Glühbirne kümmert sie sich um alles, und warum auf ihrem Namensschild vor dem »Maîte d'« noch das Wort »Assistant« steht, begreift hier niemand. Genauso bunt gemischt ist die Gästeschar: Da ist die 87-jährige Unternehmerwitwe, die seit 30 Jahren die Welt bereist und mit einem charmanten »Ich hüte solange das Schiff« ihre Mitpassagiere zum Ausflug verabschiedet. Ebenso aber der Jurist, der mit Nichte und Neffe im schulpflichtigen Alter reist. Sie stehen an der Reling, finden's »obercool« und reagieren leicht genervt, wenn sie zum x-ten Male gefragt werden, ob sie sich hier nicht langweilen. Natürlich gibt es auch jene Kreuzfahrer, denen immer die Torte zu matschig und das Törtchen zu fruchtig ist, während die Suppe »genauso schmeckt wie gestern«. Sie hätten nur mit einem Recht: Wenn selbst im Spezialitätenrestaurant »Vier Jahreszeiten« mit guten Zähnen der Kampf gegen das vermeintliche »Filet« nicht zu gewinnen ist, dann hätte man sich statt einer Bemerkung des Sous-Chefs über die schlechte Versorgungslage einen Kühlcontainer des Catering-Unternehmens nach Island gewünscht, um den Fauxpas auszugleichen.

Am Nordkap geht das alternative Ausflugsprogramm weiter. Statt der Fahrt auf den berühmten Felsen werden die kleinen Orte der Umgebung erkundet, bis zum Weihnachtsshop in

Skarsvåg. Tromsø dagegen ist der ideale Ausgangspunkt zum Besuch bei 300 Schlittenhunden, die sich ihr sommerliches Arbeitslosendasein gern von einem Bus voll Streichler und Krauler versüßen lassen. In Stokmarknes, dem Gründungsort der Hurtigruten, liegt ein ganzes Schiff hoch und trocken zur Besichtigung. Die Atmosphäre auf der alten FINNMARKEN von 1956 ist so authentisch, als seien gerade die Gläser von der letzten durchzechten Nacht vom Tisch geräumt.

Wenig später die Herausforderung für Kapitän Hubert Flohr, die DEUTSCHLAND in den engen Trollfjord hineinzumanövrieren. Zum Greifen nah kommen die rohen Felsgebilde, spärlich bewachsen, an der Reling vorbei – und er bringt das Kunststück fertig, das Schiff am Ende zu drehen und vorwärts auszufahren. Pioniere der Lüfte gibt's in Bodø. Wer sich unter dem Luftfahrtmuseum ein Häuschen mit ein paar Fotos und Modellen vorgestellt hat, irrt gewaltig. Die Ausstellungshallen sind gigantisch, beherbergen ganze Flugzeuge und erzählen Norwegens Aviations-Historie, wobei Entdecker Roald Amundsen eine wichtige Rolle spielt. Der Abend gehört einem romantischen Spaziergang zum Svartisen-Gletscher, der im goldgelben Licht unwirklich leuchtet. Nebenan ist ein Elch hauptberuflich damit befasst, auf Kommando Sträucher abzugrasen, wenn ein fotografierwilliger Tourist dafür hundert Kronen bezahlt.

Nauste ist ein 400-Einwohner-Dorf mit bunten Holzhäusern. Die DEUTSCHLAND ist das zweite Passagierschiff, das hier ausbootet, seit die Yacht von Kaiser Wilhelm II. das letzte Mal die Anker gelichtet hat. Das Landgangsprogramm gerät zum interessanten Plausch an diversen Gartenzäunen. Wie jede Reise auf Phoenix' jüngstem Schiff endet auch diese mit einer langen Rocknacht in der Küche, bei der die Passagiere endlich erfahren, wo all die Leckereien und Kalorien seit über zwei Wochen herkommen.

Oben links:
Die alte FINNMARKEN
als Museum
in Stokmarknes

Oben rechts:
Nach Nauste
kommen Musikdampfer
nur alle Jubeljahre

Mitte rechts:
Kapitän Flohr
auf der Nock

Unten:
Abschiedsgruß der
Schönen an den
Svartisen-Gletscher

LEKTOR UND KREUZFAHRTDIREKTOR IN PERSONALUNION

Eine Griechin und ihr Cruise Director

von Jürgen Saupe

Der OCEAN MAJESTY, einem kleinen Schiff mit griechischen Wurzeln, ist gelungen, worum sie mancher ihrer Landsleute beneiden würde: Sie hat einen festen Job in Deutschland. Jedenfalls von Mai bis Oktober. Hansa Touristik, das letzte Familien-Unternehmen im deutschen Hochseemarkt, hat 2013 zum ersten Mal sein Glück mit dem kleinen, in mancherlei Hinsicht etwas ungewöhnlichen Schiff versucht – und hat alles richtig gemacht. Es ist eine klassische Geschichte, wie sie außer britischen nur urdeutsche Kreuzfahrtpassagiere schreiben können, die sich in ein Schiff verlieben, weil vieles stimmt, die Mannschaft zwar nicht immer alles richtig macht, sich aber unglaublich viel Mühe gibt. Und weil sie sich ganz einfach wohlfühlt an Bord.

Die OCEAN MAJESTY hat einen klassischen »Decksprung«

Auf die »Software« kommt es an

Um es gleich vorweg zu sagen: Vom spanischen Linienpassagierschiff mit Autobeförderung, die der Schiffsrumpf der heutigen OCEAN MAJESTY Mitte der 60er Jahre beherbergte, sieht man nichts mehr. Vielmehr erlebt der Passagier ein voll durchrenoviertes Schiff, das aus seinen Umbauten ein paar Schrulligkeiten behalten hat. Zum Beispiel den heute ungewöhnlichen Decksprung (die bauchige Form, die jedes Deck nach vorn und achtern leicht ansteigen lässt). Familie Kilian von Hansa Touristik hat dem kleinen Schiff nicht nur Leben, sondern auch bei der »Software« Moderne eingehaucht. Hansa-Senior Horst Kilian und seine Töchter Birgit und Karin, die den Kreuzfahrt-Virus schon mit der Muttermilch mitbekamen, bringen es zusammengerechnet auf über hundert Jahre Kreuzfahrt-Erfahrung.

Morgens, mittags und abends wird parallel zum Restaurant mit vollem Service auf dem Achterdeck ein Buffet für täglich wechselnde Salate, kaltes und warmes Fleisch sowie Desserts aufgebaut. Ein Gläschen weißen und roten Tischweines, der hier wie im Restaurant gereicht wird, ist inkludiert. Vor dem Pool überrascht zudem eine Grillstation, die abwechselnd Fisch, Geflügel, Steaks oder auch mal Bratwürstchen zubereitet, frisch, à la minute und mit dem Schwung eines täglichen Grillfestes unter freiem Himmel. Sitzplätze gibt es auf dem Deck rund um den Pool genug, nur bei Regenwetter wird es eng. Der Innenbereich ist hübsch gestaltet, aber rasch überfüllt.

Mitte links: Das Restaurant ist fensterlos, aber großzügig

Mitte rechts: Guter Service am Buffet

Unten links: Top-Kabine mit Doppelbett

Unten rechts: Windgeschützter Swimmingpool am Achterdeck

Oben:
Café mit Oberlicht

Unten:
Kreuzfahrtdirektor
und Kapitän

Ein Warmwasserschiff

Das Schiff, das der Veranstalter und die neu gewonnenen Stammgäste schon liebevoll OMY getauft haben, wurde fürs Mittelmeer gestaltet. Ans manchmal tobende Baltikum und Nordland hat niemand gedacht, an die Arktis noch weniger. Mancher weicht dann ins Hauptrestaurant aus und wird nicht enttäuscht. Hier, tief im Bauch der OMY, spürt er kaum Seegang und speist à la carte; was er bestellt, wird freundlich am Tisch serviert. Wasser und Wein inklusive; andere Getränke gibt es zu sehr moderaten Preisen nach Karte oder im vorab buchbaren Pauschal-Paket. Das Restaurant-Deck hat übrigens eine geradezu verschwenderische Deckenhöhe. Hier war vor einer Generation mal das Autodeck untergebracht. Schwer vorzustellen für jeden, der heute unter kristallenen Lüstern an weiß gedeckten Tischen speist oder gar am Captain's Table sitzt. Dass er vorgegarte Steaks serviert bekommt, die unter der Lilliput-Ausgabe eines Grills, die in der Küche gerade noch Platz fand, ihre letzte Bräune kriegen, merkt er kaum. Hauptsache, es schmeckt.

Kreuzfahrtdirektor Peter Jurgilewitsch

Braucht man wirklich immer organisierte Landausflüge? Wer in St. Petersburg (Achtung: Visum-Pflicht!), Helsinki und Bergen aufgrund der Schiffsgröße mitten in der Stadt anlegt (alle drei Ziele haben auch Piers weit außerhalb der City), der entschließt sich vielleicht auch einfach zu einem Spaziergang. Spätestens hier kommt Peter Jurgilewitsch ins Spiel, der mit seiner besonderen Aufgabenteilung sowohl als Kreuzfahrtdirektor wie auch gleichzeitig als Lektor an Bord frischen Wind in die Bordhierarchie bringt. Der auf seine Person beschränkte kürzestmögliche Dienstweg garantiert, dass jeder Passagier bei eventuellen Änderungen ohne Zeitverzug auf dem Laufenden gehalten wird. Ansonsten brilliert Peter Jurgilewitsch aufgrund seiner jahrzehntelangen Bord- und Landerfahrung neben den täglichen Durchsagen mit seinen länderkundlichen Vorträgen. Als Reiselektor und Kreuzfahrtdirektor fährt er seit nunmehr 20 Jahren ununterbrochen zur See und genießt dabei den Kontakt zu Menschen.

Blaue Stunde
am Achterdeck

Die OMY liegt stets
im Zentrum
(hier in St. Petersburg)

Ein Leben vor der Kreuzfahrt, ein Leben für die Kreuzfahrt

Nach dem Studium der Musik, das Peter Jurgilewitsch 1979 abgeschlossen hatte, begleitete ihn diese fast 20 Jahre lang als Pianist, Organist und Chorleiter. Musik und Kunst gehören für ihn, wie er ausdrücklich betont, zusammen; einen Unterschied zwischen Klassik und der leichten Muse kennt er nicht. Beide verlangen, so sein Credo, wenn sie gut komponiert sind und ansprechend dargeboten werden sollen, professionell ausgebildete Interpreten. Das Leben sei bisher an ihm vorbeigerauscht, meint er über sich selbst. Den Grund glaubt er auch zu kennen: »Ich durfte immer Dinge tun, die ich mochte …«

DAS EIS MEINER TRÄUME

Ansichten einer Erstkreuzfahrerin über Eis im Gletscher, im Salzwasser und im Whiskyglas

von Brigitte Höbig

»Ich brauche Ihre Hilfe, das ist meine erste Kreuzfahrt.« Check-in einer Weltenbummlerin auf der ASTOR in Bremerhaven. Eine Augenbraue zieht sich hoch. »Ihre erste Kreuzfahrt? 24 Tage?! Glauben Sie nicht, dass das tough wird?« – »Vielleicht bin ich ja eine toughe Lady?« Lachen auf beiden

Seiten, ein herzliches »Willkommen« – das erste Eis ist gebrochen. Das grönländische kommt noch. So wohl wie in den ersten fünf Minuten werde ich mich 24 Tage lang fühlen, aber das ahne ich noch nicht. Willkommen und umsorgt in einer fast familiären Atmosphäre. Liegt es an den vielen verschiedenen Nationalitäten des Personals, dass so eine herzliche Freundlichkeit bei mir ankommt?

Selbst am frühesten Morgen, wenn ich mit meinem ersten Tee am Tisch im Selbstbedienungsrestaurant »Übersee« sitze, das Personal nach einer bestimmt kurzen Nacht um mich rumwuselt, das Frühstücksbüffet mit exotischen Früchten aufgebaut wird, höre ich ein freundliches »Guten Morgen, haben Sie gut geschlafen? Ist das nicht ein schöner Tag heute?« Schöne Tage fürwahr. Für mich schöner als für das ständig arbeitende Personal.

Kurs Nordwest

Was hat mich bewogen, ins Eis, in die Arktis, zu fahren?

Ich wollte Eisberge und vielleicht auch einen Eisbären sehen, bevor es sie irgendwann nicht mehr gibt. Die Kreuzfahrt erschien mir dafür die ideale Reiseform. Die Astor habe ich mir dabei ganz bewusst ausgesucht, ein kleines Schiff auf meiner Traumroute. Windstärke 5 bis 6 bei der Überfahrt nach Island. Sechs Uhr morgens. Ich muss einfach an Deck, die frische, kühle Luft einatmen. Das weite graublaue Meer sehen, den unendlichen Horizont. Die ersten Sonnenstrahlen streicheln mein Gesicht, Seevögel begrüßen mich, segeln elegant an der Astor vorbei.

Island, unser erstes Ziel, ist ein einziges Naturschauspiel. Karge Lebensbedingungen wie Anfang des 20. Jahrhunderts. Karge Landschaften. Aber gerade das macht ihren Reiz aus. Heute jedoch scheint die Sonne auf das satte Grün, und die Erde spuckt stinkenden Schwefelschlamm aus. Island, das Land der Gletscher, Geysire, Lavaformationen und Trolle. Die Isländer glauben auch heute noch an sie! Ich hingegen wollte nicht glauben, dass es hier ein Register gibt, in dem verzeichnet ist, auf welchen Grundstücken nicht gebaut werden darf, weil dort

Der erste Eisberg ist immer der schönste

Elfen leben, die nicht gestört werden dürfen. Ihr Groll brächte lebenslanges Unglück und dem Hausbau keine glückliche Hand. Die ausgezeichneten Lektoren an Bord, die jeden Tag aufs Neue ausführlich über die nächsten Destinationen informieren, wissen all dies und noch mehr. Land, Leute und Natur stellen sie vor, niemand kommt unvorbereitet nach Island oder Grönland. Auch mit den Mitreisenden lohnt sich ein Plausch. Es wird sich für den Abend im gemütlichen Captain's Club verabredet. Aber nicht zu lange! Mein Traumziel Grönland kommt näher!

Oben:
Berge am
Prins Christian Sund

Unten:
Missionar Hans Egede
hinterließ viele Kirchen

Grünes Land mit weißem Panzer

Die weltgrößte Insel erblüht bei strahlendem Sonnenschein. Es ist nicht nur Sommer, es ist Mittsommer: Weidenröschen, Flecken von Butterblumen, Löwenzahn, Alpennelken, gelber Mohn, blaue Glockenblumen und Kamille. All das steht in voller Blütenpracht. Dazwischen Wollgras, so weiß und durch den Wind zerzaust wie meine Haare an vielen Tagen auf dieser Fahrt. Gibt es hier auch Bäume? Der Lektor weiß die Antwort, bevor ich die ersten Polarweiden selbst erspähe, maximal 25 cm hoch. Manche Exemplare sind schon fast hundert Jahre alt, kleinwüchsig und auf dem Boden dahin kriechend.

Der Prins Christian Sund an der Südspitze Grönlands, eine der bizarrsten Naturschönheiten dieser Gegend, ist gerade breit genug, um einem Kreuzfahrtschiff wie der ASTOR Platz zu bieten – wenn Wetter und Eisgang es zulassen. Fahren wir durch? Die ortskundigen Lotsen, die das Schiff ständig begleiten, sagen ja. Und so bestaunen wir an Backbord die Inselgruppe Cap Farvel, an Steuerbord das Festland der grönländischen Insel. Berge aus Granit und Basalt türmen sich zu dramatischen Formationen von 1.000 Meter Höhe auf, lassen rote Bäckchen und durchgefrorene Hände vergessen. Größere und kleinere Wasserfälle suchen sich ihren Weg von den Bergen herab. Im strahlenden Sonnenschein küssen Gletscher das Wasser des Sunds, einige haben sich allerdings schon weit ins Inland zurückgezogen und spektakuläre Moränenfurchen in allen Braun- und Rottönen hinterlassen. Der Klimawandel hat Einzug gehalten. Ein Seenebel legt bei der Ausfahrt aus dem Sund plötzlich einen dichten Schleier über alles. Als hätte es dieses Naturschauspiel nie gegeben.

Gemeinsam entdecken

»Wollen wir durch Qeqertarsuaq spazieren, ohne Tour?« Zwei meiner Tischnachbarn stimmen zu. Sie alle sind Alleinreisende. Wir sehen uns fast jeden Abend an unserem fest gebuchten Tisch im »Waldorf«-Restaurant, tauschen uns über die Erlebnisse des Tages aus, machen uns gegenseitig neugierig auf den nächsten Tag und seine Ausflüge. Freundliche, gegerbte Inuitgesichter begutachten uns neugierig und lächeln uns an. Wer besichtigt hier eigentlich wen? Bunte Holzhäuser säumen den Weg, an der Leine zerrende, hungrige Huskys, die nur einmal pro Woche gefüttert werden, jaulen in ihrem sommerlichen Arbeitslosendasein. Die Kleinen toben durch das Gras und erfreuen sich ihres Lebens.

Was bewegt sich denn da im Wasser? Alle bleiben plötzlich stehen. Staunen. Kaum zu glauben!

Fünf Wale führen ein Wasserballett auf, sie jagen einen Fischschwarm, siegen und fressen sich satt. Wir vergessen die Zeit. Unbeschreiblich! Klick, Klick, Klick – bei mir werden am Ende dieser Reise 2.500 Fotos auf dem Chip sein.

Oben:
Städtebau auf grönländisch: Häuser ohne Straßen

Unten:
Kleine Huskys ernähren sich von Fisch

Disko einmal anders

Im direkten Angesicht des größten Gletschers der nördlichen Hemisphäre und seiner Eisberge ankert die ASTOR in der Diskobucht, deren Namensgeber die vorher besuchte Diskoinsel ist. Die Kühle des Eises kann man förmlich spüren, das Weiß blendet die Augen. Kein Wunder, dass Polarforscher schneeblind werden.

Gegen Mitternacht, eingehüllt in Decken und mit den wärmenden Heizstrahlern der Hanse Bar im Rücken, präsentiert sich dieselbe Kulisse in gänzlich anderer Stimmung. Die Sonne steht tief, geht aber nicht unter. Die kleineren Eisberge schimmern in Rosa und Gold. Ein Spiel mit weichen Farben im tief dunkelblauen Wasser. Ein paar Kanufahrer gleiten gemächlich durch das Bild. Bis zu 150.000 Jahre alt ist das Eis, das ihren Weg kreuzt. So lange, der Lektor hatte es am Tag davor erklärt, hat es vom Herabschneien auf den Gletscher gebraucht, bis es sich fest zusammengepresst an die Abbruchkante der Küste geschoben hat und dort als Eisberg ins Meer plumpste. Dank eines eigens zur Beschaffung frischen Gletschereises abgestellten Crewmitglieds findet es den Weg in unsere Whiskygläser. Knisternd und knackend löst es sich langsam auf. Beim Verlassen der Bucht sind die Vorräte ausgetrunken. Once in a lifetime!

Grönland von oben

»Wer will neben dem Flugkapitän sitzen?«

Eine sechssitzige Maschine, mein Take-off im Cockpit und das Wetter spielt wieder mit. Ich bin ein Glückskind! Der Weltnaturerbe-Gletscher, der in die Diskobucht hinein kalbt, liegt kurz darauf mit seinen gewaltigen Eismassen im strahlenden Sonnenschein unter uns, 60 Kilometer lang, sechs Kilometer breit. Kleine einheimische Schiffe schippern die Mitpassagiere entlang der Abbruchkante der Eisberge zur Walbeobachtung. Hier in der Diskobucht

Plötzlicher Nebel hüllt das Deck ein

wurde 1912 der Eisberg »geboren«, der die TITANIC zum Sinken brachte. Von hier aus driften die Eisberge nach Süden, Richtung Äquator, um auf ihrer Reise immer kleiner und kleiner zu werden.

»Conquest of Paradise«, besser könnte man es nicht sagen! Beim langsamen Verlassen der grandiosen Kulisse am späten Nachmittag des zweiten Tages begleitet uns die Melodie über den Lautsprecher. Jagt uns leichte Schauer den Rücken runter, bei manchen lugt sogar ein Tränchen um die Ecke.

Touristensegen?

Nuuk, die Hauptstadt Grönlands, bei 20 Grad Celsius in der Sonne. Ich sitze auf den Kirchenstufen am Hafen, warte auf meinen Tischnachbarn. Wieso ist die Kirche verschlossen? Wieder, wie so oft, wegen der Kreuzfahrttouristen, die ungehemmt alles als Souvenir in die Tasche stecken, was nicht niet- und nagelfest ist? Ein Einheimischer erzählte dieser Tage davon. Seit so viele Besucher kämen, müssten die Kirchen abgeschlossen werden. Das gab es hier noch nie, seit der Eskimo-Apostel Hans Egede das Land christianisierte. Die Kreuzfahrttouristen verändern Grönland, zwingen zur Vorsicht, enttäuschen Vertrauen, das über Jahrhunderte gewachsen ist.

Hier ist es zum Glück anders! Eine traditionelle grönländische Hochzeit soll in der Kirche stattfinden. Große, schwere Perlenkragen, im Winter an langen, dunklen Abenden zusammengeschnürt, Seehundfellstiefel, bestickte Blusen und Gürtel gehören zur Brautausstattung. Das glückliche Paar freut sich sichtbar über die Touristen und lädt freundlich ein, beim Traugottesdienst dabei zu sein. Brautjungfern mit Spaghettiträgerkleidchen (es ist schließlich Sommer!) und Blumenkörbchen. Sie alle strahlen mit der Sonne um die Wette. Und sind sehr stolz, die Gewohnheiten der Inuit mit dieser Hochzeit aufrechtzuerhalten. Ein Rundgang durch Nuuk erklärt den Wunsch nach Tradition. Ein Wohnblock ragt in die Landschaft, gebaut für rund tausend Menschen, hineingepfercht aus der Weite der Natur, ihrer Wurzeln beraubt, unnütz in einer Welt, die nicht mehr die ihre ist.

Ciao Bella!

Grönland verabschiedet sich in all seiner beeindruckenden Schönheit, etwas anderes hätte wohl auch nicht gepasst! Eingehüllt in Decken, mit einem Drink in der Hand auf dem Achterdeck sitzend, sehen wir in der Ferne die Silhouette immer kleiner werden, schwarz ragen die Berge auf. Dann ein dramatischer Sonnenuntergang, Grönland »brennt« in allen Rotschattierungen. Die Zeit spielt keine Rolle mehr, wir sitzen und staunen, schweigen ergriffen im Anblick dieses Naturschauspiels.

Besondere Einladung zur traditionellen Hochzeit

MS MAXIMA
am Anleger in Kalocsa

ULTIMA DONAU

Einmal Kilometer Null und zurück

von Corlijn Schönknecht

Alle schauen gespannt auf das Ufer, während eine Stimme durch die Lautsprecher aufgeregt sagt: »Eine Pelikan-Familie an Backbord in Fahrtrichtung!« Die Blicke richten sich gespannt nach draußen, einige schauen durchs Fernglas, andere machen Fotos von dem Spektakel. Doch was ist hier eigentlich los und wo treibt sich diese Pelikan-Familie herum?

Drehen wir die Zeit zurück und fangen da an, wo alles begann: in Ungarn. Dort gibt es Pelikane? Nicht direkt, aber die Reise beginnt in Budapest und führt durch sieben Länder entlang der Donau bis zum Delta am Schwarzen Meer. Die MS MAXIMA wartet schon sehnsüchtig auf ihre Gäste für die nächsten zwei Wochen. Die Passagiere, die bereits am Vormittag angekommen sind, um die Stadt zu besichtigen, beziehen ihre Kabinen. Nach einem Stückchen Kuchen und einem Kaffee beginnt im Salon die erste Informationsveranstaltung zu den Destinationen. Fließender Übergang zur nächsten Mahlzeit – im Restaurant lockt das Abendessen. Ein paar Unglücksraben sitzen noch am Frankfurter Flughafen fest, als die MAXIMA gegen Mitternacht die Anker lichtet. Sie kommen erst am nächsten Tag.

Natur Pur! Ein Pelikan am Strand des Schwarzen Meers

Begegnung mit Ungarns Geschichte

Beim ersten Verlassen des Schiffes in Kalocsa macht die steile Gangway allen Passagieren deutlich: Wir haben Niedrigwasser! Mit dem Bus geht es innerhalb von eineinhalb Stunden über Land nach Pécs, einer wunderschönen, historischen Stadt im südlichen Ungarn, welche im Deutschen

»Fünfkirchen« genannt wird. Der Name verrät es schön: Fünf große Kirchen stehen im Zentrum. Sie vereinen sich in der 2000 Jahre alten Stadt mit viel Kultur zu einem »Weltkulturerbe der Unesco«. Tatsächlich reicht Pécs' Geschichte bis vor die Römerzeit zurück; der Welterbe-Status schützt nun die Überreste aus dieser Zeit und einen altchristlichen Friedhof aus dem 4. Jahrhundert. Eine Vielzahl verschiedener Baustile vereint sich zu einem romantischen Stadtbild; auf den zweiten Blick fallen die bunten Mosaiken an den verschiedensten Denkmälern auf. Diese Porzellanmosaiken werden in Pécs hergestellt. Auch Sehenswertes aus der Neuzeit gibt es: Ein mit Schlössern behangener Zaun lässt an Verliebte denken. Doch hier ging es nicht um ewige Bindung, sondern um Befreiung: Die Jungs, die früher nur arbeiten, lernen und beten durften, haben ihre Fesseln symbolisch abgestreift, die Schlösser an die Zäune gemacht, die Schlüssel weggeworfen und waren frei. Frei vom Zwang der Familie und auf der Suche nach Liebe und dem eigenen, ungezwungenen Leben.

Folklore mit GEO

Hoch über der Mündung der Save in die Donau thront die Festung Kalemegdan. Serbien ist erreicht, nicht ohne, dass jeder Passagier zur Rezeption kam, um einmal für den Grenzbeamten nett zu lächeln. Das mag in früheren Tagen anders gewesen sein, als die Festung ihre Verteidigungsposition am Zusammenfluss zweier wichtiger europäischer Ströme ausspielte. Mit dem Wissen der Panoramafahrt vom Vormittag wird am Nachmittag Belgrad auf eigene Faust erkundet. Abends gibt es »Kultur live«: Der serbische Folklore-Tanz ist von Region zu Region unterschiedlich, mal langsam und fröhlich, mal schnell und temperamentvoll. Dabei können die Schreie der Frauen, eine Mischung aus Pferdewiehern und schreiendem Baby, einen braven Kreuzfahrer schon mal vom Stuhl katapultieren. Diesen besonderen Ausflug erlebt längst nicht jeder nicko-Gast. Nur auf »GEO-Reisen«, organisiert mit der Redaktion und dem Know-How des

Oben:
Széchenyi Platz in Pécs

Unten:
Alte Hinterlassenschaften aus dem Krieg in der Festung von Belgrad

Oben:
Sonniges Wetter an Deck bei Durchfahrt der Kataraktenstrecke

Unten:
Gesicht des Dakerkönigs Decebalus

bekannten Reisemagazins, gibt es spezielle Ausflüge, Foto-Coachings, dazu Lesestoff in der Kabine und einen Zugang zu allen GEO-Magazinen via iPad. Mehr Informationen und ein anderer Blickwinkel sind das Ziel, das GEO und nicko gemeinsam erreichen wollen.

Das Schiff als Mittelpunkt

Der vierte Reisetag ist ein Seh-Tag – vom Flussschiff aus. Vor dem Bug liegt schon früh morgens der schönste Teil der Kataraktenstrecke. Diese hundert Flusskilometer sind der imposanteste und bekannteste Taldurchbruch Europas. Zwischen den Balkan- und Karpatengebirgen von Serbien auf der rechten Seite und Rumänien auf der linken Seite schlängelt sich die Donau durch einzigartige Landschaften. Im Sekundentakt drängen Passagiere aufs Sonnendeck. Die dritte Schlucht auf der Route ist die spektakulärste, an der engsten Stelle nur 155 Meter breit, sodass die Schiffe nur einzeln durchfahren dürfen. Von kleinen Booten winken Kinder herüber. Die Lautsprecherstimme der Reiseleiterin lenkt die Blicke nach Backbord auf das bekannteste Fels-Gesicht: Der frühere Dakerkönig Decebalus blickt auf ein Kloster und eine Signalstation herab.

Wer zum ersten Mal eine Schleuse fährt, würde schwören, dass das Schiff nie in den engen Trog hineinpassen könnte. Nur wenige Millimeter trennen Bord- und Beckenwand, als die MAXIMA in die Schleuse »Djerdap 1« am Eisernen Tor einfährt, die den Höhenunterschied zum Donaudelta ausgleicht. Kaum merklich senkt sich das Schiff, während riesige Wassermassen unter dem Rumpf einfach verschwinden. Nach etwa einer Stunde wiederholt sich das Schauspiel im nächsten Becken der Doppelschleuse: Wieder die glitschigen, mit Algen bedeckten Wände, wieder geht es in die Tiefe. 34 Meter waren es insgesamt; einige Stunden später kommen mit »Djerdap 2« noch zehn Meter dazu – beinahe lächerlich, wo doch die Flussreisenden jetzt schon »Schleusen-Profis« sind.

Nur noch Natur

Ein Besichtigungstag der rumänischen Hauptstadt Bukarest, der Bücher füllen würde, trennt die MAXIMA noch von ihrem Ziel, der Donaumündung in der Ukraine. In Wylkowe begrüßt der Dorfälteste Schiff und Kapitän mit einem Wodka, wobei die Reiseleitung Wert darauf legt, dass beim Kapitän der Wodka gegen Wasser ausgetauscht wurde. Eine Kindergruppe singt und tanzt dazu. Die Passkontrolle versinkt in heiterer Stimmung, während der Dorfälteste und seine Frau selbst gebackenes Brot auf dem Sonnendeck verteilen. Persönlicher geht es kaum; die Freude der Passagiere über die gelungene Ankunft wird gefeiert.

Noch ist der berühmte »Kilometer Null« nicht erreicht. Nach dem Mittagessen startet der Ausflug mit einem kleineren Schiff, das nach etwa einer Stunde an einem Holzsteg anlegt. Wieder eine Besonderheit der »GEO-Reise«, denn ein »normaler« Ausflug endet mit dem Erreichen der Mündung der Donau ins Schwarze Meer, bevor die Rückfahrt zum Schiff beginnt. Mit diesem Highlight hat niemand gerechnet: Ausstieg am »echten Endpunkt« der Donau; ein kleiner Spaziergang und ein Beweisfoto für die Daheimgebliebenen in Deutschland sind Pflichtprogramm. Einige Reisende sammeln Muscheln oder Steine auf, bannen die Pelikan-Familie auf ihren Kamerachip oder genießen einfach nur den Moment an diesem besonderen Ort. Plötzlich gesellen sich drei Delfine dazu! Nachdem sie einige Zeit im Meer spielten, schwimmen sie ein kleines Stück die Donau hinauf. Modeln sie für die nicko-Gäste? Sie bleiben tatsächlich so lange, bis auch der letzte Passagier ein gutes Foto von dem Spektakel geschossen hat. Vorbei an wunderschöner Fauna und Flora führt die Rückfahrt zur MAXIMA. Am nächsten Morgen fällt der Blick im Morgengrauen noch einmal achteraus aufs Schwarze Meer, während die MAXIMA Kurs auf Budapest nimmt.

Links:
Schleuse Djerdap 1, erstes Becken

Rechts:
Empfang in Wylkove durch Kinder und den Dorfältesten

Wendemanöver bei orangenem Morgengrauen im Schwarzen Meer

Links:
Festung von Belogradtschik

Rechts:
Blick über die Donau von der Festung Petrovaradin in Novi Sad

Gemütlich zu Berg

Obgleich bei der Bergfahrt noch viele Highlights folgen, die auf dem Weg zu Tal nur vorübergezogen sind, ist die Rückreise entspannter. Man hat am Höhepunkt der Reise mehr gesehen als zu erwarten war. Rousse in Bulgarien wird besichtigt, an Tag Neun der Reise führt der Ausflug nach Belogradchik, wo von der Festung aus interessante Felsformationen zu sehen sind. Vieles, was auf der Hinreise nur gestreift wurde, wird auf dem Rückweg vertieft: die Eindrücke von der bulgarischen Landschaft, die Kultur und die Menschen der bereisten Länder – so zum Beispiel in der Ausgrabungsstätte von Lepinski Vir oder der abwechslungsreichen serbischen Stadt Novi Sad.

Nach einem Boxenstopp in Kroatien bekommt die MAXIMA das Niedrigwasser noch einmal deutlich zu spüren. Eine generelle Durchfahrtssperre für alle Schiffe zwingt sie, über Nacht in Ordas zu liegen. So muss ganz zum Schluss umgeplant werden: Für den Ausflug in Budapest entschädigt ein langer Spaziergang in der grünen Natur Ungarns. Ein kilometerlanger Deich erinnert viele Reisende an Norddeutschland. Dennoch bleibt am letzten Tag noch Zeit, die Stadt Budapest von allen Seiten kennen zu lernen, schoppen zu gehen oder in einem der vielen Thermalbäder zu entspannen. Die Koffer sind gepackt. Mit im Gepäck: viele neue Erkenntnisse, ein Koffer voll Souvenirs und fünf Kilo mehr Körpergewicht aus der guten MAXIMA-Küche.

MS MAXIMA am Anleger

WANNSEE ODER OSTSEE? WANNSEE, ODER, OSTSEE!

Von der Backsteingotik zur Bäderromantik

von Sigrid Schmidt

Die SANS SOUCI liegt auf Hiddensee

Wie viele verschiedene Binnengewässer gibt es eigentlich? Die Antwort gibt die SANS SOUCI, ein kleines, gemütliches Flusskreuzfahrtschiff, auf der Strecke von Berlin an die Ostsee: Nacheinander bekommt sie die Berliner Seen und den Oder-Havel-Kanal unter den Kiel, gefolgt vom Strom der Oder und schließlich den einmaligen Boddengewässern zwischen den Ostseeinseln und dem Festland. Mit dem Wasser wechselt auch die Landschaft: Wälder um Berlin, Stadtflair bei Stettin und reetgedeckte Häuser an der Küste.

Wenn das Schiffshorn einen Abschiedsgruß hinübertutet ins beschauliche Berlin-Spandau, dann liegt hinter den Passagieren schon ein Tag, wie er vielfältiger nicht sein könnte. Berlin, Deutschlands alte und neue Hauptstadt, hat wieder Weltflair. Wer shoppen will, hat die Auswahl zwischen Ku'damm und der Flaniermeile Unter den Linden. Ein Besuch im Reichstag bringt ein Stück Weltgeschichte mit sich, die Besteigung der Glaskuppel einen grandiosen Blick aufs Regierungsviertel. Bootsfahrt auf der Spree, dazu die Museumsinsel und die klassizistischen Bauten der kaiserlichen Kapitale. Wer abends unterwegs war, hat noch eine ganz andere Atmosphäre wahrgenommen: Man kann es wieder finden, das legendäre Berlin der 20er Jahre mit seinen Kabaretts, Varietés und Brettl-Bühnen.

Das alles erscheint jetzt ganz weit weg. Denn vor den Fenstern der Lounge, in der zum Tee ein kleines, aber feines Kuchen-Büffet aufgebaut ist, ziehen Yachtclubs und Strandbäder vorbei, dann wieder die schicken Villen der Berliner Hautevolée. Gegen Abend wird es ländlich. Vor dem Bug taucht die beeindruckende Stahlkonstruktion

des Schiffshebewerks Niederfinow auf. »Köpfe einziehen« heißt es für die Passagiere an Deck, denn das Manövrieren in den 36 Meter hohen Aufzug für Schiffe ist Maßarbeit. Kapitän Peter Grunewald, der die SANS SOUCI nicht nur fährt, sondern dem sie auch gehört, kennt Länge und Breite seiner schlanken, blauen Schiffslady ganz genau. Während er mit dem Joystick im Steuerhaus spielt, hat er sogar noch Zeit für Erklärungen und Scherze.

Die Sonne bescheint das Kloster Chorin und lässt die Jahrhunderte alten Mauern rot leuchten im satten Grün des Klosterparks. »Norddeutsche Heimat« hat Staatsmann Helmut Schmidt die Klarheit der Backsteingotik genannt. Jedenfalls könnte man sich keinen friedlicheren Ort vorstellen als die mittelalterlichen Gewölbe mit ihren meterdicken Wänden. Kontrastprogramm am Nachmittag: Stettin. Die quirlige Stadt gehört heute zu Polen. Wer verliebte Paare und kurze Röcke in fackelbeleuchteten Bistros und Tavernen sehen will, der geht nach dem Abendessen die breite Freitreppe zur Promenade hinauf. Der Stadtrundgang am kommenden Morgen bietet ein anderes Bild: Der Blick in Nebenstraßen und Hinterhöfe zeigt noch Narben, die der Eiserne Vorhang hinterlassen hat.

Die SANS SOUCI macht gute Fahrt. Wellen klatschen gegen den niedrigen Bug und wenn man den Gischt vom Gesicht ableckt, schmeckt er salzig. »Bodden« heißen die kleinen, flachen Gewässer zwischen den Ostseeinseln und dem Festland. Sie führen das Schiff nach Peenemünde, wo einst Wernher von Braun seine Raketen baute. Die wenigen

Oben links:
Schiffshebewerk Niederfinow

Oben rechts:
Kapitän Grunewald im Steuerhaus

Mitte:
Besuch im Kloster Chorin

Oben links:
Die Lounge an Bord

Oben rechts:
Auf der alten GORCH FOCK in Stralsund

Mitte links:
U-Boot in Peenemünde

Unten links:
Seebad Ahlbeck

Unten rechts:
Leuchtturm auf Hiddensee

Gebäude des Ortes fügen sich mit den U-Booten im Hafen zu einem gigantischen Museum zusammen. Aber die Insel Usedom hat noch mehr zu bieten. Man entdeckt sie bei einem Spaziergang entlang der Küste von Ahlbeck nach Heringsdorf, die liebliche Seebäderarchitektur mit ihren weiß getünchten Erkern und hölzernen Balkonen, wo Adel und Bürgertum des 19. Jahrhunderts ihre Sommerfrische suchten.

Stralsund ist der Zielhafen der Reise. Direkt vor dem Großsegler GORCH FOCK, der hier vertäut liegt, macht die SANS SOUCI fest. Stralsunds Kirchen mit ihren eckigen Backsteintürmen bringen

Liegeplatz direkt an Stralsunds Altstadt

die Erinnerung an die Vertrauen erweckende Architektur dieses Landstrichs wieder. Vom 104 Meter hohen Turm von St. Marien zeigt sich, dass der Reiseführer recht hat: Die alte Hansestadt ist vollständig von Wasser umgeben. In der Ferne zieht sich die neue Sundbrücke hinüber nach Rügen.

Die SANS SOUCI legt noch einmal ab zu einem Tagesausflug auf die Insel. Die blendend weiße Kreideküste vor azurblauem Ostseepanorama ist der schönste Eindruck, der leise Ostseewind, der über die Gräser zwischen den Leuchttürmen am Kap Arkona streicht, der friedlichste. Im Seebad Binz mit seinem ehrwürdigen Kurhotel tobt hingegen das Strandleben. Historische Bücher erzählen aus dem 19. Jahrhundert von Badewagen, mit denen man sich verschämt ins Wasser fahren ließ, und zeigen die knielange Badebekleidung der Damen. Verblüffende Erkenntnis: Die deutsche Frau vor zweihundert Jahren ging im Burkini ins Wasser! Sie kannte nur das Wort noch nicht. Heute dominiert die Freizügigkeit, die sich aus der sozialistischen Zeit herübergerettet hat. Ein Abstecher zur Nachbarinsel Hiddensee zeigt den Wohnsitz des Dichters Gerhart Hauptmann. Der Abend gehört Stralsunds Hafenkneipen. Man blickt zurück auf eine Reise über alle Binnengewässer, die das Geografiebuch kennt.

Strandkörbe auf Usedom

Oben links:
Die Santa Maria Manuela unter vollen Segeln

Oben rechts:
Am Heck weht die portugiesische Flagge

WINDJAMMER ODER KREUZFAHRTSCHIFF?

Die Santa Maria Manuela erfindet eine neue Klasse des Trainee-Segelns

von Herbert Böhm

Kaum liegt der Leuchtturm auf dem alten Fort von S. Laurenço achteraus, befielt Kapitän Cosme Curto, auf Kurs zu gehen. Der Wind steht günstig, sodass mit etwas Glück in wenigen Tagen unter Segeln die Blumeninsel Madeira erreicht sein wird. An die 500 Seemeilen liegen zwischen Lissabon und Funchal, der Hauptstadt der Inselgruppe. Zeit, die Crew über das Schiff auszufragen. Sichtlich stolz auf die alte Lady berichten sie, dass zu der Zeit, als ihre Santa Maria noch zu den Grand Banks vor Neufundland segelte, 70 kleine Boote, die Dories, an Deck gestapelt waren, zwei Fischer sich sogar eine Koje teilen mussten. Nun wird klar, warum der genietete Rumpf, ebenso wie der des Schwesterschiffes Creoula, in so gutem Zustand ist: 1937 baute eine Werft in Lissabon die beiden Viermaster aus dem Stahl, der eigentlich für Kriegsschiffe vorgesehen war. Bis 1993 segelten diese Windjammer jedes Jahr in den hohen Norden, um nach sechs Monaten mit rund 700 Tonnen eingesalzenem Kabeljau, dem begehrten Bacalhao, zurückzukommen.

Ein Kleinod unter »alten Schiffen«

Von über 100 großen Seglern, die um 1900 dem begehrten Kabeljau auf den Grandbanks vor Neufundland nachstellten, haben gerade drei überlebt. Doch weder die Gazela of Philadelphia, die trotz vieler Bemühungen im Hafen von Philadelphia verfällt, noch das Schwesterschiff der Santa Maria Manuela, die Creoula, segeln mit zahlenden Gästen. Nur die Santa Maria Manuela, die zwischen 2007 und 2010 umfassend restauriert wurde, entspricht nicht nur in allen Sicherheitsfragen modernsten Ansprüchen, auch die Kabinen des 67 Meter langen Schoners liegen weit über dem üblichen Standard, wie man ihn sonst auf den mit Trainees segelnden Windjammern findet. Aber dieses Mal soll es eben keiner der üblichen »Verdächtigen« sein, keiner der Windjammer aus Norwegen oder Russland, die seit über 20 Jahren mit Trainees unterwegs sind. Eine Portion Historie, ein Hauch von Kreuzfahrt-Flair und das gute Gefühl, etwas zum Erhalt des historischen Schiffes zu tun, kommen dazu.

Die vier 36 Meter hohen Masten waren schon bei einer Ehrenrunde vor der Landung des Airbus' in Lissabon gut auszumachen. Die frühe Anreise ließ Zeit für die wichtigsten Sehenswürdigkeiten der maritimen portugiesischen Geschichte: Das fantastische Museu da Marinha im Vorort Belém samt dem daneben liegenden Hieronymus-Kloster mit dem Grab Vasco da Gamas und natürlich für die süße Spezialität »Pasteis de Belem« in einem der berühmtesten Cafés Portugals nur wenige Meter weiter.

Mitte links:
Blick in die Koje

Unten links:
Treffpunkt unter Deck

Rechts:
Segeln – Gefühl der Freiheit

Oben links:
Gemeinsame Arbeit an Deck

Oben rechts:
Versuch am Sextanten

Unten:
Die Taue wollen gepflegt werden

Der Bordalltag beginnt

Die SANTA MARIA MANUELA ist nicht ausgebucht und überrascht mit einer Doppelkabine zur alleinigen Nutzung. Der auf anderen Windjammern zur Ausrüstung gehörende Schlafsack erweist sich als unnötig. Zudem gehört zu jeder Kabine eine Nasszelle, ein kleiner Schreibtisch und genügend Platz, auch für schwere Segelbekleidung, die aber ebenfalls nicht benötigt wird. Nach der intensiven Sicherheitsunterweisung und einem in aller Eile verschlungenen Lunch geht's an Deck: Wer will schon das Ablegen versäumen? Ein scheinbares Hindernis ist die gewaltige »Brücke des 25. April«, die Lissabon mit dem Süden des Landes verbindet und natürlich immer viel zu niedrig aussieht für den schlanken, hohen Segler. Als wenig später auf der Steuerbordseite die großen Hotels von Cascais auftauchen, beginnt sich der Viermaster schon langsam in der langen Dünung des Atlantiks zu bewegen. War die Mannschaft bisher damit beschäftigt, alle möglichen Festmacherleinen zu verstauen und die sorgfältig lackierten Holz- und Messingteile mit einer schützenden Segeltuchhülle zu versehen, so starten nun die Aktivitäten an den Masten. Zunächst sind an die zehn Crewmitglieder damit beschäftigt, die »Verschnürungen« zu lösen, um später Segel setzen zu können. Bald kommt die Frage auf, ob die neuen Passagiere auch Lust hätten, beim Segelsetzen anzupacken. Klar, doch bald merken alle, dass viel Kraft dazu gehört, die viele Quadratmeter großen Dacronsegel samt Gaffel hochzuziehen. Dankbar nehmen daher alle das Angebot des Bootsmanns an, die letzten Meter mithilfe elektrischer Winschen zu bewältigen.

Landintermezzo

Nach knapp drei Tagen liegt der Hafen Funchals voraus. Zeit, eine erste Bilanz zu ziehen: sehr gutes Essen (Profiköche mit Hotelqualität), gute Weine, eine überaus hilfsbereite und auskunftsfreudige Crew, weit überm üblichen Standard ausgestattete Kabinen – und die Seekrankheit war schon am zweiten Tag Geschichte. Die SANTA MARIA MANUELA ist ein Schiff zum Anpacken, dessen Hotellerie durchaus Kreuzfahrtniveau hat. Dennoch gibt es auf diesem Segler keinen Bereich, in dem Passagiere unerwünscht sind. Schon bald liegt die nächste Etappe vor dem eleganten Bug der »SMM«, wie das Schiff von allen kurz genannt wird, und das sind gute tausend Seemeilen bis zu den Kapverden. Hochseesegeln pur! Gern zeigen die nautischen Offiziere allen, die sich für Navigation interessieren, wie man mit dem Sextanten umgeht, aus den Winkelmessungen die Position berechnet und aus den Linien auf der Seekarte den tatsächlichen Kurs bestimmt. Trotzdem bleibt Zeit, in der vielsprachigen Bibliothek zu schmökern oder ganz einfach mit einem Drink an Deck zu entspannen. Die Bordroutine hat sich eingespielt. Die meisten Passagiere beteiligen sich an den anstehenden Arbeiten, helfen beim Segelsetzen und -trimmen, polieren die vielen Messingteile oder schrubben sogar das weiße Teakdeck. Die Grenzen zwischen Mannschaft und Gästen verschwimmen, das Familiengefühl wächst. Diese Mischung aus Teambildung und Kreuzfahrt zieht sich wie ein roter Faden durch die ganze Zeit an Bord, dazu gehören selbstverständlich auch die gut organisierten Landausflüge während des Zwischenstopps auf den Azoren und bei der Ankunft auf der Ferieninsel Sal, die zu den Kapverden gehört.

Oben:
Kreuzfahrt-Feeling beim Cocktail

Mitte:
Privatausflug im Paddelboot

Unten:
Dinner an Deck

Willkommensgruß
in der Kabine

Programm-Info 2019

2019 wird die Santa Maria Manuela nach dem Windjammer-Festival »L'Armada« in Rouen (6.–16. Juni 2019) überwiegend zwischen den Inseln der Azoren segeln. Die letzten Törns 2019 sollten vor allem Sporttaucher interessieren. Die Begeisterung der Taucher von National Geographic, die das Schiff 2018 für mehrere Wochen komplett gechartert hatten, gab für diese Routenplanung den Ausschlag: In diesem bisher wenig bekannte Tauchparadies mit seinem kristallklaren Wasser sollen nun auch Sporttaucher die Chance bekommen, mit Walen und Walhaien fast auf Tuchfühlung zu gehen.

Santa Maria Manuela – Daten

Typ:	Viermast-Schoner
Eigner:	Grupo Jerónimo Martins, Portugal
Nation:	Portugal
Heimathafen:	Funchal, Madeira
Baujahr:	1937 (2010 renoviert und umgebaut)
Werft:	Companhia União Fabril, Lissabon
Vermessung:	1321t Displacement
Länge ü. A.:	67,4 m
Breite:	9,9 m
Tiefgang:	5,9 m
Segelfläche:	1.120 m^2
Masthöhe:	36 m
Passagiere:	max. 50
Mannschaft:	22
Kabinen:	12 x 2 Personen
	5 x 4 Personen
	1 x 6 Personen

Kontakt und Buchung

Santa Maria Manuela
Rechelo Cash & Carry, S.A.
Rua Actor António Silva No. 7
P 1649-033 Lissabon (Portugal)
Telefon: 00351 – 938 045 173
E-Mail: info@santamariamanuela.pt

Pole-Position am Bugspriet

AZOREN – EIN NEUES KREUZFAHRTZIEL

Oben links:
Azoren – grünes Hügelland und satte Wiesen

Oben rechts:
Blick durch reiche Vegetation auf einen Bergsee

Die Azoren kommen bei Kreuzfahrern bzw. den Veranstaltern gerade erst in Mode. Segler etwas früher als motorisierte Schiffe nehmen sie nicht nur mit, wenn sie am Weg über den Atlantik liegen, sondern steuern die touristisch wenig berührte Inselgruppe mitten im Atlantik bewusst an. Wenigstens 1.400 Kilometer sind an Seestrecke zurückzulegen, ehe man mit der Viertelmillion Einwohner Bekanntschaft macht – und vermutlich nur mit Teilen davon, denn selbst innerhalb der Inseln beträgt die größte Distanz von einer zur andern 635 Kilometer. Nach den Phöniziern, welche die Inselgruppe im sechsten vorchristlichen Jahrhundert entdeckten und wieder vergaßen, wurde sie von Abgesandten Heinrichs des Seefahrers ab 1439 für Portugal besiedelt und kolonialisiert. Vom Golfstrom liebevoll gestreichelt, haben die Azoren ein sehr gemäßigtes Klima subtropischer Prägung; selbst im Januar fällt das Thermometer kaum unter zehn Grad. Dafür ist das Landschaftsbild umso bizarrer in seiner Vielfalt: Auf hohen Bergen – die Insel Pico liefert immerhin mit 2.351 Meter Portugals höchste Erhebung – zwischen tiefen Bergeinschnitten und im Auf und Ab von Hügellandschaften locken satte, grüne Wiesen und eine Blütenpracht, die ihresgleichen sucht. Fast immer angelaufen wird die Hauptstadt Ponta Delgada (rund 30.000 Einwohner) auf der Insel São Miguel, die an einer weiten Bucht liegt und über eine kleine Universität verfügt. Doch darf der Besucher, der zu Schiff kommt und sich eine Woche Zeit für verschiedene Inseln nimmt, sicher sein, dass es nie langweilig wird – zu groß ist die Diversität an Flora und Landschaft, Kratern und vulkanischen Wüsten. Auf der ständigen Suche nach neuen, »unverbrauchten« Destinationen dürfte der Verkehr an Kreuzfahrtschiffen zunehmen.

Azoren-Hauptstadt Ponta Delgada

Bootsgerippe im Schnee auf Mikkelsen Island

ANTARKTIS ZUM ANFASSEN

Auf nächtlichem Kuschelkurs mit dem Weißen Kontinent

von Anja Frauböse

Lian aus China ist ratlos; könne ihm jemand sagen, wie man die Schlafsäcke benutzt? Er habe den anderen zugesehen, aber es sei kompliziert. Zu kompliziert, fügt er hinzu und lacht fröhlich. Lian steht neben einer Grube, die er mühselig mit einer Schaufel in den Schnee gegraben hat. Heute Nacht wird er statt im gemütlichen Bett seiner Kabine an Bord der SEA SPIRIT die Nacht im Eis unter freiem Himmel verbringen.

Lians Ausrüstung zur Übernachtung besteht aus drei Teilen, die zusammengefügt werden müssen: Der Innenschlafsack gehört in den dicken Schlafsack, das Ganze muss dann in den Bivi-Bag. Nicht so einfach, wenn man kein geübter Camper ist. Und erst recht nicht, wenn sich der Schlafplatz nicht auf einem Campingplatz an der Ostsee, sondern auf einer kleinen Insel im eisigen Südpolarmeer in der Paradiesbucht der Antarktis befindet.

Die Sea Spirit ankert vor Almirante Brown

Auf das Schiff kommt es an

»Die Antarktische Halbinsel: Berührungen mit dem sechsten Kontinent« lautet der Titel der zwölftägigen Expeditionskreuzfahrt, in deren Programm Destinationen auf den Südshetlandinseln und der Antarktischen Halbinsel angeboten werden. Welche davon letztlich angesteuert werden können, wird von den Wetterbedingungen abhängen. Die Reise mit der Sea Spirit startet im ruhigen Hafen von Ushuaia, der südlichsten Stadt Argentiniens.

Die Sea Spirit ist ein kleines Expeditionsschiff, ausgelegt für 114 Passagiere und 72 Besatzungsmitglieder. Die Größe des Schiffes spielt bei Reisen in die Antarktis eine bedeutende Rolle: Schiffe mit mehr als 500 Passagieren dürfen laut der IAATO, der International Association of Antarctica Tour Operators, nicht in der Antarktis anlanden, Schiffe mit über 200 Passagieren dürfen nur eingeschränkt Ausflüge an Land machen. Je kleiner das Schiff, umso mehr Land-Aktivitäten können geboten werden.

Auf dieser Reise sind 108 Passagiere an Bord. Über die Hälfte kommt aus China, so wie Lian. Die anderen stammen aus allen Ecken der Welt. Ansagen an Bord sowie die vielfältigen Vorträge, die das Expeditionsteam hält, werden auf dieser Reise entsprechend dreisprachig angeboten: auf englisch, deutsch und natürlich auf chinesisch.

So sind die »Screaming Sixties«

Der Weg in die Antarktis führt durch die Drakepassage, die den atlantischen mit dem pazifischen Ozean verbindet und deren Durchquerung zwei Tage dauert. Die Sea Spirit wird vom Ausläufer eines Tiefs begrüßt, das vier Tage zuvor durch die Passage gezogen

Gut verpackt im Antarktis-Parka

Eselspinguine auf Useful Island

ist und elf bis zwölf Meter hohe Wellen mit sich brachte. Es ist stürmisch. Der Außenbereich an Deck 5 ist noch geöffnet, die anderen Außendecks wurden aus Sicherheitsgründen gesperrt. Richard aus der Schweiz und Kim, ein Vogelkundler aus China, beobachten vorbeigleitende Albatrosse. Die Luft ist kalt, sie halten sich an den Schiffswänden fest. Fast alle Passagiere sind seekrank und bleiben auf ihren Kabinen. Neben Tabletten gegen Seekrankheit, die an der Rezeption ausgegeben werden, sind frischer Ingwertee, Apfelspalten und Cracker für diejenigen im Angebot, die nicht das Menü des französischen Küchenchefs im Bordrestaurant genießen können.

Am dritten Tag der Reise legt sich der Sturm. In der Bibliothek stehen Staubsauger zum Reinigen der Expeditionsausrüstung bereit. Das Expeditionsteam kontrolliert, ob wirklich kein Haar, keine Erde oder Krümel an der Ausrüstung zu finden sind; in der Antarktis soll nichts bleiben, was dort nicht hingehört. Endlich kommt der große Moment: Die ersten Eisberge sind in Sicht. Wir sind angekommen. Auf Deck 3 sind fast alle Kabinentüren geöffnet. In einer Kabine brütet eine Gruppe Chinesen über einer Karte, in der Kabine schräg gegenüber wird Wäsche gewaschen und auf Leinen gehängt, die quer durch den Raum gespannt sind. Hausboot-Feeling kommt auf.

Chinesische Heimatgefühle

Der erste Landgang ist ein Besuch der chinesischen Station auf King George Island. Auf der Station sind die Wissenschaftler beschäftigt, wir besuchen das Museum und machen Fotos vor der chinesischen Flagge. Der Himmel ist grau, um uns herum sind Berge und Schnee. Ein Eselpinguin brütet am Wegesrand, drei weitere schwimmen an Land. Wir stiefeln ins Wasser, klettern zurück in unsere Schlauchboote und steuern um Riffe und Inseln. Zügelpinguine, Adelie- und Eselpinguine watscheln über ihre Penguin Highways, einige rutschen bäuchlings die Berge herunter. Es fängt an zu schneien.

Oben Mitte:
Great Wall Station

Oben rechts:
Eisberg zum Anfassen

Der Weckruf am nächsten Morgen erfolgt um 6.00 Uhr, doch wir können nicht wie geplant nach Mikkelsen Island übersetzen. Der nächste Sturm zieht auf. Auch der Abend verläuft durch das raue Wetter anders als geplant. Das Campingabenteuer, das man als besonderes Highlight buchen konnte und das heute Abend stattfinden sollte, muss verschoben werden. Stattdessen gibt es eine Party mit DJ und Glühwein auf Deck 5, es wird gefeiert und getanzt, während es schneit und die SEA SPIRIT durch immer dichter werdende Eisschollen gleitet. Meer und Himmel verschwimmen zu einem dunklen Grau. Grey Out statt White Out. Und eine Schicht aus Eisschollen um uns herum.

Pinguin-Post

Am nächsten Tag stehen Useful Island und Noka Island auf dem Programm. Unberührte Natur. Eselpinguine brüten in ihren Kolonien und klauen sich gegenseitig die mühsam gesammelten Steinchen aus den Nestern, der Wind weht den Guano-Gestank zu uns herüber. Mindestens fünf Meter Sicherheitsabstand zu Pinguinen sind Pflicht, um sie nicht zu stören. Außerdem darf der vom Expeditionsteam mit roten Flaggen gekennzeichnete Pfad nicht verlassen werden; Gletscherspalten können unter dem Schnee lauern. Es schneit und stürmt, während wir hintereinander einen Gipfel erklimmen, allesamt in dicken roten Jacken, Mützen, Handschuhen, Boots und Rucksäcken – so muss sich eine Everest-Expedition anfühlen. Aber mit Pinguinen.

Die Ankunftszeit für Port Lockroy verzögert sich, denn riesige Eisberge versperren den Weg. Das Eis schmiegt sich immer dichter an die SEA SPIRIT. Port Lockroy liegt im britischen Antarktisterritorium und ist eine ehemalige Basis, die heute ein kleines Museum beherbergt und von vier ehrenamtlichen Helfern vor Ort betrieben wird. Es ist auch die einzige Destination auf der Reise, bei der geshoppt werden kann. Sogar mit Kreditkarte. Postkarten können hier im südlichsten Briefkasten der Erde eingesteckt werden. Der Postweg führt über

Unten rechts:
Der südlichste Briefkasten der Welt

Oben links:
Mit dem Schlauchboot nach Mikkelsen Island

Oben rechts:
Seehund auf Hydrurga Rocks

die Falklandinseln nach Großbritannien, mit zwei bis drei Monaten Zustellungszeit müsse man aber rechnen, so die junge Mitarbeiterin im Museumsshop. God save the Queen – and our mail.

Argentinische Pyromanen und chinesische Patrioten

Da ein anderes Kreuzfahrtschiff den Besuch der verlassenen Station Almirante Brown abgesagt hat, beschließt die Expedtionsleitung spontan, den freigewordenen Slot für die SEA SPIRIT zu nutzen. Die argentinische Station wurde 1951 gebaut und ist nach Admiral William Brown benannt. Am 12. April 1984 brannte sie ab. Der dort eingesetzte Stationsarzt hatte sie angezündet, nachdem er erfahren hatte, dass er über den nächsten Winter dort bleiben sollte.

Das Team der SEA SPIRIT stellt sicher, dass die Passagiere kein Highlight verpassen – und wenn etwas Unerwartetes dazwischenkommt, wie der freie Slot für die Brown-Station, wird das Programm angepasst. So kann es auch passieren, dass beim Frühstück plötzlich die Maschinen still stehen, weil Buckelwale in unmittelbarer Nähe schwimmen und jetzt erst mal Wale beobachtet werden. Danach wird in Ruhe weiter gefrühstückt.

Auf Hydrurga Rocks werden wir von einem Seehund begrüßt, der am Anleger liegt. Neugierig hebt er den Kopf und schaut uns an. Zügelpinguine laufen die »Penguin Highways« herunter, fest eingerichtete Watschelstraßen der Herren im Frack. Wieder wandern wir durch eine unglaublich schöne Welt voller Gletscher, Berge und Tiere. Die Chinesen rollen Banner aus, wir machen zusammen Fotos, auch wenn mir aufgrund der Sprachbarrieren keiner sagen kann, was darauf steht. »Das Leben ist schön«. Das würde mir als Text gefallen.

Letzte Launen der Natur

»Wir sind am Südpol«, übersetzt Kim, der chinesische Vogelkundler, das Banner, nachdem wir von einem aufregenden Ausflug nach Mikkelsen Island zurückgekommen sind. Erstmals im Sonnenschein unterwegs, sehen wir Zügelpinguine, Reste eines gestrandeten Bootes und Walknochen. Ein Sturm zieht auf, der Ausflug wird abgebrochen, um sicher zurück auf das Schiff zu kommen. Die Fahrt im Schlauchboot wird »bumpy« und nass, die Wellen krachen ins Boot. Abenteuerfeeling.

Der Polar-Plunge – einige Passagiere wollten mutig vom Schiff ins Südpolarmeer springen – muss aufgrund des Sturms ausfallen. Stattdessen gibt es einen Seemannsknoten-Knüpfkurs in der Club-Lounge. Die Windstärke liegt bei zehn Beaufort, als es wieder zurück durch die Drakepassage geht. Auffällig wenig Passagiere sind an Bord unterwegs, die chinesische »Wäscherei« auf Deck 3 hat aber geöffnet.

Als die SEA SPIRIT nach zwölf Tagen wieder in Ushuaia anlegt, ist die See ruhig, als sei nichts gewesen. Gewiss wird Lian zu Hause in China von seinem Campingabenteuer berichten – und vielleicht eines Tages wieder mit Schaufel und Schlafsack im Schnee stehen, hier, mitten im antarktischen Schnee.

Veranstalter: Poseidon Expeditions
www.poseidonexpeditions.de

Zodiac-Exkursion

Oben links:
160 Meter Promenade als »Shopping Mall«

Oben rechts:
Decken-Dekoration

GRÜNE HAUPTSTADT 2019

Die Color Line bringt uns nach Oslo

von Tristan Terstegen

Das Color-Line-Terminal liegt knapp 600 Meter vom Hauptbahnhof der Hafenstadt Kiel entfernt. Über eine Brücke ist es zu Fuß erreichbar. Der Check-in geht zügig, eine leicht elektrisierte Stimmung ist wahrzunehmen, während die Passagiere artig Schlange stehen. »Color Line Cruises« steht in goldenen Lettern an der blauen Bordwand. Für viele ist dies vermutlich die erste Kreuzfahrt-Erfahrung, auch wenn sie nur eine Nacht dauert. Das Innere der MS COLOR FANTASY gleicht einem Einkaufszentrum. Kinder rufen laut durcheinander, alles ist bunt und funktional gehalten. Das macht sich auch in der eher minimalistischen Kabine bemerkbar – allzu viel Platz benötigt man für eine Nacht auch nicht. Unter dem Aspekt der »Fortbewegung« nach Norwegen, ohne den langen Umweg über Land zu nehmen, ist dies eine entspannte Alternative. Viele testen hier ihre Kreuzfahrttauglichkeit. Jüngere Generationen profitieren von Spiel und Spaß an Bord, die Eltern genießen den gemächlichen Start in den Urlaub.

Die COLOR FANTASY vor Oslo

Oben links: Kabine mit Riesenbullauge

Oben rechts: Passage der Øresund-Brücke

Eine neue Erfahrung

Viele Passagiere versammeln sich bei der Abfahrt aus dem Kieler Hafen an Deck. Die Sonne scheint und lässt den weißen Decksboden strahlen. Die Möwen kreisen und kreischen als schemenhafter Kontrast vor dem strahlend blauen Himmel über den Köpfen. Das Schiff nimmt Fahrt auf und die bebauten Küstenabschnitte Kiels zu beiden Seiten verwandeln sich mehr und mehr in idyllische Küstenstreifen, je weiter Terminal und HDW-Werft am Horizont verschwinden. Vereinzelte prunkvolle Villen ziehen vorbei. In einigen Gesichtern ist die Frage zu lesen: Was, wenn man dort leben würde? Täglich mit dieser Aussicht aufwachen dürfte?

Der Wind wird stärker, die COLOR FANTASY gleitet durch fast pechschwarzes Wasser, in dessen glitzernder Oberfläche sie eine schäumende Spur hinterlässt. Viele Gäste schließen ihre Augen, während die Haare glänzend das Sonnenlicht reflektieren und vom Wind zerzaust werden. Das pure Leben fühlt man mit beiden Händen an der glatten Reling, die Natur vor den Augen vorüberziehend. Gleichzeitig schlägt salzig-raue, erfrischende Seeluft dem Gesicht entgegen und bringt die sehnlichst herbeigewünschte Abkühlung von der warmen Sommerperiode.

Vom Kabinenfenster aus sind die schönen Landschaften aus einem neuen Blickwinkel zu bestaunen. Der Vorteil einer kleinen Kabine ist die Aussicht vom Bett aus auf die Øresund-Brücke, welche wie ein Gemälde vom ein Meter großen Bullauge eingerahmt wird, während das Schiff Kurs auf Oslo hält. Das Essen an Bord ist qualitativ mit der Küche eines ordentlichen Restaurants an Land vergleichbar, allerdings sind die Preise selbst für norwegische Verhältnisse anspruchsvoll. Sowohl das Frühstücks- wie auch das Abendbuffet bieten eine reichhaltige Auswahl, müssen aber extra bezahlt werden. Die kulinarische Thematik wechselt hin und wieder. Alternativ gibt es einen

Abendbesuch am skandinavischen Buffet

Supermarkt, um unterwegs die steuerfreie Zone in den internationalen Gewässern nutzen zu können. Einige Reisende decken sich hier mit Lebensmitteln ein und verzichten auf den Restaurantbesuch.

Die TV-reife Abendshow sollte sich als Highlight der Reise niemand entgehen lassen. Die raffinierte Kombination aus Herzschmerz und Komik hat hohen Unterhaltungswert. Das Bühnenbild wirkt mit einer großen Effektdichte sehr realistisch – Performance, Darsteller und das Gesamtkonstrukt der Geschichte sind stimmig.

Mitte links:
Showtime an Bord

Unten links:
Platz für Kids und Teens

Saftig grünes Oslo

Den Ritterschlag »Grüne Hauptstadt des Jahres« hat das über tausend Jahre alte Oslo sich redlich verdient. Wälder, Seen und Flüsse nehmen ein Drittel der städtischen Fläche ein und lockern das typische Großstadtbild erheblich auf. Ihre Vorbildfunktion auf dem Weg in eine grüne Zukunft wird dem Besucher bei den unzähligen Elektroautos in der Stadt bewusst und dem kristallklaren Wasser im Hafenbecken. Kinder springen etwas abseits von fest installierten weißen Sprungbrettern ins Hafenwasser und planschen vergnügt in der Mittagssonne. Eine entschleunigte und erholsame Stimmung liegt in der Luft; fast jedes Haus ist gesäumt von Blumenbeeten und Bäumen.

Die moderne Architektur Oslos wirkt durch viel Glas überraschend leicht und hat den Vorteil eines reduzierten Stromverbrauchs. Im idyllischen Vogelzwitschern vervielfältigen die Spiegelungen der gläsernen Hausfassaden die gekonnte Gestaltung des Umfelds. Auch wenn die Wikinger nicht mehr existieren, haben sie doch ihre Spuren an den unzähligen kleinen und großen Booten der Bewohner hinterlassen. Mit dem »Oslopass« kann man sich kostenfrei in der empfehlenswerten Museumswelt nach Belieben weiterbilden und die Museumsinsel Bygdøy ausgiebig erkunden, auf der neben maritimen Klassikern Fram-Museum, Kontiki-Museum und dem Maritimen Museum Norwegens auch das Wikingerschiffmuseum und das kulturhistorische »Norsk Folkemuseum« zu finden sind.

Als zentraler Ausgangspunkt zum Erkunden der Stadt ist das »Grand Hotel Oslo« ein Geheimtipp, was Lage, Unterbringung und Kulinarik betrifft. Von kleinen Cafés bis hin zu

Gourmet-Restaurants werden fast überall in der Stadt Gerichte mit lokalen und ökologischen Zutaten angeboten. Ein ideales Beispiel für naturinspiriertes Handeln. Selbst beim Schaufensterbummel ist der Schwerpunkt auf naturnaher Gestaltung zu erkennen.

Wenn die Sonne allmählich hinter der Horizontlinie versinkt, eignet sich die Hafenpromenade ideal, um den ereignisreichen Tag ausklingen zu lassen. Hölzerne Segelschiffe liegen an den Stegen, Musiker und Schausteller schaffen Atmosphäre. Der Weg ist gesäumt von verschiedenen Sitz- und Liegemöglichkeiten aus Holz. Die Lokale füllen sich nach und nach mit Leben, während der leicht kühle Abendwind eine frische Brise hereinweht und einen älteren Herrn hinter seinem Hut herlaufen lässt. Eine Dame bückt sich, fängt ihn ein und gibt ihn zurück. Ende des Kontaktes? Nein – ein langes Gespräch beginnt. So ist Norwegen. So ist Skandinavien. Hier gehört es zum guten Ton, sich mit Vornamen und per Du anzusprechen, was die norwegische Mentalität sehr gut beschreibt, denn hier ist jedermann freundlich, zuvorkommend und äußerst hilfsbereit.

Oben:
Modernes Oslo mit Glasspiegelungen

Unten:
Gemütliches Oslo mit Traditionsgebäuden

Kontrastreiche Vielfalt

In Oslo hat jedes Stadtviertel seinen eigenen Charakter. Wie bei einer Zeitreise sieht man alte bunte Holzhäuser, eingepackt in naturbelassene Vorgärten mit ein paar Bäumen und oft verbunden mit Straßen aus mittelalterlichem Kopfsteinpflaster. In der Nähe der Promenade erhebt sich ehrfurchtgebietend die Bruchsteinfestung Akershus, die einen unvergleichlichen Ausblick auf das Herz der Stadt ermöglicht. Beim Wachwechsel ist sogar Zeit für ein paar Worte mit den netten Damen der Patrouille. Im Inneren der Festung befinden sich große Wiesenflächen und Teiche, die von alten Kanonen gesäumt sind.

In den Straßen, die das »Künstlerviertel« umgeben, wimmelt es nur so von Greenpeace-Aktivisten, die über Plastikeinschränkung und Nachhaltigkeit aufklären. Viele Studenten engagieren sich hier für die Umwelt. Unweit vom Hafen ist das Urban-Farming-Projekt »Losæter« zu Hause. Unterschiedliche Beete und Felder werden hier immer wieder bestellt und abgeerntet. Dazu gibt es Bienenstöcke, und in dem kleinen Gemeinschaftshaus wird jeden Mittwoch der Ertrag gekocht und anschließend verzehrt. Neue Gesichter sind jederzeit willkommen in der offenen und entspannten Atmosphäre.

Wem das jedoch noch nicht grün genug ist, der kann sich im Stadtteil »Tøyen« den Botanischen Garten der Stadt ansehen. Wirklich lohnenswert für einen Entspannungsspaziergang ist der Weg durch die sehr authentisch dargestellte Vegetation Norwegens vor allem im sogenannten »Wikingergarten«, welcher über die Tier- und Pflanzenwelt aus dieser Zeit Aufschluss gibt.

Im Café der Bio-Bäckerei »Handwerk Vulkan« sitzt am Nachbartisch die Norwegerin Svenja. Ihrer Ansicht nach ist Oslo die »grüne Hauptstadt Europas«, weil trotz der Moderne einer zukunftsorientierten »Smart City« überall Ursprünglichkeit zu finden ist. Wenn ein Arbeitstag hektisch abläuft wie in den meisten westlichen Ländern, bleibt in Oslo noch Zeit, sich auf den Moment zu konzentrieren und durchzuatmen – umgeben von der Natur. Aus diesem Grund wird bei sehr vielen neuen Projekten dieser Gesichtspunkt nicht unbeachtet gelassen. Dadurch, sagt Svenja, entsteht der Einklang ihrer Stadt mit deren Wurzeln und der Umwelt.

Oben:
Parade in der Stadt

Linke Seite:
Ein Besuch in den Vororten wird mit Holzhaus-Idylle belohnt

Unten:
Blick von der Akershus-Festung auf den Hafen

MARKTÜBERSICHT, FLOTTENPHILOSOPHIE UND BEWERTUNG

In vielen Reedereien herrscht heute eine große Homogenität der Flotte, darunter auch bei Deutschlands beiden großen Anbietern TUI Cruises (Mein Schiff) und AIDA. Zumindest streben viele Anbieter an, dass nicht nur die Philosophie, nach der die Passagiere im Urlaub glücklich gemacht werden sollen, sondern auch

die dazu gehörende »Hardware« flottenweit ähnlich ist. Wir stellen Ihnen nachfolgend die im deutschen Markt wichtigen Kreuzfahrtflotten vor, erklären die Entstehung, die Zielgruppe und die wichtigsten Vorteile des Anbieters und greifen dann zur Bewertung ein Schiff heraus.

Einst waren sie die einzige Form der Kreuzfahrt, und mit ihren stringenten Kleidervorschriften, Essenszeiten und allzu bürgerlichen Konventionen haben sie der Kreuzfahrt lange eine Nischenrolle zugewiesen. Heute erleben kleine, klassische Kreuzfahrtschiffe eine Reinkarnation in neuer Funktion: Während auch sie auf eine lockere Bordatmosphäre setzen, die Krawatte über Bord werfen und das Tischkärtchen hinterher, kommen inzwischen gestresste Passagiere von den Megalinern, um hier »richtig« Urlaub zu machen. Zwei Produkte, die kaum vergleichbar sind – und sich gerade deshalb hervorragend ergänzen.

MS AZAMARA JOURNEY

Das Foyer mit Treppenaufgang erinnert an Camerons »Titanic«

AZAMARA CLUB CRUISES

Das Segment hat sich unter dem Dach von Royal Caribbean seinen Erfolg gesucht – und seine Passagiere. In den USA ist sie klein, in Deutschland noch kleiner, die Fangemeinde von »Azamara Club Cruises«, wobei man ausdrücklich betont, dass das Wort »Club« keinen Party-Urlaub, sondern das Reisen im exklusiven Kreis unterstreichen soll. Immerhin ist das Ganze so beliebt, dass man jüngst ein drittes, baugleiches Flottenmitglied hinzu kaufte (alle stammen aus dem Bestand der acht Schiffe von Renaissance Cruises, die im Jahre 2000 in die Insolvenz lief; vier weitere sind bei Oceania Cruises zu finden). Nun ist als AZAMARA PURSUIT ein drittes Schiff im Einsatz, obgleich Azamara mit Strukturveränderungen rechnen muss, war es doch bislang die einzige Marke bei Royal, die sich auf exklusives Reisen im kleinen Kreis und auf Landgänge fokussierte. Mit der Übernahme der Mehrheitsanteile von Silversea dürfte die Konzern-Sicht auf diesen Bereich eine andere werden. Die kleinen Schiffe sollen damit punkten, Weltentdeckerinnen zu sein, abgelegene Routen zu befahren und ein intensives Erlebnis an Land zu ermöglichen. Wenn möglich und lohnend, bleiben sie über Nacht im Hafen und bieten auch ein entsprechendes Ausflugsprogramm an. Passionierte Kreuzfahrer werden sich noch an die AZAMARA QUEST erinnern, war sie doch von 2003 bis 2006 im deutschen Kreuzfahrten-Markt als DELPHIN RENAISSANCE unterwegs. Bisweilen ist es jedoch ganz interessant, ein internationales Reise-Angebot in europäischen Gewässern wahrzunehmen und »Old Europe« mit den Augen internationaler Gäste zu sehen. Sie sollen im Vordergrund stehen. Alle drei Schiffe verfügen über ein stilvolles, zwei Decks hohes Foyer, ein Treppenhaus à la TITANIC, eine kleine Shopping-Arcade, eine klassische Show-Lounge (also eine solche, in der man an Cocktailtischen zwanglos zusammensitzt) mit guter Bühnentechnik, ein Wellness-Center mit Whirlpool auf einem Außenbalkon in Fahrtrichtung, ein Casino, eine sehr gediegene Bibliothek englischen Stils und ein windgeschütztes Pooldeck vor dem Schornstein. Es gibt ein Hauptrestaurant, zwei Spezialitäten-Restaurants (Steak House und italienisch) und ein Buffet mit Außenbereich auf dem Achterdeck.

Kompass

Flottenstärke
3 Hochseeschiffe

Zielgruppe
Weltentdecker mit internationalem Flair

Kleidung
Sportlich-elegant, zu den Landgängen der Route angepasst

Reisen mit Familie
Familien sind bei den großen Schiffen des Konzerns besser aufgehoben

Bordsprache
Englisch

Budget
Anspruchsvoll

Reisedauer
4–19 Tage

Reiserouten

Für diese Schiffe kommen alle Routen infrage, wo es genug zu sehen gibt. Damit sind die europäischen Küsten, aber auch Neuseeland, Karibik-Transpanama oder Arabien beliebte Ziele. Zu lange Seestrecken werden gemieden.

Anbieteradresse

Royal Caribbean Cruises Ltd.
1050 Caribbean Way, Miami, FL 33132, USA
Tel.: +1 305-539-6000
infode@rccl.com
www.azamaraclubcruises.de
Das RCL-Büro in Frankfurt wurde geschlossen.

MS Azamara Journey *Ein Top-Schiff, das in aller Welt zu Hause ist*

Hotel & Kulinarik
Bewertung
2

Mit vier Gourmet-Tempeln und einer Grillbar sind diese kleinen Schiffe auch für jene Passagiere gerüstet, die ihre Reise über die Kulinarik definieren. Zwei davon sind Spezialitäten-Restaurants, dazu ein Haupt- und ein Buffetrestaurant.

Kabinen
Bewertung
2+

Gerade wurde in die Kabinen kräftig investiert. Neue Möbel und Stoffe, dazu ein USB-Port neben dem Bett. Die Kabinen sind auf der Höhe der Zeit; nur auf einem Deck unten haben sie keine Balkone. Sie erfreuen mit Doppelbett und veritablem, hochwertigem Bad.

Service
Bewertung
2+

Wenn professioneller Service, der aus dem Hause Royal Caribbean stammt, auf kleine Schiffe trifft, wo sich die Besatzung dem Gast viel persönlicher widmen kann, dann ergibt sich ein Verwöhnprogramm, das durch die persönliche Bekanntschaft eine besondere Note erhält.

Unterhaltung & Lektorate
Bewertung
2

Die Bühne der Show-Lounge passt eher für ein Nummern-Varieté, aber dennoch gibt es vom Theater eine 1:1-Kopie in Miami, um große Shows vorzubereiten. Schiffe, die so destinationsbezogen planen, müssen nah am Zielhafen und am Reiseland sein. Mit Lektoraten gelingt dies.

Wellness & Bewegung
Bewertung
2-

Vorn oben gibt es ein großzügiges Fitness- und Wellness-Center, das sogar über einen windgeschützten Außen-Whirlpool mit Blick in Fahrtrichtung und professionelle Trimmgeräte verfügt. Statt der Sauna gibt es leider nur ein Dampfbad.

Gesamtergebnis
2

Unsere Empfehlung:
Nutzen Sie die Overnights im Hafen!

Baujahr	2000
Tonnage	30.277 BRZ
Länge	180,4 Meter
Qualitätsklasse	First Class
Kabinen	358
Passagiere	716
Besatzung	306
Geschwindigkeit	21 Knoten

MS CELESTYAL CRYSTAL

MS CELESTYAL OLYMPIA

CELESTYAL CRUISES

Der Name des Unternehmens nennt den Blauton, den der Himmel über den Schiffen der Flotte hat, und impliziert dabei, dass er niemals grau ist. Bei den Stammrevieren im östlichen Mittelmeer und rund um Kuba stimmt das meistens sogar. Wenn es eine Art europäisches Fun-Ship gibt, so ist es bei Celestyal zu finden, nur funktioniert es hier anders als in den USA: Während die Show-Experten jenseits des Großen Teiches keinen noch so kleinen Effekt dem Zufall überlassen, mischt der zypriotische Anbieter auf älteren Schiffen eine bunte Gästeschar zusammen, die aus dem ganzen Mittelmeerraum nebst Nordeuropa, Russland und inzwischen auch USA und China zubucht, und die auf unerklärliche Weise zwischen Santorin und Patmos, Istanbul und Athen, zwischen Landgang und Bordleben am Pool ein Maß an guter Laune entwickelt, das urwüchsig ist und von keinem noch so guten Entertainment-Manager herbeigezaubert werden könnte. Die Ungezwungenheit drückt sich auch in der Kleider-»Ordnung« aus, die freilich keiner Vorgabe folgt: Damen mit einer Eleganz, wie sie nur Italienerinnen mit einem engen, schwarzen Kleid, einem Goldkettchen am Fuß und hochhackigen Sandaletten erreichen können, werden von Männern in Flip-Flops und Muskelshirt eskortiert, nicht zu vergessen die Bambini, die lärmend auch noch nachts um elf dazwischen herumtollen. Überflüssig zu erwähnen, dass das Gros der Passagiere es schafft, das Buffetrestaurant in kurzer Zeit in ein Schlachtfeld zu verwandeln. Ein Chaos? Manchmal, aber stets ein liebenswertes, das den Gästen, die sich für diese Reise entscheiden, einen Urlaub auf dem Meer gibt, der kaum Konventionen kennt und genauso gut in einem Strandhotel auf einer griechischen Insel stattfinden könnte. Hinzu kommen ein wirklich gutes Show-Programm und eine leichte, bekömmliche Mittelmeerküche im Hauptrestaurant, wo dem deutschen Reisenden vielleicht im ersten Moment nicht recht passt, ohne Platzwahl an lange Tische geschachtelt zu werden. Kommt die laute Konversation, der sich niemand entziehen kann, erst einmal in Gang, ist er freilich ein Teil von ihr – und startet in einen langen, geselligen Abend mit einer Fröhlichkeit, die er auf einem deutschen Schiff nie gefunden hätte.

Kompass

Flottenstärke
2 Hochseeschiffe

Zielgruppe
Internationales, junges Publikum

Kleidung
Jeder, wie er mag; Vorschriften interessieren nicht jeden

Reisen mit Familie
Kinder sind ein Teil des gesamten Tagesprogramms und genießen es

Bordsprache
Englisch, Griechisch, Türkisch und auch Deutsch

Budget
Gehoben

Reisedauer
4–7 Tage

Reiserouten

Im Sommer 7-Nächte-Reisen in die östliche Ägäis mit Stopps in der Türkei. Zum Teil exklusive Routen, die kaum ein anderer hat. Die CELESTYAL CRYSTAL verkehrt im Winter auf sieben Nächte langen Kuba-Rundreisen.

Anbieteradresse

Celestyal Cruises
8 Antoniou Ampatielou and Akti Miaouli
GR-18536 Piräus, Griechenland
Telefon: +30 216 40 09 600
info@celestyalcruises.gr
www.celestyalcruises.com

MS Celestyal Crystal *Produkt für Wertschätzer mediterraner Lebenskultur*

Hotel & Kulinarik

Bewertung

3+

Das Frühstücksangebot ist reichhaltig. Das Mittagessen gibt es im Haupt- und im Buffetrestaurant parallel, das Buffet ist manchmal übervoll mit heimkehrenden Passagieren. Die Hauptmahlzeiten sind sehr an der griechischen Küche orientiert.

Kabinen

Bewertung

3+

Die Auswahl ist groß – leider auch bei der Qualität der Pflege. Man kann eine tipptopp gepflegte, pieksaubere Unterkunft erwischen oder mit einer Stewardess Pech haben, die das Putzen lieber den Passagieren überlässt. Die Ausstattung ist ohne Fehl und Tadel.

Service

Bewertung

2-

So freundlich wie die Celstyal-Crew ist kaum eine auf den Weltmeeren. Die Unterschiede in Ausbildung und Leistungsbereitschaft sind jedoch groß. Bei vielen fehlt auch ganz einfach der Blick dafür, wo etwas fehlt. Sagt man es ihnen, wird der Gästewunsch willig erfüllt.

Unterhaltung & Lektorate

Bewertung

2

Die Show, die im Theater am Abend gespielt wird, braucht den Vergleich mit US-Linern nicht zu scheuen. Die Barmusik ist lustig und gemütlich. Bisweilen reisen prominente Gastkünstler aus Griechenland mit; sie sind gut und machen Stimmung. In Deutschland sind sie natürlich kaum bekannt.

Wellness & Bewegung

Bewertung

3

Neben dem Spa-Bereich befindet sich ein Fitness-Studio mit Meerblick. Die Sauna hat eher amerikanische Temperaturen (um 70 Grad). Insgesamt zeigt die Celestyal Crystal, dass Spaß am Pool im mediterranen Raum mehr geschätzt wird als nordeuropäische Wellness-Kultur.

Gesamtergebnis

3+

Unsere Empfehlung:
Gemütliches Schiff,
ideal für Kurzstrecken

Baujahr	1992
Tonnage	25.611 BRZ
Länge	161,8 Meter
Qualitätsklasse	Bürgerlich
Kabinen	480
Passagiere	1.200
Besatzung	400
Geschwindigkeit	18 Knoten

MS CRYSTAL SYMPHONY

Mozart-Teatime

CRYSTAL CRUISES

Es ist ein erstaunliches Phänomen: Mit einem fast 25 Jahre alten Schiff erreicht Crystal Cruises Bestnoten, und wenn man sich auch vielleicht an Bord mehr Balkone wünscht, die mit reichlich Platz ausgestatteten Kabinen und Bäder genügen den Luxus-Ansprüchen vieler Reisender, wenn das Ambiente und die »Software« stimmen. Wenn Crystal Cruises seinen Service verbessern wollte, so hätte man dort ein Problem. Er ist so gnadenlos gut, dass es wirklich kaum noch Luft nach oben gibt. Die Service-Kräfte aus aller Welt, von Österreich über Rumänien bis Brasilien, die auf Hochseeschiffen Dienst tun, sind oft schon zehn Jahre und länger dort. Das garantiert ein eingespieltes, geräuschlos höchsten Ansprüchen gerecht werdendes Team, dessen unglaubliche Leistung man erst wahrnähme, wenn sie nicht mehr da wäre. Nach der Übernahme durch die chinesisch-malayische Konzerngruppe »Genting Hong Kong« – dieselbe, die auch die deutschen Werftstandorte z. B. in Bremerhaven, Wismar (vgl. Seite 118 ff.), Warnemünde und Stralsund gekauft hat – ist die einst japanische Reederei auf Expansionskurs. Expeditionsschiffe wurden in Auftrag gegeben, drei Flussschiffe zum Entdecken des »alten Europa« der Flotte hinzugefügt, die auf der Donau sowie dem Rhein und seinen Nebenflüssen verkehren. Die beiden Hochseeschiffe berührt das bislang nicht, aber auch hier wird über Neubauten spekuliert – nach den bisherigen Schiffen dürfte dann ein Run unterschiedlichster Gesellschaften einsetzen. Die Broschüre für die Landausflüge liest sich wie ein orientalisches Märchenbuch: Drei Tage im Privatjet für über 5.000 Dollar, derweil die bezahlte Kabine an Bord unbenutzt bleibt. Das Buffet, das sich bei spät heimkehrenden Ausflügen exklusiv für die müden Exkursionsteilnehmer durchs Foyer zieht, das Mittagsbuffet am Pool, das manch anderer Anbieter noch in der Gala-Nacht neidvoll bestaunen würde, oder die »Mozart-Teatime« in entsprechenden Kostümen sind Momente, wo selbst erfahrene Luxus-Reisende staunen, was alles möglich ist. Der Butler, der den abendlichen Naschteller bringt, hört en passant, dass die Ausflugstickets für morgen noch nicht da seien, und flitzt schneller aus der Tür als der Passagier, um sich drum zu kümmern.

Kompass

Flottenstärke
3 Hochsee- und
5 Flussschiffe

Zielgruppe
Gäste aus aller Welt,
die Top-Service suchen

Kleidung
Gepflegte Freizeitkleidung,
an mehreren Abenden Gala

Reisen mit Familie
Kinder, die den Stil mögen,
sind willkommen

Bordsprache
Englisch

Budget
Anspruchsvoll

Reisedauer
6–85 Tage

Reiserouten

Die CRYSTAL SYMPHONY und ihre Schwester SERENITY teilen sich die Welt. Innerhalb von drei Jahren hat jede einmal alle Fahrtgebiete angesteuert. Europa-Reisen sind für internationales Publikum gemacht und oft nicht sehr einfallsreich.

Anbieteradresse

Crystal Cruises
11755 Wilshire Blvd., Suite 900,
Los Angeles, CA 90025 (USA)
Tel.: +1 888 722 0021
cruisequestions@crystalcruises.com
www.crystalcruises.com

MS Crystal Symphony *Warmer Luxus, der von Herzen kommt*

Hotel & Kulinarik

Bewertung

1+

Die Küche ist von internationaler Spitzenqualität. Was nicht auf der Karte steht, kann herbeigezaubert werden. Auch wenn den Buffets ein bestimmtes Motto zugrunde liegt, fehlt nie etwas. Alle Leckereien der Luxus-Klasse – und die ansprechend und abwechslungsreich präsentiert.

Kabinen

Bewertung

2+

Die Kabinen sind mit Wohn- und Schlafbereich mehr als großzügig. Schreibtisch, TV-Gerät, Beleuchtungsanlage – alles ist gediegen und sehr hochwertig. Nicht alle Kabinen haben Balkone. Beeindruckend ist in den oberen Kategorien die Größe der Badezimmer.

Service

Bewertung

1+

Jedes einzelne Besatzungsmitglied ist hier ein fester Teil »seines« Schiffs und der Vorschlag, ein anderes auszuprobieren, ruft Empörung hervor. Entsprechend wird hier jeder das Äußerste geben, damit »sein« Schiff das Beste in der Welt ist – sehr zum Vorteil des Passagiers.

Unterhaltung & Lektorate

Bewertung

2

Im Theater werden Production-Shows gespielt, die der Größe des Schiffes angemessen gut präsentiert sind. Diese Schiffe setzen jedoch mehr auf Sonderevents wie die Teatime unter diesem oder jenem Motto. Auf die Landgänge wird der Passagier in Lektoraten gut vorbereitet.

Wellness & Bewegung

Bewertung

2-

Internationales Publikum hat einen anderen Anspruch an Wellness als deutsche Urlauber. Die Vielzahl unterschiedlichster Behandlungskabinen sieht nur, wer sie bucht, und die kleine Saunakabine mit dem netten Ruhebereich inkl. Außenbalkon wird man nicht als Highlight empfinden.

Gesamtergebnis

1-

Unsere Empfehlung: Für Globetrotter auf höchstem Niveau

Baujahr	1995
Tonnage	51.044 BRZ
Länge	237,1 Meter
Qualitätsklasse	Luxus
Kabinen	480
Passagiere	960
Besatzung	545
Geschwindigkeit	20 Knoten

MS BERLIN

Eine Vielzahl von Hafenplaketten zeugt von der Entdeckerlust der BERLIN

Kompass

Flottenstärke
1 Hochseeschiff

Zielgruppe
Klassische Kreuzfahrer

Kleidung
Freizeitkleidung,
2 x pro Reise festlich

Reisen mit Familie
Keine besonderen Angebote für Familien oder Kinder

Bordsprache
Deutsch (außer bei Fremdcharterreisen)

Budget
Moderat

Reisedauer
4–14 Tage

FTI CRUISES

Die BERLIN, das kleinste Kreuzfahrtschiff im deutschsprachigen Markt, blickt auf eine lange Geschichte zurück. Von 1986 bis 1998 war sie sogar mal das »Traumschiff« in der gleichnamigen Sendung des ZDF. Dabei ist ihr ein Privileg fast die ganze Zeit über geblieben: Sie war und ist das einzige Hochseeschiff ihres jeweiligen Eigners – das war während ihrer »Traumschiff«-Zeit so und ist heute bei FTI Cruises nicht anders. Dass mit FTI ausgerechnet ein großer Player im hiesigen Tourismus-Markt das kleinste Schiff hat, gehört zu den Kapriolen eines Marktes, dessen Morgen noch nie jemand präzise vorhersagen konnte. Die Vermarktung abseits der üblichen Kreuzfahrtgäste, die natürlich auch hier buchen, aber von den FTI-Pauschalurlaubern zahlenmäßig überboten werden, bringt frischen Wind ins Bordleben, führt Menschen zusammen, die sich nicht von ihren letzten zwanzig Seereisen erzählen, sondern auf dem kleinen Achterdeck sitzen, sich zu ihrem Viertel Rotwein von der Grillstation bedienen und sagen: »Ach, ist das schön!« Hierzu gehören übrigens auch etliche, die schon auf großen Spaßdampfern unterwegs waren und in der BERLIN, die einst als Luxusliner und für Weltreisen gebaut wurde, heute so etwas wie eine exklusive Privatyacht sehen. Ein Hauptrestaurant und eins mit Buffet, eine Show-Lounge mit einem sehr ordentlichen Unterhaltungsprogramm, gute Lektoren auf vielen Reisen und ein kleines Fitness-Center, das sind mit dem Pool am Achterdeck, der »Berlin-Lounge«, wo Sonnenanbeter stilvoll zu ihrem Recht kommen und der wahrhaft riesigen Bibliothek (rund 80 Regalmeter Bücher!) die Rahmendaten für die fast 40 Jahre alte Schiffslady. Gespeist wird in zwei Sitzungen, an Land gegangen wird häufig und bereist wird mit Vorliebe das Mittelmeer, wo die BERLIN mit Passagen des engen Kanals von Korinth immer gern zeigt, welche Vorteile man hat, wenn man auch im Alter schlank bleibt. Die Bordunterhaltung reicht von Gymnastik-Programmen bis zum BERLIN-typischen Gesellschaftsspiel »Stadt, Land, Scheidungsgrund« (deutlich lustiger als »Stadt, Land, Fluss«). Viele Außenbereiche locken die Passagiere zu Mußestunden und zeigen, dass eine Seereise dann beginnt, wenn man aufs Meer schauen kann.

Reiserouten

Die BERLIN verbringt ausgedehnte Frühjahrs- und Herbstsaisons im Mittelmeer. Der Sommer in Nordeuropa fällt meist kurz aus, und im Winter wechselt sie nach Übersee, wo ihre Kuba-Reisen mit Hotelverlängerung sehr beliebt sind.

Anbieteradresse

FTI Cruises GmbH
Landsberger Straße 88, D-80339 München
Tel.: +49 (0)89 25 25 43 00
Fax: +49 (0)89 25 25 65 65
info@fti-cruises.de
www.fti-cruises.com

MS BERLIN *Schiff zwischen großer Yacht und kleinem Oceanliner*

Hotel & Kulinarik

Bewertung

3+

Ein Haupt- und ein Buffetrestaurant sind eine gute Ausstattung für ein kleines Schiff, hinzu kommen die Grillstation und ein Pasta-Koch, der auf Wunsch frisch zubereitet und gute Auswahl garantiert. Bei den Beilagen dürften es etwas mehr Abwechslung und Qualität sein.

Kabinen

Bewertung

2-

Alle Kabinen sind renoviert, einige haben dabei ein Doppelbett bekommen. Dadurch wird es eng, die »Klassiker« mit getrennten Betten haben mehr Raum. Die Top-Suiten der BERLIN haben Geschichte: Einst waren sie die sehr großzügigen Unterkünfte von Kapitän und Erstem Offizier.

Service

Bewertung

2-

An Bord der BERLIN ist jedermann freundlich und sehr ehrlich bemüht, alle Passagiere zufriedenzustellen. Das ist besonders löblich, da das Schiff mit seinen günstigen Preisen mit einem Minimum an Personal gefahren wird. Viele Kräfte im Restaurant-Service verstehen auch deutsch.

Unterhaltung & Lektorate

Bewertung

3+

Das Show-Team legt verschiedene Production-Shows aufs Parkett, hinzu kommt bisweilen ein Gastkünstler. Tagsüber gibt es Spiele und etwas Sport. Auf etlichen Reisen ist ein Lektor dabei, auf Themenreisen auch mehrere. FTI baut sein Angebot an Musikreisen mit Schlagerstars aus.

Wellness & Bewegung

Bewertung

3+

Leider ist der Seewasserpool auf dem Achterdeck längst nicht immer mit Wasser gefüllt. Das Fitness-Center unten im D-Deck und die kleine Sauna mit Ruheraum funktionieren prima. Je nach Möglichkeiten des Reiseleiterteams kommen Sport oder Gymnastik als Aktivprogramm hinzu.

Gesamtergebnis

3+

Unsere Empfehlung:
Für Liebhaber kleiner Schiffe

Baujahr	1980
Tonnage	9.570 BRZ
Länge	139,3 Meter
Qualitätsklasse	Gehoben bürgerlich
Kabinen	206
Passagiere	412
Besatzung	180
Geschwindigkeit	17,5 Knoten

MS OCEAN MAJESTY

Durch die seitlich geführten Rauchzüge gewinnen die Decks deutlich an Platz.

HANSA TOURISTIK

Horst Kilian repräsentiert mit seinen Töchtern Karin und Birgit zusammengerechnet über hundert Jahre Kreuzfahrterfahrungen. Privat geführte Kreuzfahrt-Anbieter sind selten geworden, Ein-Schiff-Gesellschaften ebenfalls. Hier wird das Leben an Bord individuell gestaltet, alles Neue nah am Passagier entwickelt und mit dem Kreuzfahrtdirektor Peter Jurgilewitsch ist ein Mann an Bord, der sich in der Branche und den Destinationen bestens auskennt und einen Lektor überflüssig macht. Er bringt viel Wissen und Kontakte aus einer langen Zeit auf der DEUTSCHLAND mit, hat aber noch nicht ganz verstanden, dass im deutlich kleineren Team der OCEAN MAJESTY sein Aufgaben-Spektrum gewachsen ist. Das riesige Hauptrestaurant verwöhnt mit extrem langen Essenszeiten, wobei eine Umstellung der mediterran angehauchten Küche auf deutsche Geschmäcker des bürgerlichen Publikums bis heute nicht recht geglückt ist. Hier ist Luft nach oben; sogar von Mitarbeitern an Bord hört man zur Charakterisierung der Buffet-Qualität nach wie vor das Wort »Kantine«. Die OCEAN MAJESTY punktet hingegen mit gut renovierten, sehr proper ausgestatteten Kabinen (Vorsicht: Die Balkonkabinen sind im Verhältnis etwas klein geraten) und mit einer Vielzahl öffentlicher Räume, die für diese Schiffsgröße ungewöhnlich ist. Hoch gewachsene Menschen aufgepasst: Die Deckenhöhe ist in einigen Räumen knapp bemessen. Die große Besonderheit liegt darin, dass diese Räume auch fast alle mit attraktivem Programm bespielt werden. Eine besondere Erfindung sind die Talkrunden in einem gemütlichen Café, und jemand, der etwas zu erzählen hat, findet sich z. B. im Künstlerteam oder unter mitreisenden Journalisten immer. Die individuell für jede Reise zusammengestellten Künstler sind liebevoll ausgesucht. Es »menschelt« an Bord wie auf kaum einem anderen Kreuzfahrtschiff. Für alle Liebhaber kleiner, klassischer Cruise-Liner (dieser hier hat sogar noch einen »Decksprung«, also die Biegung der Decksböden nach vorn und achtern) aufgepasst – ewig wird der Oldie wegen neuer Vorschriften nicht mehr fahren können. Vielleicht ist das einer der Gründe, warum er in der langen Sommersaison bei Hansa stets bis unter den Schornstein ausgebucht ist.

Kompass

Flottenstärke
1 Hochsee-, 2 Flussschiffe

Zielgruppe
Kreuzfahrer mit Interesse an der Destination

Kleidung
Lockerer Urlaubslook am Tag, abends bisweilen festlich

Reisen mit Familie
Keine Bordeinrichtungen, kinderfreundliche Crew

Bordsprache
Deutsch

Budget
Günstig

Reisedauer
8–21 Tage

Reiserouten

Die Sommersaison findet im Nordmeer und der Ostsee statt. Hinzu kommen Mittelmeerreisen. Im Winter fährt die OCEAN MAJESTY nicht für Hansa. Die Liegeplätze sind möglichst mitten in der Stadt, unerreichbar für große Schiffe.

Anbieteradresse

Hansa Touristik GmbH
Königstraße 20, D 70173 Stuttgart
Tel.: +49 (0)711 22 93 169 0
Fax: +49 (0)711 22 93 169 99
info@hansatouristik.de
www.hansatouristik.de

MS OCEAN MAJESTY *Ein gut modernisierter Oldie mit Charme*

Hotel & Kulinarik
Bewertung
3-

Am Gala-Abend warten Tafelfreuden, die jeden zufriedenstellen. Meist sind die Speisen nicht allzu sehr auf den Geschmack des Publikums abgestimmt. In der Küche stehen Asiaten, die nach Rezept kochen. Manches könnte besser gewürzt sein. Am Buffet wünscht man sich mehr Auswahl.

Kabinen
Bewertung
2-

Gemütlichkeit, genügend Platz und freundliches Interieur überzeugen in den Kabinen sofort. Das Alter des Schiffes sieht man den renovierten Passagierunterkünften nirgends an. Auf dem obersten Deck liegen einige kleine Balkonkabinen. Die Klimaanlage ist bisweilen ein bisschen laut.

Service
Bewertung
2

Im Service merkt man sofort, dass hier deutlich mehr Kräfte Dienst tun als auf anderen Schiffen dieser Größe. Die vielen Asiaten bringen Leichtigkeit und Freundlichkeit in den Schiffsalltag, der das ganze Bordleben positiv beeinflusst. Besonders die überwiegend männlichen Kabinenstewards werden sehr gelobt.

Unterhaltung & Lektorate
Bewertung
2

Auf der OCEAN MAJESTY trifft man viele Künstler und Lektoren, die auch auf anderen Kreuzfahrtschiffen auftreten. Nur ist ihre Zahl hier höher und die Auswahl besser. Gern besucht sind auch die frühabendlichen Plaudereien im »Nachtcafé« unter Einbindung der Gäste.

Wellness & Bewegung
Bewertung
3

Fitness-Bereich und Sauna haben kein Tageslicht. Für eine angemessene Ausstattung hätte die Reederei längst sorgen können. Hansa versucht mit einem persönlichen Fitness-Trainer für die Gäste einen Ausgleich. Der verhältnismäßig große Pool am Achterdeck hat viele Freunde.

Gesamtergebnis
3+

Unsere Empfehlung: Routen mit kleinen Häfen mitten im Geschehen

Baujahr	1965, Total-Umbau 1995
Tonnage	10.417 BRZ
Länge	136 Meter
Qualitätsklasse	Bürgerlich
Kabinen	274
Passagiere	537
Besatzung	247
Geschwindigkeit	17,5 Knoten

MS EUROPA

MS EUROPA 2

HAPAG-LLOYD CRUISES

Seit dem 125-jährigen Jubiläum der ersten Kreuzfahrt, die der damalige Hapag-Direktor Albert Ballin aufgelegt hatte, führt Hapag-Lloyd Cruises deren Jahreszahl im Logo: 1891. »Buchen Sie am besten beim Erfinder«, könnte es heißen, oder auch: »Wir hatten jetzt 128 Jahre Zeit, unseren Service zu optimieren«. Letzteres stimmt ohne Wenn und Aber, denn es ist schwierig, irgendwo auf See ähnlich gute Mitarbeiter zu finden, die mit höflicher Zurückhaltung feinsten Service auf den Punkt liefern, dabei mitdenken und die Wünsche und Gewohnheiten ihrer Passagiere am zweiten Tag auswendig wissen. Unnötig zu erwähnen, dass sie den Namen ebenfalls kennen. Dabei sind es nicht immer die großen (und teuren) Extras wie das Sorbet, das täglich am Tisch mit Champagner aufgegossen wird, oder die Einladung zu einem exklusiven Abend in der St. Petersburger Eremitage. Was Passagiere wirklich glücklich macht, das ist der Tisch mit Stühlen und Kaltgetränken an der Tenderbootstation, weil man weiß, dass fußmüde Passagiere am Ausflugsende nicht stehend aufs Boot warten möchten. Selbst am letzten Reisetag erfreut auf jedem Deck am Aufzug eine Kofferwaage die beim Einpacken der Souvenirs schwitzenden Kreuzfahrer. Nicht übersehen kann man bei aller Finesse, dass es Hapag-Lloyd Cruises immer schwerer fällt, für diesen Top-Service die richtigen Leute zu finden, und so laufen bisweilen im Restaurant zu viele »frische« Kräfte herum, die eigentlich ein Schildchen tragen müssten mit der Aufschrift »Ich lerne noch«. Dann ist der Service immer noch sehr charmant, aber manchmal etwas verunglückt. Ein altgedienter Mitarbeiter gibt das offen zu und ergänzt, dass die »erste Garnitur« auf der jüngeren und legereren EUROPA 2 eingesetzt wird, die sich in fünf Jahren zum Zugpferd der Flotte entwickelt hat. Vorsichtig wird die EUROPA angeglichen; um ein Jackett bittet man die Herren nur noch auf dem Gesellschaftsdeck; in der Sansibar und im Buffetrestaurant reicht das offene Hemd. Mit ihren 20 Jahren ist die EUROPA in einem Pflegezustand, als sei erst gerade die Werftgarantie abgelaufen, und außer dem zu kleinen Spa-Bereich und Buffet-Restaurant gibt es an ihrer Hardware nichts, aber auch gar nichts zu mäkeln.

Kompass

Flottenstärke
2 Luxus-Yachten und
1 Expeditionsschiff,
2 Neubauten im Jahr 2019

Zielgruppe
Traditionsreisende mit modernem Anspruch

Kleidung
Stilvoll, aber nicht abgehoben

Reisen mit Familie
Kinderbetreuung mit Spielzimmer; für Familien eher EUROPA 2

Bordsprache
Deutsch

Budget
Sehr anspruchsvoll

Reisedauer
1–21 Tage

Reiserouten

Nach intensiven Erlebnissen in der Südsee und Fernost kehrt die EUROPA für die Sommersaison in den Norden des namensgebenden Kontinents zurück. Ihren 20. Geburtstag verbringt sie zwischen Hamburg und Lissabon.

Anbieteradresse

Hapag-Lloyd Kreuzfahrten GmbH
Ballindamm 25, D-20095 Hamburg
Tel.: +49 (0)40 30 70 30-0
Fax: +49 (0)40 30 70 31-0
service@hl-kreuzfahrten.de
www.hl-kreuzfahrten.de

MS EUROPA *Klassikerin auf der Suche nach Moderne*

Hotel & Kulinarik

Bewertung

1+

Die Qualität könnte nirgends besser sein. Was auf den Tisch kommt, ist Spitzenklasse. Eis, Schokolade und Pralinen sind das i-Tüpfelchen. Das Frühstücksbuffet ist mit Brot und Wurst auf den deutschen Geschmack abgestimmt, bietet aber auch alles aus der internationalen Palette.

Kabinen

Bewertung

1+

Wenn es irgendwo auf der Welt ein Bad gibt, an dem sich nichts mäkeln lässt, dann hier mit Dusche und Badewanne (getrennt). Kabinen gibt es mit trennbaren Doppelbetten. Der begehbare Kleiderschrank ist riesig, der Schreibtisch ebenfalls, und fast alle Kabinen haben einen Balkon.

Service

Bewertung

2+

Der Hapag-Lloyd-Service der altgedienten Mitarbeiter ist sprichwörtlich. Die alte Garde ist jedoch mit zu vielen Nachwuchskräften durchsetzt, die das gewünschte Niveau noch nicht erreicht haben. Mit dem Personalbedarf für drei neue Expeditionsschiffe dürfte das nicht besser werden.

Unterhaltung & Lektorate

Bewertung

2+

Fast immer reisen prominente Gastkünstler mit, die das ohnehin opulente Programm bereichern. Dabei wird die klassische Show-Lounge im Stil eines Varieté-Theaters mit Sofas und Cocktailtischen sehr geschätzt. Ganz große Show-Erlebnisse sind darin nicht möglich.

Wellness & Bewegung

Bewertung

2

Die EUROPA wurde vor der großen Wellness-Welle geplant; entsprechend ist der Saunabereich mit winzigem Balkon und fast ohne Meerblick nicht mehr up-to-date. Erstklassige Behandlungs- und Kursangebote schaffen einen Ausgleich. Der große Pool befriedigt auch hohe Ansprüche.

Gesamtergebnis

1-

Unsere Empfehlung: Wer gediegenen Luxus sucht, ist hier richtig

Baujahr	1999
Tonnage	28.890 BRZ
Länge	198,6 Meter
Qualitätsklasse	Luxus
Kabinen	204
Passagiere	408
Besatzung	280
Geschwindigkeit	21 Knoten

MS MARINA

MS REGATTA

OCEANIA CRUISES

Zu Oceania Cruises gehören heute zwei große und vier kleine Schiffe. Die MARINA und die RIVIERA können je 1.252 Passagiere aufnehmen, die kleinen REGATTA, INSIGNIA, NAUTICA und SIRENA je 684, die eine Crew von 400 Mitarbeitern betreuen, eine ungewöhnlich hohe Ratio von 1,71 : 1. Der Service an Bord ist makellos, und man rühmt sich der »besten Küche auf den Meeren« (vgl. Seite 168 ff.). Die Reederei wurde 2003 von Frank Del Rio mit drei kleinen Schiffen gegründet. Er ist heute Chief Executive Officer der Norwegian Cruise Line Holdings Ltd. in Miami, zu der Norwegian Cruise Line, Regent Seven Seas Cruises und Oceania Cruises zählen. Die Gesellschaften werden zwar unter einem gemeinsamen Dach, aber mit eigenem Profil geführt. Spektakulär waren die beiden Neubauten, da Oceania hier sein Profil vom kompromisslos guten Service nebst »Haute Cuisine« das erste Mal auf selbst konzipierten Schiffen umsetzen konnte. Exotisch sind die Routen; die Flotte läuft 330 Ziele an, zweifelsohne beeindruckende, aber kaum außergewöhnliche – aus US-Sicht ist eine Reise nach Europa an sich schon außergewöhnlich genug. Ihren Pep bekommen die Landgänge mit den Landausflügen; das Angebot ist enorm, allerdings oftmals mit über 200 Dollar für einen Ausflug nach hiesigem Verständnis jenseits von Gut und Böse. Wenn anderswo Krawattenpflicht herrscht, bittet man hier zuweilen einen Europäer, den Binder bei Tisch wegzulassen. Es soll form- und zwanglos bleiben. Vieles ist erlaubt, nur Jeans möchte man in den Restaurants nicht sehen. Europäer müssen sich daran gewöhnen, Mitreisende mit dem Vornamen anzusprechen, dann wird man rasch integriert. Besonderheiten sind eine Kaffeebar am Pool für ganz kurze Stopps, wie sie zum Beispiel Jogger gern einlegen, mit »Coffee-to-go«. Ein Speisesalon mit kristallenem Lüster und großem, ovalem Tisch kann für einen Fixpreis gemietet werden, um Freunde einzuladen. Europäer nutzen ihn selten, US-Passagiere buchen ihn schon zu Hause vor, um mit Leuten essen zu gehen, die sie auf der Reise kennenzulernen hoffen. Gewöhnen müssen sich Europäer zudem daran, dass die Rechnungsformulare neben dem bereits abgebuchten Trinkgeld noch Raum für »Additional Tip« lassen.

Kompass

Flottenstärke
6 Hochseeschiffe

Zielgruppe
Gäste mit höchstem Anspruch und lockerem Stil

Kleidung
Gepflegt, wie im Club, Krawatten schätzt man nicht

Reisen mit Familie
Kinder sind willkommen, aber ohne besonderes Programm

Bordsprache
Englisch

Budget
Anspruchsvoll

Reisedauer
7–180 Tage

Reiserouten

Die Reiselust beginnt in Europa, dessen Kulturschätze das internationale Publikum mag, und reicht bis nach Neuengland und Grönland, Kanada und Alaska, aber auch in den Pazifik, nach Neuseeland und in die Südsee.

Anbieteradresse

Oceania Cruises
Kreuzberger Ring 68, D-65205 Wiesbaden
Tel.: +49 (0)69 2222 3300
Fax: nicht angegeben
info@oceaniacruises.com
https://de.oceaniacruises.com

MS MARINA *Komfort pur mit der besten Küche auf See*

Hotel & Kulinarik

Bewertung

1

Was die Kombüse anbietet, ist perfekt. In den Spezialitäten-Restaurants ist rechtzeitiges Reservieren angesagt, am besten schon von zu Hause. Dafür wird mit exklusiven Speisen verwöhnt, z. B. von Spitzenkoch Jacques Pépin. Beim Essen bilden sich schnell gute Gesprächsrunden.

Kabinen

Bewertung

2+

Die Kabinen auf der MARINA und ihrer Schwester RIVIERA sind von komfortabler Größe mit erstklassigen Betten. Besonders in den Bädern gibt es viel Platz und ein pfiffiges Konzept. Damen mit großem Koffer freuen sich über reichlich Schrankraum.

Service

Bewertung

1

Auf allen Oceania-Schiffen, so auch auf der MARINA, wird Service großgeschrieben und ist sehr persönlich. Suiten bieten Butler-Service. Keine Begegnung mit einem dienstbaren Geist ohne sein Lächeln und einen Gruß. Trinkgelder werden abgebucht und daher nicht extra erwartet.

Unterhaltung & Lektorate

Bewertung

2+

Diese Schiffe sind kein Ort für »Normales«. Broadway-Reife junge Künstler werden zentral für die Gruppe verpflichtet. Der Cruise Director ist für das Entertainment zuständig, das er gekonnt mixt. Lektoren wissen wirklich alles, sehen sich aber nicht als Unterhalter.

Wellness & Bewegung

Bewertung

2-

Das Pooldeck bietet die flauschigsten Liegestuhlauflagen aller Zeiten. Es gibt tägliche Fitness-Programme und immer mal Vorträge zur Behebung aller möglicher Leiden. Im Sport- und Spa-Bereich fallen großzügige, ansprechend gestaltete Ruhezonen auf.

Gesamtergebnis

2+

Unsere Empfehlung: Für Genießer mit lockerem Geldbeutel

Baujahr	2011
Tonnage	66.000 BRZ
Länge	238,35 Meter
Qualitätsklasse	Luxus
Kabinen	626
Passagiere	1.252
Besatzung	780
Geschwindigkeit	20 Knoten

MS ALBATROS

MS ARTANIA

MS DEUTSCHLAND

PHOENIX REISEN

Sie sind ein häufiger Anblick in deutschen Kreuzfahrthäfen, die weißen Schiffe mit der türkisfarbenen Bauchbinde. Drei von ihnen fahren inzwischen ganzjährig für den Bonner Veranstalter Phoenix Reisen – ein viertes, die Deutschland, während der Sommermonate. Und alle sind sie »Fernsehstars«. Ob das aktuelle »Traumschiff« AMADEA, die Vorgängerin Deutschland oder die aus der ARD-Serie »Verrückt nach Meer« bekannte »Weiße Lady« ALBATROS und »Grand Lady« H. Im Spätsommer 2019 wird mit der AMERA, zuletzt als PRINSENDAM für die Holland America Line im Einsatz, ein viertes Schiff die Flotte ganzjährig verstärken. Obwohl sie – von der legeren Mittelklasse bis zum First-Class-Schiff – unterschiedliche Marktsegmente bedienen, zeichnen sich alle Schiffe durch eine persönliche Atmosphäre aus, die Phoenix Reisen unter dem Motto »Willkommen zu Hause« lebt. Allen gemein ist zudem, dass Housekeeping und Kulinarik in den Händen von seachefs liegen. Die »Schiffsladies« sind – zugegebenermaßen – nicht mehr die allerjüngsten, und doch zeigt sich, besonders am Beispiel der inzwischen gut 45 Jahre alten ALBATROS, wie nachhaltig in den Bestand investiert wird. Wer das Schiff in seinen ersten Jahren unter türkischer Flagge erlebt hat, stellt erfreut fest, dass die »Hardware« sich heute weit hochwertiger präsentiert; auch wenn eine reife ältere Dame natürlich zuweilen das eine oder andere Zipperlein plagt. Viel Freiraum bieten die großzügigen offenen Decks, inklusive holzgedeckter Außenpromenade, gemütlichen Achterdecks und »Dorfplatz« on top. Im Schiffsinneren laden zahlreiche Bars und Lounges zum Verweilen ein. Kleiner Wermutstropfen für Nichtraucher: Casablanca-Bar, Harry's Bar und der angrenzende Wintergarten waren in der Vergangenheit meist arg verraucht. Allerdings wird Harry's Bar nach der Weltreise 2018/2019 zum Nichtraucherbereich. Service und Kulinarik sind für ein Schiff der Mittelklasse à la bonne heure. Für Reisende, die Hightech-Schiffe mit modernsten Finessen lieben, ist die ALBATROS sicher nicht die beste Wahl. Freunde klassischer Kreuzfahrtschiffe hingegen schätzen die »weiße Lady« sehr und hoffen, dass sie ihren 50. Geburtstag noch unter Phoenix-Flagge erleben wird.

Kompass

Flottenstärke
5 Hochsee- und über 40 Flussschiffe

Zielgruppe
Anhänger klassischer deutschsprachiger Kreuzfahrten

Kleidung
Tagsüber Freizeitkleidung, abends leichte Eleganz, 2–3 Gala-Abende

Reisen mit Familie
Keine speziellen Einrichtungen, in den Ferien Kinderprogramm

Bordsprache
Deutsch

Budget
Moderat

Reisedauer
3–146 Tage

Reiserouten

Im Sommer zieht es die Phoenix-Schiffe mit großer Routenvielfalt ins Nordland und die Ostsee. Im Winter stehen Weltreisen oder andere längere Kreuzfahrten an. Ungewöhnliche Routen gibt's an der US-Ostküste und im Mittelmeer.

Anbieteradresse

Phoenix Reisen GmbH
Pfälzer Straße 14, D-53111 Bonn
Tel.: +49 (0)228 92 60 0
Fax: +49 (0)228 92 60 99
info@phoenixreisen.com
www.phoenixreisen.com

MS ALBATROS *Ein bestens gepflegter Oldie mit viel Platz*

Hotel & Kulinarik
Bewertung
3+

Die Küche der Albatros erfreut mit hohem Standard für ein Mittelklasse-Schiff. Jegliches Gebäck ist schlicht erstklassig. Das Außenbuffet mit Pizza-Station ist bei kaltem oder schlechtem Wetter nur eingeschränkt nutzbar, die Pizza aber ein Highlight.

Kabinen
Bewertung
3+

Die Kabinen sind sehr geräumig. Die Betten stehen oftmals getrennt. Die Kategorien differenzieren sich nach Bädern mit Dusche oder Badewanne. Großzügige Suiten zeugen von der Vergangenheit der Albatros als Luxus-Schiff. Einige Kabinen bekamen Balkone nachgerüstet.

Service
Bewertung
2

Ein freundliches Lächeln und Effizienz zeichnen den Service der meist asiatischen Stewards aus. Viele Mitarbeiter arbeiten seit Jahren an Bord, sprechen gut Deutsch und kennen ihre Stammpassagiere schon lange. Die niedrigen Getränkepreise suchen ihresgleichen.

Unterhaltung & Lektorate
Bewertung
2

Was das kleine Show-Ensemble angesichts der Einschränkungen der Show-Lounge präsentiert, ist hervorragend. Häufige Gastkünstler und Aktivitäten mit dem Phoenix-Team bereichern das Angebot. Außer landeskundlichen Lektoren gibt es oft auch Tageskünstler mit unterschiedlichen Themen.

Wellness & Bewegung
Bewertung
2-

Der Sport- und Fitness-Bereich bietet eine gute Auswahl an Geräten sowie Dart, Tischfußball und Tischtennisplatten. Er liegt oben achtern und hat Meerblick. An Deck gibt es Shuffleboard, Boule und Golfabschlag. Pool und Jacuzzi sind bei Bedarf gut geheizt.

Gesamtergebnis
2-

Unsere Empfehlung:
Für Liebhaber klassischer Schiffsladies

Baujahr	1973
Tonnage	28.518 BRZ
Länge	205,5 Meter
Qualitätsklasse	Bürgerlich
Kabinen	399
Passagiere	830
Besatzung	340
Geschwindigkeit	22 Knoten

MS HAMBURG

Die riesigen Bullaugen sind ein sehr präsentes Gestaltungselement der HAMBURG

PLANTOURS KREUZFAHRTEN

Auf der Suche nach dem ungewöhnlichsten Schiff der kleinen, deutschsprachigen Kreuzfahrtflotte braucht sich niemand lange umzuschauen. Es ist die HAMBURG. Plantours' einziges Hochseeschiff folgt einem Konzept, das eigentlich keines ist: Man nehme von allen anderen Anbietern eine Prise des Erfolgsrezepts und koche daraus eine schmackhafte, neue Suppe. Was keinem Koch der Welt gelingen würde, hat Plantours Kreuzfahrten geschafft. Kenner der Szene wundert das weniger, wissen sie doch, dass demselben Unternehmen sogar der Spagat gelungen ist, beim Vorgängerschiff VISTAMAR sämtliche Unzulänglichkeiten eines Schiffes zu einem erfolgreichen Produkt zu vereinen – und das 22 Jahre lang. Hiermit hat die HAMBURG keine Probleme. Sie ist ein grundsolides Schiff, das in seinem ersten Leben fast anderthalb Jahrzehnte für Hapag-Lloyd fuhr. Zwar stimmt der Slogan vom kleinsten Kreuzfahrtschiff Deutschlands nicht – das ist die BERLIN –, aber mit ihren rund 400 Passagieren ist der HAMBURG kein Ziel zu exotisch, kein Fluss zu eng und kein Fahrtgebiet zu kalt. Sie bereist die Antarktis ebenso wie Grönland, kann den Amazonas bis hinauf nach Iquitos befahren (während fast alle anderen Schiffe in Manaus umdrehen müssen) und ist als bislang einziges Schiff so schlank gebaut, dass sie den Welland-Kanal passieren und die Großen Seen Nordamerikas befahren kann – selbst US-Bürger buchen sie, wenn sie ihre »Great Lakes« bereisen wollen (Mitbewerber allerdings wachsen bereits in den Werften, die Alleinstellung währt nicht mehr lange). Zu all diesen Besonderheiten gehört eine Planungsabteilung in Bremen, die sich in aller Welt auskennt, überall einen Charterflieger hinbeordert, wo es keine Linienverbindung gibt und nie bange war, etwas völlig Neues auszuprobieren – und dies den Passagieren offen zu sagen. Entsprechend hat sich das Unternehmen eine Stammklientel aufgebaut, die auf solche Experimente wartet. Mit dem Inder George Podder verfügt die HAMBURG über einen gefragten Mann als Küchenchef, der ihr kulinarisches Niveau weit übers Gutbürgerliche hinaushebt. Besonders anzurechnen ist Plantours, dass all diese Reisen zu Preisen angeboten werden, bei denen kein Expeditions-Anbieter mithalten kann.

Kompass

Flottenstärke
1 Hochseeschiff

Zielgruppe
Klassische Kreuzfahrer mit Hang zu »Soft Expedition«

Kleidung
Tagsüber sportlich-leger, aber auch elegant oder festlich

Reisen mit Familie
Kinderfreundlich, jedoch ohne besonderes Programm

Bordsprache
Deutsch

Budget
Moderat

Reisedauer
5–19 Tage

Reiserouten

Die HAMBURG startet das Kreuzfahrtjahr in der Antarktis. Weiter geht es über die südamerikanische Westküste transpanama nach Europa. Im Herbst führt die Route von Grönland in die Großen Seen und weiter nach Kuba.

Anbieteradresse

plantours & Partner GmbH
Martinistraße 52, D-28195 Bremen
Tel.: +49 (0)421 17 36 90
Fax: +49 (0) 421 17 36 935
info@plantours-partner.de
www.plantours-partner.de

MS Hamburg *Expeditionsgefühl zum Taschengeldpreis*

Hotel & Kulinarik

Bewertung

2

Was auf der Hamburg auf den Tisch kommt, ist ausnahmslos erstklassig. Unabhängig davon, ob der Gast seinen fest reservierten Tischplatz im Restaurant einnimmt oder den »Palmgarten« mit seinem abwechslungsreichen Buffet aufsucht. Hier gibt es auch eine Pizza- und Würstchenstation.

Kabinen

Bewertung

2

In vielen Kabinen bestimmt ein überdimensionales Bullauge den maritimen Look. Einrichtung und Stoffe wirken gemütlich und hochwertig. Die Betten lassen sich in einigen Kategorien zusammen- oder auseinanderstellen. Wie alle Räume an Bord sind die Kabinen gut gepflegt.

Service

Bewertung

2

Das Serviceteam ist bestens eingespielt, der Service ist freundlich, persönlich und lautlos und damit manchmal besser als die Leistungen der Plantours-Reiseleitung, die sich je nach personeller Besetzung bisweilen schwer tut, geschmeidige Abläufe zu garantieren.

Unterhaltung & Lektorate

Bewertung

2-

Aus ihren Expeditionsreisen bringt die Hamburg ein übergroßes Lektorenteam mit, aus dem man für jede Reise einen oder mehrere Begleiter auswählt. Die Rondo-Band ist eine der besten Kapellen, die es auf Kreuzfahrtschiffen gibt. Sonst ist das Bühnengeschehen eher Mittelmaß.

Wellness & Bewegung

Bewertung

2-

Das Fitness-Studio auf dem Pooldeck ist mit modernen Steppern und Laufbändern gut ausgestattet. Hinzu kommen tägliche Sport-Angebote an Deck durch die Reiseleitung. Auch die kleine Sauna tief im Bauch der Hamburg wird gut angenommen. Dazu gibt es Wellness-Behandlungen.

Gesamtergebnis

2

Unsere Empfehlung:
Für Reisende, die Wert auf die Destination legen

Baujahr	1997
Tonnage	14.903 BRZ
Länge	144 Meter
Qualitätsklasse	Gehoben bürgerlich
Kabinen	205
Passagiere	400
Besatzung	170
Geschwindigkeit	18,5 Knoten

MS Seven Seas Voyager

MS Seven Seas Explorer

REGENT SEVEN SEAS

In der 186 Quadratmeter großen Master Suite der 2016 in Dienst gestellten Seven Seas Explorer dürfte keiner anzweifeln, dass Regent es mit dem Luxus an der Spitze dieses Marktsegmentes ernst meint. Allerdings war es auch Zeit für neue Maßstäbe, denn das jüngste, obwohl ebenfalls luxuriöse Flottenmitglied, war immerhin 13 Jahre alt. Zudem hatte die Seven Seas Voyager 2003 mit einer deutlich kleineren Vermessung als geplant das Ziel, am Image der ebenfalls noch jungen Europa zu kratzen, verfehlt. Als »most luxurious ship ever built« bezeichnet die Reederei nun den jüngsten Spross, als luxuriösestes je gebautes Schiff. Ein Genuss, in den hier an Bord alle Passagiere kommen, sind die zum großen Teil schon inkludierten Landausflüge. Hinzu kommen Destinationen, die eher für den Yachtbereich passen, fernab der Routen der »Großen«. Die Besatzungsmitglieder sind offener, fröhlicher und eher zu einem Plausch aufgelegt als auf anderen Luxus-Schiffen. Auch auf den drei anderen Großyachten von Regent sind ein rund um die Uhr verfügbarer Kabinenservice, alle Trinkgelder, alle Getränke inklusive ausgesuchter Weine, Champagner und Spirituosen sowie die meisten Landausflüge im Reisepreis inbegriffen. Es gibt einen Kapitäns-Empfang, doch findet der im Stehen im Foyer statt; der Master steht locker plaudernd auf der Treppe, die Besucher – soweit sie gekommen sind, und das betrifft längst nicht alle – prosten ihm mit Champagner zu. Untereinander kennen sie sich schon, denn eine Durchsage hat sie aufgefordert, ihre Kabinentüren zu öffnen und sich mit ihren Nachbarn bekannt zu machen. Im Kabinenbereich gibt es keine Kompromisse, die Suite ist luxuriös und verfügt über einen Butler ebenso wie über persönliches Schreibpapier mit dem Namen des Passagiers. Auf kaum einem anderen Schiff sieht man Publikum, das aus so vieler Herren Länder zusammengewürfelt ist. Man möchte ein Schiff für Paare und Singles sein. Wem beim »Please wait to be seated« am Eingang des Hauptrestaurants »Compass Rose« eine diskrete Bitte um einen geselligen, großen Tisch nicht reicht, nimmt das Angebot zum allabendlichen Singletreff um 18.30 Uhr an, der von charmanten Hostessen geleitet wird, die dann mit zu Tisch gehen.

Kompass

Flottenstärke
4 Hochseeschiffe

Zielgruppe
Locker-luxuriös Reisende aus aller Welt

Kleidung
Sportlich-elegant; auch abends bittet man nur beim Captain's-Empfang um Besseres

Reisen mit Familie
Auch Kinder sind kleine Luxus-Gäste und werden verwöhnt

Bordsprache
Englisch

Budget
Sehr anspruchsvoll

Reisedauer
8–129 Tage

Reiserouten

Diese Schiffe sind nicht nur weltweit unterwegs, sie machen auch aus jeder Route ein Highlight. Kleine Häfen werden angefahren, Attraktionen gesucht. Der nächtlich ausbrechende Stromboli ist ein Beispiel für ein gelungenes Extra.

Anbieteradresse

Regent Seven Seas Kreuzfahrten
Mountbatten House, Grosvenor Square,
GB Southampton, SO15 JU (Großbritannien)
Tel.: +49 (0)69 80 92 59 63
Fax: nicht angegeben; keine E-Mail-Adresse;
Kontaktformular unter https://de.rssc.com

MS Seven Seas Voyager *Elegante Mega-Yacht mit höchstem Anspruch*

Hotel & Kulinarik

Bewertung

1-

Im Compass Rose Restaurant isst man perfekt. Was aus der Küche kommt, stimmt; besonders natürlich Steaks, frische Salate und knackiges Gemüse sind auf einem internationalen Schiff mit US-Touch unerreicht. Auch die Buffet-Alternative ist erstklassig bestückt.

Kabinen

Bewertung

1

Ihre Größe, ihre Einrichtung und ihr Service sind an der Obergrenze dessen, was an Bord möglich ist. Gediegen, gemütlich, hochwertig, mit Sitzecke, perfektem Bad und Schreibtisch. Der Butler kommt, um beim Kofferauspacken zu helfen, und sieht alles (!), was es eventuell zu tun gäbe.

Service

Bewertung

2+

Im Kabinenbereich ist der Service perfekt, in der Gastronomie punktet er durch Freundlichkeit. Etwas aufmerksamer könnte er hingegen sein. Das Personal sollte zudem wissen, dass der Luxus-Anspruch auch dann gilt, wenn man z.B. frei hat und mit Gästen das Tenderboot teilt.

Unterhaltung & Lekotrate

Bewertung

2+

Die Abendshows sind gut und professionell. Die »Seven Seas Voyager« punktet aber mehr im Bereich landeskundlicher Lektorate, die freilich in englischer Sprache angeboten werden. Extras wie allabendlich organisierte Single-Dinners begeistern die Passagiere.

Wellness & Bewegung

Bewertung

3+

Selbst allerbeste internationale Schiffe, die freilich immer von US-Publikum dominiert werden, bieten in puncto Wellnsess weniger, als der deutsche Gast erwartet. So hat er nur eine kleine Sauna ohne Ausblick zur Verfügung. Seit der Renovierung 2013 aber immerhin ein umlaufendes Walking-Deck.

Gesamtergebnis

2+

Unsere Empfehlung:
Für Gäste, die an Bord maximale Internationalität suchen

Baujahr	2003
Tonnage	42.363 BRZ
Länge	204 Meter
Qualitätsklasse	Luxus
Kabinen	354
Passagiere	708
Besatzung	445
Geschwindigkeit	20 Knoten

MS SEABOURN SOJOURN

MS SEABOURN ODYSSEY

MS SEABOURN QUEST

SEABOURN CRUISE LINE

Gäste, die viel Geld bezahlen, verlangen ein gewisses Angebot an Wellness, an Restaurant-Auswahl und ein Niveau an Unterhaltung, gepaart mit Bühnentechnik und Atmosphäre. Das alles kann eine klassische Yacht nicht bieten. Zum Glück sind die Größen der Megaliner so weit davongeeilt, dass man leicht Yachten bauen kann, welche die »normalen« Kreuzfahrtschiffe der 80er-Jahre bei Weitem überbieten. Die Yacht erkennt man nur noch an den Design-Elementen. Als zweites von inzwischen fünf neu gebauten Schiffen trat die SEABOURN SOJOURN 2010 in Dienst. Ihre Größe wie die ihrer Nachfolgerinnen – inzwischen ist diese Schiffsklasse vergrößert worden, und dabei gelang, was fast alle modernen Flotten anstreben, nämlich Neues hinzuzufügen, ohne die Homogenität der Flotte zu beeinträchtigen – erlaubt ein deutliches Plus an Luxus bei Kabinen und Balkonen, Salons und Pool. Es ist deutlich zu erkennen: Bei einer Passagierzahl von 450 – bei den neuesten Schiffen 600 – lassen sich diese höchsten Weihen von Kulinarik und Service wirtschaftlich bereitstellen. Die Seabourn-Schiffe haben von ihrem Schiffsarchitekten ganz bewusst in der Mitte ein Forum, einen Treffpunkt bekommen, den Seabourn Square, wo zwischen dem Concierge und dem Internet-Café die Fäden an Bord und die der großen weiten Welt zusammenlaufen. Der Ansatz, hier auch gleich Gesprächsplätze für Gästemanagement hinzustellen, zeigt, dass man keine große Angst vor Beschwerden hat, die dann ja coram publico vorgetragen werden müssten. Gemütlich sind die riesigen Kabinen: Dusche und Badewanne sind getrennt, Fernseher und DVD-Spieler stehen bereit, auf dem Schreibtisch liegt das persönliche Briefpapier. Der »Einschnitt« in der Mitte vorm Schornstein birgt Lounge-Inseln mit drei Wänden – man kann bei Frischluft Privat-Atmosphäre genießen. Es gibt nur noch Außenkabinen, und nur 10% von ihnen müssen ohne Balkon auskommen. Am Heck des Schiffes kann eine Badeplattform ausgebracht werden, die in ihrer Mitte einen geschützten Meerwasserpool hat und Platz zum Anlegen von Booten und Wassersportgeräten bietet. Wichtig ist dem Unternehmen, dass es das Wort »nein« an Bord nicht gibt. Was der Passagier sucht, ist verfügbar oder wird beschafft.

Kompass

Flottenstärke
5 Hochseeschiffe

Zielgruppe
Reisende im kleinen Kreis mit höchsten Ansprüchen

Kleidung
Tagsüber leger,
abends informell,
mehrere Gala-Abende

Reisen mit Familie
Kinder willkommen
mit kleinem Unterhaltungsangebot

Bordsprache
Englisch

Budget
Sehr anspruchsvoll

Reisedauer
7–97 Tage

Reiserouten

Die Seabourn-Schiffe sind auf weltweiten Routen unterwegs: Ostsee, Mittelmeer, Karibik, aber auch Südamerika, Australien/Neuseeland und Arabien – sogar Südsee und Antarktis stehen auf dem Programm.

Anbieteradresse

Seabourn Cruise Line Limited
300 Elliott Avenue West,
Seattle, WA 98119 USA
Tel.: 00800 1872 1872; Fax: nicht angegeben; keine E-Mail-Adresse; Kontaktformular unter http://de.seabourn.com

MS SEABOURN SOJOURN *Eine Ultra-Luxus-Yacht*

Hotel & Kulinarik

Bewertung

1-

Der All-inclusive-Gedanke ist hier sehr weit entwickelt: Nicht alle Weine, aber immerhin Champagner, die meisten Alkoholika und natürlich Soft Drinks sind inkludiert. Viel Kulinarisches findet draußen statt: Zu zwei Restaurants im Innenbereich kommen Heckbar und Pool-Grill.

Kabinen

Bewertung

1

Wer auf der Kabine Briefpapier mit seinem Namen findet, der weiß, dass er ein Schiff höchster Komfortklasse gebucht hat. Der Eindruck von unendlich viel Platz tut ein Übriges; Badewanne und Dusche stehen zur Auswahl der große Fernseher mit DVD sind da nur noch ein »Zuckerle« obendrauf.

Service

Bewertung

1

Auf diesem Schiff bleiben beim Service keine Wünsche offen. Wenn an Deck Mitarbeiter auftauchen, um die Passagiere mit kostenlosen Massagen zu verwöhnen, dann ist schnell klar: Hier geht es um den Wohlfühlfaktor. Hintergedanken ausgeschlossen, denn Trinkgelder sind inkludiert.

Unterhaltung & Lektorate

Bewertung

2

Zur professionellen Show, die für ein kleineres Schiff erstaunlich viel »kann«, kommen Abendunterhaltungen wie Comedy und Cabaret, Pianomusik etc. Lesungen und Lektorate machen das Angebot rund. Nicht wegzudenken, obgleich die »SEABOURN SOJOURN« ein eher ruhiges Schiff ist: das Casino.

Wellness & Bewegung

Bewertung

2+

Klein, aber edel, so kommt der Spa-Bereich daher, ob er nun mit einer Spa-Suite verbunden ist oder nicht. Auch ohne die Kneipp-Anwendungen, die es auf der jüngeren Schwester gibt, ist das Spa-Center mit Innen- und Außenbereich und zwei Decks hohem Wasserfall einen Besuch wert.

Gesamtergebnis

1-

Unsere Empfehlung:
Für internationale Luxus-Suchende

Baujahr	2010
Tonnage	32.000 BRZ
Länge	198 Meter
Qualitätsklasse	Luxus
Kabinen	225
Passagiere	450
Besatzung	330
Geschwindigkeit	25,5 Knoten

MS SeaDream I

Übernachtung an Deck im Himmelbett

SEADREAM YACHT CLUB

Die Schiffe vom SeaDream Yacht Club sind – genau betrachtet – keine Yachten, sondern ein Zwischending zwischen Kreuzfahrt-Winzling und Oceanliner im Miniaturformat. Zu verstehen ist das erst, sieht man, dass sie vor über 30 Jahren von Cunard gebaut wurden – dann erkennt man sie als Matchbox-Ausgabe damaliger Kreuzfahrtschiffe. Und genau das sind sie, mit dem Yachtgefühl, dem Lifestyle und dem Verständnis von Top-Luxus ausgestattet, das heute das Branchenniveau am einsamen Gipfel beherrscht. Zu dem, was einem großen Kreuzfahrtschiff würdig wäre, gehört die Show-Lounge ebenso wie das verhältnismäßig lange Achterdeck mit Swimmingpool. Die Kabinen sind beinahe Suiten; ein Bogendurchgang mit Vorhang schafft zwei Räume, wobei das Doppelbett am Fenster steht. Balkone gibt es in dieser Altersklasse freilich nicht. Wichtiger ist hier das Bordleben, das sich zumeist draußen abspielt. Sehen und gesehen werden ist ein nicht zu unterschätzender Faktor; das Gespräch mit den Mitpassagieren, das ja zwangsläufig »im kleinen Kreis« stattfindet, ebenfalls. Yachtgefühl, man ist unter sich. Da gibt es ein Open-Air-Restaurant mit Wind- und Regenschutz, hinzu kommen um den Schornstein kuschelige Liegeplätze, in denen man sogar die Nacht verbringen kann, und wem das alles noch nicht reicht, dem baut die rührige Crew ein Himmelbett vorn auf das Schiff. Was nicht überzeugt, ist der Wellnesbereich. Die besenkammergroße Sauna mag der Passagierzahl angepasst sein, den Reisepreisen angepasst ist sie jedoch nicht. Die Massageangebote sind gut und finden bisweilen im Außenbereich statt. Geht man unter Deck, etwa zum Empfang des Kapitäns, dann fällt die Yacht wieder in die Rolle des Mini-Oceanliners zurück; die gediegene Bibliothek etwa mit edlen Hölzern und Teppichen fühlt sich danach an; ein Champagnerempfang vermittelt den Eindruck, in der besseren Gesellschaft angekommen zu sein. Bis zum nächsten Morgen. Denn da lockt die Bade- und Tauchbasis am Heck, die wiederum zeigt: Die SeaDream-Yachten sind näher an ihrem Element als andere Schiffe. Offiziell gestattet ist der Brückenbesuch nicht, doch wer vorn über den Rundgang läuft, erhascht zwangsläufig einen Blick ins Allerheiligste des Kapitäns.

Kompass

Flottenstärke
2 Hochseeyachten

Zielgruppe
Leute, die jede andere Form von Luxus schon kennen

Kleidung
Yacht-Stil: sportlich, wetterfest, abends ein bisschen elegant

Reisen mit Familie
Kinder, die sich hier wohlfühlen, müssen zu klein geratene Erwachsene sein

Bordsprache
Englisch

Budget
Sehr anspruchsvoll

Reisedauer
7–15 Tage

Reiserouten

Ziele, die zum Genussgedanken passen, sind ideal: Riviera, griechische Inseln, Karibik. Hier funktioniert das Leben mit lauen Nächten an Deck oder langen Abenden an Land in der Hafentaverne mit Blick auf die »eigene Yacht«.

Anbieteradresse

SeaDream Yacht Club
Pustutveien 18, N 1396
Billingstad (Norwegen)
Tel.: +47 410 40 122; Fax: +1 305 631 6110
info@seadream.com
www.seadream.com

MS SeaDream I *Ein Luxus-Tempel im Matchbox-Format*

Hotel & Kulinarik

Bewertung

1-

Wenn im Restaurant sechs Stewards hinter zwölf Passagieren stehen, um gleichzeitig die polierten Silberhauben von den Tellern zu lupfen, dann ist das ziemlich großes Kino. Das, was sich unter den Hauben befindet, auch. Der Aperitif mit Fingerfood wird zuvor am Pool gereicht.

Kabinen

Bewertung

2-

Sie sind nicht klein, aber auf Luxus-Yachten unserer Tage gelten andere Maßstäbe. Das kleine Sofa wirkt heimelig und ist durch einen Rundbogendurchgang mit Vorhang vom Schlafgemach abgetrennt. Trotz sehr guter Pflege hat alles etwas Patina.

Service

Bewertung

1-

Diese Crew wird nichts unversucht lassen, um alle Passagiere zufriedenzustellen. Denn zum einen arbeitet man bei dieser Schiffsgröße sehr nah am Gast, zum andern liegt es im Konzept begründet, dass so ein kleines Schiff nur punkten kann, wenn es als Wohlfühloase empfunden wird.

Unterhaltung & Lektorate

Bewertung

3+

Man sollte es kaum für möglich halten, aber auf der Bühne in der überraschend großen Show-Lounge läuft abends eine Show. Nicht nur das, die Reiseleitung übernimmt es gern, die Passagiere professionell und launig auf die nächsten Häfen einzustimmen.

Wellness & Bewegung

Bewertung

4

Eine Massage unter freiem Himmel ist ein Erlebnis, das es nicht auf jedem Schiff gibt. Der Besuch im Wellness-Bereich ist allerdings eine Enttäuschung – eine besenkammergroße Sauna und eine Kombination aus Dampfbad und Dusche korrespondieren einfach nicht mit dem Reisepreis.

Gesamtergebnis

2-

Unsere Empfehlung:
Für werdende Yachtbesitzer, deren Geldbeutel noch wächst

Baujahr	1984
Tonnage	4.258 BRZ
Länge	104,8 Meter
Qualitätsklasse	Luxus
Kabinen	56
Passagiere	112
Besatzung	95
Geschwindigkeit	15 Knoten

MS Silver Shadow

MS Silver Explorer

MS Silver Muse

SILVERSEA CRUISES

Seit 2018 ist bei Silversea alles anders. Nur gut, dass der Reisende an Bord davon nichts merkt, denn der Standard höchsten Komforts, der Luxus-Anspruch und der Pioniergeist der Entdeckerschiffe bleiben. Mit der Übernahme der Mehrheitsanteile ist die einstige italienische Luxus-Marke ein Teil des Konzerns Royal Caribbean International geworden. Hier repräsentiert sie die kleinsten, edelsten und unternehmungslustigsten Schiffe (und drückt die bisher dafür zuständige Tochter Azamara Club Cruises ein bisschen gegen die Wand). Wie auch immer, schon bald, nachdem der US-Konzern das Zepter in die Hand nahm, gab es Neubau-Ankündigungen; das erfolgreiche Konzept soll also ausgebaut werden. Es besteht aus zwei Sparten: Zum einen betreibt Silversea luxuriöse Yachten, die heute in etwa die Größe früherer Ocean Liner haben, zum andern kommt seit einigen Jahren ein Explorer-Geschäft mit eistauglichen, kleinen Schiffen und sehr rasch gewachsenem Know-how dazu. Kapitäne und Lektoren sind »Überzeugungstäter« und bilden Teams, mit denen Routenplanung und Destinationsentwicklung par exellence betrieben werden. Nur eine Polonaise um den Pool wird man hier vergeblich suchen. Alle Speisen und Getränke sind im Preis inbegriffen, ebenfalls Trinkgelder und auch der Service rund um die Uhr. Wem es um Mitternacht nach einem Krabbensalat mit Champagner gelüstet, bekommt dies auf die Kabine gebracht. Gegründet wurde Silversea 1994 von den Lefebvres aus Rom. Auf ihren Kreuzfahrten und Expeditionen steuern die Silversea-Schiffe mehr als 900 Häfen an. Auch die Expeditionsschiffe bieten bequemen Luxus wie die gesamte Flotte: Die geräumigen Kabinen heißen Suiten und haben Meerblick, in jedem Restaurant wird auf hohem Niveau gekocht, und der Service ist ausgesprochen aufmerksam. Hinzu kommt ein persönlicher Butler – egal, welche Kabinenkategorie man gebucht hat. Der Butler hilft beim Auspacken der Koffer, putzt Schuhe, empfiehlt das passende Kopfkissen und füllt die Minibar mit den Lieblingsgetränken. Die Bordsprache ist Englisch, doch das Tagesprogramm und die Speisekarten gibt es auch auf Deutsch, ebenso eine Zeitung. Mit Schulenglisch kommt man an Bord bestens zurecht und schnell ins Gespräch.

Kompass

Flottenstärke
9 Hochseeschiffe

Zielgruppe
Klassische Kreuzfahrer und Individualisten

Kleidung
Tagsüber entspannt, abends gern mit Schlips und Kragen

Reisen mit Familie
Kinder sind eher selten an Bord

Bordsprache
Englisch/deutschsprachige Hostessen

Budget
Anspruchsvoll

Reisedauer
6–23 Tage

Reiserouten

Bei 900 Häfen pro Jahr dominieren Routen mit Sonnenschein (im Sommer Europa, im Winter Karibik). Mit der wachsenden Expeditionsflotte gibt es verstärkt Expeditionen zu abgelegenen Zielen wie Antarktis und Galapagos.

Anbieteradresse

Silversea Cruises
Taubenstraße 1,
D-60313 Frankfurt a. M.
Tel.: +49 (0)69 92 03 99 340
info@silversea.com
www.silversea.com/de

MS SILVER SHADOW *Entspannter Luxus für Freunde klassischer Kreuzfahrt*

Hotel & Kulinarik

Bewertung

1

Hohe Qualität auf allen Tellern: im Hauptrestaurant, beim Italiener »La Terrazza« und am »Pool Grill«. Dort kann man sich sein Steak auf dem heißen Stein selber brutzeln. Freunde von Fisch und Gemüse kommen auf ihre Kosten. Die Menüs im edlen »Le Champagne« sind kaum zu überbieten.

Kabinen

Bewertung

1

Freundliche Farben, viel Platz, auch im Bad und überall Spiegel. Begehbarer Kleiderschrank und eine Minibar, die mit den Lieblingsgetränken aufgefüllt wird. Für die Nachtruhe steht eine Auswahl von neun verschiedenen Kissen parat. Europäische Steckdosen mit 220 Volt Spannung.

Service

Bewertung

1+

Die Crew ist aufmerksam und freundlich, oft mit langer Silversea-Erfahrung. Die überwiegend asiatischen Servicekräfte arbeiten perfekt und sprechen ihre Gäste schnell mit Namen an. Butler-Service gibt es für alle Kabinen und »In-Suite-Dining« rund um die Uhr.

Unterhaltung & Lektorate

Bewertung

2

Anstelle der ganz großen Broadway-Show bedienen im Theater internationale Künstler alle musikalischen Genres von Pop bis Klassik. Lektoren informieren über Politik, Kultur und Gesundheits-Themen. Auf einzelnen Reisen stehen Gentlemen Hosts zu Diensten. Gute Barmusik.

Wellness & Bewegung

Bewertung

2

Pool und Spa sind nicht besonders groß, aber auch selten überfüllt. Gut gelaunte Trainer motivieren die Passagiere zum Frühsport auf dem Jogging-Deck und bieten zudem kostenlos Yoga- und Pilates-Kurse an. Der kleine Fitness-Raum ist mit modernen Geräten bestückt.

Gesamtergebnis

1-

Unsere Empfehlung:
Für alle, die auf hohem Niveau entspannen wollen

Baujahr	2000
Tonnage	28.258 BRZ
Länge	186 Meter
Qualitätsklasse	Luxus
Kabinen	191
Passagiere	382
Besatzung	302
Geschwindigkeit	18,5 Knoten

MS Columbus

MS Astor

MS Marco Polo

TRANSOCEAN & CMV

Legt man die Stammgröße der Flotte ebenso zugrunde wie die Möglichkeiten, die ein Einzelreeder heute noch hat, so ist die Schiffsfamilie von Cruise & Maritime Voyages, deren deutsche Marke Trans-Ocean Kreuzfahrten ist, die am schnellsten wachsende Flotte im Markt. Im Jahrestakt kauft der Reeder Nicholas Tragakes neue Schiffe, und auch er braucht Balkone, die seine Gäste verlangen, mehrere Restaurants, um international mithalten zu können, und natürlich Bars und ein Casino, um Geld zu verdienen. Entsprechend kommt ihm das Gigantenwachstum vieler großer Gesellschaften sehr gelegen, die Schiffe mit zwischen 1.000 und 1.500 Betten nicht mehr betreiben wollen. Dabei ist hier noch jedes Schiff ein Individuum und wird mit Liebe als solches zurechtgemacht. Die Astor, die mit der Wintersaison 2019 ganzjährig in den deutschen Markt zurückkehrt, darf ihren 80er-Jahre-Charme behalten, mit dem sie der Deutschen liebstes und langjährigstes Schiff geworden ist, die Columbus bekam einen britischen Pub, ein großes Spielzimmer und ein indisches Restaurant. Dabei ist die Gastronomie im Hauptrestaurant »Waterfront« auf der Columbus deutlich besser, als es die Preise erwarten lassen, das Ambiente mit vielen durch Grünpflanzen abgeteilte Nischen beschaulich und auch, wenn sich der Wunsch von paritätischer Buchung durch Briten und Deutsche nicht erfüllt hat, spricht der Maître am Eingang ein passables Deutsch. Deutlich zu voll ist hingegen das Buffet-Restaurant. Besonders bedauert der wohlwollende Gast, dass sich mancher Fauxpas mit wenig Aufwand ausräumen ließe: Die ständig fehlenden Tassen am Kaffeeautomaten (lieber Herr Tragakes: Mit dem Reisepreis eines Billigbuchers ließen sich so viele Tassen kaufen, dass es bis in alle Ewigkeit reicht!), der nicht eben appetitliche grüne Kunstrasen, die allzu frühe Sperrstunde im Pub. Deutsche Passagiere freuen sich über die höchst professionellen Shows mit großer Bühnentechnik, vermissen aber den Lektor. Getröstet werden sie durch die sehr geräumigen Kabinen, die bis in die unteren Decks (innen!) viel Platz bieten. 2019 stößt mit der Vasco da Gama ein feines Schiff zur Flotte, das im Sommer exklusiv für deutschsprachige Gäste eingesetzt wird.

Kompass

Flottenstärke
5 Hochseeschiffe

Zielgruppe
Klassische Kreuzfahrer

Kleidung
Gepflegte Freizeitkleidung, abends Jackett, 2–3 Gala-Abende

Reisen mit Familie
Auf der Astor im Sommer gern, sonst bisweilen »Adults only«

Bordsprache
Astor Deutsch, sonst Englisch

Budget
Gehoben, gelegentlich Sonderangebote

Reisedauer
2–123 Tage

Reiserouten

Im Winter werden Weltreisen angeboten, im Sommer stehen Ostsee und Nordmeer im Vordergrund. Die Routen-Abwechslung bei den Häfen ist nicht besonders einfallsreich; die Routen und haben zudem viele Seetage.

Anbieteradresse

TransOcean Kreuzfahrten
Rathenaustraße 33, D-63067 Offenbach
Tel.: +49 (0)69 800 87 16 50
Fax: +49 (0)69 800 87 16 40
info@transocean.de
www.transocean.de

MS COLUMBUS *Polyglotte Britin für europäisches Publikum*

Hotel & Kulinarik

Bewertung

2-

Im »Waterfront«-Restaurant isst man sehr gut in zwei Sitzungen. Nirgends erkennt man dort die wahre Größe, die sich hinter Raumteilern versteckt. Das Buffet-Restaurant hat manchmal sehr britische Gerichte und ist zudem überfüllt. Die Kuchenauswahl am Nachmittag ist beeindruckend.

Kabinen

Bewertung

2+

Die Kabinen bekommen vom vielen Platz auf der COLUMBUS eine Menge ab. Etwa 150 pro Reise stehen für Einzelreisende bereit. Die meisten sind bereits renoviert, haben Dusche und viele auch Badewanne. Achtung: Hoher Rand! Komfortabel ist der begehbare Kleiderschrank.

Service

Bewertung

2-

Auch bei wenigen deutschsprachigen Passagieren bemüht sich jeder um ein paar Worte Deutsch. Besonders zuvorkommend sind die asiatischen Servicekräfte. Insgesamt gibt es zu viele Kräfte, die erkennbar nicht fürs Mitdenken bezahlt werden. Der Restaurant-Service ist sehr gut.

Unterhaltung & Lektorate

Bewertung

2-

Die Shows werden vom Schiffseigner in eigenem Unternehmen produziert und überraschen durch Qualität und technische Effekte. Die über den Tag verteilten Aktivitäten sind oft auf den britischen Geschmack ausgerichtet. Ein Lektor wäre eine Bereicherung.

Wellness & Bewegung

Bewertung

2

Zwei große Swimmingpools an Deck und etwas altmodische Whirlpools am Achterdeck werden von ausreichend Sonnenliegen flankiert. Im Bauch der COLUMBUS ist ein gut ausgestattetes Fitness-Center. Die Sauna ist zu vorgegebenen Zeiten textilfrei. Hinzu kommen Gymnastikkurse.

Gesamtergebnis

2

Unsere Empfehlung: Für Liebhaber geräumiger Schiffe mit Hang zu britischer Kultur

Baujahr	1987
Tonnage	63.700 BRZ
Länge	250 Meter
Qualitätsklasse	Gehoben bürgerlich
Kabinen	775
Passagiere	1.400
Besatzung	650
Geschwindigkeit	16,5 Knoten

MS STAR BREEZE

SY WIND SURF

WINDSTAR CRUISES

Der »Wind« im Markennamen passt heute nicht mehr zu allen Flottenmitgliedern, denn zu den klassischen Seglern sind Motoryachten hinzugekommen – ehemalige Schiffe von Seabourn, die unter dem Dach der Carnival Corporation ein neues Zuhause suchten. Schlecht ist der Deal nicht, denn niemand versteht sich innerhalb des Riesenkonzerns besser auf Reisen im kleinsten Kreis. So besteht Windstar Cruises heute aus zwei Segmenten. Die Segelschiffe beweisen seit nunmehr zehn Jahren: Segelromantik muss nicht unbedingt auf einem knarrenden Großsegler mit Geschichte stattfinden. Die Verbindung aus hohem Komfort und der Nähe zu den Elementen klappt auch auf einem modernen Schiff. Die Nähe zum Meer wird durch Badeplattformen am Heck der Schiffe deutlich erhöht. Davon ermutigt, nahm man 1998 die mit doppelt so großer Passagierzahl schon fast nicht mehr als Yacht zu bezeichnende WIND SURF hinzu – freilich auch mit etwas mehr Ausstattungsmerkmalen. Die Flotte ist heute der wohl ungewöhnlichste Teil innerhalb der großen Carnival Corporation, die nicht unbedingt dafür bekannt ist, ihre Liebe kleinen Schiffen mit geringer Passagierzahl zu schenken. Dennoch war die Idee, diese Schiffe mit maritimen Accessoires und Farben aufzupeppen, damit an Windstar anzupassen und im Flottenverband zu belassen, eine gute. Dazu wurde den »Adoptivkindern« STAR PRIDE, STAR LEGEND und STAR BREEZE in der Werft eine ausgiebige Frischzellenkur verpasst. Auch hier dominiert jetzt der Yachtstil mit dunklem Parkett, blauem Teppichboden und etwas Messing. Anderes, das sich bewährt hat, lässt sich ebenfalls eins zu eins übertragen, zum Beispiel die Qualität der Küche. Hier knüpfen die mehrfach ausgezeichneten Köche von Windstar an das vormalige kulinarische Niveau an, haben es aber etwas leichter und lockerer gemacht. Die realitätsnahen Erfahrungen eines Skippers tun auch einer Motoryacht ganz gut, wo Brückenbesuche stets erlaubt sind. Bisherige Fans würden es auch nicht verstehen, wenn sie sich vorsichtig an die Motoryacht herantasten und dort eine andere Philosophie vorfänden. Der »Candles Grill«, der abends unter Sternen speisen lässt, zeigt, dass man Seglerromantik durchaus auf eine Motoryacht verpflanzen kann.

Kompass

Flottenstärke
3 Motor- und 3 Segelyachten

Zielgruppe
Menschen, die raus wollen, um Wind und Meer zu spüren

Kleidung
Dem Wetter angepasst, abends sportlich-elegant

Reisen mit Familie
Kinder sollten hier »kleine Erwachsene« mit entsprechender Interessenlage sein

Bordsprache
Englisch

Budget
Gehoben

Reisedauer
7–15 Tage

Reiserouten

Auch in Sachen Routing tun es die »neuen« Motoryachten den Seglern gleich und sind auf exklusiven Routen unterwegs, die den Granden der Branche verschlossen bleiben. Zum Beispiel in der Karibik und im Mittelmeer.

Anbieteradresse

UC Unlimited Cruises GmbH & Co. KG
Rheinstraße 1–5, D-63225 Langen
Tel.: +49 (0)6103 70 64 60
Fax: +49 (0)6103 70 64 620
info@unlimited-cruises.com
www.unlimited-cruises.com

MS Star Breeze *Ein Klassiker mit privatem Yacht-Ambiente*

Hotel & Kulinarik

Bewertung

1-

Neben dem exzellenten Hauptrestaurant »The AmphorA« gibt es ein sehr ordentliches Buffetrestaurant auf dem Achterdeck, das zu allen Mahlzeiten eine lockere, abends romantische Alternative bietet. Dann wird die Außensektion zum intimen À-la-Carte-Restaurant »The Candles«.

Kabinen

Bewertung

2

Die Star Breeze verfügt über helle, freundliche Kabinen mit viel Stauraum für Gepäck. Bequeme Betten und ein ausreichend großes Bad kommen hinzu. Aufgrund von Alter, Größe und Vorgeschichte ist das Gros der Kabinen ohne Balkon. Ein Teil der Außenkabinen hat französische Balkons.

Service

Bewertung

2+

Die internationale, englischsprachige Crew kümmert sich gut bis sehr gut um ihre Passagiere. Die Servicekräfte aus Indonesien und von den Philippinen sind ausgesprochen freundlich und sprechen die Gäste spätestens am zweiten Tag mit Namen an.

Unterhaltung & Lektorate

Bewertung

2

Zwei Duos teilen sich die musikalische Unterhaltung. Tagsüber amerikanisch geprägte Quiz-Spiele und abends ein gut besuchtes Kasino mit Roulette und Black Jack. Einmal die Woche nimmt der Küchenchef interessierte Passagiere mit zum Einkaufen auf einen örtlichen Markt.

Wellness & Bewegung

Bewertung

2-

Insgesamt drei Pools an Deck, davon zwei Whirlpools. Relativ großer Fitness-Raum mit Meerblick. Das Spa-Team bietet Kurse für Yoga, Pilates und Ähnliches an.

Marina am Achterdeck für zahlreiche Wassersportaktivitäten und Zodiacs für spontane Spritztouren außenbords.

Gesamtergebnis

2

Unsere Empfehlung:
Für Luxus-Reisende nah an der Seefahrt

Baujahr	1989
Tonnage	9.975 BRZ
Länge	134 Meter
Qualitätsklasse	First Class
Kabinen	106
Passagiere	212
Besatzung	140
Geschwindigkeit	15 Knoten

Es gibt an Land keinen Ort, an dem Familien, Kinder, Vergnügungshungrige, Sportbegeisterte und Freunde hochwertigster Show-Erlebnisse so viel Auswahl auf so kleinem Raum finden wie auf den großen Schiffen dieser Welt. Nicht zu vergessen die Vielfalt an Restaurants, Orten zum Chillen und Menschen, die es sich kennenzulernen lohnt. Die Megaliner sind mehr als schwimmende Städte. Sie sind Urlaubstempel, die alles vereinen, was je ein Gast gewünscht hat – das offene Ohr dafür ist bei den Reedereien riesengroß, denn der nächste Neubau muss ja eine Attraktion bieten, die alle anderen nicht haben.

NCL

MS AIDAPERLA

MS AIDACARA

MS AIDASOL

AIDA CRUISES

Die in Rostock beheimatete AIDA Cruises ist mit ihren Kussmundschiffen die Reederei mit der wohl größten Fangemeinde in Deutschland. Viele fahren einmal und sind dann verliebt. Denn »AIDA ist ein Lebensgefühl«. Der Wiedererkennungseffekt innerhalb der Flotte macht es möglich. Sowohl das Brauhaus, als auch die Restaurants »Bella Donna«, das »East« oder das Marktrestaurant finden sich auf den Schiffen unterschiedlicher Größe wieder. Auch das Farbkonzept ist auf allen Schiffen ähnlich, sodass nicht nur der Kussmund, sondern auch die Farbgestaltung und die Restaurantstruktur zum Motto »Willkommen zu Hause« beitragen. Das spricht nicht nur den Wiederholungskreuzfahrer an, sondern begeistert mit Entertainmentprogramm, bayrischem Frühschoppen und Partynächten auch junges Publikum. Von Schlager über Rock bis zu den Charts wird viel geboten und die unterschiedlichen Stars an Bord, die im Brauhaus oder auf den neueren Schiffen im Beach Club auftreten, sorgen für zusätzliche Stimmung. Die neuesten Schiffe der Flotte sind nicht nur größer, sondern haben auch ein feiner abgestuftes Restaurantkonzept an Bord. Neben den guten, aber oft turbulenten Buffetrestaurants und den klassischen, aber zuzahlungspflichtigen À-la-carte-Alternativen gibt es auf der AIDAPERLA und der AIDAPRIMA mehrere Restaurants, in denen nur die Getränke bezahlt werden müssen. Der Kompromiss scheint bei den Passagieren anzukommen und führt bei der Schiffsgröße zu einer guten Verteilung der Gäste auf die vorhandenen Restaurantplätze. Die hoch oben im Bug platzierte Spray-Bar mit Außenbalkon für einen Drink mit Fahrtwind und Gischt ist ein weiteres Alleinstellungsmerkmal der neuen Schiffe. Mit dem »Nigthfly-Club« gibt es für den Abend eine intimere Alternative zum großen Theatrium. Die drei kleinsten AIDA-Schiffe, die das alles nicht haben, werden neuerdings auf Entdeckerrouten geschickt, um ihnen neue Attraktivität zu verleihen und für das Unternehmen neue Destinationen zu erschließen, das einst im Jahr 1996 mit zwei alternierenden Karibikrouten begann und jetzt weltweit über 200 Häfen anläuft. Hierfür bekommt die Flotte noch Verstärkung durch ein von Costa herüber wechselndes Schiff in ähnlicher Größe.

Kompass

Flottenstärke
12 Hochseeschiffe

Zielgruppe
Kreuzfahrer ohne Konventionen

Kleidung
Durchgehend leger

Reisen mit Familie
Für Familien konzipiert

Bordsprache
Deutsch

Budget
Gehoben

Reisedauer
4–51 Tage

Reiserouten

AIDA Cruises ist vom Megaliner, der den Fokus aufs Schiff legte, auf deutsche Ansprüche umgeschwenkt und bereist praktisch die ganze Welt. Wie überall gilt: Je kleiner das Schiff, desto abwechslungsreicher die Routen.

Anbieteradresse

AIDA Cruises
Am Strande 3d, D-18055 Rostock
Tel.: +49 (0)381 20 27 07 22
Fax: +49 (0)381 20 27 06 01
info@aida.de
www.aida.de

MS AIDAPERLA *Ein Alle-Generationen-Schiff mit Genussfaktor*

Hotel & Kulinarik

Bewertung

2+

Neu in dieser Schiffsklasse ist das hochwertige Angebot in den Spezialitätenrestaurants Casa Nova und French Kiss, wo man abseits des Trubels zum gemütlichen Abendessen einkehren kann. Natürlich gibt es auch die bewährten Buffets, das Steakhouse und den Italiener.

Kabinen

Bewertung

1-

Insgesamt stehen den Gästen neun Kabinentypen zur Auswahl mit unterschiedlichen Annehmlichkeiten, wie beispielsweise einem begehbaren Kleiderschrank, extra viel Platz oder eigener Lounge und Veranda. Das Innendesign ist hell, freundlich und modern. Die Bäder bieten viel Stauraum.

Service

Bewertung

2+

Das Kussmund-Lächeln ist Programm und das hauptsächlich deutschsprachige Personal versucht, den Gästen an Bord alle Wünsche zu erfüllen. Durch die vielen stark besuchten und offenen Aufenthaltsbereiche kommt der Service manchmal etwas zu kurz. Die Betreuung von Kids und Teens an Bord ist ausgezeichnet.

Unterhaltung & Lektorate

Bewertung

2

Das ganztägige Unterhaltungsangebot im offenen Theatrium, dem Mittelpunkt des Schiffes, lockt mit Shows, Lektoraten, Interviews, Kunstauktionen und Quiz-Shows. Hochwertige Abendunterhaltung ab 18 Jahren mit verruchten Tanzeinlagen und Musik gibt es im Nachtclub »Nightfly«.

Wellness & Bewegung

Bewertung

2

Neben kostenfreien Fitness-Kursen wie Schnupperyoga, Bauch-Beine-Po-Gymnasik und Zumba gibt es ein großes Fitness-Studio mit Meerblick. Im AIDAPERLA Organic Spa kann man auf über 3.000 m² gegen Zuzahlung entspannen. Hinzu komen Innen- und Außenpool und ein FKK-Bereich auf Deck 18.

Gesamtergebnis

2+

Unsere Empfehlung:
Für entspanntes Genießen auf dem Mittelmeer

Baujahr	2017
Tonnage	125.572 BRZ
Länge	299,95 Meter
Qualitätsklasse	Gehoben bürgerlich
Kabinen	1.645
Passagiere	3.250
Besatzung	900
Geschwindigkeit	21,5 Knoten

MS CARNIVAL HORIZON

MS CARNIVAL MAGIC

MS CARNIVAL SPLENDOR

CARNIVAL CRUISE LINE

»Vom Tellerwäscher zum Millionär« – kaum eine Redewendung charakterisiert den »American Dream« besser. Es ist nicht überliefert, ob Ted Arison einmal als Tellerwäscher arbeitete. Doch 1952 emigrierte er aus Israel in die USA und gründete – nach zwischenzeitlicher Partnerschaft mit Knut Kloser, dem Gründer der Norwegian Caribbean Line – 1972 Carnival Cruise Line. Die Reederei galt als Underdog, setzte anfangs alte Oceanliner ein, während die Konkurrenz auf neu gebaute Kreuzfahrtschiffe setzte. Doch Carnival wuchs nicht nur stetig, sondern kaufte auch nach und nach diverse Mitbewerber auf, die inzwischen zur Dachgesellschaft Carnival Corporation & plc gehören und als eigene Marken weitergeführt werden. Heute ist Carnival der nach eigenen Angaben weltgrößte Touristikkonzern. Von Beginn an vermarktete Carnival Cruise Line seine Schiffe als »Fun Ships« – legere Urlaubsschiffe, die nicht den Gutbetuchten vorbehalten waren. Auch heute noch stehen die modernen Megaschiffe der Reederei mit dem geflügelten Schornstein für Spaß, eine ungezwungene Atmosphäre sowie ein durchaus hohes Maß an Service. Dabei zeigt Carnival eindrucksvoll, wie persönlich ein »Megaschiff« sein kann. Auf dem aktuellen Flaggschiff, der CARNIVAL HORIZON, ist etwa der Kreuzfahrtdirektor jeden Abend in allen Bars und Lounges unterwegs, unterhält sich mit Passagieren, singt und tanzt mit – und steht am nächsten Morgen früh an der Gangway, um die Landgänger zu verabschieden. Die CARNIVAL HORIZON bietet gleich zwei »Schiff im Schiff«-Konzepte, zum einen den »Family Harbor« mit Familienkabinen und eigener kleiner Lounge, zum anderen »Havana-Kabinen« mit separatem Außenbereich und besonderer Ausstattung. Sportliche Aktivitäten werden groß geschrieben – von diversen Freiluftspielen über den Klettergarten bis zur pedalbetriebenen Schienenbahn »Skyride« in luftiger Höhe. Erfreulich: Neben großzügigen Spielbereichen für Kinder gibt es auch ein Erwachsenen vorbehaltenes Sonnendeck mit hochwertigen Lounge-Möbeln, das kostenlos nutzbar ist. Bei der Inneneinrichtung hat Carnival sich vom »Las Vegas«-Glitzerstil früherer Zeiten verabschiedet. Die CARNIVAL HORIZON überzeugt mit einem unaufdringlich-eleganten Interieur.

Kompass

Flottenstärke
26 Hochseeschiffe

Zielgruppe
Freunde der »All American«-Kreuzfahrt mit »Fun-Faktor«

Kleidung
Freizeitkleidung, meist ein etwas eleganterer Abend

Reisen mit Familie
Umfangreiche Angebote für Kids und Teens

Bordsprache
Englisch, selten deutschsprachige Begleitung

Budget
Günstig

Reisedauer
2–24 Tage

Reiserouten

Carnival bedient in erster Linie den amerikanischen Markt – von mehr unterschiedlichen US-Ausgangshäfen als jede andere Reederei. Leider sollen zukünftig auch die wenigen bisherigen Europa-Reisen entfallen.

Anbieteradresse

Inter-Connect Marketing GmbH
Arnulfstraße 31, D-80636 München
Tel.: +49 (0)89 51 70 31 10
Fax: +49 (0)89 51 70 31 20
info@carnivalcruiseline.de
www.carnivalcruiseline.de

MS Carnival Horizon *Fun, Familie und Vergnügen auf hohem Niveau*

Hotel & Kulinarik

Bewertung

2-

Die Küche ist sehr auf die Vorlieben nordamerikanischer Gäste zugeschnitten, was allem voran beim Frühstück auffällt. Geschmacklich kann sich das kulinarische Angebot sehen lassen – ganz gleich ob inklusive oder separat zu zahlen. Steaks sind auf US-Schiffen immer erste Wahl.

Kabinen

Bewertung

2-

Die Kabinen in frischem, freundlichem Design sind geräumig und komfortabel. Duschvorhang und Schwenktüren zum Balkon wirken jedoch anachronistisch. Der Kabinenservice erfolgt nur noch auf Wunsch ein zweites Mal am Tag, sonst bleibt es bei einem Durchgang am Vormittag.

Service

Bewertung

2

In den Bedien-Restaurants werden Passagiere grundsätzlich mit ihrem Vornamen angesprochen, sofern nicht anders gewünscht. Dem Service gelingt die Gratwanderung, das »Fun«-Gefühl der Reederei zu versprühen, ohne es an Professionalität mangeln zu lassen.

Unterhaltung & Lektorate

Bewertung

2+

»Mitmachen« wird beim Entertainment groß geschrieben, Club-Gefühl kommt auf und die Passagiere gehen gerne darauf ein. Dazu gibt es sehr gute Livemusik. Auch DJs mit überlauter Rap-Musik, hochwertige Production-Shows und reichlich Comedy gehören zum Programm.

Wellness & Bewegung

Bewertung

2

Von zwei Poolbereichen ist einer am Heck gelegen, bewusst ruhig gehalten und ohne Animation. Der Spa-Bereich bietet eine große Zahl von Anwendungen, Fitness-Geräte stehen auch an Deck zur Verfügung. Sportbegeistere finden zahlreiche Möglichkeiten, sich zu betätigen.

Gesamtergebnis

2

Unsere Empfehlung:
Für Familien und »Fun-Fans«

Baujahr	2018
Tonnage	133.596 BRZ
Länge	323,4 Meter
Qualitätsklasse	Bürgerlich
Kabinen	1.987
Passagiere	5.088
Besatzung	1.450
Geschwindigkeit	18 Knoten

MS CELEBRITY SOLSTICE

Millennium-Klasse

CELEBRITY CRUISES

Sie ist ein guter Kunde bei der Papenburger Meyer-Werft, die Luxus-Sparte von Royal Caribbean, die 1989 als selbstständige Kreuzfahrtgesellschaft von der seinerzeit renommierten griechischen Reederei Chandris Lines gegründet wurde. Mit Spielereien wie echter Rasenfläche an Deck oder gar einer Glasbläserei, die ein eigenes kleines Kraftwerk benötigt, war man bei den Papenburger Schiffbauern stets in guten Händen. Geblieben aus der Zeit der griechischen Wurzeln ist bis heute das große blaue »X« (Chi) am Schornstein. Seit 1997 gehört das Unternehmen als eigenständige Marke zu Royal Caribbean International. Mit modernem Design und zeitloser Eleganz, einzigartiger Raumgestaltung und viel Liebe zum Detail konnte man dort exakt das liefern, was Celebrity brauchte, um eine Nasenlänge voraus zu sein. Die fünf Schiffe der »Solstice-Klasse« wurden zwischen 2007 und 2012 wiederum auf der Meyer-Werft in Papenburg gebaut. Bei diesen bis zu 3.000 Passagieren fassenden Schiffen, die nach astromischen Begriffen benannt wurden, sticht vor allem der einzigartige Lawn Club hervor, ein offenes Deck mit 2.000 Quadratmeter großer, echter Rasenfläche, die sogar betreten werden darf. Nicht alle deutschen Reisenden mit hohen Ansprüchen werden jedoch hier glücklich: Die »deutschsprachige Hostess« kann durchaus eine Brasilianerin mit Schulenglisch und mit den Ansprüchen von Luxus-Gästen völlig überfordert sein, und die Grundreinigung der Kabine vor dem Eintreffen neuer Passagiere fällt nicht immer gründlich aus. Erweitert wird das Programm noch um die Xpedition-Klasse. Hierzu gehört derzeit nur die im Jahr 2001 erbaute, 92 Passagiere fassende, 90 Meter lange CELEBRITY XPEDITION, ein exklusives und sehr komfortables Entdecker-Schiff. Mit der CELEBRITY EDGE soll eine neue Schiffsklasse begonnen werden. Mit einem »Top Roof Garden«, einer »Villa-Kategorie«, einem neu gestylten Poolbereich und Suiten über mehrere Decks setzt sie das Konzept der Solstice-Klasse fort und greift ihre Naturelemente auf. Bei der Mutter Royal Caribbean abgeschaut ist der »Magic Carpet«, eine Bar, die wie ein Aufzug auf- und niederfährt – nur macht sie das hier nicht im Schiffsinnern, sondern außen an der Bordwand.

Kompass

Flottenstärke
11 Hochseeschiffe

Zielgruppe
Internationales, meist amerikanisches Publikum

Kleidung
Gepflegte Freizeitkleidung, für die Männer sind abends lange Hosen vorgeschrieben

Reisen mit Familie
Im X-Club wird altersgerechte Betreuung der Kinder angeboten.

Bordsprache
Englisch, deutschsprachige Gästebetreuer

Budget
Gehoben

Reisedauer
7–14 Tage

Reiserouten

Weltweit werden 200 Ziele angesteuert, darunter Alaska, Asien, Australien, Bahamas & Bermuda, Galapagos, Hawaii, Kanada & Neuengland, Karibik, Mittelmeer, Nordland & Ostsee, Panamakanal, Schwarzes Meer und Südamerika.

Anbieteradresse

Royal Caribbean Cruises Ltd.
1050 Caribbean Way,
Miami, FL 33132, USA
Tel.: +1 305-539-6000
infode@rccl.com
www.celebritycruises.de

MS Celebrity Solstice *Ein Premium-Schiff für innovatives Reisen*

Hotel & Kulinarik

Bewertung

2-

Luxus mit 2.000 Passagieren definiert sich zu einem sehr hohen Teil über das Essensangebot, das vielfältig ist, aber nicht immer erfüllt, was Luxus-Reisende von ihm erwarten. Erlebnis-Dinner gibt's im einzigartigen »Qsine«, wo man kulinarische Genüsse mit dem iPad bestellt.

Kabinen

Bewertung

2

Über 70 % der Kabinen verfügen über einen Balkon, die Suiten (bis 120 qm) über Butler-Service. Bei sehr gehobenem Einrichtungsstandard punkten die Unterkünfte auf dem Typschiff der Klasse bereits mit viel Platz. Doppelbett, Sofa etc. sind selbstverständlich.

Service

Bewertung

2-

Die internationale Crew bietet einen freundlichen, persönlichen, aber nie aufdringlichen Service. Nach Landausflügen werden die Gäste mit gekühlten Handtüchern in Empfang genommen. Der »deutschsprachige Gästeservice« kann je nach Personal dürftig ausfallen.

Unterhaltung & Lektorate

Bewertung

2

Zum gepflegten Rasen für Outdoor-Aktivitäten gibt es nichts Vergleichbares. Im Theater werden gute Shows mit Luftakrobatik geboten. Exklusive Gastkünstler und Lektoren halten Vorträge. In der Sky Observation Lounge oder im Quasar wird nachts durchgetanzt.

Wellness & Bewegung

Bewertung

2+

Fitness-Studio mit Panoramablick am Bug. Die Wellness- und Spa-Anwendungen im Canyon Ranch Spa Club sind teuer. Der überdachte Solarium-Poolbereich ist nur für Erwachsene zugänglich. Jogging-Strecke mit Ausblick über das Meer, Sportplatz für Fußball, Basketball und Volleyball.

Gesamtergebnis

2

Unsere Empfehlung:
Für internationale Gäste auf entspannter Seereise

Baujahr	2008
Tonnage	121.878 BRZ
Länge	315 Meter
Qualitätsklasse	First Class
Kabinen	1.426
Passagiere	2.852
Besatzung	1.210
Geschwindigkeit	24 Knoten

MS COLOR FANTASY

MS COLOR MAGIC

COLOR LINE

Mit sechs goldenen Lettern hat die Color Line der Fährschifffahrt etwas Entscheidendes hinzugefügt: »Cruises« prangt seit der Indienststellung der COLOR FANTASY Ende 2004 hinter dem Unternehmens-Namen auf der Bordwand, und da die im Autobus-Rhythmus durchgeführte Reise von Kiel nach Oslo schwerlich als Kreuzfahrt zu bezeichnen ist, muss etwas anderes dahinterstecken. Die Fährlinie hat sich in der Tat des Grundentwurfs für ein (damals modernes) Kreuzfahrtschiff von Royal Caribbean bedient, zwar die notwendigen Spurmeter für Lkw etwas angepasst und dafür die Unterkünfte für Kabinenstewardessen weggelassen (der Kabinenservice kommt allmorgendlich nach dem Anlegen von der Landseite), aber mit einer etwas »europäischeren« Farbgebung ist die Riesenfähre ein Schiff geworden, auf dem Kreuzfahrtneulinge ihre Seetauglichkeit ausprobieren und alle Erfahrungen machen, die auch ein Megaliner auf einer Karibikroute ihnen bieten könnte – vom Sonnenbad am Pool einmal abgesehen, denn den gibt's hier drinnen, mit Gegenstromanlage. Deutsche nutzen den mehr oder weniger langen Aufenthalt in Oslo für touristische Zwecke, Norweger hingegen kommen eher, um zu den für sie günstigen Preisen in wenigen Stunden die Kieler Einkaufszentren leerzuräumen. Dennoch sind sie es, die abends in feinem Zwirn zum À-la-Carte-Dinner schreiten. Brummi-Fahrern begegnet man nicht; sie müssen irgendwo »unter Verschluss gehalten« werden. In der 160 Meter langen, drei Decks hohen Einkaufs-Mall flaniert es sich nicht viel schlechter als in Oslo auf der Karl Johans Gate. Ein Deck tiefer hält der Duty-free-Shop (der trotz Zollfreiheit mit seinen norwegischen Preisen deutsche Reisende in die Flucht schlägt) nicht nur klassische zollfreie Ware, sondern auch Elchwurst zum Probieren und andere Schmankerl bereit. Überhaupt – die Preise. Auch in Bars und Restaurants sind sie norwegisch und – da ist man gern wieder ganz Fähre – inkludiert ist nichts. Fürs Geld gibt es aber eine große Abendshow (tatsächlich ohne Aufpreis); Casino, Pub, Restaurant mit Blick ins Achterwasser, stilvolle Bars, Nachtclub, das Aqualand und den schönsten Ort auf See: die Observation Lounge auf Deck 15 mit Blick aufs Meer und leiser Musik.

Kompass

Flottenstärke
2 Hochseeschiffe

Zielgruppe
Ideal für Testreisende, um eine Kreuzfahrt auszuprobieren

Kleidung
Von Holzfäller bis Gala

Reisen mit Familie
Ideal für Kinder, aber Vorsicht: hohe Nebenkosten!

Bordsprache
Englisch, Norwegisch, Deutsch

Budget
Günstig (nur die Überfahrt)

Reisedauer
2 Tage

Reiserouten

Die Seereise gewinnt durch die kurze Fahrt auf der Kieler Förde und die lange durch den Oslo-Fjord. Sonst variiert sie nur durch die Jahreszeit. Bei Länge und Art des Norwegen-Aufenthaltes gibt es Gestaltungsmöglichkeiten.

Anbieteradresse

Color Line GmbH
Norwegenkai, D-24143 Kiel
Tel.: +49 (0)431 7300 100
Fax: +49 (0)431 7300 400
servicecenter@colorline.de
www.colorline.de

MS Color Fantasy *Ein Riesenschiff, das jeden Tag verfügbar ist*

Hotel & Kulinarik

Bewertung

2

Hier entscheidet (und zahlt) der Gast selbst. Er kann sich Kartoffelsalat mitbringen, im Duty-free-Shop einkaufen oder Pizza essen. Er kann am großen skandinavischen Buffet schlemmen, sich am Heck stilvoll bedienen lassen oder sich für Snacks mit Aussicht auf Deck 15 entscheiden.

Kabinen

Bewertung

2-

Wer die Suite bucht, hat jedweden denkbaren Luxus. Gediegen eingerichtet sind die Passagierunterkünfte alle, etliche Außenkabinen mit riesigem Bullauge. Holzimitat und blau dominieren. Die Standard-Kabinen sind klein und dienen nur als Schlafstelle für eine Nacht.

Service

Bewertung

2

Dort, wo Service stattfindet, ist er gut – in der Bar, im Restaurant, im Spa-Bereich. Norweger werden gut bezahlt, sind aber auch bereit, dafür etwas zu leisten. Nur in der Kabine sollte man ihn auf See nicht erwarten, denn das Personal dafür kommt während der Hafenliegezeit von der Landseite.

Unterhaltung & Lektorate

Bewertung

1

Die Production-Show (es gibt zwei, je eine für Hin- und Rückfahrt) ist absolutes Profiwerk und könnte mit jedem großen Kreuzfahrtschiff konkurrieren. Hinzu kommen Zauberer und Gaukler während der Abfahrt, Violinen- und Pianomusik, jedoch keine Einstimmung auf Norwegen.

Wellness & Bewegung

Bewertung

2

Das Aqualand ist ein großartiges Spaßparadies für große und kleine Passagiere (Whirlpool, Gegenstromanlage, Sauna) und bei jedem Wetter nutzbar. Der Besuch muss extra bezahlt werden und ist zeitlich begrenzt. Hinzu kommt ein weitläufiger Fitness-Bereich mit professionellen Geräten.

Gesamtergebnis

2

Unsere Empfehlung:
Für einen entspannten Kurztrip

Baujahr	2004
Tonnage	75.100 BRZ
Länge	224 Meter
Qualitätsklasse	First Class
Kabinen	966
Passagiere	2.700
Besatzung	250
Geschwindigkeit	22 Knoten

MS Costa Favolosa

MS Costa neoRomantica

MS Costa Atlantica

COSTA KREUZFAHRTEN

Costa Crociere hält auch oder gerade seit seiner Einbindung in die Carnival Corporation das »Dolce Vita« hoch und zeigt schon beim »Buon Giorno« der Stewards, dass italienischer Geist und mediterranes Flair hier dominieren. Dass man sich von Carnivals langjährigem Hausarchitekten Jo Farcus abgewandt hat und statt dessen eine Note der großen italienischen Schiffsdesignkunst aus den 60ern aufzunehmen sucht, ist für die Schiffe ein deutlicher Gewinn. Dass der ehemalige AIDA-Präsident Michael Thamm nunmehr für die Geschicke der Genueser Reederei verantwortlich zeichnet, ist eine deutsche Note im Unternehmen, die zeigt, dass der Mutterkonzern Carnival verstanden hat, wie wichtig deren Angebot für deutsche Passagiere ist und umgekehrt. Dadurch sind jedoch in der Wahrnehmung der Reisebüros Costa und AIDA so nahe zusammengerückt, dass auch die Gäste nicht mehr klar trennen können. Das war so nicht gewollt und wird im deutschen Markt mit einem neu aufgebauten, starken Costa-Team gerade korrigiert. Italienern ist der Familiensinn in die Wiege gelegt, wie jeder Italien-Urlauber weiß, und so freuen sich auf den Riesendampfern im Sommer durchaus 600, 800 oder tausend Bambini ihrer Sommerferien. Sie lieben das Buffet-Angebot, das stets in Poolnähe zu finden ist, damit man's mittags nicht weit hat, jedoch durch eine Vielfalt besticht, die angesichts des Reisepreises niemand erwarten würde. Da liegt eine edle Fischauswahl neben Salaten; einige Pasta-Gerichte werden auf Wunsch à la minute zubereitet, und draußen an Deck gibt's dazu jeden Tag ein extra Goodie wie die Riesenmortadella, von der frisch geschnitten wird. Im Hauptrestaurant speist man noch in traditionellen zwei Sitzungen, an fest reservierten Tischplätzen und bei gutem Service. Auf etlichen Schiffen der Flotte ist ein Formel-Eins-Simulator an Deck die große Attraktion, zu nutzen gegen einen extra Obolus. Im Jahr 2018 konnte Costa Crociere sein 70-jähriges Bestehen feiern und knüpft mit kleinen Accessoires an die langjährige Tradition an, zum Beispiel mit Türgriffen, die Schiffsschornsteinen aus den 60ern nachempfunden sind. Auf vielen Schiffen finden sich zudem historische Fotos der Flotte und des Bordlebens.

Kompass

Flottenstärke
14 Hochseeschiffe

Zielgruppe
Familien, Fans großer Schiffe, lockere Urlauber

Kleidung
Leger, abends schick, 1x Gala

Reisen mit Familie
Kinderfreundlichkeit ist das große Plus der Italiener!

Bordsprache
Italienisch, Englisch, Deutsch

Budget
Günstig

Reisedauer
5–27 Tage

Reiserouten

Asien, Afrika, Amerika und natürlich Europa mit Mittelmeer, Ostsee und Nordland sind die Reviere der Costa-Schiffe. Seit Kurzem werden in Abständen auch Weltreisen angeboten – ein großer Erfolg bei den Stammgästen.

Anbieteradresse

Costa Kreuzfahrten
Am Sandtorkai 39, D-20457 Hamburg
Tel.: +49 (0)40 570 12 13 16
Fax: +49 (0)40 570 12 10 20
verkauf@de.costa.it
www.costakreuzfahrten.de

MS Costa Favolosa *Sehr ordentliche Urlaubsqualität zu familienfreundlichem Preis*

Hotel & Kulinarik

Bewertung

2-

Im Hauptrestaurant speist man stilvoll und an fest reservierten Plätzen. Was aus der Küche kommt, ist qualitativ für den Reisepreis mehr als in Ordnung, die Buffets haben in jüngster Zeit sehr an Qualität und Auswahl gewonnen. Lediglich bei Burgern und Steaks übt man noch.

Kabinen

Bewertung

2

Selbst im untersten Bereich bieten die Kabinen noch viel Platz. Der Kabinenservice ist besonders freundlich und fröhlich, die Auswahl unterschiedlicher Kabinentypen groß. Auch auf farbenfrohen Costa-Schiffen setzt sich dieses Merkmal nicht in den Kabinen fort.

Service

Bewertung

2

Mit »Buon Giorno« fängt es an, obwohl die meisten Service-Kräfte aus Lateinamerika oder Fernost kommen. Man darf gegen Aufpreis bis zur tatsächlichen Heimreise an Bord bleiben. Abreisende und ankommende Passagiere vermischen sich (was bei anderen Reedereien angeblich nicht geht).

Unterhaltung & Lektorate

Bewertung

2

Die Shows im Theater setzen auf leichte Unterhaltung und greifen damit das italienische Credo vom ungezwungenen, fröhlichen Urlaub auf. Die Auswahl ist groß, dazu Bar-Musik, Quiz etc. Die Angebote sind entweder sprachneutral oder werden in fast allen europäischen Sprachen bereitgehalten.

Wellness & Bewegung

Bewertung

2

Mit dem Konzept vom »Samsara Spa« hat Costa diese Einrichtung geheiligt und sie mit Tee-Zeremonie sowie edlen Düften von der Behandlung zum Event erhoben. Gelegentliche Unterbrechungen für ein Verkaufsgespräch für Pflegeprodukte passen da nicht recht ins Bild.

Gesamtergebnis

2

Unsere Empfehlung:
Für Freunde
italienischer Lebensart

Baujahr	2011
Tonnage	113.216 BRZ
Länge	290 Meter
Qualitätsklasse	Gehoben
Kabinen	1.508
Passagiere	3.800
Besatzung	1.110
Geschwindigkeit	23,2 Knoten

MS QUEEN MARY 2

MS QUEEN VICTORIA

MS QUEEN ELIZABETH

CUNARD LINE

Die Cunard Line ist mit ihrer 180-jährigen Geschichte – die Gründung erfolgte im Mai 1839 durch Samuel Cunard, David MacIver und George Burns – eine der traditionsreichsten Linien der Welt und machte sich alsbald einen Namen durch Pünktlichkeit und Zuverlässigkeit, was im Transatlantik-Geschäft des 19. Jahrhunderts noch keine Selbstverständlichkeit war. Traditionen werden bei Cunard bis heute bestens gepflegt, und zum Glück gehört es zur Unternehmenspolitik des Carnival-Konzerns, dessen Tochter die einstmals britische Linie heute ist, jedem Anbieter seine ureigene Identität zu lassen. Nummer eins unter den Traditionen ist der Betrieb eines Linienschiffes im Nordatlantik-Dienst, seit 1974 des letzten, das es beharrlich geschafft hat, aus der unattraktiven, weil langsamen Überfahrt zu Schiff ein zelebriertes Ereignis zu machen, das von vielen Reisenden als »Once in a lifetime«-Event gebucht wird. Im Jahr 2004 konnte daher die QUEEN ELIZABETH 2 (siehe Seite 140 ff.) als einsame Nordatlantik-Fahrerin durch den Neubau QUEEN MARY 2 abgelöst werden. Sie wurde eigens für die rauen Bedingungen des Liniendienstes konstruiert, der kein Ausweichen vor Sturm und Wellengang kennt. Ihr Interieur ist gediegen und »very British«, wobei sie mit ihrer Größe (bei ihrer Indienststellung war sie mit Abstand das größte Passagierschiff der Welt) nirgends protzt, sondern sie lieber für eine große Auswahl an kleineren Bars und Lounges nutzt. Hinzu kommen ein Planetarium, das drei Decks hohe Hauptrestaurant »Britannia« mit Freitreppe zum Einschweben und ein gigantisches Buffetrestaurant namens »Kings Court«, das sich jedoch mit vielen Nischen, Abtrennungen und vier unterschiedlich ausgerichteten Food-Bereichen so durchs halbe Schiff schlängelt, dass niemand die Masse spürt. Wissen muss man bei allen drei Cunard-Schiffen, wobei die beiden reinen Kreuzfahrtschiffe QUEEN VICTORIA und QUEEN ELIZABETH deutlich britischer ticken als die leicht amerikanisierte QUEEN MARY 2, dass sie nur in der Ersten Klasse echten Luxus bieten. Bucht man die Touristenklasse, ist man Teil eines fein zurechtgemachten Volumenmarktes mit distinguierter Höflichkeit und weißen Handschuhen, speist aber eher bürgerlich.

Kompass

Flottenstärke
3 Hochseeschiffe

Zielgruppe
Liebhaber großer Schiffe mit Hang zur Nostalgie

Kleidung
Anspruchsvoll, mehrere Gala-Abende

Reisen mit Familie
Kinderspielraum mit Betreuung

Bordsprache
Englisch

Budget
Gehoben

Reisedauer
3–111 Tage

Reiserouten

Ihre traditionellen Transatlantikfahrten verlängert die QUEEN MARY 2 bisweilen bis nach Hamburg und unterbricht sie für Kreuzfahrten. Die anderen Queens unternehmen nur Kreuzfahrten, die VICTORIA geht im Winter auf Weltreise.

Anbieteradresse

Cunard Line
Am Sandtorkai 38, D-20457 Hamburg
Tel.: +49 (0)40 415 33 555
Fax: +49 (0)40 415 33 401
Keine E-Mail-Adresse; Kontaktformular unter www.cunard.de

MS QUEEN MARY 2 *Ein Schiff, das als Grande Dame geboren wurde*

Hotel & Kulinarik

Bewertung

2

Die Verpflegung selbst im Standard-Restaurant »Britannia« ist sehr gut; dennoch ist die QUEEN MARY 2 kein Luxus-Schiff und will es auch nicht sein. Schon deshalb, weil dann niemand mehr Grund hätte, die Grillklassen zu buchen. Sehr hoher bürgerlicher Standard ist hier das Maß der Dinge.

Kabinen

Bewertung

1-

Selbst die kleine Innenkabine ist komfortabel, denn sie hat ungewöhnlich viel Platz. Wer im mittleren Segment einsteigt, wohnt schon ziemlich königlich. Am Heck gibt es Maisonette-»Kabinen«, die für manchen Reisenden die Größe seiner heimischen Wohnung übersteigen.

Service

Bewertung

2

Das, was serviert wird, wird mit weißen Handschuhen serviert, oder wenigstens in schmucker Cunard-Livree und mit vollendeter Höflichkeit. In der mittleren Ebene wird manchmal zu »behördlich« gedacht. Gerade das asiatische Personal ist für Sonderwünsche stets offen.

Unterhaltung & Lektorate

Bewertung

1

Die QUEEN MARY 2 gehört zu den wenigen englischsprachigen Schiffen mit einem veritablen Angebot an deutschsprachigen Lektoraten. Zudem verfügt sie über ein Planetarium, das für viele Zwecke genutzt wird. Koch-Shows, Kunstauktionen und Kapitäns-Interview gehören zum Programm.

Wellness & Bewegung

Bewertung

2-

Hier hat die »QUEEN MARY 2 viel zu bieten. Allerdings nur dem, der tief in die Tasche greift. Der Spa-Bereich ist keine Bordeinrichtung, sondern ein Konzessionsbetrieb. Wer vor dem Dinner rasch ein Saunastündchen einschieben will, ist über Gebühren jenseits von 30 Dollar »not amused«.

Gesamtergebnis

2+

Unsere Empfehlung:
Für stilvolles Reisen
in alter Tradition

Baujahr	2004
Tonnage	148.528 BRZ
Länge	345 Meter
Qualitätsklasse	First Class
Kabinen	1.310
Passagiere	2.705
Besatzung	1.304
Geschwindigkeit	30 Knoten

MS KONINGSDAM

MS PRINSENDAM

MS ZAANDAM

HOLLAND AMERICA LINE

Die KONINGSDAM ist das neueste von 14 Hochseeschiffen der Linie und begründet die »Pinnacle Class«, die getreu der deutschen Übersetzung der bisherige Höhepunkt der Neubauten ist. Noch im Dezember 2018 soll die neue NIEUW STATENDAM hinzukommen (in der Flottenstärke hier bereits berücksichtigt). »Wir werden Investitionen in Höhe von 300 Millionen US-Dollar tätigen, um unsere führende Stellung im Premiumkreuzfahrtsegment zu sichern«, sagte Orlando Ashford, Präsident der Holland America Line anlässlich der Tauffeierlichkeiten der KONINGSDAM vor zwei Jahren. Die Champagnerflasche schwang Königin Máxima im niederländischen Rotterdam – ganz nach der Reederei-Tradition. Und die ist lang: Das Wort »Line« im Namen zeigt, dass die 1873 mit Sitz in Rotterdam gegründete Reederei aus dem Liniendienst nach Amerika kommt. Damals saß sie im Gebäude des legendären »Hotel New York« am Wilheminakai. 1893 begann die HAL dort mit einem Auswanderservice vor allem in die Neue Welt. Der heutige Sitz ist Seattle im US-Bundesstaat Washington. Zur aktuellen Flotte, die noch heute unter niederländischer Flagge fährt, gehören 14 First-Class-Schiffe, von denen das kleinste, die PRINSENDAM, die Familie im Sommer 2019 verlässt, um zu Phoenix Reisen in den deutschen Markt zu wechseln (vgl. Seite 44 ff.). Zwei von den 14 Kabinenkategorien der Pinnacle Class sind neu: die »Family Ocean View Staterooms« und die »Single Staterooms«. Auf allen HAL-Schiffen werden innovative Konzepte eingeführt und Partnerschaften vorgestellt, die das Kreuzfahrterlebnis verbessern und personalisieren. So zum Beispiel eine Kooperation mit dem »Rijksmuseum Amsterdam« für nächtliche Museumsbesuche mit Führungen. Ein »Digital Workshop« wird mit Kursen und neuestem Infotainment an Bord betrieben. Den Gourmetbereich versorgt Holland America Line's »Culinary Council« mit speziellen Menüs, ein kulinarischer Beirat bestehend aus international renommierten Küchenchefs. Chef ist Cruise Line Master Rudi Sodamin, ein gebürtiger Österreicher. Die Reederei legt Wert darauf, trotz gewachsener Schiffsgröße »Kreuzfahrten im klassischen Stil« anzubieten. Viele Niederländer fahren mit und schätzen die Besonderheiten ihrer Traditionsreederei.

Kompass

Flottenstärke
15 Hochseeschiffe

Zielgruppe
Alle Altersgruppen, Familien, Alleinreisende

Kleidung
Sportlich, leger, je nach Restaurantwahl

Reisen mit Familie
Familienkabinen, Kid's Club; kinderfreundliche Indonesier im Service machen es Familien leicht

Bordsprache
Englisch, deutschsprachiger Gästeservice

Budget
Gehoben

Reisedauer
7–115 Tage

Reiserouten

Mehr als 400 Häfen in 98 Ländern werden angefahren. Dazu zählen alle europäischen Hochseegewässer, Mittelmeer, Südamerika, Panamakanal, Mexiko, Karibik, Alaska, Kanada/Neuengland, Australien/Neuseeland, Asien sowie Weltreisen.

Anbieteradresse

Holland America Line
Postbus 23378, NL-3001 KJ Rotterdam (Niederlande)
Tel.: +1 206-286-3900, Fax: nicht angegeben
keine E-Mail-Adresse; Kontaktformular unter https://de.hollandamerica.com

MS KONINGSDAM *Ein freundliches, serviceorientiertes Schiff*

Hotel & Kulinarik

Bewertung

1-

Zehn Foodstationen haben ein reiches Angebot für alle kulinarischen Befindlichkeiten. Reservierung wird für jedes der sechs Restaurants erbeten, es gilt eine Zuzahlungsregel. Grandios auch die Seafoodkarte im »Sel de Mer«, echt niederländisch das »Grand Dutch-Café«.

Kabinen

Bewertung

2+

Es gibt viele Kabinenvarianten einschließlich der Familienkabine. Auf den unteren Decks reist man günstig, nach oben sind (fast) keine Grenzen gesetzt. Die Ausstattung u.a. der Balkonkabinen ist mit veritablem Bad, Doppelbett und genügend Platz komfortabel.

Service

Bewertung

2+

Viele Kräfte kommen von dort, wohin man von Holland einst reiste: aus den Kolonien in Indonesien. Hier sind Lächeln und Freundlichkeit zu Hause. Wann die guten Geister an Bord noch Zeit finden, das Schiff mit tollen Blumenarrangements zu schmücken, bleibt ein Rätsel.

Unterhaltung & Lektorate

Bewertung

2

Täglich findet man den ausführlichen »Navigator« zum Tagesgeschehen auf der Kabine. Über die »World Stage« mit LED-Screen wirbeln internationale Production-Shows. Sehr gute Live-Musikstrecke: Lincoln Center Stage, B.B. King's Blues Club und Billboard.

Wellness & Bewegung

Bewertung

2

Sehr gepflegtes Spa-Angebot, dazu kommen Joggingpfad, Tennis und Minigolf. Die Liegen an den Pools sind recht eng gestellt. Angenehmer sind da möglicherweise die Zwei-Personen-Cabanas mit Handtuch, Obst und Getränke-Service.

Gesamtergebnis

2+

Unsere Empfehlung: Für ungezwungenes, internationales Flair auf hohem Niveau

Baujahr	2016
Tonnage	99.500 BRZ
Länge	297,20 Meter
Qualitätsklasse	First Class
Kabinen	1.331
Passagiere	2.662
Besatzung	1.036
Geschwindigkeit	22,2 Knoten

MS MSC MERAVIGLIA

MS MSC SPLENDIDA

MS MSC ARMONIA

MSC KREUZFAHRTEN

13 neue Schiffe in zehn Jahren – der Expansionskurs von MSC Kreuzfahrten im Zeitraum 2017 bis 2026 wirkt geradezu schwindelerregend. Die größte in Privatbesitz befindliche Kreuzfahrtreederei der Welt – und die größte europäische – unterstreicht damit eindrucksvoll ihre Ambitionen, den Wettbewerb mit den großen US-geführten Kreuzfahrtkonzernen weiter zu verschärfen. Firmenpatriarch Gianluigi Aponte und Sohn Diego steuern von Genf und Neapel aus die Geschicke der Firmengruppe, die neben dem Kreuzfahrtsektor u. a. auch in der Container- und Fährschifffahrt aktiv ist. 2019 werden mit der MSC BELLISSIMA und der MSC GRANDIOSA zwei weitere Neubauten die Flotte ergänzen. Die Schiffstaufen werden in Southampton bzw. Hamburg stattfinden – sicherlich wieder mit Filmdiva Sophia Loren. Die Schulfreundin Gianluigi Apontes ist »Dauertaufpatin« der Reederei. Die Schiffe zeichnen sich durch ein italienisch-elegantes Innendesign aus. Der Stil ist geradezu unverwechselbar, entwickelt sich jedoch auch weiter: So finden sich an Bord der MSC MERAVIGLIA, die 2017 als erstes Schiff des aktuellen Neubauprogramms in Fahrt gekommen ist, in den öffentlichen Bereichen auffallend viele spiegelnde Oberflächen. Über der Innenpromenade »Galeria Meraviglia« erstreckt sich eine 480 m² große LED-Kuppel, die nicht nur einen zur Tageszeit passenden »Himmel« zeigen kann, sondern auch bei besonderen Show-Events und Partys zum Einsatz kommt. Mit an Bord ist natürlich auch der exklusive »MSC Yacht Club« – ein Suitenbereich, der inzwischen auf sieben Schiffen zu finden ist. Auf der MSC MERAVIGLIA umfasst er neben einer eigenen Lounge und einem privaten Sonnendeck erstmals auch ein direkt in den »Schiff-im-Schiff«-Bereich integriertes Restaurant. In Partnerschaft mit dem Cirque du Soleil werden in einer separaten Show-Lounge zwei exklusive Shows angeboten – kostenpflichtig und entweder inklusive Drink oder Dinner. Aber auch das im Reisepreis enthaltene Show-Entertainment kann überzeugen, das umfangreiche Musikangebot sowieso. Kulinarisch bietet das Schiff neben vier Haupt- und einem Buffetrestaurant auch mehrere aufpreispflichtige Restaurants, Eiscafé und Schokoladen-Manufaktur mit À-la-Carte-Preisen.

Kompass

Flottenstärke
15 Hochseeschiffe

Zielgruppe
Jung bis Alt auf der Suche nach »Dolce Vita«

Kleidung
Freizeitkleidung, zwei elegantere Abende pro Woche

Reisen mit Familie
Vielfältige Angebote für junge Kreuzfahrer

Bordsprache
Italienisch, Englisch, Deutsch und weitere

Budget
Günstig

Reisedauer
3–116 Tage

Reiserouten

Heimrevier bleibt das Mittelmeer mit großer Routenvielfalt, doch ist MSC auch in Nordeuropa stark präsent. Ausgebaut wird die Karibik mit Kuba-Reisen ab den USA. Südamerika, Südafrika, Arabien und Weltreisen kommen hinzu.

Anbieteradresse

MSC Kreuzfahrten GmbH
Ridlerstraße 37, D-80339 München
Tel.: +49 (0)89 20 30 43 801
Fax: +49 (0)89 20 30 43 804
buchung@msccruises.de
www.msc-kreuzfahrten.de

MS MSC MERAVIGLIA *Große Italienerin mit vielen Neuerungen*

Hotel & Kulinarik

Bewertung

2-

Die Küche im »MSC Yacht Club« ist exzellent (seine Gäste verfügen zudem über ein ganztägiges Buffet), aber auch außerhalb des Suitenbereichs ist das Niveau gestiegen. Der frisch an Bord hergestellte Mozzarella ist hervorragend, die Auswahl deutlich mediterran orientiert.

Kabinen

Bewertung

2

Großzügig, komfortabel und vergleichsweise dunkel eingerichtet kommen die Kabinen daher. Stauraum ist in den »normalen« Kategorien eher Mangelware. Der »MSC Yacht Club« bietet neben hochwertigen Suiten auch Innenkabinen. Die größte Suite hat den Umfang einer 3-Zimmer-Wohnung.

Service

Bewertung

2-

Schwankungen beim Service sind in Zeiten extremer Expansion eine natürliche Folge. Dennoch ist zu konstatieren, dass sich der Service zumeist im besten Sinne grundsolide und freundlich präsentiert, wenn auch zuweilen ungeschliffen.

Unterhaltung & Lektorate

Bewertung

2

Livemusik war MSC schon immer wichtig, doch auch beim großen »Entertainment« hat die Qualität merklich angezogen. Der lauten, sehr »südländischen« Poolanimation kann man entkommen. Neu sind die Shows auf der Promenade, die mit dem »Zurück zum Meer«-Konzept ausgebaut werden.

Wellness & Bewegung

Bewertung

2+

Neben dem großen Wellness-Bereich gibt es ein Fitness-Center mit bestem Meerblick und drei Poolbereiche, davon einer überdacht. Wasserspielplatz und -rutschen beschäftigen junge und jung gebliebene »Wasserratten«. Der »MSC Yacht Club« hat einen eigenen Pool.

Gesamtergebnis

2

Unsere Empfehlung:
Für Italophile und Familien

Baujahr	2017
Tonnage	171.598 BRZ
Länge	315,8 Meter
Qualitätsklasse	Gehoben bürgerlich
Kabinen	2.250
Passagiere	5.714
Besatzung	1.536
Geschwindigkeit	22 Knoten

MS NORWEGIAN BREAKAWAY

MS NORWEGIAN DAWN

MS NORWEGIAN EPIC

NORWEGIAN CRUISE LINE

Norwegian Cruise Line ist seit rund 40 Jahren der wichtigste Trendsetter für große Kreuzfahrtschiffe. Der erste Mega-Liner der Karibik, wo das Schiff das Ziel der Reise war, geht auf das ursprünglich norwegische Unternehmen zurück wie die erste Privat-Insel, die Idee vom »Freestyle Cruising«, wo jeder essen darf, wann, wo und mit wem er mag, wie auch das einzige Schiff für den reinen Hawaii-Einsatz unter US-Flagge. Alle Features, die man sich im Laufe der Jahre ausgedacht hat, sind noch heute vorhanden, haben Erfolg und werden von Mitbewerbern zum Teil gerne kopiert. Auf einigen Schiffen gibt es bis zu 27 verschiedene Optionen fürs Abendessen, und nur Deutsche schaffen es, sich über jene Hälfte der Angebote aufzuregen, die extra kosten, wenn ein Dutzend davon inkludiert sind. Dennoch sind auf einem US-dominierten Schiff die Nebenkosten naturgemäß höher als bei rein deutschen Anbietern. Seit Anfang 2016 betrifft das jedoch nur noch Ausflüge, Spa-Behandlungen und wenige hochwertige Drinks, denn die Trinkgelder und ein umfangreiches Getränkepaket sind seitdem auf nahezu allen Schiffen als »all-inclusive« bereits im Reisepreis enthalten. Einige Schiffe verfügen über einen exklusiven Suiten-Bereich, der mit Sonderrestaurant und kleinem Privatpool nur den hier gebuchten Reisenden zugänglich ist. »The Haven« möchte als Luxus-Bereich mit Butler verstanden werden. Ebenfalls auf einigen Schiffen verfügbar und eine Welt für sich sind Studios für Alleinreisende, in denen diese ohne Fenster und mit wenig Platz ihr eigenes Reich ohne Zuzahlung haben können, wobei man ihren Wünschen mit einer eigenen Lounge zum Treffen und Kennenlernen Rechnung trägt. An Deck finden sich Klettergarten, Wasserrutschen und Minigolf sowie ein Aquapark für Kinder. Für diese besteht auch ein umfangreiches und weitgehend kostenloses Betreuungsangebot. Das Entertainment an Bord reicht von Live-Musik über Dinnershows bis zu Broadway-Musicals. Gerade hat NCL mit der Devise »Zurück zum Meer« neue Außenbereiche auf breiteren Promenaden mit Bars und Restaurants geschaffen; auch dies ein Vorzug, der bereits gern von anderen nachgeahmt und ausgebaut wird und einen neuen Branchentrend begründen könnte.

Kompass

Flottenstärke
16 Hochseeschiffe

Zielgruppe
Reisende, die es leger und international mögen

Kleidung
Freizeitkleidung

Reisen mit Familie
In Ferienzeiten sind leicht mal 800 Kinder an Bord

Bordsprache
Englisch, Spanisch, Deutsch – weitere möglich

Budget
Moderat

Reisedauer
1–31 Tage

Reiserouten

Karibik und Hawaii auf dem einzigen großen Kreuzfahrtschiff unter US-Flagge bilden einen Schwerpunkt. Auch in Alaska, Südamerika, an der US-Ostküste sowie im Mittelmeer und Nordeuropa ist die Reederei stark vertreten.

Anbieteradresse

NCL (Bahamas) Ltd., Niederlassung Wiesbaden
Kreuzberger Ring 68, D-65205 Wiesbaden
Tel.: +49 (0)611 36 07 0
Fax: +49 (0)611 36 07 099
info-europe@ncl.com · www.ncl.de

MS Norwegian Breakaway *Top-Entertainment seit einer Generation*

Hotel & Kulinarik

Bewertung

2

Viele Passagiere sehen das Buffet als Basisversorgung. Es hat First-Class-Niveau wie jede andere Verpflegung an Bord. Entscheidend ist die Vielfalt, vom französischen Bistro über den Mexikaner bis zur Erlebnisgastronomie, wo in einer akrobatischen Zeremonie live gekocht wird.

Kabinen

Bewertung

2

Die Kabinengröße ist respektabel, doch sind die langen, schmalen »Schläuche« nicht unbedingt ideal in der Aufteilung. Eine Glanzleistung von NCL sind die Studios für Singlereisende – eigenes Reich von neun Quadratmetern ohne Einzelaufschlag mit kommunikativer Single-Lounge.

Service

Bewertung

2

Der Service ist fröhlich-freundlich, was den einen oder anderen Mangel an Formvollendung gerne verzeihen lässt. Das Personal ist jedoch sehr bemüht, seine Passagiere nicht unzufrieden zurückzulassen, und die Verantwortlichen haben bei Problemen stets ein offenes Ohr.

Unterhaltung & Lektorate

Bewertung

1-

Auch hier macht's die Breite der Auswahl, von der großen Show, die stets weit mehr ist als der Auftritt netter Tänzerinnen zu Musik, bis hin zu Dinner-Shows wie zum Beispiel im Zirkuszelt und Live-Musik in vielen Bars. Fast alle Unterhaltungsangebote sind sprachneutral.

Wellness & Bewegung

Bewertung

2

Klettergarten und -wand, Pools und Whirlpools; »Sport, Spaß und Spiel« werden großgeschrieben. Neben den Aktivitäten an Deck gibt es ein großes Fitness-Center mit einer Vielzahl an Angeboten. Hinzu kommt genügend »Auslauf« für Kinder bei allerlei Vergnügungen an Deck.

Gesamtergebnis

2

Unsere Empfehlung:
Für Familien und Freunde guter Unterhaltung

Baujahr	2013
Tonnage	145.655 BRZ
Länge	329 Meter
Qualitätsklasse	First Class
Kabinen	2.014
Passagiere	3.963
Besatzung	1.657
Geschwindigkeit	21,5 Knoten

MS SYMPHONY OF THE SEAS

MS MAJESTY OF THE SEAS

MS ANTHEM OF THE SEAS

ROYAL CARIBBEAN

Sie haben die größten Schiffe der Welt, und natürlich werden sie jedes Mal ein bisschen größer – Royal Caribbean, das inzwischen fünf Marken unter seinem Dach vereint, die in Deutschland angeboten werden. Doch das Kerngeschäft ist das hochwertige First-Class-Produkt mit den unbestreitbar innovativsten und abwechslungsreichsten Unterhaltungs- und Animationsprogrammen an Bord. Ob es die artistische Aqua-Show am Heck ist oder der eher im Verborgenen blühende Escape Room, die Eisbahn für grandiose Shows oder die Zip-Line für das kurze Abenteuer, bei dem der Passagier gut gesichert über den Bord Walk rauscht. Mit Rutschbahn, Karussell und Gastronomie ist er eine von drei großen Promenaden an Bord. Die »Royal Promenade« liegt komplett überdacht im Innern und ist eine Flaniermeile, die an moderne Shopping-Malls erinnert. Darüber liegt das wohl größte Wunder, der Central Park mit seinen rund 12.000 Pflanzen, die fertig gesetzt in 80 Kilogramm schweren Kisten hier ankommen und das sprichwörtliche Sitzen auf einer Parkbank (das hier eben nicht in allen Fällen gegen Seekrankheit hilft!) möglich macht. Nicht zu vergessen an Deck die drei großen Pools plus weitere Wasserrutschen, das Solarium ganz vorn und der Kinderbereich ganz hinten, Tenniscourt und andere sportliche Aktivitäten. Zu loben ist, dass sehr viele einzigartige Attraktionen nichts extra kosten. Um die Passagierzahlen wetteifert Royal Caribbean mit MSC, in Sachen Schiffsgröße ist man unbestreitbar die Nummer eins. Das wirkt sich auf den Komfort aus. Niemand fühlt sich eingeengt, niemand verläuft sich in den klar angelegten Strukturen, und niemand fühlt auch nur, dass er gerade mit bis zu 6.000 anderen Reisenden das Schiff teilt. Dabei sind Entertainment und Küche von exzellenter Qualität, nur bei in die Jahre gekommenen Schiffen sagt man Royal die gewisse Konzernschludrigkeit nach, die zu Neubau-Investitionen und großen Umbau-Aktionen mehr neigt als zu beständiger Pflege. Natürlich ist auch die Palette an kulinarischen Angeboten breit gefächert: Solche mit thematischer Ausrichtung oder mit prominentem Namen (Jamie Oliver grüßt von Bord) gibt es ebenso wie den »Schnell-mal-zwischendurch-Imbiss« und gehobene Gastronomie.

Kompass

Flottenstärke
25 Hochseeschiffe

Zielgruppe
Seereisende, die auf nichts verzichten möchten

Kleidung
Bequem & leger, abends je nach Location aufwendiger

Reisen mit Familie
Kaum ein Produkt ist so auf Familienreisen ausgelegt wie dieses

Bordsprache
Englisch

Budget
Gehoben

Reisedauer
5–19 Tage

Reiserouten

Den Großen der Flotte sind einige Ziele verwehrt; der Jahreskalender von Royal Caribbean lässt jedoch keinen Kontinent aus. Highlights sind Alaska, Neuseeland, Hawaii, aber auch die Ostsee. Schiffsgenießer buchen Transatlantik.

Anbieteradresse

Royal Caribbean Cruises Ltd.
1050 Caribbean Way,
Miami, FL 33132, USA
Tel.: +1 305-539-6000
infode@rccl.com
www.royalcaribbean.de

MS SYMPHONY OF THE SEAS *Das größte Schiff der Welt*

Hotel & Kulinarik

Bewertung

2+

Es gibt die unterschiedlichsten Variationen von inkludierten Hauptrestaurants bis zum Fischrestaurant und das »Wonderland« mit magischen Effekten. Natürlich auch Schnell-Restaurants nach amerikanischem Zuschnitt. Was der royal Reisende serviert bekommt, ist stets erstklassig.

Kabinen

Bewertung

2

Viele Kabinen mit Balkon schauen zum Bordwalk, also nicht aufs Meer – und sind verrückterweise zuerst ausgebucht. Andere blicken auf den Central Park. Allen gemein ist viel Platz mit guter Ausstattung, auch in den Bädern. Abseits gibt es einen Exklusiv-Bereich für Vielzahler.

Service

Bewertung

2

Die guten Leistungen an Bord sind ein Mosaik von Kräften aus aller Herren Länder. Auch hier gibt es keine Kompromisse: Ein Lächeln öffnet Herzen und erschwert das Traurigsein. Mit dieser Maxime beginnt der Gästekontakt, und was nachkommt, ist Top-Service nach US-Muster.

Unterhaltung & Lektorate

Bewertung

1

Man vergisst beinahe, dass es außer der großen Eislaufshow und der spektakulären Akrobatik spätabends auf der Aqua-Bühne am Heck auch noch »normale« Shows gibt. Die gehen beinahe unter im unglaublichen Angebot, das die Größe der SYMPHONY ermöglicht.

Wellness & Bewegung

Bewertung

2

Wer sich bewegen und aktiv sein möchte, hat an Bord reichlich Auswahl, vom Fitness-Center bis zu den Riesenpools an Deck. Lediglich beim Wellness-Programm weichen Geschmack und Anspruch deutscher Kreuzfahrer vom internationalen erkennbar ab.

Gesamtergebnis

2+

Unsere Empfehlung: Für Reisende auf Kreuzfahrt in die Zukunft

Baujahr	2018
Tonnage	228.081 BRZ
Länge	361 Meter
Qualitätsklasse	First Class
Kabinen	2.759
Passagiere	6.780
Besatzung	2.100
Geschwindigkeit	22 Knoten

MS Crown Princess

MS Pacific Princess

MS Regal Princess

PRINCESS CRUISES

Die US-Reederei Princess Cruises wurde 1965 gegründet und galt damals als Pionier der Kreuzfahrtbranche für Fahrten durch den Panama-Kanal. Bis heute sind Alaska und die westliche Küste der USA neben mehr als 360 Destinationen auf der ganzen Welt im Programm. Seit 1977 verhalf die berühmte US-Serie »The Love Boat« der Reederei zur weltweiten Bekanntheit, indem die Schiffe Pacific Princess und Island Princess zum Drehort der romantischen Kreuzfahrtserie wurden. 2015 feierte die zur Carnival Corporation gehörende Reederei ihr 50-jähriges Bestehen und verfügt inzwischen über 17 Kreuzfahrtschiffe. Auch heute spürt man noch das Love-Boat-Feeling aus den 70ern an Bord. Sei es durch die Anekdoten im Sicherheitsvideo oder bei der Love-Boat-Party. Romantische Highlights wie das kostenpflichtige Ultimate Balcony Dinner, bei dem mit privatem Service auf dem eigenen Balkon diniert wird, zählen auch dazu. Die 2006 erbaute Crown Princess wurde im April 2018 im Rahmen der »Come Back New Promise«-Kampagne auf den Bahamas renoviert. Viele Bereiche wirken durch die helle und freundliche Gestaltung jetzt sehr modern. Unter anderem wurden die Restaurants »Salty Dog Grill« und »Slice«, die mit einem ausgezeichneten Burger- und Pizza-Angebot locken, modernisiert und alle Kabinen mit neuen Betten ausgestattet. Zudem gibt es im Lotus Spa und Fitness-Bereich für Sportbegeisterte die neuesten Fitness-Geräte. Die Crown Princess verfügt über 19 Decks und 1.541 Kabinen, von denen mehr als zwei Drittel Außenkabinen und zum Großteil mit einem begehbaren Kleiderschrank ausgestattet sind. Darunter fallen 678 Balkonkabinen und über 200 Suiten mit Balkon. Hervorzuheben sind auch die 31 behindertenfreundlichen Kabinen, darunter 16 Balkonkabinen. Herzstück des Schiffs und Zentrum der Aktivitäten ist die sich über drei Decks erstreckende italienische Piazza, die von Bars und Läden umschlossen ist. Kulinarisch verwöhnt wird man bei italienischem Flair in den drei Hauptrestaurants und am Buffet. Eine geschickte Raumaufteilung lässt den Passagier schnell vergessen, wie groß die Crown Princess eigentlich ist. Besonders schön ist die Horizon Terrace im Heck mit dem Terrace Pool und der Outrigger Bar.

Kompass

Flottenstärke
17 Hochseeschiffe

Zielgruppe
Gehobenes Publikum mit Freude an der traditionellen Kreuzfahrt

Kleidung
Smart Casual mit 2 Gala-Abenden pro Woche

Reisen mit Familie
Kein typisches Familienschiff, aber mit »Camp Discovery« für verschiedene Altersklassen

Bordsprache
Englisch, selten deutschsprachige Begleitung

Budget
Gehoben

Reisedauer
3–111 Tage

Reiserouten

Unter weltweit 360 Destinationen werden Alaska, Australien und Asien besonders intensiv bereist. Häfen wie Warnemünde, Athen, Dubai, Yokohama und Rio kommen dazu. Wer möchte, kann mit Princess auf Weltreise gehen.

Anbieteradresse

Inter-Connect Marketing GmbH
Arnulfstraße 31, D-80636 München
Tel.: +49 (0)89 51 70 30 50
Fax: +49 (0)89 51 70 31 20
info@princesscruises.de
www.princesscruises.de

MS Crown Princess *Ein frisch renoviertes internationales Schiff*

Hotel & Kulinarik

Bewertung

2+

Die Kulinarik in den Restaurants orientiert sich am vorwiegend amerikanischen, australischen und asiatischen Publikum. Insgesamt ist das Essen in allen Restaurants sehr hochwertig. In den Zuzahl-Restaurants und mit besonderen Dining-Optionen steigert sich die Qualität noch.

Kabinen

Bewertung

2

Die Kabinen sind in dezentem Beige gehalten und haben seit der Renovierung große Flachbildfernseher. Durch begehbare Kleiderschränke ist Stauraum, durch die Princess-Luxury-Betten höchster Schlafkomfort gesichert. Lediglich Balkone und Bäder sind noch renovierungsbedürftig.

Service

Bewertung

2+

Der Service ist in allen Bereichen sehr zuvorkommend und freundlich. Die Entscheidung, ob der Gast an einem fest reservierten Tisch speist, trifft er zu Beginn der Reise. Die zurückhaltende Art der Servicekräfte unterscheidet Princess vom bürgerlichen US-Schiff der Standardklasse.

Unterhaltung & Lektorate

Bewertung

2

Ein Highlight an Bord ist das Kino »Movies under the Stars«. Hier werden Shows und Filme unter freiem Himmel gezeigt. Die Darbietungen im Theater sind ebenfalls von hoher Qualität und auch auf der Piazza im Inneren des Schiffes wird Unterhaltung für alle Altersklassen angeboten.

Wellness & Bewegung

Bewertung

2

An Bord gibt es mehrere Poolbereiche, für Familien mit Kindern auch einen extra Whirlpool. Minigolf, Boccia und Basketball können an Deck gespielt werden. »The Sanctuary« ist die kostenpflichtige Wohlfühloase an Bord und liegt in der Nähe des Spa- und Fitness-Bereichs.

Gesamtergebnis

2

Unsere Empfehlung: Für Liebhaber großer Schiffe mit Niveau

Baujahr	2006
Tonnage	113.561 BRZ
Länge	290 Meter
Qualitätsklasse	First Class
Kabinen	1.541
Passagiere	3.080
Besatzung	1.200
Geschwindigkeit	23,7 Knoten

MS MEIN SCHIFF 1

MS MEIN SCHIFF 6

TUI CRUISES

Als der neuen MEIN SCHIFF 1 zu ihrer Taufe die Krone aufgesetzt wurde, war dies ein Zeichen: Diese neue Schiffsklasse war es, wo TUI Cruises hin wollte. Mit noch mehr Platz für Sport und Wellness, mit neuen Ideen und Konzepten – und, was eine geglückte Gratwanderung ist – ohne dabei die Homogenität der Flotte, die nahezu perfekte Austauschbarkeit der großen Schiffe, zu durchbrechen. Längst hat TUI Cruises aufgehört, ein Experiment zu sein. Zwar bleibt die jetzige MEIN SCHIFF 2 länger in der Flotte als geplant, aber nach ihrem absehbaren Weggang wird nichts mehr an den Anfänger mit den Gebrauchtschiffen erinnern. Andere Anbieter freuen sich, ihre kleineren Schiffe für exotische Routen einsetzen zu können, aber so weit ist das quasi von allein wachsende Unternehmen aus Hamburg noch nicht. Auch auf der MEIN SCHIFF 1 ist alles deutsch, sogar das Programm mit dem Namen »Alles inklusive«, wobei man hier wie bei vielen Mitbewerbern feine Nuancierungen kennen muss, um zu wissen, was denn »alles« ist. In der »Deutschtümelei« liegt das Erfolgsgeheimnis; überhaupt hat das psychologisch sehr geschickte Unternehmen es immer verstanden, seinen Passagieren heimlich auf die Glückshormone zu schauen und sie gezielt anzusprechen. Neu an Bord ist eine Bierstube mit Ratsherren-Pils und Snacks, neu ist auch ein Mitsingprogramm, neu ist der in elegantem Schwung das Heck prägende Jogging-Parcours. Geblieben sind der riesige Swimmingpool (volle 25 Meter Länge), die Backstube im Buffetrestaurant und der Eismann, der Qualität wie beim Italiener an der Ecke bietet (kostenlos!). Die Vielfalt ist so groß, dass jeder einzelne Reisende sein persönliches Schiff findet, indem er das Passende auswählt. Buffet in Jeans und T-Shirt geht ebenso wie voller Service mit der Liebsten in feiner Robe. Es ist durchaus vorstellbar, dass zwei Personen zur selben Zeit auf demselben TUI-Cruises-Schiff fahren, sich niemals begegnen und zwei völlig unterschiedliche Kreuzfahrten erleben. Für viele Fans fühlt sich auch der Umstand gut an, dass die bordeigenen Einrichtungen mit Namen wie »Neuer Wall«, »Außenalster« und »Anckelmannsplatz« auf Hamburger Lokalkolorit zurückgreifen, während man auf Anglizismen verzichtet.

Kompass

Flottenstärke
6 Hochseeschiffe

Zielgruppe
Alle, die größtmögliche Freiheit und Deutschsprachigkeit suchen

Kleidung
Man findet in jeder Kleidung den passenden Ort

Reisen mit Familie
Perfektes Familienschiff

Bordsprache
Deutsch

Budget
Gehoben

Reisedauer
7–41 Tage

Reiserouten

Die Mein-Schiff-Flotte bereist das Mittelmeer, die Kanaren, die Karibik, den Arabischen Golf, Ziele in Asien und Mittelamerika. Im Sommer stehen auch Norwegen, Island, Spitzbergen, Großbritannien und das Baltikum auf dem Programm.

Anbieteradresse

TUI Cruises GmbH
Heidenkampsweg 58, D-20097 Hamburg
Tel.: +49 (0)40 600 01 50 00
Fax: +49 (0)40 600 01 51 00
info@tuicruises.com
www.tuicruises.com

MS Mein Schiff 1 *Ein modernes Stück schwimmende Heimat*

Hotel & Kulinarik

Bewertung

2+

Das kulinarische Angebot ist sehr gut, auch wenn man Einsparungen gegenüber den Anfangsjahren von TUI Cruises bemerkt. Bisweilen sind im Hauptrestaurant die Wartezeiten lang. Das »Gosch« als Buffet wurde durch ein Fischrestaurant mit Service ersetzt. Unverändert beliebt ist das »Tag und Nacht«.

Kabinen

Bewertung

2+

Die Einrichtung, mit Nespresso-Maschine und Flachbildschirm-TV, ist hell und zeitlos modern. Blau als Farbe überwiegt. Accessoires sind bisweilen eigenwillig, um eine persönliche Note zu kreieren, die an die kleinen Unzulänglichkeiten zu Hause gemahnt. So jedenfalls wird es begründet.

Service

Bewertung

1-

Ein sehr engagiertes Team lässt kaum Wünsche offen. Im Großteil der Restaurants genießen die Gäste sehr guten Service am Platz. In der X-Lounge fühlen sich Suiten-Gäste umsorgt wie in einem englischen Club. TUI-Mitarbeiter strahlen hohe Kompetenz aus und haben sie auch.

Unterhaltung & Lektorate

Bewertung

1-

An den Shows im Theater hat man deutlich gearbeitet, um dem Mitbewerber nahezukommen. Auch sonst hat man bei ihm abgeschaut; Mitmach-Programme sind neu. Zur Animation gehören aber auch der Brotbackkurs und die Autorenlesung.

Wellness & Bewegung

Bewertung

1+

Die Benutzung des Spa-Bereiches ist inkludiert. Die schon immer riesige finnische Sauna blickt nun über den Bug direkt nach vorne. Was hier angeboten wird, ist nicht nur gnadenlos gut, sondern vor allem auf den anspruchsvollen deutschen Wellness-Geschmack abgestimmt.

Gesamtergebnis

1-

Unsere Empfehlung: Für Deutsche, die weder auf Ferne noch auf Heimat verzichten möchten

Baujahr	2018
Tonnage	111.554 BRZ
Länge	315,70 Meter
Qualitätsklasse	First Class
Kabinen	1.447
Passagiere	2.894
Besatzung	1.000
Geschwindigkeit	21 Knoten

Orte, Meere und einsame Inseln, Buchten und sogar Flüsse – kaum ein Ziel ist vor ihnen sicher. Mit kleinen Passagiergruppen, oft eistauglichen Schiffskörpern, Expeditionsschlauchbooten, dicken Parkas und vor allem ehrlich interessierten Reisenden sind sie unterwegs, die kleinen Weltentdeckerschiffe, bei denen gerade ein kaum zu überblickender Neubauboom herrscht. Und es gibt sogar jemanden, der ihnen in den entlegensten Gebieten den roten Teppich ausrollt: Erstklassige Wissenschaftlerteams bereiten die Landgänge so vor, dass die Entdecker wissen, was sie denn mitten im Nichts entdecken sollen.

VIKING

MS BREMEN

MS HANSEATIC NATURE

HAPAG-LLOYD CRUISES

Die inzwischen über 25 Lenze zählende Expeditionsabteilung ist im Umbruch. Zum ersten Mal wird die Flotte deutlich jünger sein als das Department in Hamburg, das die »Software« dazu liefert, zum ersten Mal wird das Team von Hapag-Lloyd Cruises sein Konzept auf eigenen, selbst konzipierten Entdeckerschiffen umsetzen können (siehe dazu Seite 40 ff. und 148 ff.). Nicht etwa, weil die »Neuen« den bisherigen Explorer-Schiffen technisch überlegen wären, sondern weil die Flotte größer wird, dürfte sich auch die Routenvielfalt vergrößern. Mit ihr steigt der Erlebniswert, und das liegt wiederum nicht nur an den Routen, denn hier spielen die Neubauten ihre Vorteile aus: Die Passagiere sind mit ausfahrbaren Glasbalkonen, einer bis zur Bugspitze begehbaren Back und Außengastronomie näher am Geschehen als je zuvor. Hinzu kommt das Know-how, das sich Hapag-Lloyd Cruises über die Jahre aufgebaut hat: wo andere längst gescheitert wären, etwa in der Nordwestpassage oder auf Franz-Josef-Land, kennen sich Ausflugseinkäufer, Routenplaner und Kapitäne noch bestens aus. Letztere machen ein Gutteil des Wertes dieser Schiffe aus: Welterfahren, locker, mit hohem Maß an Verantwortung und gerade deshalb bereit, immer noch ein Stückchen weiter zu gehen, um zwar nicht Nervenkitzel, aber Erlebnis bis an die äußerste Grenze zu suchen, sind sie die echten Entdecker, von ihren Passagieren im Gegensatz zu manchem Operettenkapitän mit Recht bewundert. Ungeachtet dreier Neubauten verbleibt die BREMEN in der Flotte und repräsentiert trotz ihres kleinen Körpers und ihrer auf First-Class-Niveau ausgelegten Standards weiter diesen Entdeckergeist, der gern eine Mahlzeit verschiebt, wenn es draußen was zu sehen gibt, das Buffet auch mal an Deck stattfinden lässt und abends bei kleinem Unterhaltungsprogramm in einem »Recap« den Tag aufarbeitet und Revue passieren lässt. Hinzu kommen die dazu passenden Reisegäste, deren polyglotter Charme jede Konversation bei Tisch oder an der Reling zu einem Erlebnis an sich werden lässt. Die BREMEN hat Fans, die sich wohl schwertun würden, auf eines der neuen Schiffe zu wechseln. Sie hat sich in ihrem Schiffsleben zu einer echten, unersetzlichen Persönlichkeit entwickelt.

Kompass

Flottenstärke
1 Expeditionsschiff und 2 Luxus-Yachten, 2 Neubauten 2019

Zielgruppe
Weltentdecker, die jeden Winkel erkunden wollen

Kleidung
Expeditionskleidung je nach Route, abends sportlich-elegant

Reisen mit Familie
Spezielles für Kinder gibt's nicht

Bordsprache
Deutsch

Budget
Sehr anspruchsvoll

Reisedauer
8–73 Tage

Reiserouten

Umrundung der Arktis und Halb-Umrundung der Antarktis gehören zu den Highlights. Hinzu kommen intensive Südsee-Reisen, die Nordwestpassage sowie Antarktis und Amazonas. Dazwischen Entdeckerreisen auf »normalen« Routen.

Anbieteradresse

Hapag-Lloyd Kreuzfahrten GmbH
Ballindamm 25, D-20095 Hamburg
Tel.: +49 (0)40 30 70 30 0
Fax: +49 (0)40 30 70 31 0
service@hl-kreuzfahrten.de
www.hl-kreuzfahrten.de

MS Bremen *Eine Weltentdeckerin, die niemandem Vorschriften macht*

Hotel & Kulinarik

Bewertung

2+

Das, was im Restaurant serviert wird, hätte auf einer der früheren EUROPAS noch zum Galadinner gereicht, aber die Ansprüche sind gestiegen. Auch beim gastronomischen Erlebnis ist man nah an der Destination: Gern wird das Mittagsbuffet auf dem Achterdeck aufgebaut.

Kabinen

Bewertung

3

Die Kabinen sind proper ausgestattet mit einer langen Schrankwand, in die auch der Fernseher integriert ist. Zum Teil haben sie Doppel-, zum Teil getrennte Betten, nur eines haben sie nicht: Balkone. Die Kabinen sind heimelig und werden sehr regelmäßig renoviert; ein Buchungsgrund für das Schiff sind sie sicher nicht.

Service

Bewertung

1-

Der Service der BREMEN braucht sich hinter den anderen Hapag-Lloyd-Schiffen nicht zu verstecken, auch wenn sie einen höheren Luxus-Anspruch haben. Alle Kräfte haben die gleiche, gute Hapag-Lloyd-Ausbildung, und die wird höchsten Ansprüchen gerecht.

Unterhaltung & Lektorate

Bewertung

2-

Auf Explorer-Schiffen sind die Lektoren die Helden der Unterhaltung, so auch hier. Großes Abendentertainment findet nicht statt. Ein Pianist erfreut die Gäste in der Lounge, bisweilen ein Sänger; bei der Crew-Show ergreift vom Kapitän bis zum Matrosen jeder das Mikrofon.

Wellness & Bewegung

Bewertung

2-

Für ein Schiff ihrer Größe ist die BREMEN überraschend gut ausgestattet. Das Fitness-Center mit guten Geräten und Sauna befindet sich direkt in der Nähe des Pools. Auch der hat für einen Zwerg unter den Kreuzfahrtschiffen ganz propere Ausmaße.

Gesamtergebnis

2

Unsere Empfehlung:
Für Reisende, die jeden Winkel der Welt sehen wollen

Baujahr	1990
Tonnage	6.752 BRZ
Länge	111,5 Meter
Qualitätsklasse	First Class
Kabinen	82
Passagiere	164
Besatzung	94
Geschwindigkeit	15 Knoten

MS POLARLYS

MS LOFOTEN

MS NORDNORGE

HURTIGRUTEN

Hurtigruten ist ein Unternehmen mit gleich zwei ungewöhnlichen Geschäftszweigen, das seit über zehn Jahren im Umbruch ist. Zum einen ist die Reederei, die aus einst bis zu sieben die alte Postschiffroute an der norwegischen Küste bedienenden Gesellschaften hervorgegangen ist, immer noch Betreiber eben dieser täglichen Linienverbindung zwischen Hamburg und Kirkenes, wobei sie auf Wunsch der norwegischen Regierung demnächst Konkurrenz bekommt: Vier von elf Abfahrten eines Turnus' muss sie an einen anderen Anbieter abgeben. Seit über zehn Jahren aber hat die Geschäftsleitung, die seitdem mehrfach gewechselt hat, erkannt, dass die Zukunft im Tourismus liegt, der schon dem alten Liniengeschäft zu neuem Schwung verholfen hat. Entsprechend wird heute nicht nur das Know-how über etwas andere Kreuzfahrten, die ohne große Abendunterhaltung und statt im Anzug im Norwegerpulli daherkommen, auf Fahrtgebiete wie Grönland oder die Antarktis übertragen, sondern man baut auch Schiffe, die von vornherein auf Expeditionskreuzfahrten ausgelegt sind. Dieses Konzept kommt gut an, und die wachsende Fangemeinde blickt erwartungsvoll auf zwei futuristische Neubauten, die wegen ihrer komplizierten Umwelttechnologie ein bisschen verspätet in Dienst kommen werden, für die aus den 90er-Jahren stammende Flotte aber ein Quantensprung sind. Mit einer Kapazität von je 600 Betten sind sie allerdings fürs Explorer-Geschäft reichlich groß. Zudem werden sie die Philosophie verändern: Bislang war ein gewisser Minimalismus, den das Arbeitsschiff von früher mitbrachte, durchaus Teil der Erfolgsstrategie, und vielleicht wird er sogar gebraucht, um den Gast mit einer gewissen Urwüchsigkeit über aberwitzige norwegische Preise (besonders bei Landausflügen und alkoholischen Getränken, die hier etwa 250 % von dem kosten, was ein gewöhnliches, bürgerliches Kreuzfahrtschiff dafür verlangt) hinwegzutäuschen. Noch etwas ändert sich mit Reisen im Nord- und Südpolarmeer: Das Angebot kann nicht auf arktische Regionen beschränkt bleiben; zu lang ist der Weg dazwischen durch Warmwassergebiete, als dass man nicht auch diese Fahrten vermarkten und sich neues Wissen über Explorerfahrten in den Tropen aneignen müsste.

Kompass

Flottenstärke
12 moderne Hochseeschiffe und 2 Nostalgie-Oldies

Zielgruppe
Naturliebhaber mit großem Interesse an der Destination

Kleidung
Warm, wetterfest, ohne Anzug

Reisen mit Familie
Viele erstklassige Lektorate

Bordsprache
Norwegisch, Englisch

Budget
Anspruchsvoll

Reisedauer
1–12 Tage

Reiserouten

Die klassische Route führt von Bergen nach Kirkenes; man kann jedoch in jedem Hafen zusteigen. Hinzu kommen Explorer-Reisen in alle relevanten Gebiete der Erde, auch die legendäre Nordwestpassage ist dabei.

Anbieteradresse

Hurtigruten GmbH
Große Bleichen 23, D-20354 Hamburg
Tel.: +49 (0)40 87 40 83 58
Fax: +49 (0)180 53 33 82 533
ce.info@hurtigruten.com
www.hurtigruten.de

MS Polarlys *Ein Linienschiff mit norwegischem Ambiente*

Hotel & Kulinarik

Bewertung

3+

Hurtigruten kauft die Zutaten bei festen Lieferanten in den lokalen Häfen ein und benennt diese auch. Mittags gibt es ein Buffet, abends ein gesetztes Dreigangmenü ohne Wahlmöglichkeit. Der anfangs gern genossene Lachs wird im Lauf von elf Tagen zum täglich grüßenden Murmeltier.

Kabinen

Bewertung

2

Die Palette ist besonders auf den Linienschiffen groß. Wer hier Urlaub macht, verlangt angemessene, komfortable Unterkunft und bekommt sie auch. Andere Kabinen für Linienpassagiere sind sehr einfach. Mit Lärm oder Geruch muss man, je nach Fracht und Anlegezeitpunkt, leben.

Service

Bewertung

2

Wer mit der Freundlichkeit und Offenherzigkeit der Norweger nicht klarkommt, dem ist nicht zu helfen; als Gastgeber sind sie wunderbar. Im Restaurant dürfte der Service manchmal ein bisschen aufmerksamer sein, gut ist er allemal. Hilfsbereitschaft steht ganz oben.

Unterhaltung & Lektorate

Bewertung

2-

Die Lektoren sind einsame Spitze; jeder Gast kann nach der Reise sagen: Ich habe Norwegen verstanden (oder das Ziel, das er gerade bereist). Dafür verzichtet man auf jedwede andere Art des Entertainments, wenn man von der grandiosen Landschaftsszenerie einmal absieht.

Wellness & Bewegung

Bewertung

2

Eine Sauna gehört in Norwegen dazu, und sie ist natürlich auch an Bord. Wenn man jedoch draußen bei winterlichen Temperaturen kaum sein Sportprogramm machen kann, dann braucht man auch einen Fitness-Raum. Und einen Whirlpool, um im warmen Wasser zu chillen. All das ist vorhanden.

Gesamtergebnis

2-

Unsere Empfehlung:
Für Naturfreunde
ohne Glamour-Anspruch

Baujahr	1996
Tonnage	11.341 BRZ
Länge	123 Meter
Qualitätsklasse	Bürgerlich
Kabinen	225
Passagiere	503 plus Tagesgäste
Besatzung	67
Geschwindigkeit	18 Knoten

MS PLANCIUS

Die PLANCIUS ist ein »Arbeitsschiff«, auf dem fast alle Bereiche für Passagiere offen sind

Kompass

Flottenstärke
2 Expeditions- und 2 Segelschiffe

Zielgruppe
Echte Entdecker ohne Luxus-Allüren

Kleidung
Jeans, Gummistiefel, Windjacke

Reisen mit Familie
Wenn Kinder auch kleine Entdecker sind …

Bordsprache
Englisch/Niederländisch

Budget
Anspruchsvoll

Reisedauer
6–36 Tage

OCEANWIDE EXPEDITIONS

Im Sommer 2019 ist es endlich so weit: Oceanwide Expeditions, ein auf Naturerlebnis spezialisierter Veranstalter aus Vlissingen/Niederlande, der bislang mit sehr gut umgebauter und an die Erfordernisse angepasster Alttonnage arbeitet, bekommt mit der HINDIUS sein erstes nach seinen Vorstellungen gebautes neues Schiff. Die Eismeerflotte von bislang vier Schiffen bietet Expeditionen in arktische und antarktische Destinationen an. Einige Reisen sind deutschsprachig. Die Passagiere haben die Möglichkeit, an einem breit gefächerten Naturentdeckerprogramm teilzunehmen. Der Hauptschwerpunkt liegt auf Entdeckungsreisen zu polaren Tier- und Landschaftswelten. Die Grundphilosophie ist, die Seestrecken so kurz wie möglich zu halten, um mehr Zeit für Landprogramme und Bootsausflüge zu haben. Mit den kleinen Entdeckerschiffen können die unzugänglichsten Regionen erreicht werden. Je nach Wetterbedingungen sind täglich zwei Anlandungen vorgesehen. Die Schiffe sind komfortabel eingerichtet. Es gibt an Bord keinen Luxus und keine Etikette. Die PLANCIUS ist ein kleines, modernes Schiff und verfügt über die Eisklasse 1D. Sie lief 1976 unter dem Namen TYDEMANN als ozeanografisches Forschungsschiff für die niederländsche Marine vom Stapel. 2004 erwarb Oceanwide Expeditions das Marineschiff und baute es komplett um. Mit den zehn »Mark V«-Zodiacs an Bord ist über zwei Gangways eine schnelle Ausbootung garantiert. Die Standards bei Oceanwide Expeditions, Mitglied der AECO (Association of Arctic Expedition Cruise Operators) und IAATO (International Association of Antarctic Tour Operators), gehen weit über die Vorschriften der UN und IMO hinaus. Gute internationale Lektoren begleiten alle Reisen und geben echte, authentische Einblicke in die Geheimnisse der Destinationen. Sie sind die einzige Abendunterhaltung. Das Schiff ist bewusst puristisch ausgestattet: Neonlicht und Antirutschmatten auf den Tischen zeigen sofort, wohin die Reise geht. Eine 47-köpfige Besatzung kümmert sich um das Wohl der Passagiere. Jede Reise wird von einem Bordarzt begleitet. Die Brücke ist für Passagiere stets offen. Für Entdecker stehen neben Gummistiefeln auch Zodiacs, Kajaks und Schneeschuhe zur Verfügung.

Reiserouten

Selbst die Segler sind gern in Polarregionen unterwegs: Dies ist das Stammrevier der Oceanwide-Schiffe. Die bordeigenen Zodiacs sorgen dafür, dass die Reisenden jeden noch so unzugänglichen Winkel erreichen können.

Anbieteradresse

Oceanwide Expeditions
Bellamypark 9, 4381 CG Vlissingen, Niederlande
Tel.: +31 (0) 118 410 410
Fax: +31 (0) 118 410 417
info@oceanwide-expeditions.com
www.oceanwide-expeditions.com

MS PLANCIUS *Ein kleiner Eispanzer für alle Fälle*

Hotel & Kulinarik

Bewertung

2

Das Bordrestaurant wirkt auf den ersten Blick eher wie eine Kantine in fahlem Neonlicht. Aber das gehört zum Image. Die Atmosphäre bringen die Passagiere mit, ebenso das Entdecker-Flair. Was auf den Tisch kommt, ist kulinarisch hochwertig und korrigiert den ersten Eindruck.

Kabinen

Bewertung

3+

»Unnötigen« Schmuck haben die Kabinen nicht, und dass etliche davon mit drei Betten ausgestattet sind (und als Berechnungsgrundlage gelten), macht die Reise für Paare teuer. Aber Betten und Nasszelle sind gut, man wohnt ordentlich und allemal besser als frühere Polar-Entdecker.

Service

Bewertung

2

Auf kaum einem anderen Schiff sind Passagiere und Besatzung so eng miteinander. Die Nähe lässt bisweilen einen burschikosen Umgangston aufkommen. Wer deshalb denkt, dass die Besatzung ihr Handwerk nicht beherrscht, der irrt: Der Service klappt tadellos.

Unterhaltung & Lektorate

Bewertung

2

Um es gleich zu sagen: Unterhaltung gibt's hier kaum. Dafür umso bessere Lektoren, und wenn sie rhetorisch gut sind und alle Reisenden an ihren Lippen hängen, dann stellt sich auch im hellen, mit Antirutschmatten auf den Tischen ausgestatteten Salon beinahe Wohnzimmeratmosphäre ein.

Wellness & Bewegung

Bewertung

–

Mit Saunaaufgüssen, Peeling und Verwöhnprogramm sollte hier vorsichtshalber niemand rechnen. Sport à la PLANCIUS findet draußen statt: Polartauchen, Bergsteigen, Kajakfahren, Hiking, Schneewandern und Ski – alles das läuft außerhalb einer Bewertung des Bordprogramms.

Gesamtergebnis

2-

Unsere Empfehlung:
Für unerschrockene Nachfahren Amundsens

Baujahr	1976
Tonnage	3.211 BRZ
Länge	89 Meter
Qualitätsklasse	Bürgerlich
Kabinen	53
Passagiere	116
Besatzung	47
Geschwindigkeit	12 Knoten

MS Le Boréal

MS Le Soléal

SY Le Ponant

PONANT

Als die Le Boréal als kleine, freche und alles anders (und oft charmanter!) machende Französin am 1. Juli 2010 in Hamburg vorgestellt wurde und wegen Niedrigwassers mit ihrem kleinen Körper so weit unter der Kaikante am Grasbrook lag, dass für die Besucher mithilfe eines Krans ein »Aufzug« improvisiert werden musste, dachte niemand daran, dass hieraus binnen weniger Jahre eine Flotte entstünde, die den Expeditionsmarkt nachhaltig verändert und ihn wegen der Vielzahl der Schiffe womöglich sogar beherrscht. Die richtungsweisende Vielfalt der Destinationen ist nicht nur aus der guten Ausstattung, sondern schlicht auch aus der rasant wachsenden Flotte entstanden. Die Schiffe haben sich ein wenig verändert, die Eistauglichkeit und die Ausstattung mit Motorschlauchbooten sind geblieben. Das Design ist – franzosentypisch – so avantgardistisch wie bei einer Citroën DS, sodass man lange Zeit andern voraus ist, ohne etwas ändern zu müssen. Am Achterdeck mit Swimmingpool, Restaurant und Außenbereich kann man in warmen Regionen klassischen Kreuzfahrt-Urlaub machen; eine Bibliothek und ein Bordkino, das auch als Vortragssaal genutzt wird, lassen Erinnerungen an kleine Oceanliner aufkommen. Bei Brückenbesuchen ist man großzügig, das »Schiff zum Anfassen« bezieht die Gäste, wo immer es möglich ist, ins Bordleben mit ein, wo manchmal die Konturen vor und hinter den Kulissen verschwimmen. Der deutschsprachige Passagier sollte wissen, dass er an Bord zu einer Minderheit gehört. Französisch dominiert als Sprache vor englisch, und auch auf der Speisekarte erkennt man die Finessen der »Cuisine«. Was hier kredenzt wird, könnte auch in einem guten Restaurant in Marseille oder Le Havre serviert werden; stilvolle Einrichtung, feine Tischwäsche und edles Geschirr inklusive. Überall scheint auf diesen kleinen Schiffen Großzügigkeit zu dominieren; die Lounge mit ihren niedrigen, hell bezogenen Sitzmöbeln vermittelt zuerst ein angenehmes Raumgefühl, und sogar in den Kabinen finden neben dem Doppelbett noch eine Sitzgelegenheit und ein kleiner Schreibtisch ihren Platz. Die Marina am Heck kann als Schlauchboot-Anleger oder Badeplattform genutzt werden – je nach Fahrtgebiet.

Kompass

Flottenstärke
6 Hochseeyachten
+ 1 Segelyacht

Zielgruppe
Weltenbummler auf der Suche nach dem gewissen Etwas

Kleidung
Freizeitkleidung, Yacht-Stil, abends anspruchsvoller

Reisen mit Familie
Kleines Kinderprogramm im Rahmen der Möglichkeiten

Bordsprache
Englisch, Französisch

Budget
Anspruchsvoll

Reisedauer
5–23 Tage

Reiserouten

Die Ponant-Yachten bieten weltweite Kreuzfahrten an, wobei sie weltabgewandten Routen den Vorzug geben. Ihr Routing ist nicht nur auf den klassischen Expeditionsstrecken ungewöhnlich, sondern auch in Südamerika und Asien.

Anbieteradresse

Ponant
Neuer Wall 63, D-20354 Hamburg
Tel.: +49 (0)40 80 80 93 143
Fax: +49 (0)40 80 80 93 513
Keine E-Mail-Adresse; Kontaktformular unter www.ponant.com

MS Le Boréal *Charmant-fanzösischer Mix aus Yacht und Explorer-Schiff*

Hotel & Kulinarik

Bewertung

2+

Die Getränke sind weitgehend inkludiert und erhöhen den Wohlfühlfaktor an Bord. Bei gutem Wetter wird am Pool gegrillt; der Outdoor-Bereich des Buffetrestaurants lädt dazu ein. Im Restaurant hingegen werden französische Dîners zelebriert.

Kabinen

Bewertung

2-

Riesig sind sie nicht, aber pfiffig ausgestattet. Rote Farbtupfer machen sie unverwechselbar. Schreibtisch, Kaffeemaschine, Flachbildfernseher gehören zur Kabine auf den vier Expeditions-Yachten. Manche Kabinen haben eine Verbindungstür. Dazu kommen hochwertige Bäder.

Service

Bewertung

2-

Der Service ist freundlich und meistens aufmerksam; bisweilen kommt eine französische Lässigkeit durch, die ihn hier und da sympathisch macht, ihm aber nicht immer gut tut. Wie auf einer Privatyacht wird überall gewienert und erneuert, sodass die Le Boréal fast aussieht wie neu.

Unterhaltung & Lektorate

Bewertung

3-

Franzosen beweisen: Man kann aus dem Dîner ein abendfüllendes Event machen. Darüber hinaus gibt es hier und da Auftritte von der Crew. Freunde des gepflegten Gesprächs mögen sich freuen; wer sich unterhalten lassen will, kommt nicht ganz auf seine Kosten.

Wellness & Bewegung

Bewertung

3-

Diese Schiffe legen den Fokus auf Wassersport, wozu die Marina am Heck einen idealen Ausgangspunkt bietet. Das täuscht nicht darüber hinweg, dass zwar Massagen und andere Behandlungen angeboten werden, es ansonsten aber nur einen kleinen Fitness-Raum mit Meerblick gibt.

Gesamtergebnis

3+

Unsere Empfehlung: Für Liebhaber des französischen Savoir-vivre

Baujahr	2010
Tonnage	10.944 BRZ
Länge	142 Meter
Qualitätsklasse	First Class
Kabinen	132
Passagiere	264
Besatzung	139
Geschwindigkeit	16 Knoten

Der Ort, aus dem die Träume sind, das dürften für viele große Jungs, die durchaus im Rentenalter sein können, die letzten Großsegler der Welt sein – auch dann, wenn es sich bei den knarzenden Masten um die eines Neubaus handelt. Gleichwohl sind sie eine Wunschwelt, denn das, was die Reisenden suchen, die um Gefahr und Entbehrung reduzierte Seefahrerromantik, hat es im Alltag der historischen Segler nie gegeben. Auch, wenn echte Cap Hoorniers spöttisch belächelt hätten, was heute »Urlaub unter Segeln« heißt, ist es doch die schönste und reinste Form der Seefahrt – dem Meer und dem Wind so nah.

SEA CLOUD
SAIL
FOR
LAST TENDER
ALL ON BOARD
SHIFT
AT

SY SEA CLOUD

SY SEA CLOUD II

SEA CLOUD CRUISES

Zuerst war das Schiff, die 1931 als Privatyacht gelaufene HUSSAR mit ihren vier Masten, von denen der letzte noch während der Bauphase als Imageträger hinzugefügt werden musste. Naturgemäß ist eine Privatyacht nicht eins zu eins für den Betrieb mit zahlenden Passagieren einzusetzen. So verfügt die SEA CLOUD heute über sehr unterschiedliche, auch vom Stil her individuell eingerichtete Kabinen im Rumpf und neu hinzugekommene in den Aufbauten. Weil der Betrieb mit nur einem Schiff gar zu unwirtschaftlich ist und das Angebot der Reisen mit einem Großsegler zudem von Gruppen gern angenommen wird, wurde vor 20 Jahren mit dem Bau einer gleichnamigen, aber mit deutlich mehr Passagierkapazität ausgestatteten Schwester SEA CLOUD II begonnen. Inzwischen darf man wieder darauf hoffen, dass als »Dritte im Bunde« die neue SEA CLOUD HUSSAR, die mit Balkonen und großem Wellness-Bereich Segler-Romantik und moderne Kreuzfahrt-Ansprüche zusammenführen soll, aus der Jahre zurück liegenden Werft-Insolvenz doch noch zur Fertigstellung geführt wird. Egal, wie viele Mitglieder die Flotte hat, unauslöschlich geprägt sind das Unternehmen und sein Stil durch die SEA CLOUD, deren Holzinterieur liebevoll und aufwendig an neue Sicherheitsstandards und Brandschutzvorschriften angepasst wurde. Wer das Schiff selbst liebt und mit modernen Blechbüchsen wenig anfangen kann, wird auf der SEA CLOUD den täglichen Rundgang übers Deck genießen: Da knarzt das Tauwerk, da klettern die Matrosen in die Rahen, und der Besuch auf der stets offenen Brücke mit ihrem antiken Maschinentelegrafen und ihrem feinen Holzinterieur ist auch am Morgen des Ausschiffungstages noch ein Erlebnis. Letzteres besteht auf der Reise hauptsächlich im (passiven) Segeln – eigenes Handanlegen der Passagiere ist nicht vorgesehen – und erstklassiger Kulinarik. Große Abendunterhaltung gibt es hier nicht; sie wird durch Passagiergespräche unter Sternen ersetzt. Wenn SEA-CLOUD-Liebhaber am liebsten Reisen mit wenigen Häfen buchen, die Verkaufs-Managerin aber beklagt, die Passagierkommentare am Ende der Reise verlangten stets gleichzeitig nach »mehr Segeln« und »mehr Landgang«, dann hat die Reederei alles richtig gemacht.

Kompass

Flottenstärke
2 Großsegler

Zielgruppe
Komfort-Liebhaber mit viel Freude an Nostalgie

Kleidung
Sportlich elegant, abends elegant

Reisen mit Familie
Eher für »erwachsene Familien«

Bordsprache
Deutsch und Englisch

Budget
Sehr anspruchsvoll

Reisedauer
5–18 Tage

Reiserouten

Das größte Segelerlebnis bieten die Atlantik-Querungen. Großsegler sind Warmwasserschiffe, wo das Draußensein im Vordergrund steht, vorzugsweise im Mittelmeer und in der Karibik. Ausflüge in den Norden sind eher selten.

Anbieteradresse

Sea Cloud Cruises GmbH
An der Alster 9, D-20099 Hamburg
Tel.: +49 (0)40 30 95 92-0
Fax: +49 (0)40 30 95 92-22
info@seacloud.com
www.seacloud.com

SY SEA CLOUD *Das älteste Kreuzfahrtschiff im Markt*

Hotel & Kulinarik

Bewertung

1-

Das Restaurant, das gleichzeitig Bar und Gesellschaftsraum ist, schafft ein besonderes Ambiente. Dass das, was auf den Tisch kommt, höchsten Ansprüchen genügt, muss kaum erwähnt werden. Bei passender Witterung gibt's ein Buffet an Deck – ebenfalls mit feinster Kulinarik.

Kabinen

Bewertung

2+

Nirgends ist die Spanne zwischen den Kabinen qualitativ so groß, weil zu den wahrhaft fürstlichen Gemächern der früheren Eigner moderne, kleinere, aber gemütliche »neue«-Kabinen hinzugekommen sind. Tröstliche, dass keine davon unter dem Luxus-Standard der SEA CLOUD liegt.

Service

Bewertung

1-

Dass die SEA CLOUD ein echtes Luxus-Schiff ist, das zeigt ihr Service, der in keinem Grand Hotel aufmerksamer sein könnte. Das gilt für den Kabinen- wie für den kulinarischen Bereich. Die Speisenfolge etwa kann jederzeit durch einen Sonderwunsch individualisiert werden.

Unterhaltung & Lektorate

Bewertung

3+

Auf dem historischen Großsegler ist kaum Platz für große Abendunterhaltung. Tagsüber jedoch ist das Segeln das Entertainment, bis hin zu fachkundigen Erklärungen durch die Offiziere. Abends wird bisweilen gelesen – z.B. aus der Geschichte der SEA CLOUD.

Wellness & Bewegung

Bewertung

–

Die SEA CLOUD verfügt über keine Einrichtungen moderner Wellness-Freuden. Wer sich für sie entscheidet, wendet sich bewusst Wind und Wellen zu und verlegt seine Aktivitäten an Land. Für eine Einrichtung, die per definitionem nicht vorhanden ist, gibt es keine Note.

Gesamtergebnis

2+

Unsere Empfehlung:
Für Reisende mit dem Gefühl
»Einmal im Leben …«

Baujahr	1931
Tonnage	2.532 BRZ
Länge	109,5 Meter
Qualitätsklasse	Luxus
Kabinen	32
Passagiere	64
Besatzung	60
Geschwindigkeit	windabhängig

SY ROYAL CLIPPER

SY STAR FLYER

STAR CLIPPERS

Als er die ROYAL CLIPPER kaufte und sie zu den beiden Prototypen hinzufügte, die eigentlich ein Versuch des Skippers Mikael Krafft sein sollten, ob man mit modernen Seglern ein Kreuzfahrtgeschäft betreiben kann, wollte er damit sein Lebenswerk krönen. Heute hat der Schwede einen neuen Traum, der allerdings langsamer wächst als gedacht. Eigentlich sollte die kroatische Werft den weltgrößten Passagiersegler, einen modifizierten Nachbau der historischen FRANCE II von 1911, längst abgeliefert haben. Aber individuell geplante Schiffe mit vielen kleinen Zulieferern bauen sich nicht so schnell und so pannenfrei wie ein Dickschiff auf einer Industriewerft. So ist die ROYAL CLIPPER noch immer das größte Schiff der Flotte, und die Frage, wann ihre große Schwester denn endlich käme, möchte Krafft nicht mehr hören. Heute sind die Kinder des inzwischen in Monaco ansässigen Reeders federführend mit im Geschäft. Der Begriff vom »Ultra-Luxus« würde zu diesen Schiffen ebenso wenig passen wie zum Neubau; das Segelerlebnis wird in den Vordergrund gestellt und die passende Kleidung dazu, die Nähe zu den Mitpassagieren und die Fröhlichkeit der Mannschaft. Naturgemäß ist auf einem Segler nicht so viel Platz wie auf großen Kreuzfahrtschiffen; der Fokus liegt weniger auf der (dennoch guten) Ausstattung als darauf, dass die Passagiere den Elementen möglichst nahe sind. Das wird erreicht, indem sie auf Wunsch durchaus ins Rigg aufentern dürfen – Sicherheitsmaßnahmen inklusive – oder im Netz am Bugspriet liegend die Wellen und fliegenden Fische unter sich hindurchsausen lassen. Bei Seegang spült auch schon mal eine Welle das fest verschlossene Bullauge der Kabine kurz durch und schafft die Atmosphäre einer Waschmaschine. Eines war Mikael Krafft, der sein Kapital im Ölgeschäft verdient hat, nun nicht vergönnt: ein Leben als Ruheständler oder wohlhabender Privatier. Aber das wollte er wohl auch gar nicht; ohne Wind um die Nase und ohne Salzwasser ist er ebenso wenig glücklich wie seine Schiffe. Seine Handschrift spürt man beim Interieur, das zwar sehr hochwertig, im Design aber stets an einen Windjammer angelehnt ist, und bei der locker-zwanglosen Atmosphäre, mit der sich alle an Bord begegnen.

Kompass

Flottenstärke
3 Großsegler

Zielgruppe
Skipper, Naturliebhaber und Jugendträumer

Kleidung
Eher Outdoor – als Gesellschaftskleidung, rutschfeste Schuhe

Reisen mit Familie
Nur für segelbegeisterte Kinder geeignet

Bordsprache
Englisch

Budget
Anspruchsvoll

Reisedauer
4–29 Tage

Reiserouten

Asien wird für die Clipper ein zunehmend wichtiges Segelrevier. Mit Kaltwassergebieten – die Ostsee wurde ausprobiert und verworfen – hat man nicht so gute Erfahrungen. Positionierungsfahrten verheißen viel Segel-Erlebnis.

Anbieteradresse

Star Clippers Kreuzfahrten GmbH
Konrad-Adenauer-Str. 4, D-30853 Langenhagen
Tel.: +49 (0)511 72 66 59 0
Fax: +49 (0)511 72 66 59 20
info@starclippers.de
www.starclippers.de

SY Royal Clipper *Die Königin der Großsegler*

Hotel & Kulinarik

Bewertung

2

Im Restaurant im »Parterre« des drei Decks hohen Atriums genießen die Passagiere in zwangloser Stimmung kulinarische Köstlichkeiten. Teilweise ist es etwas eng, aber dafür immer gemütlich. Je nach Wetterlage wird auf dem Achterdeck bei der Tropical Bar ein Buffet aufgebaut.

Kabinen

Bewertung

2

Die Kabinen spielen an Bord eine Nebenrolle. Sie bieten ausreichend Platz und genügend Stauraum. Duschbad (mit kleiner Dusche/Duschvorhang) und WC ist völlig ausreichend. Die Außenkabinen haben Bullaugen, einige Balkonkabinen eine kleine Badewanne.

Service

Bewertung

2

Die internationale Service-Crew bietet rundum einen guten Service. Dieses eingespielte Team, »das immer lacht«, funktioniert im Kabinen-, Restaurant-, Deck- und Barbereich lautlos und perfekt. Dabei muss es auf einem Segler Rücksicht aufs Wetter und Programmänderungen nehmen.

Unterhaltung & Lektorate

Bewertung

2

Die tägliche »Story-Time« ist perfektes Infotainment von Kapitän und Kreuzfahrtdirektor. Hier erfährt man den Tagesablauf auf See und erhält wichtige Hafeninfos. Der Mann am Klavier bzw. an der Hammond-Orgel sorgt im Restaurant und an Deck für ein unaufdringliches Musikprogramm.

Wellness & Bewegung

Bewertung

2-

Drei kleine Pools stehen zum Planschen bereit. Die achtern gelegene Marina bietet u.a. Surfbretter, Kajaks und komplette Schnorchelausrüstungen. Unter Aufsicht ist es möglich, gut angeseilt ins Rigg aufzuentern. Wer es ruhiger mag, legt sich ganz vorne in das Bugsprietnetz.

Gesamtergebnis

2

Unsere Empfehlung:
Für bequeme Segel-Abenteurer

Baujahr	2000
Tonnage	4.425 BRZ
Länge	134 Meter
Qualitätsklasse	First Class
Kabinen	114
Passagiere	227
Besatzung	106
Geschwindigkeit	12–18 Knoten

Flüsse machen es den Reedern leicht und doch schwer: So einfach die Routenplanung ist, die zwingend dem Flussverlauf folgt, so sehr schränken sie doch die Schiffe in ihrer Größe ein. Jeder versucht sich in perfekter Raumausnutzung, fügt Restaurantalternativen oder ein Schwimmbad hinzu – und muss doch anderes dafür weglassen. Für den Passagier bietet die Flussreise einen garantierten Vorteil, der nicht bezahlt werden muss: 24 Stunden Dauerkino vor dem Kabinenfenster. Wer tägliche Landgänge, ein sicheres Mittel gegen Reisekrankheit und statt einer See- eine Sehreise sucht, ist auf dem Fluss richtig.

MS VistaFlamenco

MS Bellriva

1AVISTA REISEN

Hubert Schulte-Schmelter (vgl. Seite 156 ff.), der das Unternehmen 2007 gründete, kennt die deutsche Kreuzfahrtbranche aus jahrzehntelanger Erfahrung wie kaum ein anderer und hat ein Näschen für interessante neue Konzepte. Dabei hat er stets kleine Leute mit einem Anspruch an Qualität im Blick, hält die Preisgestaltung im Rahmen und freut sich über ausgebuchte Schiffe. 1AVista Reisen setzte im Rahmen dieser konsequenten Politik früher als die meisten anderen Veranstalter auf eine »Light«-Variante der All-inclusive-Verpflegung, bei der eine bestimmte Getränkeauswahl beinahe ganztägig sowie zu den Mahlzeiten inkludiert ist. Besonderer Beliebtheit erfreut sich die bequeme Anreise zu den Einschiffungshäfen Köln und Passau mit Haustürabholung und zumeist Mittagessen unterwegs. Die Firmenphilosophie, günstige Preise auf Schiffen zumindest im Segment der Mittelklasse und gehobenen Mittelklasse anbieten zu können, bringt es mit sich, dass die Flotte vergleichsweise häufigen Schiffswechseln unterliegt und – wie auf der VistaFlamenco – zuweilen Dienstleistungsunternehmen unterschiedlichen Standards vorzufinden sind. Bereits seit der ersten 1AVista-Saison zählt der Rhein-Klassiker Bellriva zur Flotte. Die VistaExplorer feierte 2018 ihre Rückkehr, Neu auf Elbe und Oder fährt die Junker Jörg. Die VistaFlamenco, 2005 als erster »TwinCruiser« mit separater Hotel- und Antriebseinheit gebaut, zählt seit 2016 zur Flotte und bietet Donaukreuzfahrten unterschiedlicher Länge und Route an. Die Lounge bietet beeindruckende Flussblicke, ist jedoch für die Zahl der Passagiere etwas klein geraten. In den mit Doppelbetten ausgestatteten Oberdeckkabinen gibt es als Sitzgelegenheit mangels Platz nur einen Klappstuhl, auf Mittel- und Unterdeck tagsüber deutlich mehr Platz und einen Sessel, nachts jedoch ein umklappbares Sofa und ein Klappbett. Großartig für Frühaufsteher und Nachteulen: Die Küche kredenzt ein exzellentes »Early Bird«-Frühstück und einen umfangreichen Late-Night-Snack. Zu den besonderen Angeboten von 1AVista gehören Rad-Kreuzfahrten und Reisen mit Hund mit vielen Gassi-Stopps und Körbchen in der Kabine, bei denen fast ausschließlich Reisende in Hundebegleitung an Bord sind.

Kompass

Flottenstärke
14 Flussschiffe

Zielgruppe
Passagiere, die zumeist »all-inclusive« reisen möchten

Kleidung
Gepflegte Freizeitkleidung, 1 Gala-Abend

Reisen mit Familie
Kinder in Zusatzbetten teilweise gratis, keine Betreuung

Bordsprache
Deutsch

Budget
Moderat

Reisedauer
3–26 Tage

Reiserouten

Die Donau sowie der Rhein mit Nebenflüssen bilden den Kern des 1AVista-Programms. Elbe, Oder, Seine, Rhône, russische Wasserwege, Nil und Douro kommen in Europa hinzu. Weitere Fernreisen führen nach Vietnam, Kambodscha und China.

Anbieteradresse

1AVista Reisen GmbH
Siegburger Straße 231, D-50679 Köln
Tel.: +49 (0)221 99 800 800
Fax: +49 (0)221 99 800 869
info@1avista.de
www.1avista.de

MS VistaFlamenco *Ein Balkonschiff für begrenztes Reisebudget*

Hotel & Kulinarik

Bewertung

2-

Zeitiges Frühstück und später Snack machen die Essenszeiten flexibel. Ein Salatbuffet am Mittag würde das schmackhafte, gut bürgerliche Angebot der Küche gut abrunden. Lounge und Restaurant sind ansprechend gestaltet, angesichts der hohen Passagierzahl jedoch etwas beengt.

Kabinen

Bewertung

2

Bis auf zwei verfügen alle Kabinen über französische Balkone und sind recht kompakt, dafür jedoch clever aufgeteilt und funktional. Dies gilt auch für das Bad, in dem man allerdings nur die nötigsten Toilettenartikel vorfindet. Der Schrankraum kann bei langen Reisen knapp werden.

Service

Bewertung

3-

Der Service des Hoteldienstleisters G&P Cruise ist bemüht und freundlich, doch mangelt es der Hotel- und Restaurantleitung an Führung und Kontrolle, selbst dann, wenn man auf Fehlleistungen aufmerksam macht. Das »All inclusive«-Angebot sorgt für günstige Bordnebenkosten.

Unterhaltung & Lektorate

Bewertung

2

Neben einen Alleinunterhalter sorgen die kurzweilige Crew-Show, wo die Mannschaft wirklich alles gibt, Quizveranstaltungen und die obligatorische Tombola für Abwechslung. Informativ und charmant sind die Ausführungen der Reiseleitung, vom »Morgenwecker« im Radio bis zum Abend.

Wellness & Bewegung

Bewertung

3

Auf dem Unterdeck befindet sich ein kleiner Fitness-Raum mit angeschlossener Sauna, die nach Voranmeldung kostenlos genutzt werden kann. Einen Swimmingpool oder Deckspiele wie Schach, Shuffleboard oder gar Putting Green hingegen findet man an Bord nicht.

Gesamtergebnis

3+

Unsere Empfehlung:
Für Flussentdecker
und Sparfüchse

Baujahr	2005
Länge	135 Meter
Tiefgang	1,60 Meter
Qualitätsklasse	Gehoben bürgerlich
Kabinen	98
Passagiere	196
Besatzung	44
Geschwindigkeit	22 km/h

MS A-Rosa Donna

MS A-Rosa Silva

MS A-Rosa Stella

A-ROSA

Es hatte durchaus etwas von »Revolution«, als A-Rosa – seinerzeit noch eine Marke der Deutschen Seereederei – 2002 dazu ansetzte, den deutschen Flusskreuzfahrtmarkt aufzumischen. Mit seinem Fokus auf Wellness und hochwertiger Verpflegung, die zu allen Mahlzeiten in Buffetform daherkommt, unterscheidet sich das Rostocker Unternehmen noch heute deutlich von den meisten Mitbewerbern. Reederei, Nautik und Hotelbetrieb liegen zudem in eigener Hand – auch dies ist im Flussbereich eher ungewöhnlich. Vom anfänglichen Fahrtgebiet Donau aus hat A-Rosa nach und nach weitere Flüsse für dieses innovative Konzept erschlossen. Mit dem Neubau A-Rosa Douro in Portugal werden es 2019 zwölf Schiffe sein. Eine Besonderheit der speziell für die Donau gebauten ersten vier A-Rosa-Schiffe ist ihre Breite von 14,5 Metern, drei Meter mehr als sonst üblich. Dies beschränkt zwar den Einsatz der A-Rosa Donna und ihrer Schwestern auf die Donau unterhalb Passaus, sorgt jedoch für ein ungewohntes »Raumgefühl«. So zeichnen sich die in frischen Farben eingerichteten Kabinen durch eine große »Tiefe« aus. An die vordere Lounge mit Bar schließt sich der Spa- und Fitness-Bereich an. An die Lobby mit Rezeption schließt sich der Bordshop an, bevor man – vorbei an der Café-Bar – die Day-Lounge erreicht. Es folgt das geräumige Buffetrestaurant, das sich durch eine vergleichsweise große Zahl an Zweiertischen auszeichnet. Am Heck findet sich ein großer Außenbereich, der auch bei der Passage von Schleusen und niedrigen Brücken genutzt werden kann, wenn das darüber liegende Sonnendeck wegen Brückenpassagen geschlossen werden muss. Dort oben befindet sich auch der kleine, bei Bedarf gut geheizte Pool. Neben »Premium alles inklusive«, bei dem auch die meisten Getränke im Reisepreis enthalten sind, wird zuweilen auch ein »Basic«-Tarif angeboten, bei dem nur das Frühstück inkludiert ist. Andere Mahlzeiten können dann einzeln oder im Paket hinzugebucht werden. Getränke sind extra zu zahlen, zu teilweise höheren Preisen als für »All-inclusive«-Reisende. Jüngst kündigte A-Rosa an, künftig Frühstück und Mittagessen zum Brunch verschmelzen zu lassen, sodass es dazwischen keine »Versorgungslücke« mehr gibt.

Kompass

Flottenstärke
12 Flussschiffe

Zielgruppe
Wellness-affine Best Ager, die hochwertige Buffetverpflegung schätzen

Kleidung
Gepflegte Freizeitkleidung

Reisen mit Familie
»A-Rosa Kids Club«-Betreuung während der Ferien

Bordsprache
Deutsch

Budget
Gehoben

Reisedauer
3–16 Tage

Reiserouten

Die A-Rosa-Schiffe befahren neben der Donau bis zum Delta auch den Rhein und seine Nebenflüsse sowie Rhône und Saône in Südfrankreich. 2017 kam die Seine hinzu; für 2019 ist der Douro in Portugal geplant.

Anbieteradresse

A-Rosa Flussschiff GmbH
Loggerweg 5, D-18055 Rostock
Tel.: +49 (0)381 440 40 100
Fax: +49 (0)381 440 40 109
service@a-rosa.de
www.a-rosa.de/flusskreuzfahrten

MS A-ROSA DONNA *Genuss-Schiff mit Rose und Kussmund*

Hotel & Kulinarik

Bewertung

1-

Das Restaurant wirkt aufgrund der Schiffsbreite sehr geräumig. Die Auswahl am Buffet ist umfangreich, wenn auch bodenständiger als noch vor einigen Jahren. Zum Dinner stehen häufig Themenbuffets auf dem Programm. Auf einigen Schiffen gibt es eine Alternative in der »Weinstube«.

Kabinen

Bewertung

2

Die modern eingerichteten, farbenfrohen Kabinen sind geräumig und bieten ein hohes Maß an Komfort. Viele verfügen über einen französischen Balkon. Selbst die Kabinen auf Deck 1 erlauben Flussblicke durch recht große Fenster und haben bequeme Bäder.

Service

Bewertung

2

Ob bei Getränkebestellungen, dem Auffüllen des Buffets oder der Kabinenreinigung – das Servicepersonal arbeitet freundlich und effizient. Für »Premium alles inklusive«-Bucher sind die Aufpreise »exklusiver« Getränke gering. Am Buffet wird stets auch »live« gekocht.

Unterhaltung & Lektorate

Bewertung

2

Für gute Stimmung in der Lounge sorgt bei A-Rosa traditionell ein DJ. Kleine Vorträge, Filmvorführungen, Quiz- und Spielveranstaltungen ergänzen das Angebot – bei gutem Wetter auch an Deck. Auf einigen Reisen fahren zusätzlich Prominente mit und sorgen für Unterhaltung.

Wellness & Bewegung

Bewertung

1

Ganz gleich, ob Sauna mit Panoramablick und Ruhebereich, Fitness-Geräte oder ein kleiner Pool an Deck (bei späteren Schiffsgenerationen wuchs er) – Wellness und Fitness sind eine A-Rosa-Kernkompetenz. Die Rostocker beweisen eindrucksvoll, was auf dem Fluss möglich ist.

Gesamtergebnis

2+

Unsere Empfehlung:
Für Genießer, die aktiv sind und Entspannung mögen

Baujahr	2002
Länge	124,5 Meter
Tiefgang	1,50 Meter
Qualitätsklasse	First Class
Kabinen	100
Passagiere	242
Besatzung	50
Geschwindigkeit	24 km/h

MS Symphonie

MS Miguel Torga

MS Belle de l'Adriatique

Kompass

Flottenstärke
43 Flussschiffe,
1 Küstenkreuzfahrtschiff

Zielgruppe
Flussreisende mit Vorliebe für außergewöhnliche Reviere

Kleidung
Gepflegte Freizeitkleidung, 1 Gala-Abend

Reisen mit Familie
Einige Reisen mit Kinderanimation

Bordsprache
Deutsch, Französisch

Budget
Moderat

Reisedauer
1–14 Tage

CROISIEUROPE

Eine Familie aus dem Elsass erobert Europas Flüsse – als Gerard Schmitter 1976 die Idee kam, Ausflugsfahrten auf dem Rhein anzubieten, vermochte er sich sicher nicht auszumalen, was daraus entstehen würde. Der Alsace I, einem reinen Ausflugsschiff ohne Kabinen, folgte 1987 mit der Kellermann ein erstes Kabinenschiff. Bereits 1990 gesellte sich mit der Liberté ein Neubau hinzu. Heute betreibt CroisiEurope mehr als 40 Schiffe und das auf nahezu allen europäischen Flüssen, auf denen Kreuzfahrten angeboten werden. Nicht geändert hat sich, dass die Firma auch heute noch ein Familienunternehmen ist, in dem nun die zweite und dritte Generation das Ruder in der Hand halten. War CroisiEurope in der Vergangenheit eher im Bereich der guten Mittelklasse angesiedelt, vollzieht sich seit einigen Jahren ein Wandel: Neue, hochmoderne Schiffe mit chic-eleganter Ausstattung erweitern die Flotte. Zudem werden nach und nach viele der älteren Schiffe nicht nur renoviert, sondern im Grunde entkernt und völlig neu aufgebaut. So auch die Symphonie, die im Winter 2016/2017 rundum erneuert wurde. Aus drei früheren Kabinen entstanden zwei neue, was die Unterkünfte weitaus größer macht und die Passagierkapazität deutlich reduziert. Betten mit Blick Richtung Fluss, ein hochwertigeres Bad und ein elektrisch aus der Decke herunterklappbarer Fernseher zählen nun zur Grundausstattung. Hinzu kommen so pfiffige Extras wie Fläschchen mit Handdesinfektionsmittel, die auch auf Ausflüge mitgenommen werden können. Neu eingerichtet wurden auch alle öffentlichen Bereiche, die in erster Linie den Salon vorn und das Restaurant achtern umfassen. In Letzterem wurde das – früher doch sehr »französische« – Frühstücksangebot ausgebaut, bei Mittag- und Abendessen besteht jedoch weiterhin keine Menüauswahl. Sonderwünsche sollten daher frühzeitig mitgeteilt werden. Andere Schiffe der Flotte kommen hingegen weiterhin durchaus »rustikaler« daher, wobei die Zeiten geblümter Bettwäsche auch hier zu Ende gehen. Zahlreiche Getränke, WLAN sowie viele Ausflüge sind im Preis inklusive. Neben den rein deutschsprachigen Reisen hat die deutsche Vertretung Anton Götten auch Fahrten mit gemischtem Publikum im Programm.

Reiserouten

Kein anderer Veranstalter ist auf so vielen europäischen Flüssen und auch in Fernzielen unterwegs, auch mit kleinen »Péniches« auf französischen Kanälen. Auf Elbe und Loire sind moderne Schaufelradschiffe im Einsatz.

Anbieteradresse

Anton Götten GmbH
Faktoreistraße 1, D-66111 Saarbrücken
Tel.: +49 (0)681 30 32 00
Fax: +49 (0)681 30 32 217
info@goetten.de
www.meinfluss.de

MS SYMPHONIE *Völlig entkerntes Schiff mit neuer Identität*

Hotel & Kulinarik

Bewertung

2

Hier wird gegessen, was auf den Tisch kommt – eine Wahlmöglichkeit gibt es nicht. Die Küche ist französisch inspiriert, die Gerichte durchaus schmackhaft, die Portionen groß. Viele Getränke sind inklusive, darunter respektable Tischweine, die großzügig nachgeschenkt werden.

Kabinen

Bewertung

2+

Die Kabinen haben noch etwas von der früheren »Leichtbauweise«, sind jedoch inzwischen sehr komfortabel und exzellent durchdacht. Jeglicher »Pensions-Charakter«, den man alten Croisi-Schiffen nachsagen konnte, ist verschwunden und moderner Eleganz gewichen.

Service

Bewertung

2-

Der Service ist freundlich und professionell. Ein wenig verwundert es, dass Tische keine fest zugewiesenen Stewards haben und die Speisekarte zu Beginn der Mahlzeit vorgelesen wird, statt in gedruckter Form auszuliegen. Deutsche Sprachkenntnisse sind zuweilen rudimentär.

Unterhaltung & Lektorate

Bewertung

2

Neben dem »schiffseigenen« DJ ergänzen – je nach Reiseroute – lokale Gastkünstler an einzelnen Abenden das Angebot. Eine spaßige Crew-Show, Vorträge und Filme fehlen ebenso wenig wie gelegentliche Quizveranstaltungen. Viele Kreuzfahrtdirektoren haben hohen Unterhaltungswert.

Wellness & Bewegung

Bewertung

–

Die SYMPHONIE ist ein kleines Schiff, dessen großzügige Kabinen viel Platz beanspruchen. Wellness und Fitness spielen hingegen keine Rolle. Die Beine vertreten kann man sich auf dem großen Sonnendeck. Diese Wertung entfällt.

Gesamtergebnis

2

Unsere Empfehlung:
Für Liebhaber elsässischen Flairs »Deluxe«

Baujahr	1997
Länge	110 Meter
Tiefgang	1,30 Meter
Qualitätsklasse	Gehoben bürgerlich
Kabinen	55
Passagiere	106
Besatzung	20
Geschwindigkeit	18 km/h

MS Amadeus Silver

Unterwegs mit Gottes Segen: Zu Lüftner-Taufen gehört ein Geistlicher

LÜFTNER CRUISES

Das Familienunternehmen Lüftner in Innsbruck (Dr. Wolfgang Lüftner mit seinen drei Töchtern und Ehefrau) steht für hochwertige Flussschiffe, die sich – insbesondere bei den jüngsten Neubauten – durch ein sehr großzügiges Raumangebot auszeichnen. Die Angebote von Lüftner Cruises finden sich im deutschen Markt im Programm von DERtour sowie beim Veranstalter selbst, Amadeus Flusskreuzfahrten GmbH mit Sitz in München. Auf den insgesamt 15 Flussschiffen, von denen eines inzwischen auch die Seine befährt, fällt zum Beispiel die lockere Handhabung des überaus hochwertigen Mittagessens auf. Nur Suppe und Hauptgang werden serviert; den Rest kann sich der Gast nach eigenem Gusto am Buffet zusammenstellen. Oder er geht, wenn er kein vollständiges, zeitaufwendiges Lunch-Erlebnis sucht, von vornherein in die Lounge, wo ein Buffet mit Snacks und Suppe für den kleinen Hunger bereit steht. Obgleich Flussschiffe durch Brückenhöhen, Wassertiefen und Schleusenbreiten in ihren Abmessungen begrenzt sind, haben diese Schiffe zur Lounge eine Alternative, z.B. eine Bar am Heck. So braucht nicht am »großen« Abendprogramm teilzunehmen, wer nicht möchte. Auf der Amadeus Silver und ihren durchnummerierten jüngeren Schwestern gleichen Namens kommt noch ein windgeschützter Außenbereich in Fahrtrichtung hinzu. Außerdem ein mittschiffs gelegenes »Wiener Café« für ein stilvolles Heißgetränk, das weder ein Kaffee sein noch unbedingt am Nachmittag getrunken werden muss. Der Fitness-Bereich ist ansprechend eingerichtet und verfügt ebenfalls über genug Platz. Auch in den Kabinen bestechen wiederum die neuesten Schiffe durch das Raumangebot, in einigen Kategorien gibt es neben einem echten Balkon (im Gegensatz zum »französischen«) noch eine Sitzecke mit Tisch und Sessel. Die Routen von Lüftner Cruises werden gesäumt von breit gefächerten Ausflugsangeboten. Man versucht, nicht nur bei den Lokalitäten an Bord so viele Wahlmöglichkeit zu bieten, wie realisierbar sind. Die Crews stammen aus ganz Europa, ebenso wie die Passagiere. Mehrsprachigkeit ist daher ein Markenzeichen, das nie stört, sondern einen Touch von Multi-Kulti in das sonst oft mononationale Passagierbild der Flusskreuzfahrt bringt.

Kompass

Flottenstärke
15 Flussschiffe

Zielgruppe
Flussentdecker auf hohem Niveau

Kleidung
Gepflegte Freizeitkleidung, 2 x Gala

Reisen mit Familie
Obwohl dafür nicht gedacht, bieten Lüftner-Cruiser Kindern mehr Auslauf als andere Flussschiffe

Bordsprache
Englisch, Deutsch und weitere europäische Sprachen

Budget
Anspruchsvoll

Reisedauer
5–15 Tage

Reiserouten

Die Schiffe von Lüftner Cruises befahren den Rhein, die Donau, die Seine und neuerdings die Rhône. Hinzu kommen Mekong und Irrawaddy. Themenreisen fokussieren sich auf klassische Musik und Golfkreuzfahrten.

Anbieteradresse

Amadeus Flusskreuzfahrten GmbH
Franzstraße 10
D-80802 München
Tel.: +49 (0)800 24 044 60
info@amadeus-flusskreuzfahrten.de
www.amadeus-flusskreuzfahrten.de

MS Amadeus Silver (I + II + III) *Flussschiffe, die Luxus zuerst mit Platz definieren*

Hotel & Kulinarik

Bewertung

2+

Die Verpflegung auf allen Lüftner-Schiffen genügt hohen Ansprüchen. Im Restaurant ist Platz genug für guten Service; die Kombination aus Buffetangeboten und am Platz servierten Speisen schafft Lockerheit, ohne Qualität oder Niveau dafür zu opfern.

Kabinen

Bewertung

1

Hier punkten die Lüftner-Schiffe mehr als alle anderen. Die große Glasfront bzw. der kleine, tatsächlich begehbare Balkon, das Doppelbett, der Raum drumherum mit Sitzgelegenheiten, alles das hat sich von der Amadeus Silver bis zur Silver III noch gesteigert.

Service

Bewertung

1-

Lüftner-Service ist leise, unauffällig und perfekt, wie er es im höchsten Segment sein sollte. Vorlieben sind dem Tischsteward ebenso bekannt, wie er routenbedingte Verspätungen oder kurze Zeitfenster für das Essen voraussieht und sich anpasst. Ebenso eng am Gast orientiert sich die Küche.

Unterhaltung & Lektorate

Bewertung

2-

Die Reiseleitung ist über die Route, die damit verbundene(n) Geschichte(n) und Ausflüge gut informiert. In der Lounge gibt es abends Musik und bisweilen ein Quiz. Eher findet man auf Lüftner-Schiffen die Ruhe, die andere vermissen lassen, als den ultimativen Entertainment-Kick.

Wellness & Bewegung

Bewertung

3

Hier bietet die »Silver-Class« nicht alles, was ihr großzügiges Raumangebot erhoffen lässt. Der Fitness-Bereich kann sich sehen lassen, und auf dem Sonnendeck wird morgens Frühsport angeboten. Eine Sauna hingegen fehlt.

Gesamtergebnis

2

Unsere Empfehlung:
Für Flussreisende auf der Suche nach internationalem Flair

Baujahr	2013 (Amadeus Silver)
Länge	135 Meter
Tiefgang	1,45 Meter
Qualitätsklasse	Luxus
Kabinen	90
Passagiere	180
Besatzung	46
Geschwindigkeit	25 km/h

MS NICKOVISION

MS BOLERO

MS CASANOVA

NICKO CRUISES

Es sind zwei große Schritte für nicko cruises: Im Juni 2018 stieß mit der NICKOVISION der erste Flussschiff-Neubau in der Unternehmensgeschichte zur Flotte, im April 2019 folgt dann mit der Exklusiv-Vermarktung der WORLD EXPLORER gar ein erstes Hochseeschiff. In den vergangenen Jahren hat der Stuttgarter Veranstalter seine Positionierung bereits deutlich geändert – vom »Preisbrecher« mit einer Flotte zuweilen älterer Mittelklasseschiffe hin zu deutlich höherwertigeren Angeboten. Mit der Übernahme der meisten Schiffe der ehemaligen Deilmann-Fluss-Sparte blieb jedoch die Vielfalt an unterschiedlichen Schiffstypen und Routen erhalten. Zur besseren Differenzierung unterscheidet nicko cruises daher drei verschiedene Schiffstypen: boutique, modern und classic. Während ersterer kleine Schiffe im Stil eines Grand Hotels umfasst, gehören die meisten großen Flottenmitglieder der Kategorie »modern« an. »Classic« fasst von kleinen Schiffen im Kolonialstil auf dem Mekong bis hin zu zwei Küstenyachten die übrigen Einheiten zusammen. Der gesamten Flotte gemein ist jedoch das Motto »Viel erleben. Bequem genießen.« Mit der im Juni 2018 in Frankfurt getauften NICKOVISION konnten die Stuttgarter erstmals zeigen, wie sich diese Philosophie in einem Neubau niederschlägt. Das 135-Meter-Schiff des renommierten Reederei-Partners Scylla legt einen besonderen Fokus auf die Kulinarik. Drei Restaurants, drei Konzepte – vom klassischen Hauptrestaurant über Themenmenüs im »Manhattan« bis hin zum mittäglichen Bistro-Lunch und dem abendlichen Steakhouse-Angebot in »Mario's Grill«. Dazu bietet das großzügig gestaltete Schiff einen offenen Übergang zwischen Hauptrestaurant und Panorama-Lounge. Die Kabinen unterscheiden sich lediglich in ihrer Lage und der Frage »kleines Fenster oder französischer Balkon«, sind sonst aber alle nahezu identisch. Erfreulich: Die Einrichtung ist wohldurchdacht, mit Ausnahme der übermannshoch angebrachten Ablage in der Dusche. »Best Ager« bleiben auch auf der NICKOVISION die Hauptzielgruppe. Allerdings ändern sich auch deren Ansprüche, ist man in Stuttgart überzeugt. Sollte sich das Konzept bewähren, wird der Neubau sicher nicht lange ein Einzelstück bleiben.

Kompass

Flottenstärke
1 Hochseeschiff, 25 Flussschiffe + 2 Küstenyachten

Zielgruppe
Klassische Flusskreuzfahrer, die Routenvielfalt schätzen

Kleidung
Gepflegte Freizeitkleidung, 1 Gala-Abend

Reisen mit Familie
Keine besonderen Angebote

Bordsprache
Deutsch

Budget
Moderat

Reisedauer
1–28 Tage

Reiserouten

Die Donau ist das wichtigste Fahrtgebiet, dazu der Douro, Rhône und Seine, der Rhein samt Nebenflüssen, Oder, Ostseeküste und obere Moldau. Daneben findet man nicko-Schiffe in Ägypten, Südostasien, in Russland und an der Adria.

Anbieteradresse

nicko cruises Flussreisen GmbH
Mittlerer Pfad 2, D-70499 Stuttgart
Tel.: +49 (0)711 24 89 80 0
Fax: +49 (0)711 24 89 80 77
info@nicko-cruises.de
www.nicko-cruises.de

MS NICKOVISION *Begründerin einer völlig neuen Flussschiff-Generation*

Hotel & Kulinarik

Bewertung

2+

Kulinarische Vielfalt ist einer der Kernaspekte des Produkts mit seinen drei Restaurants. Das Frühstücksbuffet überzeugt – auch in der Auswahl warmer Speisen. Bei Lunch und Dinner bietet kein anderes Flussschiff eine ähnliche Vielfalt bei ansehnlicher Qualität.

Kabinen

Bewertung

1-

Nicht übermäßig groß, doch sehr praxisnah geplant, präsentieren sich die Unterkünfte an Bord. Die Betten sind komfortabel, die Bäder auch, der Schrankraum ist großzügig bemessen. Die Farbgebung verleiht den Kabinen einen »nautischen« Look.

Service

Bewertung

2

Edelweiß Gastro zeichnet für den Hotelbetrieb verantwortlich. Da man wenige deutschsprachige Schiffe betreut, ist die Sprache ein Problem, das sich jedoch mit der Zeit lösen dürfte, wenn man Personalwechsel vermeidet. Der Service ist jedoch stets freundlich und professionell.

Unterhaltung & Lektorate

Bewertung

2

Beim Unterhaltungsangebot bietet die NICKOVISION neben dem obligatorischen Alleinunterhalter Quizveranstaltungen und Vorträge zu den Destinationen. Das Manhattan-Restaurant mit eigener Bar kann abends als Jazzclub dienen und ist eine echte Alternative für die Abendgestaltung.

Wellness & Bewegung

Bewertung

2-

Eine Sauna mit (ein wenig) Flussblick sowie der Fitness-Raum mit einigen Geräten und Hanteln befinden sich auf dem Hauptdeck. Auf dem Sonnendeck lädt ein kleiner Pool zu einem Bad unter freiem Himmel ein.

Gesamtergebnis

2

Unsere Empfehlung: Kulinarische Vielfalt und Komfort auf der Donau

Baujahr	2018
Länge	135 Meter
Tiefgang	2,10 Meter
Qualitätsklasse	First Class
Kabinen	110
Passagiere	220
Besatzung	54
Geschwindigkeit	22 km/h

MS ASARA

MS SAXONIA

MS ARIANA

PHOENIX REISEN

1993, fünf Jahre nach dem Charter des ersten Hochseeschiffes, stieg der Bonner Veranstalter auch ins Flussgeschäft ein. Inzwischen umfasst der Flussreise-Katalog jährlich über 40 Schiffe. Einige davon sind exklusiv für Phoenix unterwegs, andere werden nur für einzelne Reisen gechartert oder es wird zugebucht. Phoenix-Maxime quer durch alle Produkte des Hauses: Nicht nur Passagiere, sondern auch Mitarbeiter sollen sich an Bord wohl fühlen. So berichten Crew-Mitglieder in persönlichen Gesprächen immer wieder vom guten Zusammenhalt im Team, ein Funke, der auf die Passagiere überspringt. Die erklärte Philosophie von Phoenix Reisen ist es, qualitativ hochwertige und dennoch legere klassische Kreuzfahrten anzubieten. Und dann auch noch zu günstigen Konditionen. Ein hoch gestecktes Ziel, das der Bonner Reiseveranstalter mit seiner heterogenen Flotte stets erreicht: Sie enthält sehr familiäre Schiffe für Flussreisen im kleinsten Kreis und andere im hochwertigen First-Class-Bereich. Das luxuriöseste Schiff der Flotte ist die 2015 in Dienst gestellte ANESHA, von Phoenix als Luxus kategorisiert. Die ASARA hingegen fährt im First-Class-Segment. Dabei verfügt sie im Vergleich zur ANESHA über weniger Bordeinrichtungen: Auf Fitness-Bereich und Friseursalon hat man zugunsten zusätzlicher Kabinen verzichtet, ebenso aufs Putting Green auf dem Sonnendeck. So vielfältig wie Phoenix' Flussflotte sind auch die angebotenen Reisen. Sie reichen von einer zweitägigen Schnupperkreuzfahrt auf dem Rhein bis hin zu einer zwanzigtägigen Entdeckungsreise durch Myanmar. Weltweit werden annähernd alle relevanten Flusskreuzfahrt-Reviere bis auf den Mississippi bedient (Phoenix-Gründer Johannes Zurnieden: »Weil da nichts zu sehen ist!«). Auf Rhein, Mosel und Donau sind jeweils mehrere Schiffe unterwegs, meist auf unterschiedlichen Qualitäts- und Preisniveaus. Auf einigen der Flussschiffe gilt All-inclusive, auf anderen sind die Getränke extra zu bezahlen. Doch auch hier sind die Preise im Vergleich sehr moderat, ebenso wie für die sehr professionell organisierten Landausflüge. Allen Reisen gemein ist der hohe Qualitätsstandard. Phoenix bietet zusätzlich auch landgestützte Urlaubsformen an.

Kompass

Flottenstärke
Über 40 Fluss- und 4 Hochseeschiffe

Zielgruppe
Entspannte Flussreisende rund um die Welt

Kleidung
Tagsüber Freizeitkleidung, abends etwas eleganter (keine Abendgarderobe)

Reisen mit Familie
Keine besonderen Angebote

Bordsprache
Deutsch

Budget
Moderat bis anspruchsvoll

Reisedauer
2–20 Tage

Reiserouten

Die eigenen Schiffe fahren vor allem auf Rhein, Donau, Mosel und anderen europäischen Gewässern. Weitere Schwerpunkte sind der Nil, Russland sowie Asien. Auch Schiffe, auf denen zugebucht wird, sucht Phoenix Reisen sehr genau aus.

Anbieteradresse

Phoenix Reisen GmbH
Pfälzer Straße 14, D-53111 Bonn
Tel.: +49 (0)228 92 60 0
Fax: +49 (0)228 92 60 99
info@phoenixreisen.com
www.phoenixreisen.com

MS ASARA *Ein First-Class-Schiff in legerer Atmosphäre*

Hotel & Kulinarik

Bewertung

2

Neben dem Hauptrestaurant »Vier Jahreszeiten« gibt es ein kostenfreies Spezialitätenrestaurant. Hier wird mittags ein »Light Lunch« serviert. Die Kulinarik stammt von sea chefs und erfüllt die gewohnt hohen Standards. Die Getränke sind i.d.R. alle extra zu bezahlen.

Kabinen

Bewertung

1

Die Kabinen sind hochwertig und geschmackvoll eingerichtet. Sie sind geräumig und bieten außergewöhnlich viel Schrankraum, ebenso das Bad. Zwei der drei Kabinendecks sind mit französischen Balkonen ausgestattet, auf dem untersten Deck verfügen die Kabinen über kleine Fenster.

Service

Bewertung

2

Das Personal von sea chefs arbeitet gewohnt professionell. Vom Housekeeping bis zum Kapitän zeigen alle Mitarbeiter an Bord ein ehrliches Interesse am Wohl der Passagiere. Einigen Mitarbeitern mangelt es an Deutschkenntnissen, was zu Missverständnissen führen kann.

Unterhaltung & Lektorate

Bewertung

2

Die ASARA ist nicht für großes Entertainment ausgelegt. Es gibt einen Bordpianisten in der Lounge, abends auch Tanzmusik. Interessante Streckenabschnitte werden während der Fahrt vom Kreuzfahrtleiter kommentiert. Auf manchen Reisen sind Gastkünstler oder Lektoren an Bord.

Wellness & Bewegung

Bewertung

3-

Der sogenannte Spa-Bereich beschränkt sich auf eine kleine Sauna, die während der ganzen Reise kostenfrei genutzt werden kann. Auf dem Sonnendeck gibt es einen beheizten Pool und ein Shuffleboard-Feld, zudem stehen für individuelle Landgänge einige Leihfahrräder zur Verfügung.

Gesamtergebnis

2

Unsere Empfehlung:
Für legere First-Class-Reisen in ruhiger Atmosphäre

Baujahr	2017
Länge	135 Meter
Tiefgang	1,60 Meter
Qualitätsklasse	First Class
Kabinen	95
Passagiere	191
Besatzung	50
Geschwindigkeit	22 km/h

MS Sans Souci

MS Elegant Lady

Hausherr, Gastgeber und Kapitän: Peter Grunewald

PLANTOURS KREUZFAHRTEN

Zehn Flussschiffe umfasst die Plantours-Flotte, alle mit ausgewählter Qualität und nicht wenige geeignet, um auf der kleinen Welt der Flüsse große Entdeckungen zu machen. Zum Beispiel auf dem Douro in Portugal, oder aber fast vor der Haustür mit der Sans Souci. Mancher ist erstaunt, wo das kleine Schiff besonders im Osten Deutschlands überall hinfährt – im Sommer oft in die Boddengewässer der Ostsee, im Frühjahr sogar einmal die Oder hinauf bis nach Breslau. Plantours hat mit Flussreisen ebenso viel Erfahrung wie im Hochseegeschäft. Dabei gehört es beinahe zum Alltag, die Charterschiffe gelegentlich zu wechseln, so wie viele deutsche Anbieter es tun, da man mit US-Anbietern in puncto Charterraten nicht konkurrieren kann – Deutsche buchen die Flussreise als Zweit- oder Dritturlaub und zahlen nicht so viel. Was bleibt, ist das Know-how insbesondere auch auf russischen Flüssen, das sich Plantours mit einer erfahrenen Reiseleiter-Crew über Jahre aufgebaut hat. Hier ist man jedes Jahr vertreten. Einige Schiffe sind nicht ganzjährig im Programm, immer jedoch sorgt Plantours für die in Bremen gesetzten Standards an Bord. Die Sans Souci fährt neben einigen Frühjahrs- und Herbstterminen, die der Eigner und Kapitän Peter Grunewald (er ist durch und durch Kreuzfahrtfan und reist im Winter privat auf der Hamburg) selbst vermarktet, die ganze Sommersaison für Plantours. Für fünf Jahre ist sie hier unter Vertrag. Das Schiff ist klein, elegant und familiär; Peter Grunewald ist in der Gegend zu Hause, durch die seine Sans Souci fährt. Die Sans Souci hat viele Kabinen mit Tag-/Nacht-Umbau, d. h. dass dort, wo tagsüber ein kleines Sofa steht, für die Nacht Betten ausgeklappt werden, die dann weitgehend den Raum beherrschen. Diesen Umbau nimmt die Stewardess vor. Wer Wert auf eine Mittagsruhe legt, tut gut daran, den Nacht-Modus beizubehalten – das Personal freut sich und spart Arbeit. Einige Kabinen wurden renoviert. Im Frühjahr zur ITB liegt die Sans Souci übrigens immer in Spandau und kann für Messebesucher als Hotelschiff gebucht werden. Eine ihrer Besonderheiten ist es, so wendig zu sein, dass sie bis nach Prag in die Stadt fahren und unmittelbar an der Karlsbrücke anlegen kann.

Kompass

Flottenstärke
10 Flussschiffe und
1 Hochseeschiff

Zielgruppe
Flussreisende,
die Deutschland jenseits bekannter Flussrouten entdecken wollen

Kleidung
Bequeme Freizeitkleidung, abends Kleid/Jackett

Reisen mit Familie
Bei engen Kabinen und ohne Freizeitmöglichkeit sollte man sich das gut überlegen

Bordsprache
Deutsch

Budget
Gehoben

Reisedauer
8–10 Tage

Reiserouten

Die Sans Souci bereist Berlin, Hamburg, Prag, Dresden, Stralsund, Rügen und den polnischen Lauf der Oder bis Breslau. Im Plantours-Programm gibt es Schiffe für fast alle zentraleuropäischen Flüsse Russlands und den Douro.

Anbieteradresse

plantours & Partner GmbH
Martinistraße 52, D-28195 Bremen
Tel.: +49 (0)421 17 36 90
Fax: +49 (0)421 17 36 935
info@plantours-partner.de
www.plantours-partner.de

MS SANS SOUCI *Ein elegantes Entdeckerschiff in Deutschlands Osten*

Hotel & Kulinarik

Bewertung

2-

Im stilvollen Restaurant wird das Frühstück als Buffet angeboten, die anderen Mahlzeiten werden serviert. Die Menüs sind schmackhaft, auf deutsche Ansprüche zugeschnitten und erfüllen den Standard gehobener Restaurants. Nachmittags gibt es ein Kuchenbuffet in der Lounge.

Kabinen

Bewertung

3+

In vielen Kabinen hat die SANS SOUCI Tag-/Nachtumbauten, sodass der Passagier tagsüber ein kleines Wohnzimmer hat und nachts ein Schlafgemach, das eigentlich nur aus Bett besteht. Aber die Kabinengröße ist den ungewöhnlichen Fahrtrevieren geschuldet und wird nicht moniert.

Service

Bewertung

3+

Die Crew ist redlich bemüht, es den Passagieren recht zu machen, weist aber Sonderwünsche im Restaurant auch mal zurück, wenn die Umsetzung zu aufwendig ist. Dafür ist Kapitän Grunewald immer für ein Gespräch offen; sein Steuerhaus ist ein Ort der Begegnung.

Unterhaltung & Lektorate

Bewertung

3

Auf der SANS SOUCI fährt ein fröhlicher Alleinunterhalter mit, der am Nachmittag bei Kaffee und Kuchen sowie abends nach dem Dinner flotte Tanz- und Unterhaltungsmusik spielt. Routen-Info gibt's an der Rezeption.

Wellness & Bewegung

Bewertung

2-

Im Bauch der SANS SOUCI verbergen sich eine Sauna, ein Fitness-Raum und eine Behandlungskabine für Massagen und Beauty-Anwendungen. Die Sauna wird mit einer Extra-Gebühr berechnet; ihre Benutzung muss vorher angemeldet werden. Dafür hat man sie dann für sich.

Gesamtergebnis

3+

Unsere Empfehlung:
Für ungewöhnliche Routen auf einem klassischen Schiff

Baujahr	2000
Länge	82 Meter
Tiefgang	1,60 Meter
Qualitätsklasse	Gehoben bürgerlich
Kabinen	41
Passagiere	81
Besatzung	25
Geschwindigkeit	20 km/h

MS THURGAU ULTRA

Der Alleinunterhalter sorgt auch an Deck für Stimmung

THURGAU TRAVEL

Dass der »Pionier für Flusskreuzfahrten mit schweizweit größtem Angebot«, so die Eigenwerbung, seinen Firmensitz wie der Mitbewerber »Reisebüro Mittelthurgau Fluss- und Kreuzfahrten AG« im ostschweizerischen Weinfelden unterhält, ist kein Zufall: Beide gingen aus dem »Reisebüro Mittelthurgau« hervor, das 2001 Insolvenz anmelden musste. Dessen ehemaliger Geschäftsführer Hans Kaufmann gründete noch im selben Jahr die »Thurgau Travel AG« mit dem Ziel, Qualität zu – für Schweizer Verhältnisse – moderaten Preisen zu offerieren. Seither hat das familiengeführte Unternehmen immer wieder Novitäten wie die ersten Kreuzfahrten auf dem unteren Mekong, das erste westliche Flussschiff in Kaliningrad oder Küstenkreuzfahrten in Dalmatien für den Schweizer Markt angeboten. Aktuell umfasst das Programm Touren auf über 45 Gewässern mit ebenso vielen Schiffen im Lang- oder Kurzzeitcharter, darunter dem TwinCruiser THURGAU SILENCE und dem populären Luxus-Schiff ANTONIO BELLUCCI. Besonders stolz ist Seniorchef Kaufmann auf die kleinen, aber feinen Suitenschiffe THURGAU EXOTIC 1–3, die, gebaut im Kolonialstil und ausgestattet mit edlen Harthölzern, unter der Koordination seines Sohnes Peter auf dem Irrawaddy unterwegs sind, sowie die in Prag beheimatete MS THURGAU FLORENTINA unter dem Management von Tochter Simone und ihrem Mann. Zur Saison 2018 in Dienst gestellt wurde die yachtähnliche THURGAU ADRIATICA in zeitgemäßem Design, welche die Küsten Kroatiens und Montenegros befährt. Einziges Schiff der »gehobenen Deluxeklasse« im Portfolio ist die exquisite THURGAU ULTRA, laut Katalog »ein Suitenschiff wie kein zweites«. Als TwinCruiser mit getrennter Antriebs- und Passagiereinheit fährt sie relativ geräusch- und vibrationsarm, größter Pluspunkt ist indes das ungewöhnlich großzügige Platzangebot. Restaurant und Aussichtssalon sind auf drei Seiten verglast und bieten optimale Ausblicke. Die überwiegend Schweizer Gäste schätzen die entspannte, ungezwungene Atmosphäre und die gutbürgerliche Küche, die allerdings nicht unbedingt den Erwartungen an ein Fünf-Sterne-Superior-Schiff entspricht. Der Service ist hervorragend, die Getränke sind, gemessen an Schweizer Preisen, eher günstig.

Kompass

Flottenstärke
45 Flussschiffe

Zielgruppe
Best Ager im entspannten Urlaubsmodus

Kleidung
Gepflegte Freizeitkleidung

Reisen mit Familie
Keine Kinderbetreuung, keine besonderen Angebote

Bordsprache
Deutsch

Budget
Anspruchsvoll

Reisedauer
3–18 Tage

Reiserouten

Reisen auf Rhein, Donau, Elbe, Havel, Oder, Moldau, Wolga, Rhône, Saône und Douro auch Flussreisen in China, Indien, Laos, Myanmar, Thailand und Vietnam sowie Küstenkreuzfahrten in Dalmatien und in Schottland.

Anbieteradresse

Thurgau Travel
Rathausstraße 5, CH-8570 Weinfelden
Tel.: +41 800 626 550
Fax: +41 71 626 55 16
info@thurgautravel.ch
www.thurgautravel.ch

MS Thurgau Ultra *Ein komfortables Schiff für entspannte Flussentdecker*

Hotel & Kulinarik

Bewertung

2-

Man sollte von diesem Schiff der »Delux-Klasse« keine adäquate Gourmetküche erwarten. Serviert werden mittags Hausmannskost und abends gutbürgerliche Gerichte ohne raffiniertere Aromatik. Beliebt ist das ausgezeichnete Käsebüffet, erfreulich die Qualität der offenen Weine.

Kabinen

Bewertung

1-

Die 53 Suiten und 7 Kabinen sind geschmackvoll eingerichtet, die Bäder großzügig bemessen und mit hochwertigen Kosmetikprodukten ausgestattet. Individuell regulierbare Klimaanlage, Flatscreen mit digitalem Infotainment-System und kostenloses WLAN lassen kaum Wünsche offen.

Service

Bewertung

1-

Das bestens geschulte internationale Servicepersonal ist so freundlich wie aufmerksam, erfüllt, wenn irgend möglich, sämtliche Sonderwünsche und hat die speziellen Vorlieben der Gäste schnell verinnerlicht. Einige Mitarbeiter füllen mehrere Positionen aus.

Unterhaltung & Lektorate

Bewertung

2

Dreimal täglich spielt im »Theatron« ein Alleinunterhalter. Hervorragend sind die täglichen Informationen der Bordreiseleitung zu Fluss und Schiff, Land und Leuten. Medizinische Referate des Bordarztes, Serviettenfalten, Bingo, Quiz und Tombola runden das Angebot ab.

Wellness & Bewegung

Bewertung

2

Der helle, gepflegte Wellness-Bereich auf dem Mitteldeck verfügt über finnische Sauna, Whirlpool, Kneipptretbecken, Ruheligen, Fitness-Geräte und Massageraum. Ein Sport- oder Gymnastik-Programm, Fahrräder oder ein Pool auf dem Sonnendeck werden von den Gästen nicht vermisst.

Gesamtergebnis

2+

Unsere Empfehlung:
Für Flussentdecker,
die Schweizer Qualität schätzen

Baujahr	2008
Länge	135 Meter
Tiefgang	1,60 Meter
Qualitätsklasse	First Class
Kabinen	60
Passagiere	120
Besatzung	38
Geschwindigkeit	22 km/h

VERLAG

Maximilian Verlag Gmbh & Co. KG
Stadthausbrücke 4, 20355 Hamburg | Tel. +49 (0)40 707080–01 | Fax +49 (0)40 707080–304

Ein Gesamtverzeichnis unserer lieferbaren Titel schicken wir Ihnen gerne zu.
Bitte senden Sie eine E-Mail mit Ihrer Adresse an: vertrieb@koehler-books.de
Sie finden uns auch im Internet unter www.koehler-books.de

BILDNACHWEIS

An allen hier nicht explizit erwähnten Abbildungen hat der Chefredakteur Oliver Schmidt die alleinigen Bildrechte. Die Verantwortung für Bildrechte an Werbeseiten trägt der jeweilige Werbekunde.

Seite 1 (Cover) o. Mitte: Hapag-Lloyd Cruises
Seite 2: Sarah Lindner
Seite 4: o. li: Izabella Meczykowski, u. Mitte: Raoul Fiebig
Seite 5: Mitte re: QUEEN ELIZABETH 2, Dubai
Seite 6: o. Mitte: Yvonne Schmidt, u. Mitte: Bernd Brümmer, u.: Tristan Terstegen
Seite 8: Mitte u.: Herbert Böhm, u.: Dr. Thomas Blubacher
Seite 11: o. li: Yvonne Schmidt, o. re: Alexander Holst
Seite 12: u. re: Yvonne Schmidt
Seite 18–25: Izabella Meczykowski
Seite 26–31: Bernd Brümmer
Seite 32: Jürgen Saupe
Seite 33: o.: Chandris Lines, u.: Jürgen Saupe
Seite 34: o. (2 Bilder): Jürgen Saupe, u.: Chandris Lines
Seite 35: li.: Chandris Lines, re. (2 Bilder): Jürgen Saupe
Seite 36: Chandris Lines
Seite 40–42: Hapag-Lloyd Cruises
Seite 44: Phoenix Reisen
Seite 45 u. (2 Bilder): TransOcean Kreuzfahrten
Seite 46–48: nicko cruises
Seite 50 o.: Frank Behling, u.: MSC Cruises
Seite 51–52: Frank Behling
Seite 55 o. re.: Lisa Focke
Seite 64: o.: Mona E. Cassier, u.: Dr. Barbara Richter
Seite 70–72: Raoul Fiebig
Seite 74: 1AVista Reisen
Seite 75: Raoul Fiebig
Seite 76–77: Tobias Bruns
Seite 78–88: Yvonne Schmidt
Seite 92 o. li.: TITANIC-MUSEUM-GERMANY
Seite 106–110: Dr. Ulrich Brümmer
Seite 119 o. re.: Michael Berkhahn, Hansestadt Wismar
Seite 128–133: Dr. Thomas Blubacher
Seite 134: Compagnie Générale Transatlantique
Seite 136: o.: PONANT – Christophe Dugied, Mitte li.: Studio Ponant – L. Patricot
Seite 137: u.: PONANT – Philip Plisson
Seite 139: Christine Gebreyes
Seite 141: o.: QUEEN ELIZABETH 2, Dubai
Seite 142: QUEEN ELIZABETH 2, Dubai
Seite 144–146: Stefan Hippeler
Seite 148: o. re.: Hapag-Lloyd Cruises
Seite 149: Hapag-Lloyd Cruises
Seite 154: Mitte li.: myseavent
Seite 156–157: 1AVista Reisen
Seite 160–163: Christine Gebreyes
Seite 164–167 : Alexander Holst
Seite 168–171: Tristan Terstegen
Seite 172: DER
Seite 174: VIVA Cruises
Seite 176–179: Kay P. Rodegra
Seite 208: Jürgen Saupe
Seite 209: Mitte re. u. u. li: Jürgen Saupe
Seite 210: Mitte: Hansa Touristik
Seite 211: o.: Jürgen Saupe
Seite 212–217: Brigitte Höbig
Seite 218–222: Corlijn Schönknecht
Seite 224: Sigrid Schmidt
Seite 225: o. li.: Sigrid Schmidt
Seite 226: o. li., Mitte li. und u. (2 Bilder): Sigrid Schmidt
Seite 227: u.: Sigrid Schmidt
Seite 228–232: Herbert Böhm
Seite 234–239: Anja Frauböse
Seite 240: o. (2 Bilder): Tristan Terstegen
Seite 241–245: Tristan Terstegen
Seite 258: o.: Jürgen Saupe
Seite 259: 2. und 3. Bild v. o.: Jürgen Saupe
Seite 262: o.: Oceania Cruises
Seite 263: 1., 2. u. 3. Bild v. o.: Oceania Cruises
Seite 264: o.: Raoul Fiebig
Seite 265: Raoul Fiebig
Seite 268: li.: Regent Seven Seas
Seite 270: Seabourn Cruise Line
Seite 274–275: Silversea Cruises
Seite 278: Windstar Cruises
Seite 279: 1., 2., 4. und 5. Bild v. o.: Windstar Cruises, 3. Bild v. o.: Dr. Ulrich Brümmer
Seite 282: AIDA Cruises
Seite 283: 2., 3. u. 5. Bild v. o.: Juliet Altmeyer, 1. u. 4. Bild v. o.: AIDA Cruises
Seite 284: o.: Raoul Fiebig, Mitte: Carnival Cruise Line
Seite 285: Raoul Fiebig
Seite 286: Celebrity Cruises
Seite 290–291: Costa Kreuzfahrten
Seite 292: o.: Tristan Terstegen
Seite 294: Holland America Line
Seite 295: 2. und 4. Bild v. o.: Holland America Line, 1., 3. u. 5. Bild v. o.: Uta Petersen
Seite 296: o. li: Raoul Fiebig
Seite 297: Raoul Fiebig
Seite 298: Norwegian Cruise Line
Seite 300: Royal Caribbean Cruise Line
Seite 302: o.: Janice Schmidt-Altmeyer, u. li.: Raoul Fiebig
Seite 303: Janice Schmidt-Altmeyer
Seite 308: Mitte li.: Hapag-Lloyd Cruises
Seite 309: Hapag-Lloyd Cruises
Seite 314: Ponant
Seite 320: Star Clippers
Seite 321: Bernd Brümmer
Seite 324: o.: Raoul Fiebig
Seite 325: Raoul Fiebig
Seite 326: o. u. o. li: Raoul Fiebig, Mitte li.: A-Rosa Flusskreuzfahrten
Seite 327: Raoul Fiebig
Seite 328: o.: Raoul Fiebig, Mitte li.: Croisi-Europe
Seite 329: 2. bis 5. Bild v. o.: Raoul Fiebig
Seite 330: o.: Lüftner Cruises
Seite 332: nicko cruises
Seite 333: 1., 4. u. 5. Bild v. o.: Raoul Fiebig, 2. u. 3. Bild v. o.: nicko cruises
Seite 334: o.: Alexander Holst, 2 Bilder li.: Phoenix Reisen
Seite 335: Alexander Holst
Seite 336: o. li: Plantours Kreuzfahrten
Seite 338–339: Dr. Thomas Blubacher

BIBLIOGRAFISCHE INFORMATION
DER DEUTSCHEN NATIONALBIBLIOTHEK

Die Deutsche Nationalbibliothek verzeichnet diese Publikation in der Deutschen Nationalbibliografie; detaillierte bibliografische Daten sind im Internet über http://dnb.d-nb.de abrufbar.

CHEFREDAKTION
Oliver Schmidt

ANZEIGEN
Oliver Schmidt

GESTALTUNG
Marisa Tippe, Hamburg

DRUCK
DZS Grafik, Slowenien

1. Auflage 2018
ISBN 978-3-7822-1315-8

Stand 15.10.2018. Angaben der Reedereien und Veranstalter. Ohne Gewähr, Irrtümer und Änderungen vorbehalten.